本书由扬州大学出版基金资助

扬州名胜大观

潘宝明 著

鸣谢：扬州市旅游局
　　　扬州市旅游协会
　　　扬州市导游协会
　　　扬州大学旅游烹饪学院
　　　江海职业技术学院
　　　扬州职业大学
　　　江苏旅游职业学院
　　　江苏省扬州旅游商贸学校

苏州大学出版社

图书在版编目(CIP)数据

扬州名胜大观 / 潘宝明著. —苏州：苏州大学出版社，2017.1(2020.8重印)
ISBN 978-7-5672-2018-8

Ⅰ. ①扬… Ⅱ. ①潘… Ⅲ. ①名胜古迹－介绍－扬州 Ⅳ. ①K928.705.33

中国版本图书馆 CIP 数据核字(2017)第 012049 号

扬州名胜大观

潘宝明　著

责任编辑　金振华

摄影　蒋　瑜　王征星　潘宝明

苏州大学出版社出版发行
（地址：苏州市十梓街1号　邮编：215006）
镇江文苑制版印刷有限责任公司印装
（地址：镇江市黄山南路18号润州花园6-1号　邮编：212000）

开本 700 mm×1 000 mm　1/16　印张 22.75　字数 408 千
2017 年 1 月第 1 版　2020 年 8 月第 2 次印刷
ISBN 978-7-5672-2018-8　定价：45.00 元

苏州大学版图书若有印装错误，本社负责调换
苏州大学出版社营销部　电话：0512-67481020
苏州大学出版社网址　http://www.sudapress.com

春风十里新画幅
（序言）

  古城扬州为历代名邑，挹江控淮，襟楚连吴，以其历史悠久，文物彰明，雄秀相济，著称海内，闻名遐迩。扬州是1982年国务院首批公布的24座历史文化名城之一。扬州城市的性质经多方论定为"现代化滨江开放式园林城市"，是"古代文化与现代文明交相辉映的名城"，是长江下游重要的工商城市，是具有国际影响的城市，在国内外都享有特殊地位。2500余年的建城史，为这方热土留下了璀璨的历史文化成果。

文昌商圈

  扬州是风光秀美的风景城，自然曲折的脉脉清流，秀石叠砌的池沼假山，鳞次栉比的楼阁亭台，城阗清梵的庵观寺庙，集北方妙景之雄，兼南方佳境之秀，成为"淮东第一观"、竹西最佳处。

  扬州是人文荟萃的文化城，钟灵毓秀之地引动多少文人雅士云集寻胜，雄姿英才荟萃探幽。吟诗作赋，留下多少歌咏扬州佳景的华章；捻毫挥翰，作成多少描摹古城风韵的书画；孜矻探求，写就多少研究古代文化的专著。地以人名，文因地著，文地交辉，使"人天美景不胜收"。

  扬州是博大精深的博物城，笔补造化的书法艺术，神似取胜的国画艺术,气韵生动的雕塑艺术,五彩缤纷的工艺美术,淳朴深厚的风俗民情,奥博罕见的典籍收藏,古色斑斓的雕版印刷,乡土气息的戏剧曲艺,巧夺天工的园艺技术……这些异彩纷呈的艺术门类,扬州皆代有创新,独领风骚。

扬州是可歌可泣的英雄城:双忠祠李庭芝拒降骂太后;梅花岭史可法宁死斥敌酋;赖文光太平天国义旗高举;孙天生辛亥革命光复扬州;民主主义英雄熊成基安庆起义,以一死唤醒国人;共产党领导的新四军黄桥决战开辟抗日新局面。扬州屡经风云变幻,饱览人间沧桑,才迎来了今天的普天同庆,莺歌燕舞。扬州的街头巷陌,处处流传着英雄感天动地的传说;邗城的古壁残碑,时时回荡着历史深沉悠远的回音。扬州城因之正气沛然,扬州人则因之骄傲自豪。

扬州是物产富庶的丰乐城,汉代的兴盛,唐代的繁盛,明清的鼎盛,现代的腾飞,使这座古城为全国的经济繁荣做出了自己应有的贡献,而创造的饮食文化,无论是维扬菜肴、广陵细点、四美的酱菜,还是三泰的肉食、里下河的禽蛋鱼虾,都使文人雅士发出"却将一窝配两螯,世间真有扬州鹤"的感叹。

扬州又是国际交往的友谊城,它既无私地把自己成熟的文化输向天涯海角,又无餍地吮吸五洲四海丰富的文化营养。唐代鉴真大师目盲航东海,将盛唐文化之菁华一一传播于彼邦;晚唐新罗(韩国)学者、诗人崔致远入淮南节度使幕府;宋代时,阿拉伯友好使者普哈丁来扬州传教,临终还愿意安卧于维扬之畔;元代威尼斯旅行家马可·波罗遍访扬州,并且有在扬州任职之说。这真可谓"维扬玉立亭亭柳,送客迎宾总是情"。

马可·波罗塑像

著名学者曹聚仁先生据唐代扬州之全盛,指出:"扬州之成为世界城市,有一千五百年光辉的历史,比之巴黎、伦敦要早。它是我们艺术文化集大成的所在,比之希腊、罗马而无愧色。"

扬州——通史式的名城,不同于相类的城市仅某一朝代值得称道,而是在汉代、唐代、清代、现代都创造了灿烂的文明。

扬州——全方位的文化,物态文化、制度文化、行为文化、心态文化都创造了辉煌,代有增添,独领风骚。

扬州——全域性的旅游,一湖——瘦西湖,两古——古城、古运河,将扬州的全域连缀成一串精美的人天美景的项链。

2500年来,生于斯、长于斯、奋斗于斯的扬州人,凭藉自己的智慧、汗水和顽强毅力,筚路蓝缕,纾解困境,砥砺奋进,坚韧前行,在扬州这块土地上创造了璀璨文明。

"让居民望得见山,看得见水,记得住乡愁。"(习近平语)人是社会发展的核心要素,人的素质是成功变革的核心动力。这一理念催生事关扬州未来发展的重大决策:兴城先兴人,将扬州的历史渊源、城市精神、历史文化与现代发展浓缩成一条主线——以文化人,以文化城,人以文名,城以人兴。所以,本书奉行此理念,致力于文化普及,努力把知识变成常识,把知识变成知道,雅俗共赏,图文并茂,涵盖扬州著名景观景点,力求从历史的纵和地域的横来诠释风景名胜。既注意风景园林的理论探讨,也注意景点景观的

框景

文化解析,用连普通市民都能明白的话语方式进行传播,让百姓看得懂,吸引他们继续看下去,使扬州风景园林能成为扬州文化的名片。既让这里的人们真切感受到古代文化与现代文明交相辉映的城市特质,津津回味,乐于传播,也让其东渐西传,南下北上,以进一步提高扬州的知名度、影响力,迎接四海宾朋、五洲嘉宾"烟花三月下扬州"。

目　录

文化丰厚篇：名胜营造中的文化内涵

自然山水与理想人格 …………………………………………… 002
　　智者若水，仁者乐山 ………………………………………… 002
　　风景园林山水对自然山水的利用与改造提升 ……………… 004
　　风景园林的理水艺术 ………………………………………… 006
　　风景园林筑山叠石的文化创造 ……………………………… 008
　　风景园林的山水意象 ………………………………………… 010
风景园林建筑的文化内涵 ……………………………………… 013
　　风景园林建筑的文化品格 …………………………………… 013
　　风景园林建筑的礼仪文化 …………………………………… 014
　　风景园林建筑的情感特征 …………………………………… 015
　　风景园林建筑中的新思潮 …………………………………… 017
风景园林建筑装饰的文化内涵 ………………………………… 018
　　建筑装饰与原始图腾崇拜 …………………………………… 018
　　建筑装饰体现的文化心理 …………………………………… 021
风景园林植物的文化内涵 ……………………………………… 023
　　风景园林植物是自然美的象征 ……………………………… 023
　　风景园林植物以物化德的"人化特征" ……………………… 024
　　风景园林植物配植的文化心理 ……………………………… 026
　　风景园林盆景艺术 …………………………………………… 027
扬州名胜史话 …………………………………………………… 029
　　古城遗址探源 ………………………………………………… 029
　　园林盛景回溯 ………………………………………………… 031
　　运河风光述古 ………………………………………………… 034
　　名人胜迹怀旧 ………………………………………………… 035

城市辉煌篇：繁华今古的城市遗址景观

地域城池风水
　　——渐太阳位，藏风得水 ………………………………………… 038
丰富的康乾南巡遗迹 ……………………………………………………… 040
　　南巡之事，莫大于河工
　　　　——心忧百姓，察访河防、江防，与官民协力抗治水患 ……… 041
　　褒慰忠魂
　　　　——褒扬明末死节的"忠臣"精神，贬抑降清的逆子贰臣 …… 044
　　生一事不如省一事
　　　　——褒奖、赏赐地方官吏，处理甄别犯过臣子 …………… 044
　　盐课钱粮，关系军国急需
　　　　——抚慰盐商，注重关涉清政权经济命脉的盐税 ………… 048
　　殷勤难却众诚殚
　　　　——赐名、题诗，提升扬州园林的文化档次 ……………… 049
清代二十四景 …………………………………………………………… 052
古城遗址
　　——碧瓦朱甍照城郭 ………………………………………………… 055
　　唐城遗址博物馆、唐城门遗址、宋大城西门遗址博物馆、宋大城东门遗址、宋夹城、南门遗址
历史街区
　　——人生只爱扬州住 ………………………………………………… 060
　　魅力小巷、双东街区
历史遗存
　　——千载英贤胜迹留 ………………………………………………… 063
　　千秋公案琼花观、府学建筑文昌阁、县学建筑四望亭、帝王南巡遗址御马头、南柯一梦千年古槐、明代鼓楼（仪征）、科第绵盛状元坊（宝应）

运河波涌篇：风情万种的运河景观

名闻中外的京杭大运河 …………………………………………………… 070
运河美景
　　——邗沟水曲古扬州 ………………………………………………… 072
　　古邗沟、邗沟大王庙、阮元建隋炀帝陵、新发现的隋炀帝陵、邮驿古迹盂城驿（高邮）、邵伯船闸、铁牛、东关古渡、岭南会馆 盐商会馆、瓜洲古渡

运河新颜
　　——至今千里赖通波 ··· 081
　　南水北调东线工程的源头、万福桥、京杭之星、润扬长江大桥、火
　　车站、扬泰机场

英贤胜迹篇：忧国为民的名人胜迹

名士游纵
　　——烟花三月下扬州 ··· 086
　　唐大诗人李白——栖灵塔 ··· 086
　　唐诗人杜牧——二十四桥 ··· 086
　　唐画家李思训、李昭道——小李将军画本 ····················· 088
　　宋文学家欧阳修——平山堂 ·· 089
　　宋文学家苏轼——谷林堂 ··· 090
　　宋词人秦观——文游台（高邮） ··································· 091
　　明民族英雄史可法——墓园 ·· 092
　　清代著名文学家蒲松龄——故居（宝应） ······················· 094
　　清小说家曹雪芹——静香书屋 ····································· 095
　　清扬州学派泰斗王念孙、王引之——纪念馆（高邮） ······· 096
　　民国海军先驱盛白沙——纪念碑（仪征） ······················· 097

古宅名居
　　——清芬正气传当世 ··· 099
　　盘谷大天——两江总督周馥故居 ·································· 099
　　乾嘉巨擘——阮元故居 ·· 099
　　汪氏小苑——中等盐商住宅 ·· 100
　　浙派豪宅——吴道台府 ·· 101
　　盐宅之最——卢氏家宅庆云堂 ····································· 102
　　清芬正气——朱自清故居 ··· 103
　　一代艺师——王少堂故居 ··· 104

园林璀璨篇：书卷气浓的园林盛景

《园冶》，世界造园学最古名著 ·· 106
　　世界上最早的造园专著《园冶》，在明代园林成熟时应运而生 ····· 106
　　计成在扬州写下的《园冶》，全面总结造园经验，系统论述造园
　　艺术 ··· 106

秀湖揽胜
　　——西湖瘦处情偏好 ················· 112
　　卷石洞天、西园曲水、虹桥揽胜、西湖瘦秀、徐园、琴室 棋室
　　书屋、月观、五亭桥、白塔 钓鱼台、熙春台、石壁流淙
蜀冈骋怀
　　——松排山面千重翠 ················· 124
　　大明古刹、西园、天下第五泉、双峰云栈、观音山、汉陵苑
寺观闻钟
　　——何楼何塔不同登 ················· 131
　　高旻寺、文峰塔、石塔寺、天宁寺、天宁寺塔(仪征)、镇国寺(高邮)
名园步芳
　　——浅黄轻绿映楼台 ················· 137
　　何园、片石山房、个园、二分明月楼、凤凰岛、茱萸湾、冶春园、竹西
　　公园
博物概览
　　——领异标新二月花 ················· 148
　　扬州历史博物馆、古籍雕版印刷博物馆、扬州八怪纪念馆、
　　民间工艺博物馆、科技馆、国展中心
花鸟虫鱼
　　——花柳含丹日 ··················· 156
　　万花园观百花、玲珑花界观芍药、平远楼赏中日友谊莲、西园曲
　　水品扬派盆景、梅岭村戏金鱼、绿扬村玩秀鸟鸣禽
友谊盛景
　　——舍己为人传道艺 ················· 164
　　鉴真纪念堂、崔致远纪念馆、仙鹤寺、普哈丁墓园、圣心堂
海内外的扬州园林 ···················· 170
古城百姓私家园林 ···················· 173
　　涵碧园、陈园、凤鸣园、祥庐、木香园、紫园、听雨书屋、栖凤会馆

主题篇：天人合一　雄秀交融

书卷园林　艺术幽思
　　——园林的"书卷气"主题 ·············· 180
归隐放舟　茱萸聆奕
　　——园林住宅的"山人气"主题 ············ 183

崇文尚德　吟诗作赋
　　——名城的"文气"主题 ················· 185
商胡来访　师夷制夷
　　——风景中的"胡气"主题 ················ 187
正谊明道　功开食货
　　——园林"伦理"主题 ··················· 189
旧雨今雨　情谊真挚
　　——园林"交友"主题 ··················· 192
鹤驭飘飘　清骨仙风
　　——"鹤"主题景观 ···················· 196
南秀北雄　融汇出新
　　——园林取他山之石，择善而从，为我所用 ··· 200
巧妙精思　叹为观止
　　——园林的"明月"主题 ················· 203
凭轩倚栏　裙钗雅韵
　　——园林中妇女的倩影 ··················· 207
气壮山河　树德除恶
　　——园林的"尚德"主题 ················· 212
期盼幸福　寓意含蓄
　　——园林的"吉祥"主题 ················· 215
入世度生　美学趣味
　　——寺庙佛像的美学价值 ················· 218
宝塔苍苍　登攀远览
　　——寺庙塔的艺术 ······················· 222

理念篇：清秀富丽　书卷浓郁

水道处理　借鉴画理
　　——瘦西湖的理水艺术 ··················· 228
虽然无水　却富水意
　　——旱园水做艺术 ······················· 230
以简驭繁　事半功倍
　　——园林"半"的艺术 ··················· 232
画意诗廊　人天美景
　　——瘦西湖诗书画廊艺术 ················· 235

运河诗堤　古韵今晖
　　——运河诗堤的文化构思 …………………………………… 240

突出主题　表现意境
　　——园林的"用数"艺术 …………………………………… 244

收尽奇峰　叠石再现
　　——园林的分峰用石艺术 …………………………………… 248

半壁太华　万里江天
　　——园林的贴壁假山艺术 …………………………………… 251

壶天自春　大天盘谷
　　——园林的壶中天地艺术 …………………………………… 255

竹族欢聚　竹西佳处
　　——园林"竹"的栽植艺术 ………………………………… 257

巧布花木　生气盎然
　　——园林中花木配置精品举隅 ……………………………… 260

建筑篇：巧筑异构　精雕细镂

牌楼沧桑　盛事新颜
　　——园林牌坊艺术 …………………………………………… 266

舞榭戏台　歌吹扬州
　　——园林戏台艺术 …………………………………………… 271

家族荣光　五彩缤纷
　　——住宅园林的照壁艺术 …………………………………… 276

造式无定　随意合宜
　　——园林亭的艺术 …………………………………………… 281

大屋高墙　变化无穷
　　——园林墙的艺术 …………………………………………… 286

恢弘大气　实用美观
　　——园林山墙艺术 …………………………………………… 290

廊腰缦回　篆书流云
　　——扬州园林廊的艺术性 …………………………………… 292

细腻精致　豪华典雅
　　——翻轩的艺术性 …………………………………………… 297

立柱顶梁　代有创新
　　——园林柱与础的艺术 ……………………………………… 302

重门叠嶂　门窗轩豁
　　——园林、住宅门的艺术 ·················· 308

千门万户　扑朔迷离
　　——园林的门洞艺术 ······················· 314

如意吉祥　祈福太平
　　——园林古栏板石刻艺术 ·················· 319

多彩多姿　风雅怡人
　　——园林中的罩槅艺术 ···················· 323

小中见大　寓意丰富
　　——晚清园林的花窗木雕 ·················· 329

引景泄景　相互因借
　　——园林的框景艺术 ······················· 331

翔凫石舫　烟汀晓霁
　　——园林的石舫艺术 ······················· 335

寓意吉祥　雕镂精美
　　——园林的福祠艺术 ······················· 340

繁复精巧　童趣盎然
　　——园林砖雕《百子闹春》 ··············· 342

井水味甘　井景乐道
　　——城市井景举隅 ·························· 344

文化丰厚篇

名胜营造中的文化内涵

黄鹤楼送孟浩然之广陵

李 白

故人西辞黄鹤楼,烟花三月下扬州。
孤帆远影碧空尽,惟见长江天际流。

风景园林是人造景观,是运用工程技术和艺术手法,通过筑山叠石、理水引泉、营造厅堂、栽花植卉,反映主人的追求、园艺家的技艺,形成人工景观和自然景观的和谐。扬州园林林立,朝代之间园林风格不同,形式各异,流派纷呈,园林艺术包含着丰富的文化内涵、深刻的美学思想,具有较高的游览和观赏价值。史学家钱穆说:"中国人之宫室亭园、家屋居住,莫不有人文精神寓其内,匠心独运,举世无双。"

自然山水与理想人格

智者若水,仁者乐山

自古以来,扬州人都异常醉心于自然风光。这首先是因为景物所呈现出的审美状态——自然美,它更多地表现为形式美:山岭之高峻、水域之浩淼、烟霞之绮丽、花木之葱茏、鸟兽之生趣,这些气象万千的美好形式往往是人工人力所不能企及的。这种形式美又常常是游移不稳定的,它依赖于自然界的变化,往往会受时序更迭、环境变化的影响,一直处于稍纵即逝的流变之中,呈现出纷纭不定的面貌。因此,自然美能带给人感官的愉悦,也能带给人心灵的碰撞。石涛《苦瓜和尚语录》中说到园林山川的形貌与精神之间的联系:"山川,天地之形也;风雨晦明,山川之气象也;疏密深远,山川之约径也;纵横吞吐,山川之节奏也;阴阳浓淡,山川之凝神也;水云聚散,山川之联属也;蹲跳向背,山川之行藏也。"不仅是儒家,道家也对山水有特殊的认知,庄子曾说过:"天地有大美而不言。"(《庄子·知北游》)天地时空、自然万物,全都拥有难以言说却有规律、有道理的大美。这种美是有其具体表现的,刘勰说:"夫玄黄杂色,方圆体分:日月叠璧,以垂丽天之象;山川焕绮,以铺理地之形。"(《文心雕龙·原道》)

扬州古典园林属于写情自然山水型,园林山水崇尚自然。计成《园冶》中"虽由人作,宛自天开"的理论一直作为后来建园者的圭臬。中国园林中的精品无一不是构园者通过遍游名山大川后,"搜尽奇峰打草稿",缩龙成寸以后的再生。而崇尚自然不是对山水原封不动地照搬照抄,而是提炼概括,加入源远流长的文化因素和造园者自己主观感情的再生。这就是"外师造化,中得心源",是宋人所说"迹近自然"。园林的设计建造者以客观存在之模山范水为蓝本,经过艺术的加工提炼,按照特定的艺术构想,"移天缩地"在有限的范围内,将水光山色、四时景象、贵贱僧俗等荟萃一处,"纳千顷之汪洋,收四时之烂漫",以借景生情,托景言志,以情取景,情景交融,使人足不出户而领略多种风情,于潜移默化中受到大自然的陶冶和艺术的熏陶。园林山有真有假,扬州虽无崇山峻岭,仅有低山丘陵,但成功的园林都是先充分利用现成的山,如瘦西湖、蜀冈景观都是选择湖山的佳山秀水,因而真山和园林相映成趣。

园林山不同于自然山,园林之山既要突出它的主脉高峻,又要恰当地进行改造,增瀑添溪,植树建亭,重新安排,使诸美集于一山。比如双峰云栈的设计,把四周的自然环境一并考虑在内。立足于此,平山的峰峦、西湖的烟柳、栖灵的塔影尽收眼底。这种借景外之景的"借景"手法,使园的范围大为扩展,景物也更为丰富。其亭台、长廊、殿宇和小桥等人工景观与自然山峦和开阔的湖面相互和谐、艺术地融为一体,堪称风景园林设计中的杰作。

瘦西湖诗廊

自然界美的事物,只有作为人的一种暗示才有美的意义。我国传统文化的理解是:天地的悠久、山川的宏伟、生灵的和谐,这一切美好的景象都会引起旅游者对自我人格的反观和对美德的比附。自然美景还有着伦理美德的象征意义,即"比德"现象。古代汉民族的类比思维,常见的主要在"天象"、"地法"、"人事"之间的类比。在这种思维中,有一种叫作"观物比德",在上古运用得十分普遍,《论语·庸也》:"子曰:知者乐水,仁者乐山。知者动,仁者静。知者乐,仁者寿。"可知"水"类比智者。园林的"比德",就是山川名胜人化的过程。穷探造化奥秘,善于欣赏自然,正是我们民族可贵的心理特征。三国时曹操的"山不厌高,水不厌深",元代王恽的"山以贤称,境缘人胜",天人合一,天人感应,由悦耳、悦目到悦心、悦意,再到悦志、悦神,将名山大川作为宇宙灵气所钟,而人则是山川灵气之凝结,自然之景和人文之赏分明已融为一体。经历代志士仁人、能工巧匠的努力,这些由人们知识、态度、价值观构成的山水的"隐在文化"逐渐地转化为显露在外的,人们可触可摸可感的园林"显在文化"。于是,园林形胜中有了寺庙观庵、楼台亭阁、蹬道古桥、摩崖碑刻、诗词对联、轶闻传说,这些显在文化尽管自身有其丰厚的文化内涵,但它们的内蕴只有置放于相应的园林中才有其个性魅力,成为游客的天堂,达到物我统一、物我两忘的境地。乾隆曾在《静明园记》中写道:"若夫崇山峻岭,水态林姿,鹤鹿之游,鸢鱼之乐,加之岩斋溪阁,芳草古木。物有天然之趣,人忘尘市之怀。较之汉唐离宫别苑,有过之而无不及也。"

滨水园林群落

风景园林山水对自然山水的利用与改造提升

扬州人文景观中最为重要的部分当属园林。其兴造园林的历史起源于夏商周三代,经历千百年的技术积累和审美积淀,逐渐形成了湖上园林、住宅园林、寺观园林、陵墓园林等各具特色的形式。而所谓的园林,"是在一定的地域范围内,人们利用与改造天然山水地貌或者人为开辟山水地貌,并结合植物的配置和建筑的布局,来构成一个可供观赏、游憩、居住的优美环境空间境域"(陈敏、秦华《论文学与园林的关系》)。由此可见,园林作为一门综合艺术,必须依赖于山水地貌等自然环境条件,因此,人文景观首先当与自然景物相互适宜、相得益彰。

进一步而言,园林等人文景观位于自然大环境的包围中,而其内部则是人们模仿自然而创造出的小天地。因此,园林景观本身的设计安排也要努力把握天地之生趣、山水之真髓,使之处处和谐天然,不露人工匠气。就如兴造园林中最见功力的堆叠山石、治理水脉方面,就"要须回环峭拔,安插得宜",这样才能达到"一峰则太华千寻,一勺则江湖万里"的理想境界。(文震亨《长物志校注·水石》)在人造景观间不着痕迹、恰当适宜地模仿和再现宇宙天地的神韵和意境,便能使人文景观内的小天地与人文景观外的大自然得以气脉相连。

园林的山是园林的骨骼。山由于体量高大,耸峙如屏,本身就美。土山的不同坡面,可随势种植树木花卉,点缀楼阁亭台,构成不同特色的风景点;

石山,不同的石材,形状、色彩、纹饰不同,或峭拔凌空,或夭矫玲珑,或悬崖飞石,或洞窟如屋,或峡谷山涧,给人以雄秀奇险的美感。而山还可以遮挡、分割,将园林分割成不同的空间。山能引动游客登高远眺,游目骋怀,亦可回转山周,在隧道深洞之中戏耍,趣味无穷。

园林山水设置与建筑营构是园林建设的突出问题,中西方古典园林在总体布局上的一个最大区别,就在于突出自然风景还是突出建筑。以法国宫廷花园为代表的古典主义造园艺术的突出特点,就是在平面构图上强调园林中部的中轴线,园林内的林荫道、花坛、水池、喷泉、雕像、小建筑物、小广场、放射形的小路等都围绕着这根中轴线来进行布置。在这根轴线高处的起点上则布置体量高大、严谨对称的建筑物,建筑物控制着轴线,轴线控制着园林,因此,建筑物也就统率着花园,花园从属于建筑物。显然,这种园林的基本指导思想来自理性主义,是"强迫自然去接受均称的法则"。

扬州的园林则走着相反的道路。它一般以自然的山水作为园林景观构图的主体,园林植物配合着山水随势相宜地自由配置,道路回环萦曲,穿插于山水、花木、建筑之间,建筑只为观赏风景和点缀风景而设置,以形成富有自然山水情调的园林艺术效果。扬州人建造园林是为了追求"林泉之趣"、"田园之乐",这种"趣"和"乐"只有令人神往的自然山水才能给予;人工建设的结果,只能是更加强自然环境整体的美,突出自然的美。为了要有所取,就要有所予。园林建筑这种人工因素与自然因素之间,从素质上看有对立的一面,但如果处理得好,也可以统一起来。可以在自然环境中增添人情味,增添生活的气息。作为一个风景建筑,它跻身于大自然的怀抱,成为它的一员,当然不应成为一个高傲的游离于景区的"不速之客",而应有其恰当的"身份",应成为整体环境中一个协调、有机的组成部分。这种自然美与人工美的高度统一,正是中国人在园林艺术上不断追求的境界。

在扬州的风景园林中,"山水为主,建筑是从"这一点十分明显。与大自然相比,建筑物的相对体量与绝对尺度,以及在景物构成上所占的比重,一般说来都是很小的,只处于从属的点景地位。在这种环境下,建筑布局强调"依山就势"、"自然天成",它们穿插、点缀在自然

精致园林的框景

景色之间,起着画龙点睛的作用,在自然美中注入人工美的气息,渲染着人们现实生活的情调。例如,瘦西湖风景区建造的风景建筑尺度一般不大,有些体量较大的宗教建筑如大明寺等,都有意识地隐蔽于湖北的山麓林木之中,并不去争夺自然风景中山水主角的地位。各种体量大小不同的建筑物,一般与周围的环境相适应。风景区中的白塔建在湖的南侧,比起北京的塔,高度降低,形制缩小,与五亭桥比,并不突兀;栖灵塔虽高,因处于蜀冈中峰,登塔临槛,湖山景色,极为壮丽,与周围的整体环境都很相称、很协调。

在高山绝顶处常建有寺观园林,以取高高在上之利,建筑也丰富了自然景区中的人文景观,使人与自然的交融更为紧密。这种实例很多,如位于蜀冈东峰、西峰的大明寺、观音山,都是佛教园林,建筑基址选在蜀冈的高处,又采取"寺镇山"的手法,使不高的丘陵山增高,寺庙整体呈金色,金墙黛顶在阳光下金光闪烁,方圆之内极为引人瞩目。

风景园林的理水艺术

水是园林的血脉,理水艺术直接影响造园的景观效果。中国园林,特别是规模较小的园林,其布局的基本方式是:山—水—建筑。建筑面对山水,既能突出山水景观,又能获得良好的观赏条件。

集中理水。水是园林的血脉,称为造园的第一要素,但我国古典园林中的理水之法与西方不同。水体形式主要有湖、湖泊、池沼、河流、溪涧,以及曲水、瀑布、喷泉等。扬州园林水围山转,山因水活,追求的是以山水为主题的自然美、灵秀美、智者美。扬州园林喜欢用水,因为水给人以清新、明净、亲切的感受。园林设计者常常引水入园,开池蓄水,旱园水做,水面随园林的大小及布局情况,或开阔舒展,或潆回幽深,使空间延伸、变幻。当山石、植物与水漫延流动的神态结合在一起时,更让人觉得自然而富有生气;而水面五彩缤纷的倒影和跳动着的山泉、水瀑、浪花敲打着人们的心弦,令人欢快,富于想象。中小型庭园的水面常采用集中理水的方法,在庭园中常以不规则的水池为中心,沿水池四周环列布置建筑物,形成一面向中心内聚的格局,使有限的空间产生出密切、幽静、畅朗、水态丰盈的效果。扬州的个园、何园都占地不大,都以开阔的水池为中心,环池配以亭阁轩廊和山石花木。"地只数亩,而有行回不尽之致;居虽近廛,而有云水相忘之乐。"(清代钱大昕语)

分散理水。大中型园林则采用分散理水之法,即将水面化整为零,分隔成若干个区域并相互连通,形成大小不一的水面环境,称为"水局"。这种理水方法以水为题,以水取景,水陆萦回,山岛间列,小桥凌波,烟水浩渺,造成迂回曲折、扑朔迷离的美感。这方面瘦西湖堪称典范。

一是北方之雄与南方之秀的分界。二是对水的精心处理,拓宽水面,水围山汀。三是让每一处的水彰显个性,与他处的不同,曲折透迤,变化万千。朱自清概括得好:"下船的地方便是护城河,曼衍开去,曲曲折折,直到平山堂。""有七八里河道,还有许多权权桠桠的支流。这条河其实也没有顶大的好处,只是曲折而有些幽静,和别处不同。"经过数百年的经营,人们把楼台亭阁、假山叠石、怪竹奇木荟集于瘦西湖,使瘦西湖的风貌楚楚动人。

池水与喷泉。对于湖泊、池沼等大型水体来说,大多利用天然水体而略加人工或依地势"就低凿水"而成。规模小的园林或宅园,或大型园林中的局部景区,水体形式以水池为主。此类水池,阔者数亩,精巧者仅一席见方,借意"一勺如江湖万里"。池岸常筑以廊榭轩阁,驳以参差石块,植以垂柳碧桃,清池倒影,自有妙境。庭园里还常在"池上理山",或就水点石,别有情趣。

扬州园林以水作动态时,还常常模拟瀑布这一自然水型。通常的做法是将石山叠高,山下挖池作潭,水自高泻下,击石喷溅,俨有飞流千尺之势。如双峰云栈的"瀑布屏",构筑甚妙,湖石滑净如削,面径数仞,因而为山,贴山卓立,山涧有蜀冈的水源,自然流淌,而为瀑布。

山环水抱

旱园水做。扬州何园为旱园,旱园水做的常法都是挖一水塘,点缀些山石,沾点水气而已。而何园构园者从一开始就另辟蹊径,在进园处贴壁山林前留一湾曲水,池旁湖石或如峭壁凌空,或如矶石俯瞰,池内碧水中游鱼怡然,山上葛藤倒悬,更有山色楼台倩影映水,你会不自觉地叹道:"活了!"更有趣者,前园的牡丹厅房安排船厅。看着这船形的厅堂,人们感到仿佛已到湖边。再看厅下,以鹅卵石和小瓦铺成的水的波浪纹,起伏有致,似见波光粼粼,似听裂岸涛声,尤其是月夜,月光朗照于铺地的水纹,此时你抬头看那楹联"月作主人梅作客,花为四壁船为家",顿时会忘却这是一个旱园,而会疑为在湖滨漫步,舫内荡桨;定会惊叹构园者能在东园的山水楼阁中,居然使之无水而有水意,无山都有山情。

风景园林筑山叠石的文化创造

"扬州以名园胜,名园以叠石胜。"(明代张岱《于园》)

古代哲人称石头是天地之骨,石头在自然景观中起基本作用,这种观念引导着中国人把自然的石头用于园林的建造。中国园林中的"山"有真山,苏州天平山高义园为真山园林的代表,而中国绝大多数园林中的"山"是假山,人工造山在中国传统造园中自然占有十分突出的地位。假山造型独特,千姿百态,点缀庭院楼阁,既装饰了建筑本身,又丰富了园林的空间,使游者获得咫尺山林的美感。

筑山是造园最重要的因素之一,叠石是我国一门独创的建筑艺术。园林假山叠石按位置可分为庭山、壁山、楼山、池山等类型。其中,庭山是庭院内的叠石,多在园林建筑前;壁山是依墙壁叠石或就墙中嵌石山,称为贴壁山;楼山以叠石为楼阁基础;池山则是在水中叠石而成。叠石用的石料有湖石、黄石、房山石、青石、英德石、黄腊石、宣石及各种石笋等。湖石由石灰岩溶蚀而成,山石玲珑,色泽青润,纹理纵横,凹凸不平,彼此通透。黄石由细砂岩风化分裂而成,石形方正有棱角,纹理古拙浑厚,气势雄伟。而房山石乃北方湖石,英德石则多姿,黄腊石呈圆浑,宣石白色覆灰黑。人们根据这些不同特色的石料,加以艺术组合,则构成小至盆景、大至石山的叠石景观。其中,南方湖石以灵透入画,北方大青石以粗犷取胜。但是,它们都要求以很小的空间,展现出千岩万壑的雄奇画面,使自然山水的构成规律得到艺术上的凝炼和升华,给人以雄奇、峭拔、幽深、平远等意境。扬州个园的四季假山,是以小尺度的山景创造峰峦洞壑、溪涧飞泉的杰作。

假山始创于秦汉,史载"筑土为蓬莱山",还有确切记载北魏张伦造景阳山,"园林山池之美诸王莫及"。假山兴盛当在唐宋,尤其是宋徽宗喜爱山石,花石纲即是证明。《续资治通鉴》载,宋徽宗在卞京筑"艮岳",从江南运去大量奇石,有"太湖、灵壁、慈溪、武康诸石"。上行下效,造假山蔚然成风。假山堆叠之精当在明清,明计成《园治》中就对造山叠石之法做了全面总结:"存真为假,作假为真。"他曾以扬州园林为例,列举了园山、厅山、楼山、阁山、书房山、池山、内室山、峭壁山、山石池、金鱼缸、峰、峦、岩、洞、涧、曲水、瀑布17种形式,总结了明代以扬州为代表的造山技术。可以看出,江南明清之际造山艺术已趋于成熟和普及。

孤峰点景。即一峰独秀,如陈园南门旁矗立着嶙峋的太湖石,重达几十吨,当年吊放时颇费周折,最终动用了200吨的吊机。该石无愧"柱石图"的雅号,周身孔窍遍布,通灵剔透,纹路苍劲,古色斑斓。当年郑板桥仅以《柱石图》画明志,今按其画意复原,点缀在大门前,如砥柱中流,呈现厚重文化,平添无限生机。

肖形用石。如小盘谷的山石为九狮盘峰,是远胜于别处的。清《江都县续志》称:"园以湖石胜,石为九狮,有玲珑夭矫之概。"九狮或跃跃欲腾,或沉沉酣睡,或悠闲戏闹,或竞相追逐,自得其乐而又自成天趣。

分峰用石。扬州个园的假山采取分峰用石之法。所谓分峰用石,即根据不同的石材,堆叠不同的山峰,辅以花卉树木,形成一处处个性鲜明的山景,而又要将诸多山景汇于一园,相互映衬,相互比照。叠石区共8000平方米。著名园林学家陈从周先生指出:"个园以假山堆叠的精巧而出名,以石斗奇,采用'分峰用石'的手法,号称四季假山,为国内唯一孤例。"诗意分区,别具匠心,此园以一种石材,配置一种植物,构成一个季节,蕴含一种意境;且四景并非一样大小,而是如一出戏,春为序幕——小,夏为发展——中,秋为高潮——大,冬为尾声——小,安排十分精心;四景既各自独立,又相互连缀,游园一周,似过一年,将画论中"春山宜游,夏山宜看,秋山宜登,冬山宜居"的理论以立体的园林形象表现出来。可谓"春夏秋冬山光异趣,风晴雨露竹影多姿"。

秋山宜登

风景园林的山水意象

中西方由于对自然美所持的态度不同,反映在园林艺术的追求上便各有侧重。西方古典园林虽不乏诗意,但刻意追求的却是形式美;中国古典园林也注重形式,但倾心追求的却是意境美。

西方人把美划分为自然美和艺术美两个层次,并认为自然美有缺陷。为了克服这种缺陷而达到完美的境界,就必须凭借某种理念去提升自然美,从而达到艺术美的高度。这就意味着必须改变自然状态的原来面貌,而把它纳入某种符合规律的模式中去,这种模式就是形式美。受到西方哲学和美学传统的这种影响,西方古典园林偏重于符合"数和比例"的观念,更重视人的理性,寓理于景,将诗情画意都予以理性化,表现出浓厚的理性色彩。中国古典园林则注重于"景"和"情"的统一,寓情于景,强调情景交融、物我同一,将理性融化于情感之中,寻求一种诗情画意的环境氛围——意境,不仅诗歌文赋、书画雕塑,甚至对园林中的自然景、人工景都能以"意境"去欣赏概括。杜甫诗云"意匠惨淡经营中",这"意"有意境、意象、意蕴、意味之谓。造园追求"三境":生境——良好的生活环境;画境——景观如画,园林如诗如画,使人感到高雅、有趣;意境——园林客观的境与主人主观的意相合,成为园主和造园者情感和理想的表露,这就有了个性的风格特点。

对意的刻意理解应是旅游者观赏的最高追求,而且善于将诗文与景观结合起来考察。这种差异主要出于中国古典园林的文化背景。扬州古代的造园家往往就是诗人、画家。他们不仅将文人的气质、志趣反映在园林里,而且把诗情、画意融入园林之中。而诗和画都十分注重意境的追求,致使中国园林从一开始就带有丰富浓厚的自然情感。西方对中国的意象并不感兴趣,而着重于如何看到事情的本质,研究客体的共性与个性、偶然性和必然性、独特性和普遍性、表面性和本质性。这就是西方园林所刻意追求的形式美。意境要靠"悟"才能获得,而"悟"却需要景的触发才能启动,这就是所谓的"景无情不发,情无景不生"。中国古典园林在长期的发展中形成了自己的艺术特征:以有形表现无形,以物质表现精神,以有限表现无限,以实境表现虚境,小中见大,大中见小,最大限度地引发人们的共鸣和联想,使有限的具体形象和想象中的无限丰富的形象结合起来,使再现真实景致与它所暗示、象征的虚境融为一体。至于造园中所运用的手法更是丰富多样,抑景、对景、借景、隔景、漏景,以及对匾额、槛联等的运用都极具匠心。

扬州的园林注重山水意象。扬州的园林占地不大,且建于城市之中,往往范围小,体量小,但主题突出。园中亭台楼阁配以山水花木,素雅精巧,小中见大,轻巧通透,开敞深邃,色调淡雅,充满书卷之气。这种园林才值得细细品味。地域上不同于燕赵的慷慨、楚汉的雄风,而是充满吴越的灵秀;性质上既不同于帝族王侯,擅山海之富,居山林之饶,崇门丰室,洞户连室,飞馆生风,重楼起雾的皇家气,也不同于富商烦琐庸俗、附庸风雅、叠床架屋的楼阁,雕梁画栋的装饰,矫揉造作的联匾的富商气。而是理水、叠山、造屋、栽花自然流露出一种诗情画意,做到了"这园子却是像画儿一般,山石树林,楼阁房屋,远近疏密,也不多也不少,恰恰的就是这样"(曹雪芹《红楼梦》)。

  可贵者追求各自的个性,徽派、苏派、浙派园林风格都不尽相同。"苏州园林如宋词,纤巧精致;扬州园林像唐诗,清秀富丽;颐和园则像是汉赋,恢宏广博"(陈从周《园林谈丛》)这些都可作为江南园林书卷气的佐证。这种个性渗透到园林的方方面面,仅以布置为例,皇家园林、官邸园林、富商园林总是使用对联、匾额、书画等形式,但在内容上、风格上都有明显的区别。北京故宫等皇家园林总是夸耀安邦定国、文治武功的政绩;佛道圣地常常以参禅悟道、出世归隐劝诫世人;富商园林尽管附庸风雅,但总掩饰不住踌躇满志的得意和一本万利的希求。扬州园林总是以聚友赏景、谈书论画为题,追求的是吟风弄月的氛围,表现的是淡泊明志、宁静致远的意趣:"水榭朝曦花带露,山房晚照柳生烟"(西园曲水);"碧瓦朱甍照城郭,浅黄轻绿映楼台"(熙春台);"朝宜调琴,暮宜鼓瑟,旧雨适至,今雨初来"(个园);"月作主人梅作客,花为四壁船为家"(何园)。这里的对联几乎不带功利性,而是寻求返璞归真,尽情领略书卷氛围中的逸趣。不仅仅如此,更重要的在于园林的布局、山石的堆叠、建筑的构造、花木的配置都体现文人雅士的习好意趣。

  园林山水文化是不断创造的过程,它既然是人类与自然之间建立起来的亲善和谐关系的特殊体现,那么人们对山水的审美需求和审美能力就会不断发展,在山水文化形成过程中就会不断丰满、完善。以宗教活动和文学艺术为例,几乎历代的人们都依傍山水或以山水为表现对象,积累了中国旅游文化的宝贵的经验财富。推而广之,实用的、认知的、宗教的、审美的多层面的积淀,都不断给山水打上人的印记,使山水文化人化、物化、诗化和史化。可以说,山水文化就是人化的山水,是人的本质力量对象化的结晶。而人与山水的关系的极致就是人与自然的和谐精神。儒家的"比德游",道家的"逍遥游",佛家的"悟世游",百姓的"休闲游",都从不同角度强调旅游中的个性解放、自我愉悦。《庄子·天道》说:"与人和者,谓之人乐;与天和者,谓之天乐。"这是在儒家强调的"人和"之外提出了"天和",即人与自然界的和谐。这种朴素的哲学思想反映了世界的普遍规律,越来越被人们所认识,并将之作为中华民族的人文精神、和谐社会的圭臬。它要求人们必须懂得人是天地生成的,人的生活必须服从自然界的普遍规律。人类道德的最高原则是一而二、二而一,这不仅具有历史价值,而且具有时代价值。

  我国传统文化背景下的旅游审美实践活动,从来不曾片面满足旅游者的单方面需要,而毫不顾惜大自然本身。自古以来,扬州的园林美学一直沁透着浓郁的生态意识,人们徜徉于园林之间,以人与自然的和谐相处为乐事,以对外物的包容爱护为责任,以与万物的交融为终极追求。古人时常以一种博大的胸襟和宽容的态度对待园林中的自然山水,热爱它们,欣赏它们。这份民胞物与之心在园林中得到了深入全面的体现。面对园林中各得其所、和谐相怡的自然山水,旅游者的心中往往会油然涌起真挚的喜悦之情,在欣赏感悟中与自由自在的草木鸟兽同喜同乐。

水牌坊

风景园林建筑的文化内涵

风景园林建筑的文化品格

我国的园林建筑是民族科学技术、艺术才能和审美情趣的结晶,有"园林五官"之谓。建筑物、环境、装饰既具有物质的一面,同时也反映精神文化的一面,它的造型、形象所产生的精神功能、美的观念成为构成建筑文化的重要因素。

"首先是人类营造建筑,然后是建筑营造人。"(丘吉尔语)在中国,园林建筑就是一片被柱子或承重墙围起来的空间,它的修建最初只是为了满足人的居住需求。但是,随着经济的发展、社会的进步,园林建筑的功能就不再是简单地满足人们的各种使用要求,它同时具备了某种精神属性,反映着当时的社会、文化、艺术、政治思想等意识形态方面的因素。由于它能体现出不同时代、不同民族的文化精神与审美意识,因此,建筑被称为"空间化的社会生活,凝固化的历史文化,物质化的精神载体"。德国大诗人歌德说过:"建筑是凝固的音乐。"它和音乐一样具有节奏和旋律,追求组织、强弱、长短、高低的和谐运动。而中国的园林建筑之中不仅有音乐,而且有诗画。中国建筑不论平面、立面都非常重视音乐、诗歌、绘画韵律的组合,有序曲、前奏、高潮、尾声,有高、低、虚、实、扬、抑的照应。而园林建筑中的层次文化更是中国文化所特有的品格,除前面已经提及的,以下的园林文化传统是比较突出的。

"忧患"传统。儒家的人生哲学认为,人生是艰难的,社会是复杂的,"穷则独善其身,达则兼济天下",应以历代先贤、志士仁人为榜样,始终保持忧患意识,用坚忍不拔的毅力、锲而不舍的精神去积极进取。儒道哲学都具有深刻的忧患意识,认为应该通过"太上立德,其次立功,其次立言"的三不朽哲学弥补人"生而有涯"的缺憾。扬州欧阳修的平山堂、苏东坡的谷林堂都表现出浓厚的忧患意识。

尚古传统。珍惜自己民族的历史,宠爱先辈留下的遗迹,中华民族从古至今都重现传统文化的保护和传习。儒家以信而好古著称,孔子推崇周的礼乐制度,发出"郁郁乎文哉,吾从周";道家也尚古,庄子曾发出"旧国旧都,望之畅然"的感慨。而历代造园者总是尚古的,清代石涛参与设计的个园、片石山房,并非凭空建造新园,而是以旧园加以改造,其原因是尚古:一尚古园之古树,"名园易得,古木难求",看中的是园中的古木峥嵘;二尚环境，这里地势好，崇尚最初造园之人的眼光。

今人尚古。一是表现在对历史上的园林趋之若鹜，希望了解景观的来龙去脉，追根溯源，而扬州的旅游工作者总是津津乐道、如数家珍般地向游人介绍古代的一草一木、一房一石；二是表现在对老城区现存古典园林的保护，责成政府部门采取措施，对兵燹战乱毁灭的历史园林原样恢复，如扬州万花园的恢复，壶园、华氏园的大修；三是即使旅游开发中的仿古街、仿古园、仿古楼及至仿古旅游，如"双东"，都尽量将历史记载的园林具体化，使虚变实，使今若古，折射出旅游者的尚古情节；四是在古园林瘦西湖周围不建高楼，不修索道，反映其是尚古意识。

重文传统。中国古典园林或文人所建，或主人延请文人亲炙其教，为其增色，通过欣赏中创造的"文化"——诗词歌赋、书法绘画、楹联匾额，给园林山水增辉。这是中国文人希望通过诗文书画展示自己的才华，抒发自己的情感。这情感既有积极用世的一面，也有消极遁世的一面，往往抒发名士的牢骚。这既是对黑暗现实的抗议，也是与"秋风催老梨花落"的无情的时光抗衡。

"壶中天地"。扬州明清时期承继"壶中天地"格局，个园有一匾"壶天自春"，其他"小盘谷"、"小蓬壶"、"小瀛洲"、"小玲珑山馆"在园林中到处可见。如扬州的小盘谷，该园从韩愈《送李愿归盘谷序》取意，韩所写"太行之阳有盘谷"，说"是谷也，宅幽而势阻，隐者之所盘旋"，主人是借其名而现其意。

风景园林建筑的礼仪文化

中西方古典园林在总体布局上的一个最大区别，不仅在于突出自然风景还是突出建筑，而且在于风景园林中蕴含的礼仪文化。

扬州园林建筑中的礼仪文化表现的是群体艺术，园林多以不同体形、体量建筑与不同面积、形状的院落组合成复杂多层次的空间系统，用引导、限定、聚散、开合、对比、烘托等手法取得预期的艺术效果，且与民居互相交织。园林的实用功能与欣赏功能有机融合，礼仪的等级性与居住的舒适性相辅相成。扬州园林建筑致力于以一座单体为单元，在平面上和空间上延伸，使得建筑具有绘画的特点，描绘出富有意境的画面，创造出人在环境中"步移景移"的动态空间美。西方建筑在纵向的立面上以单体局部和向高空凸显见长，形体空间的封闭遮蔽时间的流程，体现出一种静态的造型美。这就产生了中西（古典）建筑鉴赏的差异。正如梁思成所说："一般地说，一座欧洲建筑，如同欧洲的画一样，是可以一览无遗的；中国的任何一处建筑，都像一幅中国的手卷画，手卷画必须一段段地逐渐展开看过去，不可能同时全部看到,走进一所中国房屋,也只能从一个庭院走进另一个庭院,必须全部走完,才能全部看完。"扬州民居的合院格局源于中国传统的宗法制度,"百行孝为先"的伦理,礼义廉耻、忠孝信悌的道德规范。这种格局在唐时已趋于成熟,园林民居多采用具有明显中轴线的左右对称的平面布局,宅院多在主要房屋之间用有直棂窗的回廊连接成四合院,也有全由房屋围成的狭长四合院,或以围墙和房屋结合而成的

萧梁铁镬

三合院。扬州城区至今还布散着三百多条街巷。小巷是伴随着城市的产生而产生的,是市井生活和风情最直接、最真实的写照和缩影。街区中的芍药巷、琼花观、文化里、五福巷、广储门、双忠祠,巷名如同词牌,勾起人们的诗情画意。特色住宅"铜壳锁"、"一颗印"、"大宅门"保存完好,原汁原味,在小巷中探胜,顿生扑朔迷离之感。而双东街区古色古香,文物保护单位散处在逶迤曲折的街区之中,如个园、壶园、准提寺、三祝庵,人在巷中走,犹如看一卷不尽长轴,50多处名胜古迹、古树名木、市井街坊、茶楼酒肆、圈门火巷、僧堂尼庵等重要历史遗存,以及"河、城、街"多元而充满活力的空间格局,体现了江南运河城市的独有风韵。真是春光无限,美不胜收。把握园林人文景观的环境,更会感受到它的脉搏和血肉。

风景园林建筑的情感特征

中西方都将园林看成人间天堂。皇家园林成为权力的象征,私家园林则作为情感的寄托。中国有句名言:"上有天堂,下有苏杭。"如果说杭州的自然风光占去一半位置的话,那么苏州则大半是人工化的园林了。私家园林已体现了"天堂"意味,那皇家园林更不待说了。在中国,从汉到清,整整两千年时间,皇帝园林里总要造上蓬瀛三岛,那便是神仙居住的所谓长有长生不老药的地方。这与西方的观念是相似的。因为英语中"天堂"这个词来自古希腊文的Paradeisos,这个词又来自古波斯文Pairidaeza,意为"豪华的花园"。"豪华的花园"等于"天堂",这种观念几乎全人类都是相同的。

中西方都将园林看作是权力的象征和政治的情感寄托。中国的皇家园林体现的是小园林、大中国的构想,如颐和园、避暑山庄,简直就是缩小了的

中国版图和中国景观集粹,充分表现了皇帝的无所不能、独霸江山的权势意识。西方的代表是法国路易十四时代的造园艺术,它典型地映照了那个"朕即国家"的绝对君权制度,凡尔赛宫及其园林就是这样的典范。中国是收尽全国名胜于一园,西方则是将豪华而又技术性很强的东西统统搬入园林中,借此炫耀自己。这些都是相同的。

中国的私家园林都寄托着主人与造园者的理想与愿望。西方人想将园林作为美的标志,作为散步、思考和隐居的好去处,这在近现代才得以实现。但在中国,却一向如此,中国的私家园林就是闲静、优雅、曲折、含蓄,它实际上就是中国士大夫和一般人们的处世哲学和文化审美态度的体现。而那些在官场上失意、仕途上坎坷的士大夫和文人,他们更将园林作为隐身之处,标榜"归来"和"隐逸"。这其实仍是一种政治态度和相应的道德评价。

扬州壶园是何廉舫寓居的家园。他29岁进入官场,任过吏部主事、江西吉安知府,太平军攻入吉安,何氏一门8口被抄斩。他悲痛欲绝,可朝廷居然以失职罪将其削职为民。当何廉舫遭难、穷困潦倒时,其师曾国藩和李鸿章指点迷津,权势鼎力相助,于是他寓居两淮盐运的扬州,以业盐为职业,经商发了财。但是,何廉舫最终还是辜负了老师,弃商从文,读书写作,成为19世纪中叶江阴第一文士,有"才高八斗、学富五车"之称。

何氏归隐后致力的是藏书,终有"藏书之家"的美誉。曾作诗多首记其状况及心态:"饥不必谋稻粱,胸中鳞枇开书仓;寒不必谋衣裳,唐缣宋锦堆我旁……若以藏书比置产,虽不巨富犹小康。"他以书为友,洁身自好,其联云:

泛萍十年,宦海抽帆,小隐遂平生,抛将冠冕簪缨,幸脱牢笼知敝屣;

明月二分,官梅留约,有家归不得,且筑楼台花木,数茨草创作菟裘。

壶园悔余庵

他的由官而绅,再由绅而儒,三起三落,是近代知识分子的缩影。走近壶园就是走进中国近代史。

酿五百斛酒,读三十年书,予愿足矣;

制千尺大裘,营万丈广厦,何日能之?

这些自撰联既是他境遇的写照,更

是他对人生的彻悟。不以物质富有为幸,而是以终日消磨一卷书、恬淡自适为满足,这至今仍耐人寻味。

风景园林建筑中的新思潮

何园是出现较晚的,其特点明显:它虽效法于江南园林和北方园林,但已将域外意识有机包容,将精美灵巧和庄重集于一身。园林以山石池塘衬托,更结合南国植物配置,并以自身建筑的简洁、轻盈布置其间,形成庭园畅朗、玲珑、典雅的中西合璧的独特风格。

主人居住的玉绣楼,是两栋前后并列的住宅楼的统称,玉绣之名,来自庭院中栽种的广玉兰和绣球树。玉绣楼的主体建筑采用中国传统串楼理念,四周用回廊围成院落。该建筑群前后三进,第一进为楠木大厅,五开间,二、三进为二层楼房,每进皆为六开间。屋宇宽敞,规模宏大,每进之间皆列小院。东西两面筑廊勾连,青瓦红柱歇山顶。楼内设计采用一梯一户带有拉门隔断的独立套间,一式水磨青砖,墙壁以细沙和糯米汁略加草灰以作胶合,为灯芯拼缝。楼内的独立套间与中国传统住宅的厅厢结构完全不同。楠木门窗皆为双层,内玻璃,外百页,地板悬地1.5米以上,以阴窗透气。朝南一面外廊皆镶嵌月牙门,简单疏阔,仅为装饰之用。房间里点缀的吊灯、壁炉等装饰细节,处处洋溢着欧式风情。小院中略置花台,配以树木,以少量山石花草点景,显得幽静又富有生气。总体布局严整,基本上是多进四合院式建筑。该园林是研究清代扬州大型民宅中新思潮的活标本。

何园胜境

风景园林建筑装饰的文化内涵

建筑装饰与原始图腾崇拜

在中国古代神话与传说中，龙、凤凰、狮子、白虎、朱雀、玄武狮、象、麒麟、骆驼等都是图腾。这种对天象、鬼神、动物、植物的崇拜反映了人们对自然的敬畏与征服。人们在园林建筑装饰中加以表现，以求平安吉祥。其中以龙为最多。龙是一种神异动物，是原始社会形成的一种主要的图腾崇拜的标志。龙具有九种动物合而为一又九不像的形象，晚期神化成具有九种以上功能：能显能隐，能细能巨，能短能长，春分登天，秋分潜渊，呼风唤雨，趋吉避凶，无所不能。且"龙生九子，子子不同"。李东阳《怀麓堂集》说："龙生九子不成名，各有所好。"典出一次早朝，明孝宗朱佑樘突然心血来潮，问以饱学著称的礼部尚书、文渊阁大学士李东阳："朕闻龙生九子，九子各是何等名目？"李东阳仓卒间不能回答，退朝后左思右想，又向几名同僚询问，糅合民间传说，第一次有了此说。综合诸说，龙之子分别是赑屃、螭吻、蒲牢、狴犴、饕餮、趴蝮、睚眦、狻猊、椒图、嘲风。当然，也有人认为貔貅、囚牛等也是龙子。龙子的精神包括创新性、综合性、兼容性、进取性、灵活性、独立性等多方面的内容。隐形的功能又显性化为建筑园林的风水装饰，言简意赅地表现出人们趋吉避凶的意愿。且看下面园林建筑的龙子。

天宁寺赑屃、负质。赑屃好负重，又喜文。其背负以重物，即今刻在石碑下的石龟。天宁寺大殿前的丹墀之下对应地摆放着龙子，东为赑屃，长2米。它不同于寻常的乌龟，而是以海中鼋鼍为原型，即大鳖和猪婆龙。两动物已被民间神化，清孙枝蔚《金山》诗中对其形容："僧老鼋鼍大，钟残鼓角哀。"碑顶上的负质也是龙子。负质原意禀赋，用在碑上，已抽象化为碑顶或碑边的龙纹。天宁寺中有，长1.6米，宽0.76米，中镌"重建天宁寺藏经楼碑记"。两旁为凤凰拱卫，当是同治年间旧物。赑屃、负质都在，但具体驮的碑刻已难对应，但老者说，天宁寺是康乾南巡的行宫，内中碑刻颇多，山门殿的北侧巍然伫立着的南巡御碑尤其显眼。它是篆刻着《南巡记》的乾隆南巡御碑。"南巡之事莫大于河工"，乾隆自己撰写的《南巡记》，点明了帝王南巡的主要目的，成为定格于特定历史时期的独特物证，也是一代天子治国谋天下的缩影。

天宁寺的蒲牢。蒲牢性好鸣，它的头像被用作大钟的钟钮。我国的钟不同于国外的钟，更注重装饰性，内外铸字，钟钮像龙形。它原是古代传说中的一种生活在海边的兽。据说它吼叫的声音非常宏亮,故古人常在钟上铸上蒲牢的形象。班固《东都赋》有"于是发鲸鱼,铿华钟",扬州人李善注释。他是认真的,为言出有据,引三国吴薛综的话:"海中有大鱼曰鲸,海边又有兽名蒲牢。蒲牢素畏鲸,鲸鱼击蒲牢,辄大鸣。凡钟欲令声大者,故作蒲牢于上。"所以,撞之者为鲸鱼。后因以"蒲牢"为钟的别名。当然也有说"囚牛"的,其性喜音,其形为胡琴琴杆上端的刻像。天宁寺赑屃之西为大钟,高2.2米,底径1.3米,上为蒲牢。赑屃与蒲牢并列,一好文,一好音,文化艺术相映成趣。

天宁寺的蒲牢

鉴真纪念堂的鸱尾。鸱尾,亦称螭吻,性好吞,常作大殿正脊两旁的构件。鉴真纪念堂屋顶采用单檐庑殿顶,屋顶正脊的两端,用一对鸱尾相合。这对鸱尾仿招提寺样式,原鸱尾很有来历,传说是日本天平二年由遣渤海国大使小野田守带回日本而交给普照的。这似龙非龙、似鱼非鱼的鸱尾原是我国长安崇福寺大殿上的构件,《太平御览》有如下记述:"唐会要目,汉相梁殿灾后,越巫言:'海中有鱼虬,尾似鸱,激浪即降雨。'遂作其像于尾,以厌火祥。"螭吻属水性,最初仅用它作镇邪之物以避火,但后来以其体现佛祖意愿——避水火,化凶险,祈幸福。安禄山造反时该寺遭火焚毁,鸱尾为小野田守带到日本,安放于唐招提寺上,成为招提寺唐代风格的一种标志,同时体现中日友谊。日本作家将鉴真的传记题名《天平之甍》,正由此立意。现在鉴真纪念堂不仅正堂造一对大鸱尾,碑亭也造一对小鸱尾,以此暗寓纪念堂雄伟庄重的唐式基调和中日之间绵长的友谊。

莲性寺的狻猊。狻猊性好烟火,常作为香炉上的装饰。"家家如来,户户观音。"不少扬州百姓笃信佛教,连湖上园林瘦西湖也有寺庙,如莲性寺,大殿前是香炉,成三角宝鼎状,三脚就是三个狻猊。这里香火旺盛,青烟袅袅,狻猊当得其所哉。

藕香桥的趴蝮。趴蝮性好水,常饰于石桥的梁头、柱头。它伴水而居,

藕香桥的趴蝮

爱击波弄水,长年累月在河水中玩耍,喜欢吃水妖,为龙王最喜之子,民间供之以镇水妖。瘦西湖莲性寺南就是藕香桥,形同玉带,造型飘逸,其梁头为石梁,桥呈东西向,梁横贯桥身东西,两侧各有两梁头凸显,雕镂四个龙头,昂首远视,双目炯炯,样子极为威严,承担着使河晏海清的重任。

　　隋炀帝陵的椒图。椒图亦称铺首,形状似螺蚌,性好闭。铺首衔环的形象作为门上装饰,扬州鉴真纪念堂、盐运使衙门都以其守门。隋炀帝陵出土鎏金铜铺首,为随葬品,当是当时江都宫的旧物。隋炀帝陵出土文物不多,但偏偏有鎏金铜铺首,民间有"兽面衔环辟不详"之说,可见铺首的重要性。可惜,应该是宫中的宝物,却成了墓中冷物,对流星王朝只能喟然长叹。

　　高旻寺的嘲风。嘲风性好险,因而人铸其像,置于殿角。高旻寺大殿不同于扬州的其他寺庙,是皇家宫殿的构制。在殿角上,嘲风稳稳而坐如泰山,别人害怕之地,它却履险如夷,不仅象征着吉祥、美观和威严,而且还具有威慑妖魔、消除灾祸的含义,自然让人肃然起敬。高旻寺是注意身份的,尽管这里是康乾南巡的行宫,但毕竟不同于皇宫,只有太和殿殿角走兽用了9个,而这里仅

高旻寺的嘲风

用5个。除嘲风外,还有龙、凤、海马、獬豸等相伴。

　　吴道台的狴犴。狴犴又叫宪章,性好狱讼之事,相貌像虎,有威力。人们便将其刻铸在监狱门或开道牌上,俗称虎头牌。吴道台府一进的东西两侧,分别放着"钦赏二品顶戴浙江宁绍台道道员"和"肃静"、"回避"等开道牌。道员官居四品,但他享受二品待遇,辞官后皇上又亲赏一品官待遇。这些开道牌是吴引孙在做道员时开道所用,所谓"耳际犹闻开道声,官高位显甚威风。谁家有子令人羡,吴氏儿孙坐轿中"。

　　博物馆的睚眦。睚眦性好斗,喜血腥之气,刀柄与剑身之间为吞口,上面所刻之兽像就是睚眦,原意指瞪眼睛,即使别人曾对我瞪一下眼睛,也不放过——睚眦必报由此而来。回归历史,我们和古人对话,博物馆内,春秋时的一件件宝剑,至今还散发着寒光,说明扬州自古就是兵家必争之地。

　　博物馆的饕餮。饕餮性好食,常饰于食鼎上。到了汉代,扬州渐成经济中心。这是吴王刘濞的食具,周边是四条饕餮向上,因富足,自然烈火烹油,钟鸣鼎食。其实,不仅是王侯,殷实之家也注重享受,方形罐上也有饕餮纹饰,足见扬州富庶。

建筑装饰体现的文化心理

中国园林建筑装饰能因地采用石、砖、木、金属、琉璃等质材,将雕塑、彩绘糅合其中,造成鲜艳浓烈或淡雅朴素的视觉效果,内部装饰中的精致家具、精细雕刻、名贵字画,诸种艺术的精华恰到好处地安排其中。这种种特点使建筑有了凝固的音乐、立体的诗画之称。明清以后,园林建筑雕塑逐渐兴盛起来,窗门隔扇,梁柱斗拱的木雕,门前的石狮,屋脊殿角的走兽,桥梁的碑座,宝塔的石雕,门楼、山墙的砖雕都表现出极高的工艺水平。可以说,无论是内部空间的美还是外部空间的美,很多都是通过雕塑手段实现的。

木雕,江南园林长于木雕,建筑物内部装饰的梁柱、隔扇、罩、门、窗、栏杆、撑牙、挂落、雀替、斗栱等都以花鸟虫鱼、福禄寿喜的吉祥图案表现喜好爱憎。扬州何园集中众多木雕艺术,走廊梁架上刻象头,梁头上雕双鱼,雀替上是蝙蝠浮雕,厅内梁头雕花也是鱼形,只是将大象改为云头,四周方窗外雕金钱如意边框,中嵌杏花花饰,窗下内为板壁,外为花框,以木楞组合成花纹。檐柱间的挂落皆饰以镂空花框,翘角处的撑牙饰以木雕竹节,上刻竹叶浮雕,或以牡丹花做成梁头,使人时时想到变化之趣。细细观察便会发现,挂落纹饰巨部皆为直线,仅在转角处,略具曲折,而细部的雕刻则有方有

吴道台府的木雕

圆,总的看来比较直率,但刚中有柔,颇耐寻味。堂前16根檐柱,除转角处两根外,14根柱前的雀替,正反皆刻有浮雕,为群仙祝寿图。每个雀替上两面各为一个神仙,正厅中间的几个可看出是张果老、汉钟离、曹国舅、兰采和、何仙姑、韩湘子、吕洞宾、铁拐李。虽然是在0.5米宽的撑牙上雕刻,但人物眉眼毕现,个性强烈,形态生动,虽为楼堂装饰,但艺术价值极高,使人不由得想起清代任伯年的"群仙祝寿图"。陈园从歙县移建江家老宅园林建筑于扬州,梁托、爪柱、叉手、霸拳、雀替、斜撑等大多雕刻花纹、线脚。大梁上的高浮雕为金龙银凤腾云驾雾。楣窗、花板、飞罩、罩格、门窗肚板都饰以花鸟虫鱼、福禄寿喜的吉祥图案,吉花丰腴,瑞兽生动,人物飘逸,表现人们的喜好爱憎。厚德堂堂前四牛腿为佛教的四大金刚,边上两牛腿为和合二

仙。中间月梁的浮雕内容为帝王理政,中站帝王,两旁是宫女在打宫扇,旁站文臣武将。还有文王访贤、郭子仪带子上朝等,反映人们希冀家族兴旺、出将入相的祈求。

砖雕。我国以砖为材砌房造屋的历史十分悠久。战国时期的宫殿,砖块瓦当上就有高浮雕的角兽造型,以后以砖雕为饰几乎成为建筑时尚。苏州园林长于建筑砖雕、石雕,有"无雕不成屋,有刻斯为贵"之说,如门楼的砖雕斗栱,磨砖檐椽,飞椽重叠,四面壁墙磨砖满嵌斜角锦纹,檐口堆砌磨砖飞檐,体量宏大,精工气度。如溪南村老屋阁为明中叶建筑群,阁内梁架、斗拱装饰雕刻精美,现今多处住宅仍为水磨砖门楼、门楣,上有磨砖贴面,以藻井纹、象眼纹、八卦纹、冰裂纹、冰片梅等为多。中等住户门对面设有照壁,大户人家门楣、门楼上有砖雕,或佛教故事,或松鹤延年图案,或和合二仙,或牡丹花饰。人物、山水、亭台、楼阁都是在烧好的砖块上刻成浮雕,不仅富于装饰性,而且很有国画韵味。扬州何园砖雕多处使用:月洞空窗,即只有窗框而无窗隔,窗框用砖片水磨雕刻再拼镶而成,有海棠形、梅花形、荷花形、牡丹型、瓜型,本身就是十分精美的砖雕。什锦漏窗用特制的小扁砖,水磨光滑,制成榫头,对缝拼接而成,图案形式皆不同,磨制雕刻之精,叠砌之巧,样式之美,构图之难,在他地较为少见。山墙上的凤吹牡丹砖刻为等腰三角形的砖雕壁画,牡丹位于顶端,凤凰刻于正中,四周饰以牡丹枝叶和葫芦花藤,皆为高浮雕。可贵的是凤凰羽毛丰满,姿态婀娜,花的枝叶正反卷侧,葫芦藤疏密错落,花瓣的内外聚散都十分逼真,极富层次。刀工明快,线条流畅,艺术价值极高。

乾隆碑亭山墙砖雕麋鹿献奶

石雕。我国各地均产石,石料常用来作为厅堂殿宇、楼塔桥梁的材料。明清时的扬州园林刻意追求石雕装饰,如台基承托建筑物,防潮、防腐,弥补单体建筑不甚高大雄伟的欠缺,同时还体现着等级。高级台基上边建石栏杆,栏杆由栏柱与栏板组合而成。扬州的殿宇、戏台、庙宇、豪宅、祠堂、陵墓、桥梁等建筑都注重台基,着意台基上栏板的雕饰。栏板又称"华板",古称"勾栏"。扬州园林古栏板多用青石、汉白玉制作,栏板雕刻主要为浮雕,也有镂空花卉雕刻,画面有文字、符号、几何图案纹样,飞禽、走兽、花木、卷草,也有人物故事、宗教器物,多为象征如意吉祥、祈福太平的图案。

风景园林植物的文化内涵

风景园林植物是自然美的象征

马克思说,"植物、动物、石头、空气、光……都是人的精神的无机自然界",都是"人的无机的身体"。亦即自然就是人,而且人也就是自然。这种天人双向交融的园林生活是"自然的人化",是"人的自然化",也就是人向自然的回归。

园林的起源与人类对植物的利用、栽培联系十分紧密。随着历史的推演,造园的要素不断丰富和发展。园林的规模有大有小,材料有多有少,但都离不开树木花草。中国园林,特别是私家园林,虽然花草树木比重不大,但它是构成园林景象必不可少的要素,有"园林毛发"之谓。花草树木与园林不可分割,离开了树木花草也就不成其为园林艺术了。

从古籍记载中可以看出,古代园林中的花草种类还是很多的。清人《广群芳谱》记载中国园林用花达187种:梅花、杏花、桃花、李花、梨花、棠梨花、棠棣花、樱桃花、石榴花、荷花、牡丹、海棠、玉蕊、琼花、山矾、木兰、辛夷、玉兰、雪球、楝花、紫荆、栀子、杜鹃、木槿、扶桑、合欢、木芙蓉、岩桂、山茶、蜡梅、瑞香、迎春、金雀、荼蘼、蔷薇、玫瑰、刺縻、月季、木香、棣棠、茉莉、素馨、含笑、指甲花、凌霄、兰蕙、芍药、金灯、金盏、翦春罗、石竹、罂粟、丽春、虞美人、萱花、蜀葵、锦葵、天葵、百合花、山丹、凤仙、金钱、滴滴金、玉簪、秋葵、曼陀罗、蓼花、菊花、鸡冠、水仙、万年花、金莲、苤碧、九花树、万连、金登花、红绶花、优钵昙、迎辇花、金步摇、灵寿花、都胜花、无忧花、瘴川花、那伽花、提罗迦、拘尼、洁白象树花、簇蝶花、俱般卫、木莲、石莲、洛如、太平瑞圣花、七宝花、鹅毛玉凤花、弹花、石蝉花、锦带花、青囊花、旱金花、上元红、泡花、枸那花、水西花、象蹄花、白鹤花、望仙花、金茎花、白菱花、百日红、闽山丹、金钵盂、缫丝花、笑靥花、紫罗兰、紫儿、红麦花、米筛花、蕾蓓花、闷头花、蝎子花、龙女花、和山花、优昙花、金梅、青鸾花、金缕梅、然蜡、春桂、黄山旌节花、璎珞花、紫云花、贡桃、海蜀花、蕊珠花、玉玲花、琐琐花、仙都花、四照花、覆杯花、查葡花、紫铎花、傲云花、山钗花、绛颖花、蜡瓣花、叠雪花、囊环花、美人菊、醉春花、鹅群花、海琼花、宝纲花、紫霞杯、黄花、马蹄兰、地椹花、鸾枝、长乐花、优钵罗花、戎王子、冬瑰花、海红、燕蓊花、玉烛花、杏香花、万蝶花、真珠花、雁爪花、音提花、御带花、玉手炉花、小黄蘔花、兰漆花、满堂春、御仙花、寿春花、散水花、孩儿花、练春红、长十八、波罗花、叠罗花、蓝雀花、翟蛾眉。

其中，菊、兰堪称植物文化的代表品种，传诵与赞赏之词数不胜数。古典园林中除室内外陈设外，极少采用花坛、花境，花草用量也就相应很少。即使在园林中使用，也是宿根花卉或是自播性很强的种类，如凤仙花、紫茉莉等。但是当时园林中苔藓类植物却如同现代园林中的草坪植物那样普遍，尤以历史较久、空间较小、人的活动不频繁的山林局部生长最多。苔藓类植物象征清幽，顺应了隐逸文化的需要，所以备受士人的喜爱。

扬州除了用本国的花草树木来装饰园林外，还接纳蕴含外民族文化的外来花木。唐、宋两代是中国引种驯化观赏植物的昌盛时期。如齐墩果、波斯枣、阿月浑子、波斯皂荚、安息香树、菩提树、悉弭（素馨）与白末利（茉莉）等果树、花卉和园林树木均在隋唐时期自波斯引入中国。明、清两代还逐步从日本、美国、东南亚、欧洲等引种观赏乔木、灌木、多年生或一二年生草本植物及温室观赏植物。我国的园林现今普遍栽培的如南洋杉、花柏、日本扁柏、池杉、落羽杉、雪松、广玉兰、菩提树、印度橡皮树、悬铃木、日本樱花、大叶黄杨、紫叶小檗、石榴、无花果、茉莉、葡萄、洋紫荆、香石竹、君子兰、金鱼草、三色堇、矮牵牛、荷兰菊、郁金香、美人蕉、唐菖蒲、西洋杜鹃、西洋常春藤、现代月季等都是从国外引种成功后推广开来的。

我国是花的国度，素有"世界园林之母"之称。花是美的象征，赏花是美的享受。我国幅原辽阔，动植物资源十分丰富。春光融融，桃红柳绿，牡丹富贵，芍药娇艳；夏日炎炎，荷花亭亭，茉莉香浓，紫薇凌风；秋风阵阵，菊傲霜霰，丹桂飘香，海棠美妍；冬雪飘飘，寒梅吐蕊，水仙凌波，天竺绽果。可以说，无论是从多样性还是特色性上看，花鸟文化已成了扬州园林资源的重要组成部分。既然人们如此多情地爱恋竹石、鸥鸟、荷花、林泉、山岭、麋鹿……感到看不够，希望形影不离，把它们当作好友、知音、心灵的安慰，和它们悠然相对，长相陪伴，那么，在园林中，就必然不会去惊扰它们、触犯它们、伤害它们，一句话，就必然不会去毁坏自然，而必然会关怀备至地善待自然，善待生命乃至善待地球。扬州园林里的树木不像西方园林那样，修剪加工成齐整一律的几何造型；也不像西方园林那样，"把大自然改造成为一座露天的广厦"。其深层的原因和哲学根源是要"辅万物之自然而不敢为"（《老子》），是遵循"万物不伤，群生不夭"（《庄子》）的顺应自然、不干预自然的原则。

风景园林植物以物化德的"人化特征"

首先是对植物的人化、雅化、艺术化。

我国人民在莳花种草的过程中，不断地发现，又不断地培育良种，有被子植物 25000 种、裸子植物 240 种，才形成今天春夏秋冬四时鲜花，梅兰竹菊百种佳卉,乃至水中的花——鱼、空中的花——鸟、草中的花——虫。这些花卉装点着园林环境,成为最有吸引力的旅游资源。在长期培育中,人们又把花鸟虫鱼由自然的淘汰,而变成人工的驯化,于是花木有了盆景,鱼有了金鱼,鸟有了笼鸟,虫有了盆虫。这是对花鸟虫鱼的精化、雅化、艺术化。

自然界自生自灭的动植物登堂入室,成为座上宾,成为玩物、恩物。艺术家是不甘寂寞的,书法、绘画、雕塑、工艺、建筑无不以花为题材,写花之多,用花之巧,摹花之工,拟花之切,为我们留下了艺术之花的瑰宝。而文学家们更是在园林中对花流泪,见鸟惊心,翻开一部文学史,从《诗经》、《离骚》到汉赋、唐诗、宋词、元曲、明传奇、清小说,几乎无一名作家不写花咏花,或托花寓意,或缘花抒情。花神、花仙、花翁、花姑,一个个美好的形象使人难以忘怀;花容、花颜、花韵、花趣,一缕缕高雅的情思给人以美的享受。

其次是在植物造园中以物化德的"人化特征"。

突出园林个性主题。植物是造园的一个基本要素,是构成各种园林景观所不可缺少的。小到一个景点以植物命题,如"万柳堂",种植大量柳树来烘托主题;"荷浦薰风"则种植大量荷花来烘托主题。大到一个城市的总体园林风格,古人说,"扬州宜杨","绿杨城廓是扬州",将扬州风景一下子勾勒了出来,使人们联想到杨柳的拂水依人。扬州以杨柳为市树,杨柳是扬州的主要绿化物。

完善建筑物的功能。绿化与建筑的密切结合,也是我国园林的一个优良传统。以植物的种植来起到分隔空间的作用、使建筑隐蔽的作用、创造安静休憩的小空间的作用等。无论是居住、宗教、宫廷的园林建筑,自然的花木景物被引入到人工的建筑环境之中,建筑围绕着庭院,而庭院中的绿化也烘托、渲染了建筑的氛围。建筑与庭院绿化的结合,显得生气盎然,形成了人与自然的亲切交往。这是人们在中国园林建筑中所能领略得到的一种气质。《园冶》上说的"梧阴匝地,槐荫当庭;插柳沿堤,栽梅绕屋;结茅竹里",就是对这种气氛的具体描述。

增添园林气势、情趣。我国的许多私家园林很注意保护原有的百年古树,有时完全以古树为依据,开山造屋,规划园林。因为高大成片的林木,古木交柯,雄健挺拔,浓郁如盖,更增添了山林的浑厚苍劲的气势和园内深邃幽奇的情趣。有时园内的树木与园外的绿化有意识地连成一片,造成园外有园、山外有山、树外有树的自然气氛。中国园林,就是欣赏植物在大自然的阳光和雨露中欣欣向荣、生长繁茂、开花结果的自然景象。

形成园林四时的季候感。树木葱笼,繁花似锦,方能显出园林的秀媚。园林总是长于栽种能够室外生长的花木,以造成春有花、夏有香、秋有果、冬见绿的效果,松柏之苍劲、翠竹之潇洒、杨柳之多姿、海棠之富贵、兰花之典雅给人们以多种审美感受,造成良好的生态环境,同时还可吸引飞禽,造成

市树银杏

生气盎然、鸟语花香的气氛，赋予建筑物以时间和空间的季候感。植物的四季变化与生长发育，使园林建筑环境在春、夏、秋、冬四季产生季相的变化。

园林专家认为，考察园林必须从四个方面鉴赏：山石——园林的骨骼；水系——园林的血脉；建筑——园林的五官；花木——园林的毛发。清代袁枚说："名园易得，古木难求。"而瘦西湖绿荫馆前的方石盆"小蓬壶"上有一联："倚山叠石因成趣，种竹栽花为有香。"说明园林中花木配置的重要。确实，扬州诸多景点花木的种植多是园艺家的心血凝就，"藉花木培生气"，给人以无尽的想象。

风景园林植物配植的文化心理

协调建筑与周围环境。丰富建筑物艺术构图，以植物柔软、弯曲的线条去打破建筑平直、呆板的线条，以绿化的色调去调和建筑物的色彩气氛，使建筑物突出的体量与生硬的轮廓"软化"在绿树环绕的自然环境之中。花木之所以成为造景的重要素材，是因为它在造型与色彩上的特点。屋宇、山石的造型线条都比较硬、直，而花木的造型线条却是柔软、活泼的；山石、屋宇是静止的，水、云是流动的，而花木有风则动，无风则静，处于动静之间；它又是有生命的、蓬蓬勃勃地不断生长的；在色彩上，它有季节性，有变化性。因此，把花木这种柔软的、生长变化的、动静相兼的"素材"穿插、掩映于山石、屋宇之间，就必然能获得生动的景观效果。

注重朴实疏落自然。中国园林在植物的布置手法上，重朴实疏落，反映自然界中植物的自然景观；忌矫揉造作，不用成行成排，规则种植，更见不到如陈列品似地摆布树团、树群。明代造园家文震亨在《长物志》中曾说："……必以虬枝古干，异种奇名，枝叶扶疏，位置疏密。或水边石际，横偃斜披；或一望成林；或孤枝独秀。"要因地制宜，随天然环境，任其自然。建筑与绿化的配合，有时以建筑去配合树木，有时也以树木来配合建筑，均依据具体情况以构成美丽的景观为目的。在以绿化配合建筑时，不仅要注意其色彩与品种，更要注意它的造型，注意树木枝干线条与建筑造型的搭配。建筑掩映于绿林之中，使之藏而不挡视线，露而益显风采，保持大部分建筑轮廓"溶化"于绿色丛林之中，控制在山际林冠线之内，"杂树参天，楼阁碍云霞而出没;繁花覆地,亭台突池沼而参差"(《园冶》),宛自天然,不落斧凿。

注重人格情操,去灾趋吉的寓意。"比德"把自然物象比附人的道德,使自然物象"人格化"为具有伦理价值的意象。大自然中最易使人获得丰富的寓意的是观赏性植物,扬州园林中有意无意地展现历史上花木的人格。周敦颐笔下的"出淤泥而不染"的莲花赞誉生于恶劣环境而品格高尚的人物;"零落尘泥碾作尘,只有香如故"的梅花、"千磨万击方坚韧,任尔东西南北风"的翠竹,加上"岁寒,然后知松柏之后凋也"的苍松,标榜仁人志士的气节。人们誉称松、竹、梅为"岁寒三友",梅、兰、竹、菊为"四君子",玫瑰、蔷薇、月季为"园中三杰",兰、菊、水仙、菖蒲为"花草四雅",各取其比兴之意。园林常在主要厅堂前对植紫薇,寓意"紫薇花醉紫薇廊",将地上紫薇花、人间紫薇郎、天上紫微星照应,以示家族中将出紫薇郎(宰相),是紫微星下凡。

风景园林盆景艺术

盆景有无声的诗、立体的画、有生命的艺雕之称,缩龙成寸,以小观大,达到一勺则江湖万里、一石则太华千寻的效果,是园林布置的重要内容。

我国盆景历史悠久,七千年前新石器时代的浙江余姚河姆渡遗址便出土过刻画在陶片上的盆栽植物图案,表明盆栽历史以及植物的人工栽培历史的悠久。唐代时,盆栽技艺相应有了发展,宫廷中以此为装饰观赏,如乾陵章怀太子李贤的墓中即有侍妇手捧盆景的壁画。而文人也开始摆弄盆景,王维即喜欢养盆景,李贺诗中还有描写盆景的诗。宋代时"盆景"一词首次出现,苏轼文中有"芭蕉初发分种,以油簪横穿其根二眼,则不长大,可作盆景"。他本人也是盆景迷。明代盆景艺术大盛,我国现有的盆景中即有明代的精品,如扬州的驸马柏,苏州的"秦汉遗韵"的园柏,据说都有五百多年的树龄。清代,盆玩之风大盛,凡园林必备盆景,且大致成熟与定型,并形成了各异的风格和纷呈的流派。

现今人们将中国盆景分为水石盆景、水旱盆景、树桩盆景,树桩盆景又分为扬派、苏派、岭南派、海派、川派五大流派。以广州佛山为代表的岭南派,制作树桩盆景重剪裁技巧,截枝蓄干,重整体构图布局,造型或苍劲雄浑,或潇洒轻盈,富有山林野趣,形似大树的缩影,追求回归自然,减少斧凿痕迹,且表现刚劲挺拔、飘逸豪放的意境。川派即四川成都派,常以春梅、蜡梅、罗汉松、刺柏、海棠为材,既有自然式,即保持树桩的原型,更加天然风趣,饶有画意,又有规则式,或平枝式、或半平半滚式、或滚枝式,都能发挥树桩自身之长,又能夸大其长,且不露"做手",使之苍古雄奇,越老越茂,越老越奇,姿态完美,古雅可爱,别具一种美态风姿,既有美好的选型艺术,又有一定的思想内容。以江苏扬州和南京为代表的扬派,以松、柏、榆、杨为主要树种材料,桩景造型结构严谨,扎枝成片,讲究攀扎技巧,有所谓一寸三弯的扎法,特点是层次分明,讲究诗情画意,舒展得势,虚实相生。以江苏苏州、上海、浙江杭州等地为代表的苏派,桩景造型兼有岭南派和扬派所长,剪扎并用,配合恰到好处,使桩景既层次分明又生动活泼,明快流畅。

纵观全国诸多流派盆景,可寻求其共同规律。盆景之成为艺术,既有悠久历史可以自豪,又长于不断创新值得称道。它收天地于一盎,包四季于方寸,争奇斗胜,代有人出。这种造型艺术、布局、形象、色彩、主客、韵味又因时因地因人而异,南北分野,流派纷呈。可以说,这是一种人类的共同美,符合孟子所说:"口之于味,有共嗜焉。"就传统而言,它"参照画意","借助诗情","模仿园林",吸取众多艺术之长。而盆景的造型技巧,如"一寸三弯"、"一波三折"、"方拐"、"游龙"、"滚龙",看起来各自标新立异,实际上都是"S"形或圆形在起作用,"最美的线是波状的线条,它体现了一种反复,一种变化统一的规律"(英国美学家霍加斯)。认识盆景的美,将盆景美化为旅游资源,使游客受到美的教育,得到美的愉悦,是我们的责任和义务。

云片盆景

对于盆景制作的微词当客观认识,而在我国传统文化背景下,人们的生态意识并不只停留在感慨谴责的层面,更多人用积极的行动表达出对自然万物的体恤和怜爱。对盆景创作,龚自珍在《病梅馆记》中,直陈医治被砍斫盘缚成盆景的病梅,要使其恢复天然生机的快乐,不过是托物言志,希冀不要对人才折磨。李渔在论述园林植物布置之法时宕开一笔,通过紫薇树"怕痒"的自然现象阐发内心的好生恻隐:"由是观之,草木之受诛锄,犹禽兽之被宰杀,其苦其痛,俱有不忍言者。人能以待紫薇者待一切草木,待一切草木者待禽兽与人,则斩伐不敢妄施,而有疾痛相关之义矣。"这是由人及物,正是因为那份万物一体的恻隐仁爱之心,草木禽兽的生命和苦痛与人类的生命和苦痛,在人们眼中才没有本质差别。爱物、爱人,才是社会的博爱。

水旱盆景

扬州名胜史话

古城遗址探源

　　古城扬州为历代名邑,历史上的扬州,历经凋敝与繁盛、苦难与辉煌。其兴盛,曾享有"扬一益二"和一地税赋"动关国计"之美誉;其衰败,则数度毁于战火,甚至沦为"芜城"。然每每繁盛之时,扬州都能正德厚生,兼济天下;而每每毁废之后,扬州又都能凤凰涅槃,浴火重生。扬州人开拓创新的进取精神、临危不惧的铮铮铁骨、开放包容的博大胸襟、崇文重教的儒雅风尚、温和敦厚的友善品格,生生不息,代代相传。扬州在历史上曾占有一定的地位,拥有大量的历史遗迹或革命文物,成为历史文化名城。它是我国悠久历史的缩影,也是民族灿烂文化的橱窗,是重要的旅游城市。

　　扬州境内川泽纵横,物产丰富,自古擅鱼盐之利,称东南财富区。扬州最初是天下九州的名称之一,《尚书·禹贡》记载:"淮海惟扬州。"扬州是一片地域概念,其地域范围大体上包括今江苏、安徽淮河以南,浙江、福建、江西、广东、海南的全部和广西、湖南、湖北东面的一部分。西汉的时候,汉武帝在全国设立了包括扬州在内的十三刺史部。这时侯,"扬州"才成为行政区域的名称,不过那时我们这块地方不属于扬州刺史部,而属于徐州刺史部。

　　距今大约5000—7000年前,扬州地区的原始先民淮夷人居住在这里,他们除了渔猎外,还种植了水稻。西周初期,中原一支叫"干"的部落南迁,保留着原来部落的名称,与这里的土著融合在一起。后来,"干"右加上了"邑",就成了"邗"。约在西周晚期或春秋初期,崛起于江南的吴国,出于军事扩张的需要,起兵灭掉江北的干国,吴的疆域北达江淮之间,这里划入了吴国的版图。200多年后,公元前486年,吴王夫差为了北上伐齐,争霸中原,在蜀冈上筑邗城,在蜀冈下开邗沟。《春秋·左传》记载:"鲁哀公九年秋,吴城邗,沟通江、淮。"这是关于扬州城最早的文字记载。夫差在中原虽争得了霸主的地位,却被后方越国袭取了都城。吴越之间展开了长达十年的争霸之战,到了公元前473年,夫差兵败自刎,吴国灭亡,邗城归越。这是一幕螳螂捕蝉、黄雀在后的悲剧,但夫差的蜀冈邗城创造了扬州的第一次繁荣。

　　公元前334年,楚国消灭了越国,邗地又属了楚。公元前319年,楚怀王熊槐来这里视察,并在邗城旧址上重新筑成,见这里"广被丘陵",取城名"广陵"。

　　秦末,楚汉相争,项羽在这里"临江建都",从此这里就有了"江都"这个名字。

汉代实行分封,扬州不仅是诸侯王的封地,还是诸侯国的都城。汉初,高祖刘邦封其侄刘濞为吴王,领有三郡五十三城,在邗城基础上扩建成吴国都城,城周达十里半。汉景帝时,刘非为江都王,汉武帝时刘胥为广陵王,均以吴王都城为江都国和广陵国的都城,内城仍邗城遗址,内城之东为扩筑之城,称"东郭城",仍为版筑,但门阙处以砖砌成。吴王刘濞"即山铸钱,煮海为盐",带动了农业、手工业、商业的全面繁荣,"当昔全盛之时,车挂轊,人驾肩;廛闬扑地,歌吹沸天"。刘濞还扩建改造了广陵城。《后汉书·郡国志》注称:"广陵,吴王濞所都,城周十四里半。"扬州迎来第一个经济强盛时期。西汉平定七国之乱后,又设为江都国、广陵国,一直作为分封王室子弟的采邑而治此城。东汉又改为广陵郡而为郡治。

隋炀帝杨广开通了大运河,扬州成为运河与长江的纵横交汇点。扬州的地理位置正在南北大运河与长江的交汇点上,成为千里运河上最重要的枢纽城市。隋唐时代的扬州在全国的地位就超越前代而更为重要了。隋开皇九年(589),隋统一了全国,改吴州为扬州,并设扬州总管府。这是正式命名为扬州之始。开皇十八年(598),改广陵县为邗江县。炀帝大业元年(605),立江都郡,改邗江为江阳,以江都、江阳为郡治。

唐代,扬州凭借着交通的优势,在长江、黄河、淮河三大流域的经济、文化的发展交流中起着举足轻重的作用,农业、纺织业、制茶业、编织业及其他手工业得到较大发展,是国内市场的"南北大冲,百货所集"之地,是东南的大都会,有"富甲天下"、"扬一益二"的美誉。外国商人也云集这里,扬州与广州、泉州、明州同为全国四大对外贸易口岸,凭借造船、漕运,有"万商落日船交尾"的壮观。

宋元明三代,扬州的政治、军事、经济、文化在全国范围内都有极为重要的地位。宋代,扬州为金、宋交战前沿,为抗金,在罗城的东南部构筑了宋大城,又在原子城的位置筑宝祐城,中间用夹城相连,三城连珠,为我国古城特例。如今,三城遗址已成为扬州旅游的一大宝贵资源。朱元璋军占领扬州,改为维扬府,后改称扬州府,沿用元末筑的城。嘉靖三十五年(1556),在旧城东郭外环河加筑了一道城墙,是为"新城"。两城相连,实为一体,就是现在的老城区,我们通常说的明清古城就是这块地方。

"东南繁华扬州起","扬州繁华以盐盛"。清代的康雍乾时期,扬州的经济、文化再度繁荣,繁华达到了封建社会的巅峰。其时,世界上有10个拥有50万以上居民的大城市,中国就有6个,即北京、江宁、扬州、苏州、杭州、广州。扬州人文荟萃,群星闪耀,列世界十大城市之前列。仅盐税一项,就占国库收入的1/4。扬州成为我国长江流域及中部各省的食盐供应基地,国家重要财政收入盐课占国家财政收入之半,而其中两淮盐课又占一半。每年交纳的盐课银达335万两有奇。城里盐商云集,水上盐船如梭,四方大贾侨居扬州者不下数十万,富者以千万计,百万以下者,皆谓之小商。盐业带动了南北货业,漕运、手工业也得到长足发展。城内会馆林立,有经营绸布业的浙绍会馆、经营湘绣的湖南会馆、经营木业的湖北会馆、经营瓷器的江西会馆、经营南货的岭南会馆、经营盐业的安徽会馆、经营钱业的山西会馆,盐业促进了扬州百业的发展。市内商业繁荣,行铺众多,货物充盈,形成不同消费层次的商业网络:遍布城内的茶馆酒楼浴室等饮食服务业,集中在多子街、新胜街一带的服装行业,翠花街一带的首饰行业,辕门桥一带的漆器行业,新胜街一带的灯彩行业,凤凰桥一带的粮食行业,紧傍运河的木材行业,等等。其时,市井相连,商旅辐辏,富商大贾,麇集鳞至。

扬州,是闪光于海内外的历史明珠,她铭刻着炎黄子孙前行的足迹,浓缩了中华民族盛衰的踪影。扬州无愧于历史文化名城的盛誉。当代的扬州人正挥动如椽巨笔,描绘"春风十里新画幅",书写"明楼唐杏好文章"。

唐城遗址

园林盛景回溯

扬州两千多年的建城文明史培育了优秀的传统园林,在我国独树一帜。扬州园林的历史,可以追溯到公元前150多年西汉江都王的宫苑建筑。从此以后,每逢盛世,扬州就会兴起一股私人造园之风。

大约在南北朝时期,扬州园林就有史可考。这从两方面可以证明:一是徐湛之(420—478)曾在蜀岗之上建造风亭、月观、吹台、琴室。他是到广陵来做南兖州刺史的,又是皇亲国戚,自然有经济实力建造景区,且刘宋时期谢灵运的山水诗,宗炳的山水画,都直接指导园林的构建。史载,这景区之前就有,他是修整扩建,因而"果竹繁盛,花药成行,招集文士,尽游玩之适,一时之盛也"。二是扬州大明寺始建于南朝大明年间(457—464),其时已具规模,到隋代时,又造栖灵塔,被誉为"中国之尤峻特者",盛况当可想见。尽管扬州不久遭到两次兵燹战火的破坏,鲍照《芜城赋》中所见古城已成"芜城",但文中"藻扃黼帐,歌堂舞阁之基;璇渊碧树,弋林钓渚之馆;吴蔡齐秦之声,鱼龙爵马之玩",推想之前的园林盛景,当可对西汉刘濞时期扬州宫室林苑的繁华一斑窥豹。

自隋唐起,扬州成为漕运、物资集散中心,经济的繁荣带来了建筑业的发展,私家园林的营建已成风气,如常氏南郭幽居等。由于隋唐扬州经济的发展,交通的便利,隋炀帝屡次来扬纵情享乐,扬州园林又进一步发展,隋炀帝的宫苑,"紫泉宫殿锁烟霞,欲取芜城作帝家",至今迷楼、隋堤、萤苑、玉钩斜陈迹仍存。除官府营造的园林外,私家营造园林也很兴盛,以至在诗人笔下,出现了"夜桥灯火连星汉,水郭帆樯近斗牛"(李绅)、"九里楼台牵翡翠"(罗隐)、"园林多是宅,车马少于船"(姚合)、"天下三分明月夜,二分无赖是扬州"(徐凝)的盛景,诗文中山光寺、法云寺、月观、望晴楼等园林比比皆是。这些园林不仅引动诗人骚客"烟花三月下扬州"(李白),甚至出现了边关西域"商胡离别下扬州"(杜甫)的景况。

可惜,金人的南下,扬州遭到毁灭性的破坏,其状惨不忍睹,"自胡马窥江去后,废池乔木,犹厌言兵。渐黄昏,清角吹寒,都在空城"(姜夔)。宋金时期,运河堵塞,漕运改道,扬州园林自然处于萧条期。尽管如此,北宋期间,官家园林仍有韩琦建的四井堂、芍药圃,欧阳修建的平山堂、无双亭,苏轼建的谷林堂。私家园林有进士满泾所筑的申申亭,南门外有静慧园,古运河边有朱氏园。

从明至清,由于运河重经修整,又成为南北交通的动脉,扬州则成为两淮区域盐的集散地。而资本主义的萌芽,城市手工业、商业的发展,扬州经济的繁荣,使大批徽商云集扬州。徽州建筑师的到来,徽州建筑手法的引进,苏州园林模式的借鉴,扬州园林不仅大量兴建,而且以其独特风格自立于中国园林之林。清代康乾盛世,皇帝的多次南巡,绅商争宠于皇室,于是园林大量修建,著名园林有康山草堂、万石园、休园、小玲珑山馆、冶春园、筱园、影园等。扬州"城中烟雨胜如山",园林多达数十处。在南河下,一个个园林紧挨着,全长近两里,出现了"十里长街市井连"、"两堤花柳全依水,一路楼台直到山"的盛景,以至李斗在《扬州画舫录》中引刘大观的话评价扬州:"杭州以湖山胜,苏州以市肆胜,扬州以园亭胜,三者鼎峙,不可轩轾。"《水窗春呓》说:"扬州园林之胜,甲于天下。"

扬州不仅有诸多的园林,而且还产生过造园专著,其中最著名的是明代计成的《园冶》。计成是吴江造园专家。明末,仪征巨富汪士衡恭请计成为其设计建造寤园。园如同一幅山水画,四方八面的名士无不夸奖,很多人建议他将造园之法记述下来,传诸后世。计成于崇祯辛未(1631),在寤园扈冶堂写下了世界上最早的一部造园专著《园冶》,全面总结造园的经验,系统论述造园艺术。其中有不少插图,实例取之于寤园。《园冶》21世纪初传入日本、西欧各国,计成被国外专家学者尊为造园鼻祖。

人因景名,景以人著。扬州园林从古至今既有诗文专篇记述,又有专集评说。从刘宋诗人鲍照,到唐代诗人李白、杜甫、白居易、杜牧;从宋朝诗人欧阳修、苏轼、梅尧臣、秦观,到明清文人张岱、汤显祖、金农、郑燮,几乎无人不咏诗盛赞,无景不有诗被颂扬。近来曾有人统计,咏诵扬州的诗文,迄近代以前不下6000篇,而咏景的又占大半。文人雅士确实是拜倒在扬州美景的脚下,以至发出了"人生只合扬州死"的慨叹。在古典文学名著里,扬州的园林也成了作家笔下的素材,像《浮生六记》《儒林外史》《红楼梦》《聊斋志异》《二十年目睹之怪现状》等名著,或直接描写,或作为人物活动背景,或假托人物游玩所见,显现于情节之中,为扬州的自然风光增添了诸多艺术情趣。而画师们则握管挥翰,袁江的乔氏《东园图》、袁耀的贺氏《东园图》、高翔的《弹指阁》、卢雅雨的《虹桥揽胜图》写出了扬州园林"十里春风景物稠"的繁华景象。总之,扬州园林之所以名闻天下,与历代诗人、学者、作家、画师的墨耕笔蓐的功劳密不可分。

但是,战争烽火的无情,到扬州解放时,园林残破之状已不忍卒睹。党和政府的关心,扬州人民的改地换天,使旧貌换新颜,扬州成为国务院首批公布的24座历史文化名城之一;扬州瘦西湖、蜀岗风景名胜区成为国家重点风景名胜区;1999年,中央文明办、建设部、国家旅游局评出第二批全国十大文明风景名胜区示范点,蜀冈瘦西湖获此殊荣;何园、个园被列为全国重点文物保护单位,高旻寺被列为全国重点寺观;1998年全国评出54座优秀旅游城市,扬州位列地级市第二位。清代沈复在他的《浮生六记》中曾称赞扬州园林"奇思幻想,点缀天然,即阆苑瑶池,琼楼玉宇,谅不过此"。比起这种评价,扬州园林已是有过之而无不及了。如果扩展到扬州的辖区,园林胜迹更多。大致可分以下几类:湖上园林,如扬州瘦西湖景区。寺观园林,如邗江高旻寺、扬州天宁寺、大明寺、观音山、仙鹤寺。文人胜迹,如扬州平山堂、谷林堂、欧阳祠,高邮文

景中景

游台、二王纪念馆。住宅园林,如扬州何园、个园、小盘谷、逸圃。陵墓祠庙,如隋炀帝陵、史可法墓、普哈丁墓、鉴真纪念堂、天山汉墓。

运河风光述古

扬州是依水而建、缘水而兴、因水而美的城市。古城扬州的历史发展,是和古老的大运河息息相关的。一部古代扬州发展史,几乎可以说是一部扬州运河的发展史。

大运河最早的一段为邗沟。春秋末期,吴王夫差即位以后,立志为父王阖闾报仇,于是南下攻越,使越王勾践求和称臣。当他认为无南方侵扰之忧时,便掉转戈矛,北上伐齐,进军中原,和晋国争霸。其时,吴国地处长江下游,河网纵横,交通全靠水路,舟师是吴军的主力。但长江淮河之间无相通水道,北上伐齐需由长江出发入海,再绕道入淮,航程过长,海浪过大,使之不得不想以人工河沟通江淮。而在此以前,吴国已有穿过天然湖泊和河流,开凿世界上最早的运河"胥溪"与"胥浦"的成功经验。于是,吴王夫差于公元前486年在邗城下开挖深沟,引长江水向北,经武广、陆阳两湖,入樊良湖,转向东北入博芝、射阳两湖,又折向西到末口入淮河,从而沟通了江淮,以水路运粮运兵。此时,邗沟的开凿完全是为了军事目的。

西汉,吴王刘濞开邗沟支道。据《天下郡国利病书》记载:"自茱萸湾通海陵仓及如皋磻溪。濞以诸侯专煮海为利,凿河通运海盐而已。"这条邗沟支道是发挥了一定的经济效用的,不过它"专以运盐,非南北通行之路"(《扬州水道记》)。东汉末年,作南北通行之路的邗沟已部分湮塞。当时,曹魏之广陵太守陈登对邗沟进行了疏通与截弯取直工程。

至隋开皇七年(587),文帝准备征伐江南的陈朝,乃循邗沟故道,开山阳渎,自山阳(淮安县)引淮水入江。第二年进军,第三年灭陈。这次邗沟故道的疏通仍出于军事目的。隋炀帝即位后,为了沟通漕运,解决两京大批官员和军队的粮食问题,同时也为了解决"关河悬远,兵不赴急"的问题,以方便军事运输,加强京城与洛阳的联系和对河北、江南等地的控制,不仅开凿了关中的广通渠,更开凿了古今中外闻名的南北大运河。南大运河工程以洛阳为中心,分四段进行。大业元

隋炀帝南巡铜壁画

年(605),炀帝命尚书右丞皇甫议征发河南、淮北诸郡民工百余万开通济渠(御河),自洛阳西苑引谷水、洛水入黄河,再由板渚引黄河经荥泽入汴水,又自大梁(开封)之东引汴水入泗水,达于淮,沟通了黄河与淮水。同年,又征发淮南民工20余万开拓邗沟。大业四年(608),发河北各郡男女百余万

运河

开永济渠,在今河南武涉县界引沁水通入黄河,北通海河,直至涿郡(今北京)。大业六年(610),开江南河,从京口(今镇江)引江水穿过太湖流域,直达钱塘江边的余杭(今杭州)。南北大运河全长1000多千米,是世界上最长的运河,是苏伊士运河的10倍、巴拿马运河的20倍。如今,运河依然清亮,在扬州境内,从瓜洲到宝应,运河长达125千米,市区段30千米。这段运河,既古老又年轻,河水汩汩滔滔,鱼欢鸭游,渔帆点点,轮船欢鸣。两旁风景优美,运河风光带绿柳垂荫,花香四季,楼阁鳞次,虹桥卧波,古宅名居,牌坊码头,园林名胜,寺庙观庵,如同一颗颗明珠,由运河串成精美的项链。入夜,运河两旁华灯齐放,五彩缤纷,灿若霓虹,邈若仙境。

名人胜迹怀旧

扬州历史文化名城的地位影响,文化积淀的丰厚,自然人文荟萃,名流众多,群星璀璨。

历代先贤在这方热土上辛勤耕耘,创造了辉煌灿烂的古代文化。那些流芳百世并镌刻于扬州文化丰碑上的历代名人,是扬州历史文化永续利用的独特人文资源,让扬州人民永远引以为豪。《扬州历代名人传》收录扬州历代名人共113人,包含祖孙、父子、兄弟等合传,计107篇,主要介绍扬州籍历代名人的生平事迹、学术成果、独特贡献,以及外籍名人在扬州富有意义的影响的活动。甲编所收为扬州籍人物,主要介绍其生平与成就,适当关注与扬州的联系;乙编所收为外籍人物,简介其生平及成就,侧重写与扬州有关的事迹。

2500年来,生于斯、长于斯、奋斗于斯的扬州人,凭借自己的智慧、汗水和顽强毅力,筚路蓝缕,砥砺奋进,坚韧前行,在扬州这块土地上创造了璀璨的文明。

帝王将相文治武功的功过千秋流传:广陵立霸业的刘濞,流连江都的隋炀帝,节度淮南的杜佑,抗元尽忠的李庭芝,亮节孤忠的史可法,居官扬州的

卢见曾，六巡到淮扬的乾隆，入祀三贤词的伊秉绶，"品端学醇"的阮元……

雄姿英才叱咤风云的业绩脍炙人口首咏琼花的王禹偁，筑平山堂的欧阳修，泊船瓜洲的王安石，扬州留诗文的苏轼，修禊红桥的王士禛，监刻《全唐诗》的曹寅，马氏兄弟富藏书，江春受宠乾隆帝……

友好使者的文化交流东渐西传，唐鉴真东渡弘法，崔致远"桂苑笔耕"，宋普哈丁长眠运河畔，元马可·波罗记扬州……

文人雅士云集寻胜，雄姿英才荟萃探幽。吟诗作赋，留下多少歌咏扬州佳景的华章；拈毫挥翰，作成多少描摹古城风韵的书画；孜矻探求，写就多少研究古代文化的专著。鲍照名作《芜城赋》，李善父子高才雅行，张若虚孤篇压全唐，李白数度游扬州，刘禹锡登栖灵塔，杜牧十年扬州梦，秦少游驰名词坛，姜夔名作《扬州慢》，石涛魂归扬州，扬州画派竞风流，汪士慎嗜茶爱梅，郑板桥书画传神，黄慎画苑辟蹊径，金农寓居西方寺，吴敬梓客死琼花观，汪中才卓识高，王念孙父子双星并峙，焦循博学称通儒，李涵秋著《广陵潮》，刘师培博学多才，任中敏精通词曲，朱自清学界称楷模……运河碧水是滋养骚人墨客的甘甜乳汁，"烟花三月"又平添古城名邑的无限风韵。地以人名，文因地著，文地交辉，使"人天美景不胜收"。

院士博物馆

历史上的扬州先哲，历经凋敝与繁盛、苦难与辉煌。他们开拓创新的进取精神、临危不惧的铮铮铁骨、开放包容的博大胸襟、崇文重教的儒雅风尚、温和敦厚的友善品格，都是中华民族最基本的文化基因。在修齐治平、尊时守位、知常达变、开物成务、建功立业过程中逐渐形成的有别于其他民族的独特标志，生生不息，代代相传。

城市辉煌篇

繁华今古的城市遗址景观

望海潮

秦 观

星分牛斗，疆连淮海，扬州万井提封。花发路香，莺啼人起，珠帘十里东风。豪俊气如虹，曳照春金紫，飞盖相从。巷入垂扬，画桥南北翠烟中。　　追思故国繁雄。有迷楼挂斗，月观横空。纹锦制帆，明珠溅雨，宁论爵马鱼龙。往事逐孤鸿。但乱云流水，萦带离宫。最好挥毫万字，一饮拼千钟。

地域城池风水
——渐太阳位，藏风得水

《汉书·沟洫志》载："或久无害，稍筑室宅，遂成聚落。"说明古人十分重视城市选址，寻求自然环境安全、人文环境独特、宜居的好风水。清代的《阳宅十书》指出："人之居处宜以大地山河为主，其来脉气势最大，关系人祸福最为切要。"具体化为吉祥安宁原则，依山傍水原则，观形察势原则。

风水亦称"堪舆"学，堪为天，舆为地。风水强调"气"，认为大地如人体，是充满生气的有机体，强调人与人、人与自然的相互联系与协调，强调天地阴阳的和合之气。晋代郭璞所著《葬书》说："夫阴阳之气，噫而为风，升而为云，降而为雨，行乎地中，而为生气。"意思是说阴阳二气交合的结果，呼出则变成风，上升则变成云，下降而成雨，蕴藏在地下则为生气。《尔雅·释地》引《太康地记》云："以扬州渐太阳位，天气奋扬，履正含文，故取名焉。"古人将天上星宿与地上州域联系起来，《史记·天官书》云："天则有列宿，地则有州域。"扬州能与太阳相连，真是得天独厚。

好的风水之"气"就是能"藏风"、"得水"。藏风就是挡风、避风，我国大多数地方属于北温带，常年盛行偏北风和偏南风。偏北风是冬季风，寒冷干燥，且风力大，古书称之为"凶风"，需要抵挡才行；偏南风是夏季风，风力柔和。这就是人们倾向于选择北、西、东三面环山，南面略微敞开的地理环境作为自己的理想居住地的原因。扬州2500年前建城时就很注意择址，蜀岗建城，北有丘陵，南临大江，北高南低，依丘傍水，可挡北风寒冷，可接南水灵气，这是风水中的上上风水。

风水强调"得水"。水是生命之源，是大自然的重要组成因子。水是"地之血气"，有"风水之法，得水为上，藏风次之"的说法。"得水"的方法，一是讲求弯曲环抱，忌讳直去无收。二是水质要好，水质的好坏会影响生气的好坏，进而决定环境的好坏。三是崇尚婉转缓流之水，摒弃咆哮湍急之水。认为水"有声为凶，无声为吉"，水徐徐流淌，悄然无声，自然造成一种优雅宁静的环境氛围。城市环境的选择和营造多遵循这一原则。实际上，剔除其迷信神秘成分，风水是东方人在山水、城池建筑、园林审美实践中理性的具体表现。

扬州虽紧邻大江，但古代远离长江凿城。大江入市，运河沟通，由南向北，依次经过三汊河（明万历改坝为闸分泄淮水入江）、宝塔湾（明万历由文峰寺向南到三湾）、由湾头（春秋开挖的古邗沟，宋代连接到文峰寺）入京杭大运河。而这三段符合水利中的"三湾抵一坝",汹涌的江水进入城市,咆哮湍急变为婉转缓流,惊涛裂岸变为悄然无声。平时得水之利,洪水季节有惊无险,曲而不直,静而不闹,净而不脏,不能不说是"得水"之益。当初,运河的开挖者为了消除地面高度差,使运河的水面保持平缓,采取了延长河道以降低坡度的办法,所以就把这段运河开挖得弯弯曲曲。此法是我国古代河工们的杰出创造。可惜,隋《开河记》居然称,由于"睢阳有王气",隋炀帝为了防止此地造反,凿穿"王气",遂兴此大工,开挖大运河,与之相应的民间流传的"弯弯曲曲是为了不破坏扬州风水"的说法是无稽的。而从美学的角度来看,古运河的三处湾段因其弯道而给人以特殊的变化莫测的忽远忽近的视角空间。至于人们把三汊河、宝塔湾、湾头说成是九龙福地,引得康乾也在此建行宫别院,不过是以风水附会,迎合官俗的心理。把蜀冈看为龙脉,贯穿扬州的有龙头关、龙背、龙尾田、回龙桥、龙眼井,也不过是反映对天地敬畏、对家乡热爱的特殊感情罢了。

  1895年,丹徒人刘鹗,建议借外资自筑天津—镇江铁路。1899年,清政府与英德银团在北京签订《津镇铁路借款计划合同》,其中南段由山东进江苏,经"淮安、宝应、高邮、扬州至镇江",但过后将津镇改为津浦,使扬州失去了第一次修筑铁路的机会。1913—1925年又失去了第二次修筑铁路的机会。其原因是多方面的,但其中之一是扬州人担心铁路破坏了扬州城的好风水、好地脉,士绅不积极甚至反对。1921年,扬州知名人士卢殿虎募集股金修筑瓜扬公路,从六圩至扬州,在去施桥工地发放地价时,不料群众听信谣言,说公路会动到祖坟,破坏风水,坚决反对公路从门前经过,致使公路一再延期。迷信风水的保守意识对城市发展带来了不少负面影响,百姓集体无意识的惯性阻碍城市的正常发展而不为人们认识,是愚昧、落后、荒唐在城市建设上的反映。

  我们当爱护城市传统格局,总结历史上城市规划建设的经验,科学推进城市发展,对愚昧落后的迷信风水、阻碍城市发展的行为当进行斗争。

丰富的康乾南巡遗迹

　　清代康熙和乾隆皇帝的分别六次南巡,是中国历史上仅有的重大事件。这一文化事象而非现象,反映了斯时国家统一、国力强大、生产力提高、政局稳定、社会长治久安、文化昌盛的一种繁荣局面,是中国封建社会走向历史发展顶峰的一次超越。近年来,康乾南巡被影视的戏说搅得黑白颠倒,是非混淆,确实需要让今天的人们,尤其是扬州人重新认识。康乾南巡对于巩固盛世、收抚民心、整饬吏治、加强中央集权作用极大。其间,根治水患,蠲免田赋,适时赈济,选拔人才,增加学额,鼓励文学,召见旧臣,优赏老人,施惠于民。康乾南巡对笼络东南人士和社会上层,加强对他们的控制,发展繁荣东南地区的经济文化,发挥了一定的作用。他们多次驻跸扬州,对提高扬州知名度,促进扬州商业的繁盛和消费水平的提高,以及扬州八怪和扬州学派的出现功不可没,也使扬州由此步入当时世界具有 50 万人口以上的十大城市之列。

康熙南巡图

南巡之事，莫大于河工
——心忧百姓，察访河防、江防，与官民协力抗治水患

天宁寺山门殿后有乾隆《南巡记》碑，1.27×2.63米，长方形，周边有线雕的13条龙纹边框，其落款为乾隆御笔，是乾隆四十九年（1784）在完成了六次南巡后，亲自撰文，亲自书翰，加之精美的雕刻，是十分难得的三绝碑，"文革"期间幸免于难，为扬州文化保留了浓重的一笔。其中最关键的观点是"南巡之事，莫大于河工"。他一是从"敬天明理"的高度深刻阐述治水关系民命："河工

乾隆《南巡记》碑

关系民命，未深知而谬定之庸碌者，唯遵旨而谬行之，其害可胜言哉，故予之迟之又迟者，以此而深惧予之子孙自以为是，而后之司河者之随声附和，而且牟利其间也。"二是对水治与吏治的关系鞭辟入里："与其有聚敛之臣，宁有盗臣，在他事则可，在河工则不可，河工而牟利，宣泄必不合宜，修防必不坚固。一有疏虞，民命系焉，此而不慎可乎？然而为君者一二日，万几胥待躬亲，临堪而后剔其弊，日不暇给焉，则乃应于敬天明理，根本处求之思过半矣。予举两大事（一曰西师，二曰南巡），而皆幸以有成者。"三是对几十年大兴河工的情形做了详细总结，主要是四大工程。第一项大工程是定清口水治，加固高堰大堤，基本上保护了淮安、扬州、泰州、盐城、通州等富庶地区免受水淹。第二项大工程是陶庄引河工程，在陶庄开挖一条引河，宽80—90余丈，长1000余丈，深1丈余，以防止黄河河水倒灌清口。引河开成以后，解决了"倒灌之患"。第三项大工程是在浙江老盐仓一带修建鱼鳞石塘，历时三年，花银数百万两，修建好鱼鳞石塘4100余丈。第四项大工程是将原有范公塘一带的土塘添筑石塘，修了三年多。这对保护沿海百姓生命财产安全，起了重大作用。

中国第一档案馆有清代宫藏扬州水利图志，认真解读后自然会得出结论，清代扬州大兴水利，许多设施至今还在发挥作用或沿用着原来的名称，图志中清代扬州河流的走向、水系的分布与现在基本一致。

扬州南濒大江，居南北运河交会点，水道纵横，一直受水患威胁，平三藩、河工、漕运，是康熙登基后的三件大事，康雍乾三朝多次投入大量人力物

力财力加强对黄河和运河的治理。督察河工是康乾南巡的重要内容,如开凿皂河、与中河,加固高家堰和淮扬运河的堤防及减水闸坝,开陶庄引河,疏浚运河和归江归海河道。康熙二十三年(1684)第一次南巡,在高邮、宝应见民间田庐多在水中,乃登岸步行十余里视察水势,召当地生员耆老详问致灾原因,针对里下河各州县水患严重,制定治河对策,指示治河以疏浚为要,同时在两岸筑堤,约束河水,筑坝闸以阻挡黄、淮水的入侵;三十八年(1699),第三次南巡视察里下河以北堤防,至高邮、宝应,亲自乘小舟,测量各处水情,发现高邮以上河水比湖水高4尺8寸,提出"应将高邮以上当湖堤岸,高邮以下河之东堤俱修筑坚固",其措施明确而具体;四十二年(1703),第四次南巡,于扬州向河道总督张鹏翮指示河工善后方略。乾隆十六年(1751),第一次南巡,驻跸高良闸,至蒋家坝阅视堤工;二十二年(1757),第二次南巡阅视孙家堰堤工;三十年(1765年),第三次南巡阅视高家堰堤工,祭淮神、河神,阅视孙家堰堤工;四十五年(1780),第五次南巡,阅视高家堰堤工。

现存乾隆《即事》诗:

南关五里及车逻,建锸原虞异涨多。
不免下河犹被潦,修防调剂竟如何。

去年数坝未过水,泽国因因幸告丰。
黄夺全淮出清口,却教嫁祸宿灵虹。

这是乾隆南巡时在高邮微服私访,了解民俗民情,调查水患水利。南关坝、五里坝、车逻闸均在高邮,乾隆二十一年(1756),高邮又发大水,后经官民协力抗治,水患始除。翌年秋,乾隆南巡,亲往察访,见百姓安居,市井繁荣,欣然命笔:

黄龙晓发近孟城,上岸乘骢按辔行。
绮茂珩沈却虚饰,黔围黎绕验真情。
早知江国民居庶,且当槐街米价平。
历阅党军堤复旧,回思去岁尚惊心。

乾隆还重视江防。第四次南巡前一年,瓜州又发生江潮肆虐,涨坍沙碛,但由于十多年来注重防范,加固江堤,所以有惊无险。其《过瓜洲镇》,"去年异涨坍沙碛,幸保安然惕倍增。"要求地方官员不可懈怠,"阅视民居,较之前巡所见,益觉稠密",乾隆还是欣喜的。

乾隆曾在长江和运河交汇处进行考察。这里铁兽颇多,《甘棠小志》记载:"邵伯更楼康熙三十八年六月冲决,长五十六丈五尺,难堵塞。三十九年,鹏翻恭奉圣谟,下埽堵塞,克月成功,四十年,置铁犀一座镇之。"当时,诗人抨击铸铁牛是旧官吏"安民巧弄愚民术,无计排洪铸铁牛"。而江都马棚和邵伯的铁牛上有相同的铭文:"维金克木蛟龙藏,维土制水龟蛇降。铸犀作镇奠淮扬,永除昏垫报吾皇。"都是这一说法的注脚。其实,这实在是肤相之见。说到铁犀,当说到洪泽湖的高家堰,明清时每因水患倒堰,淮阴、扬州立即成为水乡泽国,民谣有"倒了高家堰,淮扬二府看不见"。为此,清帝南巡,在淮河水系出路上一为"归海五坝",使淮水入海;二为"归江十坝",使淮水入江。这是集数百年的治水经验,运用古运河高低落差、大流量、短时间、无桩基,以材木打成的大坝,至今还在发挥着一定的水利效益。其中著名的湾头坝、沙河坝和壁虎坝等就在茱萸湾境内。坝的启闭由专门机构掌管并有严格的规定,因此水位测定至关重要,除以标尺外,还以物象为标志。清康熙四十年,淮阴、扬州地方政府分铸"九牛二虎一只鸡",分置淮阴至扬州河道两岸。从表面看,这是镇水之物。九牛,涟水东门外一头、三河闸两头、高良涧一头、洪泽湖一头、高邮马棚湾一头、邵伯两头、瓜洲一头,皆为铁铸,形同真牛,作坐状。牛长1.7米,高0.7米,重约1500千克。神态很生动,翘首远望,明亮发光,腹中空空,扣之铿然有声。二虎为壁虎,石雕,置于扬州湾头壁虎坝两端。一鸡,江都昭关坝稽家湾闸石壁上铸有一只雄鸡。百姓是不大注意标尺的,但通过水位上涨到动物的脚、身、颈的位置,直观水位,判断有无水患,是否需要采取相应措施,至今在邵伯仍有"潮平牛颈苦年年"的警言,可见百姓知道水没牛项,就要发生水灾了。20世纪80年代,扬州市府在茱萸湾兴建了水利纪念碑亭,并立碑石,碑体正面隶书"挹江控淮",碑后铭文记载了世代人民治水的伟大功绩,成为古城扬州彪炳千秋的水利纪念胜地。

康乾南巡御道

褒慰忠魂
——褒扬明末死节的"忠臣"精神，贬抑降清的逆子贰臣

史可法墓前的"褒慰忠魂"碑，1.90×0.64米。乾隆时，清统治者开始褒扬明末死节的"忠臣"，贬抑降清的逆子贰臣。康熙以"治隆唐宋"褒扬朱元璋的文治武功，使有反清复明的明臣归顺。乾隆效仿祖父，三十三年（1768），亲到史可法墓拜谒，瞻仰了史可法的画像和他复多尔衮的拒降书，深受感动，加"忠正"谥号，建祠侍奉。题词"褒慰忠魂"并作《褒忠诗》：

纪文曾识一篇笃，予谥仍留两字芳。
凡此无非励臣节，鉴兹可不慎君纲。
像斯观矣牍斯抚，月与霁而风与光。
并命复书画卷内，千秋忠迹表维扬。

又命大学士于敏中等14人题咏和跋，制成手卷置于祠堂，再令刻石嵌于祠壁，以垂永远。

史可法的高风亮节虽如梅花岭上的冰雪梅花，永世流芳。但在此之前，谁也不敢立祠祭奠，一抔黄土，状殊冷落，而乾隆民族团结之举，使维扬士绅可以大张旗鼓地歌颂史公精神和气节，佳山秀水有了慷慨悲歌之士，亮节孤忠，代代相传，生生不息，秀美的风景城更是一座名副其实的英雄城。祠堂前有一副对联"一代兴亡关气数，千秋庙貌傍江山"。这副对联系扬州清代知府谢蕴山所撰。据清代袁枚《子不语》记载：谢蕴山为扬州知府修造史公祠快要完工之时，某夜梦见史可法。谢问："史公，你可知道我为你修造祠墓吗？"史说："知道，这是行政长官应该做的事，然而这也不是普通俗吏所能做到的。"谢求问自己的前途，史说："一个人不怕自己没有高官厚禄，怕的是你处在这个位置上对不起你的职位。"谢又说："史公，你能为自己的祠庙撰一副楹联吗？"史沉思片刻，吟咏出谢所书的这副对联。

生一事不如省一事
——褒奖，赏赐地方官吏，处理甄别犯过臣子

康乾对地方官员是关心爱护的。

大明寺西园康熙御碑亭，亭内一方御碑嵌于东壁，是康熙帝御制五言诗《题杭州灵隐寺》：

灵山含秀色，鹫岭起嵯峨。
梵宇盘空出，香云绕地多。

开襟对层碧,下马抚烟萝。

羽卫闲来往,非同问法过。

这是康熙帝赐给当时扬州知府高承爵的。他第二次南巡,途经扬州,高承爵奉旨先过江接驾,后又随驾驻跸杭州。康熙回京城时,高承爵又送驾至山东滕县三公桥。在御舟中,康熙帝赐所题杭州灵隐寺诗一首,并钦升高承爵为江南江苏按察使。高承爵为永记圣恩,在扬州大明寺内勒石建亭以奉。

康乾南巡时都对地方重要人物进行褒奖、赏赐。地方官吏也因接驾有功,受到奖励,如乾隆将伊龄阿由两淮盐政升为总管内务府大臣。乾隆喜欢写字,书写许多"福"字分赠官商缙绅,得到"福"字的,个个建"福"字厅以示炫耀。

汪氏小院"两淮盐政与盐商史料展"中有当时扬州的臣子给康熙、雍正、乾隆的奏折共17件。内容多为盐政,上有皇帝的朱批,是从第一档案馆的上谕档案复制而来的,其中可看出他们对臣子的理解,并坦陈利害。

曹雪芹的祖父曹寅曾以江宁织造的身份兼任盐政,康熙四十三年七月二十九日《曹寅奏谢钦点巡盐并请陛见折》中,曹寅说:"盐政虽系税差,但上关国计,下济民生,积年以来,委曲情弊难逃皇上洞鉴,臣寅拟星驰赴。"他是想宵衣旰食,肝脑涂地以报皇恩的,所以到任后想大刀阔斧改革图强。四十三年十一月二十二日《曹寅奏为禁革浮费事》中,他列举浮费之象:"自到任后察访两淮浮费甚多,比来盐壅商困,朝廷钱粮渐有积欠,若不痛革禁止,则于有碍。"他列举了六大浮费:一项是院费,包括寿礼灯节、代笔后私家人等,各项课费八万六千一百两;二项是省费,系江苏督抚同道各衙门规贺银三万四千五百两;三项是司费,三万两;四项是杂费,六万两。曹寅虽未将其他浮费列举,但从这四项中即可看出,从上到下都把盐税作为可随意取用的大肥肉,地位越高,要得越多。曹寅很想清查积弊,整饬盐务,甚至敢于触及"督抚同道各衙门的规礼"。但是,有心杀贼,无力回天,皇帝就是这些贪官污吏的保护伞。此奏折的第二项开支旁就有康熙的大段朱批:"此一项去不得,必深得罪于督抚,银数无多,何苦积害?"康熙对其他奏折要么不批,要么仅"知道了"三个字,唯对此奏折有推心置腹的长批,可见也是想"生一事不如省一事",体现了对曹寅的关怀爱护。

康熙六次南巡,有四次都住在江宁织造府内,可见曹寅与皇帝关系之密切。当时的盐漕察院,又称扬州盐院,在扬州老新华中学内,现已开发为住宅。据嘉庆《两淮盐法志》卷三十七《职官廨署·盐漕察院署》记载,盐院规模十分可观,院署有东西辕门,中为"淮荚钧衡坊",旁列"鼓吹亭"。院内除大堂、二堂、三堂外,还有内宅多间,并佛楼、桃花泉书屋、柳山阁、福德祠等。太平军进入扬州后曾作为临时指挥所,后被清兵焚毁,但瘦西湖五亭桥上的黄色琉璃瓦即取自此处,一斑窥豹,当可想见当年殿堂巍峨、金碧辉煌的情景。

殿宇虽坏,遗迹尚存。现有四物经考古鉴定,当为盐署的旧物。

桃花井。该井雅名"桃花泉",位居原新华中学内。据载,盐署西院是住宅,内中有井台,井旁几树桃花,初春季节,芳菲香浓。旁建桃花泉书屋,是曹寅读书吟诗、接客待友之处,当是清幽异常,"公余向馔粥,茗榻方同煎"(曹寅)。

醉云石。该石为斧劈石,色泽青灰,高约丈余,上刻"醉云"二字。石以"云"为名,当是江南园林迭石追求的意境。所幸石仍存,字虽模糊,但仍可看出遒劲的笔力。

正像石狮。这里的双狮正襟危坐,凝神远视,面容威严,颇有故官内狮子的风范。它不同于一般石狮,而是蹲坐直腰,爪平伏,嘴微启,双眼直视,圆若铜铃,目光炯炯,恭顺中透着威严。皇帝是人中之尊,狮子要格外恭敬,唯天子所过之处,狮子都昂首致敬。因皇上曾在此驻跸,盐运公署位高权重。

断碣残碑。近年来,在新华中学发现断碣一块,所剩约为全碑的三分之一。该碑分三段,每段皆以龙纹围四周,而内容则先后相承。其中言及乾隆临幸之事:"驾从金山抵邗,诸商迫切环留,(琳)入奏。御书'紫垣'二字赐琳,云章焕然,辉映日月。"虽与曹家接驾无涉,但由此上溯曹家接驾情景,当有值得借鉴之处。

曹寅在扬州修建的塔湾行宫,位于高旻寺旁,寺中有塔,河水成湾。此地称为九龙福地,濒河临江,形势险胜,隔江可眺镇江焦山、金山,望北可看蜀岗烟岚,顺河直通瘦西湖蜀岗。据《圣祖五幸江南恭录》记载,康熙四十四年(1705)三月十二日,玄烨在扬州城内畅游后,又登舟至塔湾行宫驻跸,游御花园,演戏摆宴。清人宋骏业绘制《康熙南巡图》,可以看出这里帆樯林立、百舸争流、殿宇嵯峨、绿柳吻水的壮观景色。史载:"晚戌时,行宫中宝塔上灯如龙,五色彩子铺陈,古董字画,无计其数,月夜如昼。"康熙曾有《赐赠纪荫诗并跋》,纪荫是高旻寺的当家和尚。

春梦深沉新刹中,陡闻清磬在林东。
方疑般若真非相,不解金经尽是空。
鼻竖眉横无着落,胸宽意阔有尘笼。
毫光咫尺临高眺,满目江干淑景融。

至今康熙手书的"敕建高旻寺"汉白玉石额仍存。而院中现存的八个旗杆墩,青石所制,厚重工稳,雕镂细致,现以其中四个作为新建牌坊的基座,每个基座12×23×23米,比大明寺"栖灵遗址"牌坊的基座气派,由此可以推断当时接驾的场面。

康熙四十六年(1707),康熙南巡,在曹家驻跸,这是莫大的荣耀,但其中甘苦谁心知。由于接驾有功,曹寅被授予通政使司通政使。该官衔为九卿之一,可惜是虚衔,而代价是挪用盐政库银,造成巨额亏空。两淮盐政与盐商史料展中披露了一则史料:曹寅在该年五月十五日,有《奏谢南巡恩赐及雨水情形折》。他深感皇恩浩荡,"虽粉身碎骨,不能仰报万一,惟有朝夕焚香顶祝而已",但最终这样的文采风流之家也无可奈何地败落了。曹家多次接驾,造成巨额亏空。曹雪芹是冷峻的,祖父的扬州接驾一节,成为他元妃省亲的创作原型。《红楼梦》第十六回赵嬷嬷说:"只预备接驾一次,把银子花的像淌海水似的。"又说:"别讲银子成了粪土,凭是世上有的,没有不是堆山积海的,'罪过可惜'四个字竟顾不得了。"烈火烹油之后就是盛宴必散,久盈必亏。曹雪芹以"一声震得人方恐,回首相看已成灰"的诗句揭示出封建末世瞬息繁华、转眼即逝这一规律。

当然,对于犯过的臣子也是实事求是地处理甄别。曹寅的内兄李煦深得康熙恩宠。他在任苏州织造的同时,曾先后八次兼任两淮盐政,从他的诸多奏折中可看出扬州当时盐政的情况。康熙五十八年(1719)四月二十八日,他在《奏报两淮盐务情形并盐臣张应铭操守如旧折》中,一方面上奏盐官辛苦:"窃两淮煎盐灶户,其每日所煎之数必立法查明,然后不敢卖于私贩而尽卖商人;若不查明煎数,则灶户奸良不一,难得无售私之弊。"然后奏明"张应诏煎数未查,人事不免缺略",接着为其开脱:"至以天时而论亦欠顺利,上年十月起,至今年三月,淮扬两府天气多阴,场盐不能广产,故虽目下将尽,盐商之捆运出场者尚少。奴才四月二十日抵扬州察明两淮情形如此。"然后再为张应铭表功:"再访张应诏之操守依然如旧,合并奏明,伏乞圣鉴。"果然,康熙对李煦的话深信不疑,折后加朱批说:"从来操守亦是难保,往后再看再说。"无庸置疑,张应铭幸免于难。

华祝迎恩碑

盐课钱粮,关系军国急需
——抚慰盐商,注重关涉清政权经济命脉的盐税

"盐课钱粮,关系军国急需","盐课关系国赋,最为紧要","两淮岁课当天下租庸之半,损益赢虚,动关国计"。扬州盐商的巨富是利用清朝政府给予他们的特权——盐引制,通过垄断经营、贱买贵卖等手段取得的。他们兴盛于此,也败落于此。有特权庇护,他们是不折不扣的官商。盐商们的大量财富成了清政府特殊用项的来源,两淮的盐税直接关涉清政权的经济命脉,"损益盈虚,动关国计"。

两淮盐运使司(都转盐运使司)盐运使:设在盐区,1个运司、3个分司、23个灶场。负责盐的收购运输。

两淮巡盐御史:即两淮盐政,驻扬州,职司巡视管辖两淮(淮南、淮北)盐务,统辖江南、江西、湖广及河南各府、州、县额定引盐的销售,监督户部所属运司、分司、灶场的生产运输管理,查缉私盐。巡盐御史衙门又名盐漕院,设于两处:一为扬州府城内,二为仪征县南。

取宠皇帝也是他们维持特权的方法。乾隆于十八年(1753)南巡时,扬州盐商捐银二十万两修建行宫。为此,乾隆特允许纲盐、食盐每引增加十斤以示奖励。乾隆的几次南巡,盐商们都是巧思妙想,广造园林,争奇斗妍,以奉宸游,有"一路楼台直到山"之称。无怪乎乾隆惊叹说:"扬州盐商,拥有厚资,其居室园囿,无不华丽崇焕。"

上至皇帝,下至臣僚,扬州盐商在政治上、经济上与之都有微妙的关系。扬州盐商也在无形中承担了许多封建义务。遇大灾大难时,大力支持清政府是他们报效朝廷的最好机遇。如台湾林爽文起义时,扬州盐商江广达主动捐银二百万两,"以备犒赏"。嘉庆年间,川楚陕白莲教起义,清政府军饷匮乏,扬州盐商鲍漱芳积极向清政府"输饷",清政府为此赏给盐运使的头衔。清政府治河经费不足,扬州盐商"集众输银三百万两以佐工需"。

扬州盐商对清政府作出很大的贡献,清帝对他们也恩宠有加。有两件上谕档案可以看出当年盐商加官晋职的情形。乾隆二十七年(1762)二月十四日,皇帝颁旨:"此次南巡,所有两淮商众承办差务,皆能踊跃,急公宜沛,特恩以示,奖励其以加奉宸苑卿衔之。黄履暹、洪征治、江春、吴禧祖俱著,各加一级,已加按察使衔之。徐士业、汪立德、王勋俱著,加奉宸苑卿衔。李志勋、汪秉德、毕本怒、汪涛著,各加按察使衔。程征著,赏给六品职衔。程扬、宗程玓、吴山玉、汪长馨俱著,各加一级。"政治上的加官晋级不过是虚头衔而已,得名是为利,乾隆深知盐商的心思,于是在经济上又给于恩惠,同日又颁旨:"上喻两淮商众现已加恩优叙,更念该商等销引办课,岁额通完,而

于承办差务,尤能踊跃急公,深堪嘉予,著再加恩,自壬午纲为始,纲盐食盐每引加赏十斤,不在原定成本之内,以二年为限,庶民食既足,而商力亦纾用,示恤商爱民之意。"

江春,为清乾隆时期"两淮八大总商"之首。因其"一夜堆盐造白塔,六次接驾乾隆帝",而被称为"以布衣结交天子"的"天下最牛徽商"。江春担任"两淮盐业总商"40年,两淮盐业达到鼎盛,深得乾隆皇帝器重。乾隆皇帝六下江南,均由江春承办一切供应。皇帝两次亲临江春的别墅"康山草堂",赐了玩意题了字,还先后赏了好几个头衔,渐至一品,并赏戴孔雀翎,这些可都是当时盐商独一枝。乾隆五十年(1785),江春更是受邀赴宴于京城乾清宫举行的"千叟宴",所得恩宠在盐商里可谓登峰造极。值得一提的是:乾隆五十

盐宗庙

五年(1790),江春家养的戏班子"春台班",与"三庆班"、"四喜班"、"和春班"一道,奉旨入京为乾隆皇帝80大寿祝寿演出,演绎出历史上非常著名的"四大徽班进京"事件。晚年,江春因"家产消乏"、家财耗费一空,乾隆皇帝居然两次赏借皇帑五十五万两白银,也就是借他本钱做生意。江春去世后,乾隆皇帝又赏赐其子江振鸿五万两白银,作为营运盐业的资本。一介布衣商人,获帝王如此殊荣与恩宠,史所罕见。

殷勤难却众诚弹
——赐名、题诗,提升扬州园林的文化档次

康乾南巡时,将大型的御舟停在运河,然后"从香阜寺易轻舟,由新河直抵天宁门行宫"。盐商为奉迎其南巡,竭力营建"华祝迎恩",殚精竭虑,"自高桥起至迎恩亭止,两岸排列档子(即临时欢迎棚,有豪华与普通之别,豪华的等于是园林厅堂的复制,不仅张灯结彩,而且有山石花木香案古玩盆景,)再从迎恩桥向北到长春桥,有"邗上农桑"、"杏花春舍"、"平冈艳雪"、"临水红霞"四景,向南至北门桥,有街市、寺庙、酒楼,一副歌舞升平、富贵风流的景象。

现"华祝迎恩"牌坊复建,为四柱三门三楼式牌坊,临漕河北岸而建。所

幸前后左右皆花木葱茏,西有亭台,延伸了景观;河南有广场、厅堂、假山,与牌坊对应;与最可喜的是,路东临漕河与运河交汇处,有广场,有碑石,上镌刻河浪、帆樯,主景为双檐四角亭,亭中有刻石"南巡御道",在此可见运河波涌浪逐,百舸争流;向北为迎恩桥,仍为清时旧制,为砖砌拱桥,"迎恩桥"三字苍劲有力,颇为沧桑。桥南就是南宋北门遗址,有城墙、水井、道路、柱石、水门等遗迹,还发现"地钉"和券顶门,考古价值极高。

这里不仅有乾隆南巡的遗存,而且可看出乾隆对民生的关心。其实,当年乾隆对如此隆重的迎接是有微词的,他既踌躇满志于官商的迎奉,也对过于的喧闹厌烦。其《自高桥易舟至天宁寺行馆》:"夹岸排挡实厌闹,殷勤难却众诚殚。"《塔湾行宫》:"聒耳早嫌丝与竹,怡情却在鸟与花。"《至维扬即事》:"稍厌笙歌特烦聒,不嫌梅竹作清陪。"《游康山即事》:"城市已云擅幽绝,管弦何事闹纷忙。"《趣园即景》:"问予喜处诚奚托?宜雨宜旸利种耘。"可见他更关心的是农事、民生。

现在漕河疏浚,两旁栽花植柳,也在河南复建了楼阁亭台,已成景观,可惜均是空壳,无诗词联对匾额。如果我们稍加整饰,与乾隆南巡的遗迹相连,当是具有独特风格的历史文化景区,可让人们发思古之幽情。

康熙、乾隆都有六次南巡,扬州富商达官为争宠于王室,大兴造园之风,一时有"江南园林甲天下"之说。扬州的园林赖于康乾的喜好,借助于南巡之机,依靠盐商的努力,形成了自己的特色,至今仍散发着魅力。

首先,将瘦西湖普通的城河,重新装点出妙景佳境,形成了"两堤花柳全依水,一路楼台直到山"的效果。

其次,"园林之妙在于借"。乾隆南巡时感叹五亭桥像"琼岛春阴",这就点出了该桥是借鉴北京北海五龙亭之景。

再次,引进皇家园林。熙春台"横可跃马,纵可方轨",是当年乾隆皇帝祝寿之处,处处体现出皇家园林富丽堂皇的阔大气派。主体建筑熙春台,碧瓦飞甍,富丽堂皇,主楼五楹,楼前三楹突出,再建前阁。楼南紧后是双檐六角攒尖亭,楼北前远方设一"十"字阁,阁结五顶,中顶攒尖耸峙,四周为歇山顶,多角交错,很有紫禁城角楼的味道,但形制更为秀丽。主楼和两亭分别以串廊和栈道连接,浑然一体。所有建筑的瓦顶全用绿琉璃筒瓦,屋脊甍上是两条金龙,脊角走兽亦为龙头,琼楼琳宫,金窗玉槛,与红色露台、汉白玉栏杆以及远处五亭桥的黄瓦朱栋、白塔的玉体金顶相映成趣,确是"碧瓦朱甍照城廓,浅黄轻绿映楼台"。游人到此,似乎也沉浸在乾隆当年举觞畅饮,群臣三呼万岁的氛围之中。当年乾隆感慨不已,曾写诗赞道:

初识江南景物饶,已闻好马助春娇。
明朝又放征帆下,去向扬州廿四桥。

康乾南巡时,将朝廷缮写好的三套《四库全书》携往江南,其中一套藏于天宁寺大观堂,赐名文汇阁,并令地方官员允许士子借读,推动扬州文化发展。到过的天宁寺、香阜寺、大明寺、湖心律寺、上方寺、莲性寺,所赐皆为佛教器物,如佛龛、佛像、宝塔、福字、经文,赐名、题诗、题联、题匾,都提高了扬州园林的文化品位。

许多专家对乾隆时期形成的扬州园林风格皆有定评:"其烟渚柔波之自然,其婉丽妩媚之气质,其人工与自然融合之天衣无缝,窈折幽胜,仍为苏杭等地之园林所无法比拟者。"(汪礼《扬州瘦西湖》)"瘦西湖是扬州风景区,它利用自然的地形,加以人工的整理,由很多小园形成一个整体,其中有分有合,有主有宾,互相'因借',虽范围不大,而景物无穷。尤其在摹仿他处能不落因袭,处处显示自己面貌,在我国古典园林中别具一格。""苏州园林如宋词,纤巧精致;扬州园林像唐诗,清秀富丽;颐和园则像是汉赋,恢宏广博。"(陈从周《园林谈丛》)

清代二十四景

扬州享有"园林之胜,甲于天下"的美誉。清代,由于康熙、乾隆两朝帝王的屡屡南巡,瘦西湖一带已经发展到"争地构园"的地步,最终形成了"两堤花柳全依水,一路楼台直到山"的秀丽景观,以北郊二十四景著称于世。乾隆年间,德州人卢雅雨主两淮盐政,建"苏亭"于使署,为文酒之会。尝与静慧寺僧文山定扬州二十四景之名,书于牙牌,为侑觞之具。

据《扬州画舫录》记载,从1751年至1765年十几年间,瘦西湖上已经形成二十景:卷石洞天、西园曲水、虹桥揽胜、冶春诗社、长堤春柳、荷蒲熏风、碧玉交流、四桥烟雨、春台明月、白塔晴云、三过留踪、蜀冈晚照、万松叠翠、花屿双泉、双峰云栈、山亭野眺、临水红霞、绿稻香来、竹楼小市、平冈艳雪。1765年后,复增绿杨城郭、香海慈云、梅岭春深、水云胜概四景,合称二十四景。

虹桥揽胜,在瘦西湖南大门前,自古文人雅士在此扶栏凭吊,吟诗作对挥毫,一抒怀古之幽情,留下"虹桥修禊"的典故。

卷石洞天,在新北门桥北侧,即古郧园地,以怪石老木取胜,归歙县盐商洪徵治后。以旧制临水,用太湖石迭为九狮形,置于水中,上建亭,题称"卷石洞天",又称小洪园。

绿杨城郭,西园曲水与卷石洞天之间,名取自清王士禛《浣溪沙·红桥怀古》中的"红桥风物眼中秋,绿杨城郭是扬州"。在"城闉清梵"景区内,旧属闵园,有厅事三楹,额曰"绿杨城郭",为闵园风景最佳处。联云:"城边柳色问桥晚,楼上话枝拂座红。"

西园曲水,卷石洞天西,大虹桥南侧。即古之西园茶肆,今现往日旧观。最有代表性的一组建筑是"浣香榭",雕栏楠扇,石船瓦顶,俨然湖上画舫。

冶春诗社,在扬州大学校区内半塘。冶春,意为游春。源于清初顺治年间的虹桥茶社。

长堤春柳,位于瘦西湖南大门,西堤遍植杨柳。柳丝拂水,柔情万种。

荷蒲熏风,位于虹桥东岸,系清乾隆年间布政使衔商总江春所筑,一名江园,清乾隆赐名净香园。

香海慈云,旧属江园范围,今建于小金山,观音殿门前嵌有石刻"香海慈云"。临水红霞,即桃花庵,清朝乾隆年间为州同周楠别业。野树成林,茅屋数间。

平冈艳雪,位于临水红霞后,亦属周楠别业。平冈为古代平冈秋望之遗阜,遍植红梅。花时如雪,有"雪晴花发,香艳袭人"之誉。

绿稻香来，位于傍花村景区内，与邗上农桑、杏花村舍相临。清乾隆间奉宸苑卿王勋仿清圣祖《耕织图》建，其景有水车、仓房、风车、歌台、养蚕房、绿桑亭等景。旁有万亩稻田。

梅岭春深，即长春岭，岭西有"梅岭春深"石额。岭上广植各种春梅，每当梅蕾竞放，将山岭装扮得花枝招展，春意盎然。

竹楼小市，相传隋炀帝杨广千里帆樯下扬州时，曾在此设夜市，宴请群臣。清两淮巡盐御史卢见曾《虹桥修禊》中有"竹楼小市卖花声"之句。小市桥以卖花闻名，有玉兰花、栀子花、茉莉花等。

四桥烟雨，建于清康熙年间，乾隆南巡时，赐名"趣园"。1960年秋，于旧址建四桥烟雨楼，楼高二层，面西三楹，四面廊。登楼极目，诸桥形态各异。向南有春波桥、大虹桥，向北有长春桥，向西有玉版桥、莲花桥。诸桥近在咫尺，却桥桥造型各异，风格全然不同。

水云胜概，于长春桥西至五亭桥止，桥东为四桥烟雨，桥西为水云胜概。内有吹香草塘、隋喜庵、坐观垂钓、春水廊、胜概楼、小南屏诸胜。

碧玉交流，位于四桥烟雨楼后。据《扬州画舫录》记载，广州曾有西洋人建的十三楼，其窗全部采用琉璃。澄碧堂亦仿广州十三楼依水而建，水清如碧，琉璃如玉，相映成画，营造出了碧玉交流的胜境。

白塔晴云，清乾隆年间按北京北海的白塔仿建。

春台明月，旧景为春台祝寿，起始于莲花桥南岸，清乾隆二十年御史高恒开莲花埂新河，直到平山堂一带，两岸都是名园。春台祝寿为清乾隆间汪廷璋建，称为湖上台榭第一。《平山堂图志》记载，河流至此一曲，隔岸白塔晴云旧景内之望春楼与此台相对。今熙春台为1987年重建。

三过留踪，典出宋苏轼纪念恩师欧阳修所作的《西江月》："三过平山堂下，半生弹指声中。十年不见老仙翁，壁上龙蛇飞动。"康熙末年，扬州人程梦星于瘦西湖内建筱园，乾隆年间改为三贤祠，里面供奉扬州历史上三位名贤太守欧阳修、苏轼、王士祯，后园内漪南水亭改名苏亭。亭上有联云："东坡何所爱？仙老暂相将。"题曰：三过留踪。

蜀冈晚照，位于熙春台向北，又名蜀冈朝旭，清乾隆时按察史李志勋的别墅，筑有别日轩、眺听烟霞、月地雪阶等名胜，后经过临潼张绪重建，形成了"园前以石胜，后以竹胜，中以水胜"的景致。《广陵名胜图记》称其"近蜀冈，初日照万松间，如浮金叠翠"。旧景无存，今景在其旧址上重建。来春堂前的白色矮垣上刻"蜀冈朝旭"四个大字，堂中楹联："一片彩虹迎旭日，万条金线带春烟。"

花屿双泉，又名锦泉花屿。《扬州画舫录》载，"锦泉花屿"为刑部郎中吴山玉的别墅，后归知府张正治所有。园分东西两岸，中间有水隔之，水中双泉浮动，故又名"花屿双泉"。其东岸临河面西为屋，屋后为"绿竹轩"，轩右有竹所,湖上园林,以此为第一竹所。"锦泉花屿"内还有香雪亭、藤花榭与藤花书屋、清远堂、锦云轩、微波馆、种春轩等景致。今锦泉花屿在其旧址上恢复。

万松叠翠,一名吴园,系清乾隆年间丰宸苑卿吴禧祖建。园内有桂露山房、春流画舫、清荫堂、旷观楼、嫩汉春晓、涵清阁、风月清华、绿云亭等名胜,"万松叠翠"四字题于绿云亭内。

双峰云栈,位于蜀冈两山中,九曲池处。旧有听泉楼、露香亭、环绿阁等名胜。中有瀑布三级,飞琼溅雪,汹涌澎湃。下临石壁,几立千尺。清乾隆年间,上建栈道木桥,道上多石壁,桥旁壁上刻御史高恒所书"松风明月"四字。山亭野眺,位处观音山水码头,亭旁旧景筑台三四楹,榭五六楹,廊腰缦回,阁道凌空,泂为山水间胜境。此景近在观音山下,以便香期游人到此闲眺。

山亭野眺,亭旁旧景筑台三四楹,榭五六楹,廊腰缦回,阁道凌空,泂为山水间胜境。此景亦在观音山下。

卷石洞天

二十四景的定名均用四字题签,符合人们传统文化的习惯。虽言简,却意赅。既注意到山、岭、湖、浦等地形之美,楼、桥、台、塔、榭等建筑样式之繁,又注意到松、柳、荷、梅花木之盛,更注意到春、夏、秋、冬四时之别,还注意到风、云、雨、雪天象之变。题名经过集思广益、千锤百炼,富有诗情画意,对景点画龙点睛,又提升了景观的书卷之气。兵燹战乱,到解放时,二十四景多已废圮倾颓,人们只能哀叹:"楼台也似佳人老,剩粉残脂倍可怜。"如今天地翻覆,换了人间,园林盛世重光,以至诗人、学者倾倒。

古城遗址
——碧瓦朱甍照城郭

唐城遗址博物馆

扬州建城之始,可以追溯到3000多年前古邗国的建立,从春秋历经秦、汉、魏、晋、宋、齐、梁、陈直至隋唐,城垣虽有兴废,但城址始终在蜀冈之上。唐代扬州城规模最大,有两重城:蜀冈之上的称"子城",一称"牙城",即衙城,为扬州大都督及其下属各级官衙驻地;蜀冈之下的称"罗城",一称大城,为新兴工商业区和居民区。沈括《梦溪补笔谈》说:"扬州在唐时最为富盛,旧城(按:指唐城,相对宋城而言)南北十五里一百一十步,东西七里十三步(一作三十步)。"城内外河道纵横,杜牧诗"二十四桥明月夜"中的"二十四桥",沈恬曾予考证说:"最西浊河茶园桥,次东大明桥(自注:今大明寺前),入西水门有九曲桥(自注:今建隆寺前)。次东正当帅牙(按,指淮南节度使府)南门,有下马桥,又东作坊桥,桥东河转向南,有洗马桥、次南桥(自注:今州城北门外)。又南阿师桥、周家桥(自注:今此处为城北门)、小市桥(自注:今存)、广济桥、新桥、开明桥、顾家桥、通泗桥、太平、利国(一作"园")桥。出南水门有万岁桥(自注:今存)、青园桥。自驿桥北河流东出,有参佐桥(自注:今开元寺前)。次东水门(自注:今有新桥,非古迹也)东出,有山光桥(自注:今山光寺前)。又自衙门下马桥直南有北三桥、中三桥、南三桥,号'九桥',不通船,不在二十四之数。皆在今州城西门之外。"沈恬所记不足二十四桥之数,大体交代了二十四桥的方位。桥多、桥美,从一个侧面反映出城区一街一河的基本格局。"入郭登桥出郭船",可见扬州是一座著名的水城。

唐玄宗天宝十四载(755),"安史之乱"爆发,北人大批南下,经济中心南移,扬州遂成为全国最大的经济都会。唐代诗人王建《夜看扬州市》诗说:"夜市千灯照碧云,高楼红袖客纷纷。"《太平广记》卷二十三引高彦休《唐阙史》说:"扬州,盛地也。每重城向夕,倡楼之上,常有绛纱灯万数,辉罗耀烈空中,九里十三步 街中,珠翠填咽,邈若仙境。"可惜,唐末的兵燹战乱,使扬州城满目疮痍,遍地瓦砾。如今在蜀冈之上,向北观望,仍可清楚地见到狭长高地上有断续的古城版筑城垣的旧迹。

现今在牙城遗址的西南角新建"成象苑",因当年炀帝宫城的建筑有"成象殿"。仿唐城阙高大巍峨,延和阁沿袭牙城楼殿旧名,双层单檐,为庑殿式有盛唐雄风,门道、门楣条石通道尽量仿照唐代宫城样式。厅内陈列了300多件唐代出土文物,分门别类,对城池、手工业、商业、文化艺术诸多方面起了一斑窥豹的作用。而厅前的楹联"绮罗何处空隋苑,风景依然在蜀冈",确是使人感慨沧桑巨变。现在,隋—宋大城遗址已列为全国重点文物保护单位。

唐城遗址

唐城门遗址

唐代扬州城由子城和罗城两部分组成,子城位于蜀冈之上,为唐代大都督府和官衙治所;罗城在子城南面,是唐代扬州工商业重地和市民的居住区。罗城呈南北长方形,南北长4.2千米,东西宽3.12千米,面积达13平方千米,是今天我们所说的扬州明清古城5.09平方千米面积的2.5倍多。当年城内有南北大街6条,东西大街14条,折射出昔日唐代扬州的繁华。

这座城门位于瘦西湖万花园景区,是当年唐代扬州罗城上的一座西城门,也是近几年全国发现的最为完整的一处唐代城门遗址。在唐城门遗址上采用了钢化玻璃罩进行保护。这样既可以保护文物,也能让游客领略到1000多年前扬州城繁华的风貌。

宋大城西门遗址博物馆

遗址是扬州宋代城池史,为"八五"期间全国考古十大新发现之一。现遗址有宋大城西门、东门、北门遗址。史载扬州宋代有三城:宋大城(老城区),宝祐城（蜀冈上）、夹城（笔架山）。宋大城的形制为：规整的长方形，城内开十字大街，与四面城门相通，南北向大街，西侧平行一河（汶河，今填平为汶河路），河与南北水门相通。东西向平行街道三条，分别通过太平桥、开明桥、小市桥。相距300～500米。遗址透视宋代扬州城池概貌：五代后周周世宗在唐代旧城的东南隅改筑了一小城，世称周小城，西城门在五代周小城基础上修筑，并一直沿用到清代。附近为五代城墙马面（城墙女墙上的战棚），北宋、南宋的瓮城门道，进出城门的砖铺路。可以看出宋代时我国已开始使用砖砌券顶式圆形城门洞，替代在此以前的木构过梁式方形城门洞。这是因为宋代火药的发明，对作为战争防御功能的城门也提出了更为坚固的要求。

西门遗址，现今修缮的五代马面高5.5米，虽为局部，但使人想起宋代沈括《梦溪笔谈》中对赫连城马面的记述"极长且密"，"马面皆长四丈，相去六七丈，以为马面密则城不须太厚，人力亦难攻也"。如今有了原始实物佐证修缮的北宋瓮城、南宋瓮城分别达到了4.5米和3.5米，城内空间有400平方米，虽为局部，但如标本范例，毕竟展示了五代、北宋、南宋城池的差异和师承。北宋、南宋瓮城外砖铺

宋大城西门遗址

路面倒是历史的原状，都是立砖铺地，不仅路牙严整，路面逞中高边低的弧状，且砖与砖之间排列整齐，错落规矩。北宋路面车辙痕迹深凹，路面损坏严重，证明北宋社会安宁，经济繁荣。南宋路面车辙浅，路面平，分明是战乱频仍、经济萧条、人口稀少的原因。

宋大城东门遗址

东门遗址总面积12500平方米，2000年发现，由于南宋时军事的需要，东门增加了瓮城、城壕、壕桥以及突入运河的环岛状的堡垒，构成了水陆并重、设施完备的多重防御体系。对面就是东关古渡，是古运河的重要渡口。古时从此入江，东连大海，为南路通往日本的大道；溯江西上，至九江而南，可达饶州（江西南昌）；沿赣江、北江转向交州、广州，可远航东南亚、东亚各国；自九江而西，经鄂州（武昌）西通巴蜀。不止是东南七道（浙江东、西，宣歙，江西，鄂岳，湖南，福建）的财货，即使是益州、荆州的出产，亦可由水道直达这里。现在主要开掘出的有南宋晚期的瓮城、便门、露道、城壕等踪迹和

北宋的出城露道等。广场还重修了古炮台、仿吊桥、宋井亭等遗踪迹，以再现宋朝扬州"绚丽压长淮，形胜绝西北"的英姿。东门旁又再添马可·波罗留念馆，持续告诉着元朝扬州城的故事。滔滔的河水、巍巍的城墙、高高的牌坊，记载着运河的沧桑巨变、古渡的历史功勋。

宋大城东门遗址

宋夹城

宋代时，扬州为金、宋交战前沿。为抗金，在罗城的东南部构筑了宋大城，又在原子城的位置筑宝祐城，中间用夹城相连，呈"蜂腰"形。三城连珠，为我国古城特例。当时的词人贺铸有词赞美："回想夹城中，彩山萧鼓佛，绮罗丛，钿轮珠网玉花骢。"

宋夹城南部略偏东、北部略偏西的狭长方形，至今已有近800多年历史，虽然后来受战乱等历史因素影响，但城池的地貌特征依稀可见。如今的宋夹城考古遗址公园就是在原址上复建的。豪迈大气的组雕"铁血扬州"，再现了扬州宋代军民抗击敌军的战争场面。"将军坐帐"的场景再现了抗金名将李庭芝为国不为君的爱国情怀。

现宋夹城已开发为体育休闲公园，有环城步道、环城自行车道、笼式足球场、篮球场、网球场、排球场、户外羽毛球场、乒乓球馆、羽毛球馆、篮球馆、网球馆及多种体育器材，是市民散步、拍摄婚照外景、约会散心、观光怀古、体育锻炼、球类竞技的好去处。

宋夹城

南门遗址

扬州南门遗址系全国重点文物保护单位,南临护城河及传统风貌区,西连唐代以来的运河和水门遗址,北侧道路下是南城墙埋藏区。南门遗址历经唐宋元明清1300余年,叠压有唐宋元明清历代遗构的多重信息,就地层叠压关系而言,可分为8个地层:(1)底层,生土层;(2)最早的文化层,唐代文化层;(3)五代地层;(4)北宋地层;(5)南宋至元地层;(6)明代地层;(7)清代地层;(8)上部扰乱层。就遗迹现象而言,有城门、土城垣、砖砌城垣、瓮城马面、道路。瓮城呈扁方型,门道设在南墙东端,门道宽5米,进深9.5米,城墙厚10米。两面包砖,砖包墙达1米,内加填土,由底而上收分砌成,墙体断面呈等腰梯形。用砖规格40×30×5厘米。砖上多有铭文,如濠州、歙州、常州,证明用砖量大,依靠多方供给。无论是古建筑的整体布局,还是具体做法,不同时代都有不同的方式,皆中规中矩。2007年考古发掘成果显示了南门作为扬州历代瓮城和城市大门的重要历史、科技和艺术价值,被考古界、史学界誉为"中国古代的城门通史"。

南门遗址水门

历史街区
——人生只爱扬州住

魅力小巷

"巷城"是古城扬州的别称,老城区内街坊纵横整齐,小巷宁静幽深,更给"淮左名都"增添了一层神秘的色彩。数量多,形式奇。老城区南北仅4千米许,但布散其中的街巷竟达600多条,芍药巷、金雀巷、双忠祠、福寿庭、马摆渡、萃园桥,有人说,单巷名就能勾起人的诗情画意。如果在小巷中探胜,更觉奇妙。一条条小巷,巷巷相通,又巷巷有别。或长或短,或弯或曲,或首尾相连,形同"回字";或左旋右扭,状如游蛇;巷窄的,仅容胖子敛息侧身而过;巷深的,行走一二里还不见尽头;"井"字形小巷,大巷两旁又布满小巷;"A"字形小巷,叫人碰壁转弯,不由你不生扑朔迷离之感。难怪史可法抗清,豫亲王多铎虽然攻破扬州,进城后,人生地不熟,一入蜿蜒曲折的小巷,便如入八卦阵中,在每一条街道,每一条小巷都遭到伏击,可谓寸步难行。

古城民居

景色佳。扬州的小巷古色古香,或保留石板、立砖的路面,或用方块水泥重新构成图案花纹。路旁巧布花坛,植花种草。两旁的院墙内一枝红杏过墙,几阵幽香传出,还有道旁随处可见的院墙花窗,砖刻门楼。更有富于地方特色的小巷:家家造雀笼,金鸟鸣啁啾的雀笼巷;"夜市千灯照碧树"的灯笼巷;珠翠盈门的新盛街;漆器放光的罗甸巷。比如多子街。清代是绸缎庄的集中之处,人们便起名缎子街。谁知扬州人喜欢强音避讳,以为"缎子"即"断子"绝孙,一时街市冷落。而后一学者以毒攻毒,借助谐音法宝,改"断"为"多",顿反其意,人们不仅愿意到多子街扯布衫,剪彩绸,而且嫁娶之日新娘花轿都要绕道多子街,以求婚后多得贵子。良辰吉日,花轿南来北往,互相媲美,把街市挤得水泄不通。更有甚者,经省、市人民政府颁布的文物保护单位124处,大部分散在逶迤曲折的街巷之中。有的在路旁,如个园、何园、小盘谷、仙鹤寺;有的就横亘路中,如文昌楼、石塔寺、四望亭。人在巷中走,尤如看一卷不尽长轴,名胜古迹,古树名木,市井街坊,茶楼酒肆,圈门火巷,僧堂尼庵……真是"一路楼台直到山"。

小巷

历史久。有人说在扬州巷中走,犹如翻扬州的历史稿本。是的,从汉至今,多少雄姿英才、智士仁人在扬州伫足停留,"寻常巷陌"记载着他们的赫赫战功、光辉业绩。正谊巷、贤良街使人遥想西汉大儒董仲舒"正谊明道"的主张;史可法路让人敬仰明末抗清英雄史可法的铮铮铁骨。讲经墩上,

住宅内火巷

尼泊尔高僧佛驮跋陀罗于此讲经;汶河路旁,阿拉伯伊斯兰教主十六世孙穆罕默德于此传教。芍药巷,使人缅怀苏东坡废除蔡京兴起的虐民害物的万花会的政绩;西方寺,使人遥想居住于此的扬州八怪之一金农的风采。历代政治家、军事家、文学家、外交家为扬州的文明繁荣书写了可歌可泣的一页,小巷该是最好的见证。

风俗淳。纯正的民风、淳朴的人情亦可在小巷中得到验证。"邻居好,赛金宝",这是常挂在人们嘴上的口头禅。清晨,你漫步小巷,只见邻居们互致问好,结伴买菜,尊老爱幼,处处可见;傍晚,则在道旁,或端酒杯"滋"上一

口,或品茗喝上一杯,打一圈牌,下一盘棋,天南海北,无所不谈,古往今来,各抒己见,偶有口角,说开即了。

双东街区

历史街区是城市的名片。文化是城市的魂,街区是文化的根,街巷是文化的脉。在扬州众多的历史街区中,东关街和东圈门是集文化性、休闲性、商业性于一身的典范。历史的遗存在这里积淀,街区中布散着一百多条街巷,芍药巷、琼花观、文化里、五福巷、广储门、双忠祠,巷名如同词牌,引起人们的许多联想。特色住宅"铜壳锁"、"一颗印"、"大宅门"保存完好,原汁原味,在小巷中探胜,顿生扑朔迷离之感。文物保护单位散处在逶迤曲折的街区之中,如个园、壶园、准提寺、三祝庵。人在巷中走,犹如看一卷不尽长轴,名胜古迹、古树名木、市井街坊、茶楼酒肆、圈门火巷、僧堂尼庵……真是春光无限,美不胜收。人在街区走,犹如翻历史稿本,独特的人文风情在这里展现,原生态的历史文化、民俗文化、居民文化和手工文化古韵古意,是"双东"活着的历史,商铺、茶楼、澡堂、客栈、小吃摊、刀剪铺、民间艺人,纯正的民风,淳朴的人情,把人们对岁月历史的怀想串成精美的项链。2008年4月18日的烟花三月旅游节,崭新的"双东"欢迎四海佳宾、五洲友朋。

东关街

历史遗存
——千载英贤胜迹留

千秋公案琼花观

扬州的市花是琼花。"维扬一枝花,四海无同类。"琼花与扬州是结下不解之缘的。据传说,汉代时,有一道号名叫蕃釐的道姑来扬,以白玉埋地,顷刻间地上长出一棵仙树,树上的花洁白如玉。仙女走后,人们特地建造道观,名蕃釐观,又因种玉得花,故名此花为琼花。隋朝时,炀帝下扬州看琼花,其妹恨其无道,化为琼花棒,棒打昏君。炀帝盛怒之下,砍倒琼花树。暴君死后,琼花抽枝发芽,重新开放。从此,该花被人们视为有情之花。

市树琼花

其实,明清以后的野史演义中才出现了炀帝看琼花的故事。真正出现琼花之名始于宋初。扬州太守王禹偁曾作过两首琼花诗,其小序曰:"扬州后土庙(即蕃釐观,俗称琼花观)有花一株,洁白可爱,其树大而花繁,不知实何木也,俗谓之琼花。"欧阳修为扬州太守时特建"无双亭"于花旁,写诗道:"琼花芍药世无伦,偶不题诗便怨人。曾向无双亭下醉,自知不负广陵春。"其后,文人雅士歌咏琼花者不计其数,而且越说越奇。孔尚任说:"花死隋宫灭,看花真无谓。"把"花死"和"隋宫灭"联在一起,似乎"花死"是隋灭的先兆,实在是过于玄妙了。琼花观原有牌坊、三清殿、无双亭、芍药亭等,占地十余亩,诸建筑很有特色。石牌坊也依明旧制恢复,深米色,两石柱柱头似华表,分别雕日月二形。门楼三楹,石额三字"蕃釐观",三字虬劲有力。牌坊后是三清殿,双檐歇山,前为露台,两侧为超手廊楼。无双亭、芍药台、玉钩洞天等也已恢复,琼花观呈现出昔日的繁华。

府学建筑文昌阁

扬州文昌阁是古代扬州府学的一处建筑,是府级行政区划的官办教育机构。扬州府学横跨汶河,是一个比较庞大的建筑群。明代万历十三年(1585),两淮巡盐御史蔡时鼎于学庙中兴建文昌阁,建造在跨越汶河的文津桥上,取名"文昌",有昌明儒学之意。斯阁后遭火焚毁,火后次年,江都知事张宁复建,即为今日所见之文昌阁。

现在,扬州文昌阁矗立于汶河路、文昌路交叉处,道路中央,高24.25米,位于市中心,为扬州市地标建筑。阁为三级砖木结构,攒尖顶楼阁式建筑,与北京天坛的祈年殿有些相似。上部是寰宇穹顶结构,为楼阁式的文庙建筑中罕见。三层重檐向上逐层收缩作伞状,攒尖后以宝瓶收顶,顶部为椭球。文昌阁底层为八角形,四面辟有拱门,与街道相通。阁的第二、三两层为圆锥台形,环周皆窗。

登楼岑目眺望,则四面街景尽收眼底。节庆之夜,阁上彩灯齐放,文昌阁辉耀街衢,实为佳景。

文昌阁

县学建筑四望亭

《万历江都县志》引宋《宝佑志》云:"四望亭在州治南,宁宗嘉定年间(1208—1224),特授直宝谟阁、权发遣扬州事、主管淮东安抚司事崔与之建。"《乾隆江都县志》载,四望亭始建于明嘉靖三十八年(1559),清康熙、雍正年间均曾修葺。原名文奎楼,后名魁星阁,是江都县学的组成部分。亭为砖木结构,八面三层,攒尖式瓦顶。底层四面皆有拱门与十字街道相通,故有"过街亭"之称。二、三层围以古朴的窗栏隔扇。登梯而上,推窗四眺,市区附近景色可一览无余。每层亭檐有8个飞角,三层共24个,每个飞角都有风铃,风吹铃响,声调悠扬。

四望亭里边供奉魁星神。魁星是奎星的俗称,取"奎主文昌"之意。20世纪50年代,县学内供奉孔子的大殿还存在。县学大门前立有3座石牌坊。在"魁星阁"西侧,县学的东、西院墙界址处,又各有一座过街石牌坊。以这两座过街牌坊为界,行人从它下面穿过,"文官下轿,武官下马",以示对孔子的尊重、对文运的企盼。

四望亭

帝王南巡遗址御马头

御码头在康熙年间即有。天宁寺为扬州名刹,始建于晋代。康熙帝五次南巡,每次都在天宁寺西园的行宫内居住,寺下是他上下龙舟的码头。而曹雪芹的祖父曹寅曾在此四次接驾。曹寅也曾在西园奉命刊刻《全唐诗》。不知当时他是否有个外孙女就是从此码头乘船离开扬州进京的。他的孙子曹雪芹写黛玉进京的船是经过扬州码头的,而电视剧《红楼梦》中的林黛玉确实是从御码头乘船去荣国府的,这给满带皇家之气的御码头抹上了一层胭脂色,使它更有光彩。

乾隆十八年(1753),扬州盐商于天宁寺西园兴建行宫,三年而成。殿宇林列,馆阁连甍,宏丽非凡。宫前扩建御码头,乾隆游瘦西湖于此登船。御码头为青石所砌,驳岸精美,虽是旧物,依然伟岸。几十级青石台阶,略有破损,却以它的形态诉说着当年的气派。高岸上有座四方碑亭,亭中石碑镌刻"御马头"擘窠大字,雄浑雅健。现为著名的"乾隆水上游览线"的起点。这里风平浪静,数艘辉煌的"乾隆号"画舫静泊阶下,观光游客上船前总要对青石碑瞄上一眼,争论"马头"的写法是否搞错。其实,古人善骑马,车水马龙方成马头,只是后来人们为了与"马头"区分,将"马"加了"石"旁,似乎更切合码头的建筑特点。

御马头

南柯一梦千年古槐

这棵千年古槐即成语故事中"南柯一梦"的那棵古槐树。传说有个叫淳于棼的人,喜欢饮酒。有一天,他在门南大槐树下喝醉了,蒙蒙眬眬中被两个使臣邀请而去,进入槐树洞口,见洞内晴天丽日,煞是宜人。大槐国国王接见了他,立刻把他招为驸马,并任命他做南柯太守。他一做就是三十年,而且是政绩显赫,深得百姓拥戴。他与公主生有五儿二女,十分幸福。不料檀萝国来犯,他率军迎敌,打了败仗,公主夫人也死了,他失去宠幸,被遣送回家。一觉醒来,方知酣睡中做了一梦,随后根据梦境挖开大槐树下的树洞,果真有一群蚂蚁居住在里面。唐李公佐将此故事写成《南柯太守传》。到了明代,著名戏剧家汤显祖将这一故事改编成剧本《南柯记》,并入《临川四梦》。毛泽东的著名诗句"蚂蚁缘槐跨大国,蚍蜉撼树谈何易"即用此典。每岁逢春,这株古槐繁枝茂叶,槐香四溢,让人感触到扬州历史的悠长、扬州文化的蕴涵。

千年古槐

明代鼓楼(仪征)

仪征鼓楼位于城河景观带,据明代《隆庆仪征县志》记载,建于明代成化二十三年(1487)。

楼体建在有拱门通道的高台基之上,面阔三间8.2米,进深5米,两层,层面铺筒瓦,为带回廊的重檐九脊歇山顶式结构建筑。该楼通高28.6米,占地面积518.86平方米,反映了古代汉族劳动人民高超的建筑技艺,为江苏省现存三大鼓楼之一(高邮盂城驿鼓楼,仪征鼓楼,南京鼓楼)。

仪征鼓楼有碑记两方,一方为嘉靖甲申年间(1542)记载鼓楼被辟为关王祀祠的情况,一方为嘉靖四十四年间(1565)记载倭寇侵犯我东南沿海的史实,弥足珍贵。

科第绵盛状元坊(宝应)

宝应钟灵毓秀,人杰物华,崇儒兴教,科第绵盛。明清两代,先后登科的有进士67名,贡生426名,举人263名。特别是清代以朱士彦、朱士达、朱士廉"兄弟三进士"为代表的家族科举的兴旺更为突出。清代宝应科举涌现了状元王式丹、榜眼季愈、探花朱士彦"三鼎甲"。昔日在学宫东侧建有鼎甲坊以示彰表。状元王式丹,20多岁即被誉为江南诗人之首,康熙四十二年(1703)以殿试第一授翰林院修撰。榜眼季愈,字退如,康熙三十九年(1700)殿试第二,督学广东途中不幸亡故。探花朱士彦,少年时被称为"扬州十秀才"之一,嘉庆七年(1801)殿试第三名,官至工部尚书、兵部尚书、吏部尚书,政绩卓著。

为此,县城曾建有多座牌坊,如"三鼎甲坊":状元坊(王式丹)、榜眼坊(季愈)、探花坊(朱士彦、冯熙)。岁月沧桑,牌坊多已不存。如今重建了状元牌坊,为4柱3门3楼式,以教育后人效仿先贤,奋发图强,励志报国。

运河波涌篇

风情万种的运河景观

汴河怀古
皮日休
尽道隋亡为此河,至今千里赖通波。
若无水殿龙舟事,共禹论功不较多。

名闻中外的京杭大运河

运河和长城是中国人为人类所创造的两大人工奇迹。

巍峨耸立的长城,是我们祖先用自己的骨和肉铸造的。

汩汩流淌的运河,是我们祖先用自己的血和汗浇灌的。

长城是阳刚、雄健的一撇,运河是阴柔、深沉的一捺。一撇、一捺组成了中国汉字里一个最重要的字眼"人",彰显人类伟力的人,骄傲的中国人,智慧的人。

古城扬州的历史发展,和古老的大运河息息相关。扬州的地理方位,决定了它在整个运河文化带上具有的枢纽作用。扬州与河共生,因河繁荣。一部古代扬州发展史,几乎可以说是一部扬州运河发展史。

扬州作为中国大运河的发端之地和承南启北的枢纽城市,在国家文物局的领导下,承担起大运河申遗牵头城市的历史使命和保护好区域内运河遗产的时代重任。2014年,在联合国第38届世界遗产大会上,中国大运河成功入选《世界遗产名录》。扬州境内的6段河道——淮扬运河扬州段、古邗沟故道、里运河、邵伯明清大运河故道、扬州古运河、瓜洲运河,10处遗产点——刘堡减水闸、高邮盂城驿、邵伯古堤、邵伯码头、瘦西湖、个园、天宁寺行宫(含重宁寺)、汪鲁门、卢氏家宅、盐宗庙,后又增补普哈丁墓、两淮都转盐运使司衙署、扬州盐业历史遗迹、邵伯老船闸、邵伯铁牛、马棚镇湾铁牛等,荣列世界文化遗产。扬州是大运河沿线城市中,入选世界遗产点、段最多的城市,生动地印证了扬州"运河第一城"的独特历史地位。

扬州古运河水利风景区依托古运河而建,从瓜洲到宝应,运河长达125千米,市区段30千米,自扬州闸经京杭大运河通淮河入江水道,至瓜洲闸通长江,属于城市河湖型水利风景区。该景区于2014年被评为江苏省水利风景区。它生动地串联了沿途众多的邗沟文化、隋文化、盐运文化、运河文化的历史遗迹,成为扬州最富魅力、最有特色、最具品质的水利风景新名片,是扬州最大的国家级水利风景区,汇聚了扬州闸、黄金坝泵站、三湾湿地等工程景观,古邗沟、东关古渡、东关古街、扬子津古渡、卢氏盐商古宅等人文景观。景区建设充分体现了古运河的文化历史底蕴,凸显了"古、文、水、绿、秀"的地方特色,改善了沿河居民的生活环境,推动了城市水生态文明建设,彰显了古运河作为世界文化遗产的魅力和扬州"东方威尼斯"的城市形象。泛舟运河,河水汩汩滔滔,鱼欢鸭游,渔帆点点,轮船欢鸣。两旁稻黄棉白,风景优美。运河风光带绿柳垂荫,花香四季。楼阁鳞次,虹桥卧波,古宅名居,牌坊码头,园林名胜,寺庙观庵,如同一颗颗明珠,运河将它们串成精美的项链,犹如穿梭在时空隧道。

运河遗韵

运河美景
——邗沟水曲古扬州

古邗沟

大运河最早的一段为邗沟。春秋末期,吴王夫差即位以后,立志为父王阖闾报仇,于是南下攻越,致使越王勾践求和称臣,当他认为无南方侵扰之忧时,便掉转戈矛,北上伐齐,进军中原,和晋国争霸。其时,吴国地处长江下游,河网纵横,交通全靠水路,舟师是吴军的主力。但长江淮河之间无相通水道,北上伐齐须由长江出发入海,再绕道入淮,航程过长,海浪过大,使之不得不想以人工河沟通江淮。而在此以前,吴国已有穿过天然湖泊和河流,开凿世界上最早的运河"胥溪"与"胥浦"的成功经验。于是,吴王夫差于公元前486年在邗城下开挖深沟,引长江水向北,经武广、陆阳两湖,入樊良湖,转向东北入博芝、射阳两湖,又折向西到末口入淮河,从而沟通了江淮,以水路运粮运兵。此时,邗沟的开凿完全为军事目的。历史学家公认"邗沟是最早被载入史籍,并有准确历史纪年的运河"。扬州成为京杭大运河上举足轻重的起笔。西汉时,吴王刘濞又开邗沟支道,自茱萸湾通海陵仓及如皋,通运海盐。东汉末年,邗沟已部分湮塞,广陵太守陈登对邗沟进行了疏通与截弯取直工程。邗沟从一开始就兼具军事、经济、交通多种功能,开启了扬州城市的文明发展史。

古邗沟

邗沟大王庙

邗江大王庙约建于东汉年代,扬州先民们为了纪念筑邗城、开邗沟的吴王夫差和开运盐河的汉吴王刘濞而建。筑城开河确给人民带来了好处,开邗沟被称为开挖了京杭大运河的第一锹。西汉吴王刘濞开邗沟支道。据《天下郡国利病书》记载:"自茱萸湾通海陵仓及如皋磻溪。濞以诸侯专煮海为利,凿河通运海盐而已。"邗沟支道发挥了一定的经济效用。

古运河是先民心中的财神,长流不息的运河水给人们带来了财富和幸福。庙位于城北古邗沟旁,庙里正位祀春秋吴王夫差,副位祀汉吴王刘濞。庙门口还有华表一对,一为"华封献祝",一为"云蒸霞蔚"。清乾隆贡生汪中曾定诗《邗沟夫差庙》赞曰:"吴王旧庙蜀山波,沟水东流绕殿基。春社神巫时击鼓,好风贾舶互扬旗。侈心齐晋终亡国,遗利江淮合荐词。可忆姑苏台上东,青山歌舞对西施。"又见古籍《大观园经》中称位大王"功德在民,后人祀之"。因而,此庙也被载入《中国民俗文化大观》之中。

夫差、刘濞像

阮元建隋炀帝陵

隋炀帝是有作为的皇帝,他结束了从三国到南北朝长期南北对峙、分裂的局面,实现了周秦以来的第二次天下大统一;他复开学校,创置科举制,为国家选拔人才,为后世提供招贤纳士的经验;他整理古籍,经通西域,抚御外患,宽减刑罚,功不可没。

隋炀帝即位后,为了沟通漕运,解决两京大批官员和军队的粮食问题,同时也为了解决"关河悬远,兵不赴急"的问题,以方便军事运输,加强京城与洛阳的联系和对河北、江南等地的控制,不仅开凿了关中的广通渠,更开凿了古今中外闻名的南北大运河。

但是,他罪恶昭彰,屠兄杀父,篡夺王位,横征暴敛,穷奢极欲,征伐高丽,穷兵黩武,终于于大业十四年(618)在扬州行宫被部将缢死。"罄南山之竹,书罪无穷;决东海之波,流恶难尽"的帝王死后状极凄惨,萧后和宫女以漆床板草草为棺,将其葬于吴公台下。传说唐武德五年(662),隋朝旧臣陈棱为江都总管时改葬雷塘。清嘉庆年间,大学者阮元寻找到草没荒土冢,决定重修立碑,并请当时扬州知府、大书法家伊秉绶书"隋炀帝陵"四字。据阮元《修炀帝陵记》所言"老农言,上下有隧道,铁门,西北向",看来墓中状况尚可深究。

隋炀帝

新发现的隋炀帝陵

据史书记载,隋炀帝死后曾被迁葬两次,先后有过三处葬身之地。

第一次,大业十四年(618)三月,隋炀帝被缢杀后,萧后与宫人一起撤下红漆床板,做了一个简易的小棺材,将隋炀帝和儿子赵王杲草草葬于江都宫流珠堂下。尔后,萧后被宇文化及挟持到北方。

第二次,大业十四年(618)八月,隋炀帝的旧臣、江都太守陈棱找到隋炀帝的灵柩。陈棱粗备天子仪卫,奉梓宫于成象殿,将隋炀帝改葬于吴公台下。史书记载,当陈棱打开隋炀帝的棺材时,惊异地发现已经死去5个月的隋炀帝"容貌若生",在场人都不禁啧啧称奇。据元代人胡三省考证:扬州城西北有雷塘,塘西有吴公台。吴公台相传是陈朝将领吴明彻攻打扬州时修建的弩台。从弩台上射箭,可以射进扬州城。据此,学者分析,吴公台的位置应该距离扬州城不远,可能是城外的一处高地。

第三次,唐武德五年(622),全国基本平定后,已经做了皇帝的李渊,又将隋炀帝墓从吴公台改葬到扬州雷塘。唐人罗隐有诗云:"君王忍把平陈业,只换雷塘数亩田。"据说,唐初隋炀帝墓还有人把守,但安史之乱以后这里渐渐便成为无人过问的荒冢了。后来,沧海桑田,"雷塘"到底在哪里也不可考了。

2013年11月16日,扬州确认发现隋炀帝真正的墓葬,地点在曹庄。墓分一号墓与二号墓。

一号墓确认是隋炀帝墓,墓中并没有发现棺椁和骨骸。经考古人员仔细发掘,才在泥土中找到两颗牙齿,鉴定为50岁左右的男性个体,结合文献记载,隋炀帝杨广生于公元569年,卒于公元618年,年龄和"牙齿年龄"吻合,确认一号墓主人是隋炀帝杨广。

一是出土了墓志铭,但风化严重,大多数字迹已漫漶不清。不过,墓志右上角的"关键字"幸运地保存了下来。志文为:"隨故煬帝墓誌 惟隨大業十四年太歲……一日帝崩於揚州江都縣……扵流珠堂其年八月……西陵荊棘蕪……永異蒼悟……貞觀元年……朔……葬煬……禮也方……"志文虽然断断续续,但主要信息与史料吻合。墓志中的"贞观元年"是一个关键的时间点,可以判定此墓志至少是贞观元年以后雕刻的。二是在出土的100多件铜器、玉器、陶器中,最引人注目的是一套完整的十三环金玉蹀躞带——装饰性腰带,为国内首次发现。《隋书·李穆传》中记载,北周末年,天下大乱。北周元老李穆的儿子曾劝李穆拥兵谋反。"穆深拒之,乃奉十三环金带于高祖(隋文帝),盖天子之服也。"这段史料明确记载"十三环金带"乃天子之服。三是有天子巡游才用的玉璋。有四件鎏金铜铺首,俗称门环,直径26厘米。此前只在陕西大明宫遗址出土过与它大小相近的铜铺首。

出土的墓志中,关于萧后将隋炀帝葬于流珠堂和当年八月江都太守陈棱找到隋炀帝将其改葬于吴公台下的记载与史书吻合。可是,志文中出现的"贞观元年(627)"就让人有些摸不着头脑了。贞观元年距武德五年仅仅五年,唐太宗为什么又给隋炀帝迁葬一次?有人提出了一个大胆的假设,这个墓可能是隋炀帝旧部为他修的衣冠冢。志文中没有出现"敕建"的字样,也就是说此墓可能不是奉官方之命修建的,它很可能是隋炀帝旧部的民间行为。他们手中可能有一些炀帝的遗物,如墓中出土的编钟编磬、玉璋和十三环蹀躞带。这些都是皇家之物。当时李唐王朝已经建立,隋代遗民拿着这些皇家用品不好处置,所以把它们埋在地下,做了一个衣冠冢,也算是对隋炀帝的一种纪念。隋炀帝死前倒行逆施,但身边也不乏死忠之士。虎贲郎将麦孟才和折冲郎将沈光,曾密议杀掉宇文化及为炀帝报仇。后来,他们的计划走漏风声,被司马德戡率兵镇压。史书记载,沈光和麦孟才手下数百将士全部战死,无一投降。但假设不能代替史实,专家组把它定义为"隋炀帝杨广与萧后最后的埋葬之地"。

史书记载,贞观二十二年(648),唐太宗将去世的萧后与炀帝合葬。果然,在一号墓旁,发现了二号墓。二号墓的墓主人确认是隋炀帝的夫人萧后。墓中发现了一具女性的骨骸,经南京大学体质人类学专家鉴定为大约56岁、身高约1.5米的女性遗骸。根据墓葬形制、墓内出土高等级随葬品和对人骨遗骸的鉴定,结合文献记载,判明墓主人是隋炀帝萧后。二号墓虽无文字信息,但根据墓葬形制、墓内出土高等级随葬品还有青铜编钟编磬,有隋唐时期特有的青瓷砚。结合文献记载,判明墓主人正是隋炀帝萧后。

新发现的隋炀帝陵

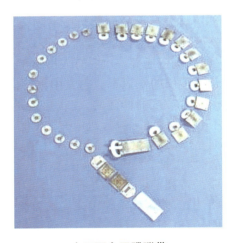

十三环金玉蹀躞带

邮驿古迹盂城驿（高邮）

高邮盂城驿，花岗石的牌楼，正中石额"皇华"二字熠熠生光，使人不由想起周总理"传邮万里，国脉所系"的遗训。现今中国两千多个县市中，以"邮"命名的仅江苏高邮。公元前221年，秦王朝刚刚统一中国。此处为水陆要冲，隋唐大运河的前身旧运河堤是南北水陆要冲，城子河经泰州、大丰两处入海，所以从秦至清在此筑高台，设邮亭"高邮"是我国为世界上最早建立邮驿制度的铁证。随着封建王朝的坍塌，多少古驿站已名存实亡，邮驿文化研究者也只能对残垣断壁发思古之幽情，唯高邮名实相符，至今盂城驿保存完好，是全国重点文物保护单位。

登高远眺，俯瞰全景，驿站规模宏大，鳞次栉比，西路为驿舍区，即办公所在，是当年置邮传命、接待使客之处，大凡官员公差往来，以此为替换夫马船只、止宿安顿之所。邮驿有门厅、皇华厅、驻节堂、库房四进。东路为驿马厂区，前为饲养管理驿马的区域，后为驿丞（即驿站行政长官）生活的场所，由驿门、马神庙、驿丞宅、马棚构成；中路为庭院区，是过往官员、文人墨客赏景作诗的休闲场所，半亭、水池、曲廊、石栏安排得恰到好处，点到人心。院内莳花种竹，池中养鱼点荷，廊上嵌有记叙驿站的诗条石，门楣、墙瓦、枕石、罩格上多姿多采的雕饰显现出明清建筑文化的豪奢细腻、百姓的聪明才智。登上院南十字脊鼓楼，大鼓、鼓架、长明灯，使人遥想当年随着鼓点的起落，那公文或紧急或舒缓，驿夫们正是从鼓点中体察邮件的份量，加快步履，鞭催坐骑。

解缆盂城，听芦笛渔歌，好留连此地湖光塔影；
飞舫传舍，品香莼紫蟹，莫辜负水乡明月清风。

邵伯船闸 铁牛

这座千里运河线上最大最古老的邵伯船闸，其历史可追溯到1600年前。东晋太元10年（385年），谢安筑埭于古邗沟之上。埭可谓最古老的闸。古之过埭，即今之过闸，借人拉畜引之力将舟船从3米高的峰顶牵过埭堰，平安地送入3米低的峰谷。这种劳作虽然艰辛，可在1600年前却是聪明绝顶的创举。北宋熙宁中叶，古人在埭旁建斗门。所谓斗门，就是闸，门启舟行，此为邵伯易埭为闸之始，在船闸发展史上是一个飞跃。

1936年，这里曾建起一座当时堪称最先进的钢铁船闸，蒋介石还亲笔题写闸名，国民党政要林森、陈果夫、孙科曾亲临视察。其历史价值由此可见。现在呈现在我们面前的是现代化的三线船闸,分别建于 1959 年、1987 年和 2010 年,年通过能力超过 8000 多万能吨,是除葛洲坝外的全国最大的船闸。

闸旁有铁牛,康熙四十年(1701),朝廷在淮河下游至入江处设置 12 只动物塑像,即"九牛二虎一只鸡",安放于水势要冲,以期镇水安澜,同时亦作为水位测定之标识。人们通过水位上涨到动物脚、身、颈的位置,判断水患发生的可能性。从表面上看铁牛是镇水之物,实际上却是测定水位的物象标志。人们通过水位上涨到动物的脚、身、颈的位置,直观水位,判断有无水患,从而采取相应措施。今邵伯铁牛依旧完整,上有铭文:"淮水北来何泱泱,长堤如虹固金汤。冶铁作犀镇甘棠,以坤坎柔克刚。容民畜众保无疆,亿万千年颂平康。"这些铁牛成为保佑一方平安的象征。

铁牛

东关古渡

扬州运河是对内对外开放、交往的友谊河,是南来北往、东进西传的纽带。这是古运河的重要渡口,唐代时从此入江,东连大海,为南路通往日本的大道。溯江西上,至九江而南,可达饶州(江西南昌);沿赣江、北江转向交州、广州,可远航东南亚、东亚各国;自九江而西,经鄂州(武昌)西通巴蜀。不止是东南七道(浙江东、西、宣歙、江西、鄂岳、湖南、福建)的财货,即使是益州、荆州的出产,亦可由水道直达扬州,因此有"富甲天下","扬一益二"的美誉。其时,太湖流域的丝、江南丘陵的茶、江西的木材、昌南镇的瓷器、四川的蜀锦和药材都以此为集散地,当南北大冲,百货所集,繁忙热闹难以尽言。唐代的扬州,风华绝代。

如今这里矗立起一座牌坊,四柱三门三楼。路对面是宋大城东门遗址,从唐沿用到清,这里有我国最早的南宋时期双瓮城的完整城门防御体系,比明南京城中华门还要早 200 余年。

滔滔的河水、巍巍的城墙、高高的牌坊，记载着运河的沧桑巨变、古渡的历史功勋。

东关古渡

岭南会馆　盐商会馆

近代学者陈去病在《五石斋》中说道："扬州之盛，实徽商开之，扬盖徽商殖民地也。"确实，明清时期，政府把盐业垄断管理机构两淮盐运史和两淮盐运御史设在扬州，使扬州成为全国最大的食盐集散地。这时候，扮演主角的是盐商。扬州盐商的喜好催生了多个行业的繁荣。因为运河，扬州盐商云集；因为盐商，扬州城市性格改变。

扬州南河下一带老房子、老门楼、会馆等遗存很多，是清代大商贾在运河边交易的见证。现在我们看到的湖南会馆位于南河下街68号，始建于明朝，光绪年间由湖南的众商人出资购买，重新修建。该会馆砖雕门楼是至今保存得最大、最完整、最古朴雄浑的建筑。门楼呈四砖柱、五幅面、八字型、屏风状、牌楼式，是为五凤楼的造型，面阔达18米，正门楼高近11米。门楼整体展面幅度达100余平方米。门楼上缀以48幅树木、花卉、人物等吉祥砖雕图案，为门楼增辉添彩。

湖南会馆

瓜洲古渡

　　瓜洲是古运河和扬子江的交汇处，河水江水流速缓慢，夹带的泥沙逐渐沉积，到晋代时沙渚出水成洲，洲形如瓜。又因漕河在此分为三支，形如"瓜"字，故而得名。此后，瓜洲继续北长，到唐代中叶已与北岸相连，成为江北巨镇。

　　瓜洲一直是重要的渡口，虽弹丸之地，但"瞰京口，接建康，际沧海，襟大江"，为七省咽喉、全扬保障。唐代时，鉴真从此东渡。清代时，每年漕舟数百万，百州贸易迁涉之人，往返络绎，必在此停靠。"一夕瓜洲渡头宿，天风吹尽广陵尘。"（高蟾）"潮落夜江斜月里"，"两三星火是瓜洲"（张祜），"汴水流、泗水流、流到瓜洲古渡头。吴山点点愁。"（白居易）都是诗人感慨此处的繁华而留下的诗章。瓜洲景色优美，唐代张若虚的《春江花月夜》描写此处之美，"江流宛转绕芳甸，月照花林皆似霰"，写出了古渡月色朦胧、清流平缓的奇景；宋代王安石的"春风又绿江南岸，明月何时照我还"，一个"绿"字，染绿了瓜洲，给瓜洲平添了几多风采、几多神韵。清代时，此处有锦春园。锦春园的前身，即为瓜洲大观楼。登楼欣赏大江景色，面对金焦二山，实在有无穷趣味。如果再寻觅杜十娘怒沉百宝箱的遗踪，叙谈乾隆南巡的佚闻，将会得到更多的教益。

运河新颜
——至今千里赖通波

南水北调东线工程的源头

我国南方水资源较丰富,北方水资源贫乏,水资源短缺已成为制约西北、华北地区国民经济和社会发展、生态环境建设的"瓶颈"。南水北调是几代人的梦想,运河是江苏江水北调的龙头,也是国家南水北调东线工程的源头。江都水利枢纽兴建于1960年,整个枢纽工程由4座大型电力抽水机站、12座水闸,以及众多的地下涵洞、鱼道及输变电设备、引排河道组成,是一项实行跨流域调水、远距离输水的大型水利工程,具有灌溉、排涝、调水、发电、航运以及提供城乡工业、生活用水和沿海垦区洗碱冲淤等综合利用功能。南水北调工程建成后,可基本改变我国北方地区水资源严重短缺的状况,可谓江淮之水,恩泽于民。

"烟花滟雨下江都,水利工程似画图。"瞻仰这伟大的工程,4座抽水机站共装机33台套,总容量49800千瓦,设计流量400立方米/秒,连同备用机组抽水能力达473立方米/秒,规模之大居全国之首,在国际上也名列前茅。远远望去,抽水机站由西向东一字排开,像一条巨龙浮现于青波绿浪之上,掩映在绿树丛中,气势雄伟,景色壮丽。

万福桥

万福大桥位于扬州市区新万福路上,是扬州市区的首座双层大桥。桥宽22米,上层为机动车道,下层供非机动车和行人通行,实现人车分离,是既美观又实用的景观桥。

万福大桥自万福闸以南240米处跨越廖家沟,介于广陵大桥和老的万福闸之间,设计传承了扬州建筑的文化底蕴并有所创新。桥梁总体风格为楼台亭阁,以城门、阁楼及鼎的原型为基调,以结构支架为基础,赋予景观桥梁更多的文化地域性与可辨识度。整个底座似"凯旋门",上有城阁。塔楼模仿园林景廊设计,移步异景,塔楼登高,可以遥看整个城区景致。在夜景照明的映衬下,月牙弯弯,水天一线,呈现"九层云外凭栏眺,万福灯火水连天"的美景,夜色下更能体验宜居城市的江南雅韵。塔楼拥还有餐厅、KTV等休闲娱乐场所。

京杭之星

　　古城是扬州凝固的历史,运河是扬州流动的文明。"京杭之星"是近年来建造的一个物化的永久性会址。运河使扬州的文化东渐西传,运河使扬州吮吸五洲四海运河城市的丰富营养。

　　京杭国际会议中心总建筑面积约1.6万平方米,整个建筑外部立面采用现代仿隋唐风格。会议中心顶部形状似倒扣的"斗",整个屋面俗称"覆斗帽"造型,采用了经典唐风中规格最高的形式——庑殿顶,敦厚稳重,端庄气派,显得金碧辉煌,又与大运河开凿的时代暗合。运河之心处处体现现代文明,中央主音乐喷泉和闪烁的灯光,园区步道柔和低调的园路灯光、水岸空间连续的水岸灯光立体地勾勒出水岸轮廓。古老的运河只有在新的时代才焕发出夺目的光辉。

　　世界各地运河城市的贵宾每年都要云集于此,共话运河城市的发展繁荣。感恩运河,敬畏运河,珍重运河,善待运河,扬州的运河名城博览会已成为世界运河城市共叙友谊、共商发展、共面挑战、共创美好未来的重要平台。

　　扬州成为大运河申遗的牵头城市,2014年申报获得成功。以运河为媒,以保护为重,以申遗为纲,使大运河得到全面保护,让大运河成为世界遗产,使运河两岸更加富裕、更加秀美、更加祥和,扬州以运河名义拥抱世界。

　　注目京杭之心的雕塑。三艘"帆船"紧傍运河,巨帆上高楼大厦、祥云缭绕的图案,寓意扬帆远航。"帆船"上铭刻了《运河记》,是对运河最好的褒奖:

　　　　赞我先民,开我运河。肇始春秋,廿千沧桑。
　　　　沟通中国,华夏辉煌。天圆地方,悠悠汤汤。
　　　　护佑我族,源远流长。

润扬长江大桥

　　今日扬州已经从运河时代走向长江时代。润扬长江公路大桥南起镇江,北接扬州,是江苏省"四纵四横四联"公路主骨架和跨长江通道的重要组成部分。工程全长35.66千米(南延伸段12千米),由北接线、北接线高架桥、北引桥、北汊斜拉桥、世业洲互通、南汊悬索桥、南引桥、南接线、南接线延伸段9个部分组成。南汊悬索桥主跨1490米,是目前中国第一、世界第三的特大跨径悬索桥;北汊桥采用176+406+176米的三跨双塔双索面钢梁斜拉桥,全线采用双向六车道(南延伸段四车道)高速公路标准,计算行车速度100千米/小时,南延伸段120千米/小时。大桥通航净空悬索桥为50米,可通过5万吨级货轮,斜拉桥为18米。它是目前长江上第一座刚柔相济的现代化组合型特大型桥梁。

润扬长江大桥

火车站

扬州火车站位于扬州邗江区扬溧高速扬州西出口附近,距市中心约7千米。车站总建筑面积20240平方米,2004年5月1日胡锦涛总书记为火车站正式运营剪彩。扬州站距南京北站92千米,隶属上海铁路局管辖。火车站主站房采用美国布鲁斯·哈夫特建筑设计师公司的造型方案,无柱式站台设计便于电子监控,为国内首创。

扬泰机场

改革、开放,扬州正以博大的胸怀拥抱世界。扬州泰州机场以其高效率建设周期、高标准的运行要求、高质量的服务品质,成为镶嵌在"运河文化"上的交通明珠,为苏中新经济圈产业转型升级、城市品质提升、区域经济创新驱动发展架设"新引擎",铺设"新通道",在贡献民航强国战略、服务江苏经济社会发展中跃势而起。

机场位于江都区丁沟镇,距扬州主城区直线距离约30千米,距泰州约

20千米。机场由扬州、泰州两市联合共建,于2012年通航。机场的建设,有利于提高里下河腹部地区对外开放和产业发展的水平,有利于加快推进长三角经济一体化进程,也有利于加强国防战备。

扬泰机场先后开通了北京、广州、深圳、西安、厦门、沈阳、成都、三亚、哈尔滨、大连、长沙、昆明、武汉、重庆、郑州、银川、天津、海口、贵阳等航线,并开通了日本、韩国等直航航线。

英贤胜迹篇

忧国为民的名人胜迹

平山堂
苏 轼

三过平山堂下,半生弹指声中。十年不见老仙翁,壁上龙蛇飞动。欲吊文章太守,仍歌杨柳春风。休言万事转头空,未转头时皆梦。

名士游纵
——烟花三月下扬州

唐大诗人李白——栖灵塔

"游人若论登临美,须看淮东第一观。"这是北宋著名词人秦少游对大明寺的评价,称之为淮东第一胜境。它处于蜀岗风景区的中路,最前面的是牌坊,牌坊上书"栖灵遗址"四字。隋朝时,隋文帝杨坚笃信佛教,仁寿元年(601)他过生日,曾下诏在全国建立30座供养佛舍利的塔。此处建栖灵塔,共九层。唐代大诗人李白曾登临此塔,赞叹道:"宝塔凌苍苍,登攀览四荒。"称赞宝塔气势磅礴。白居易、刘禹锡同游该塔,两人同龄,都是55岁的人了,但精神很好,兴致很高,在扬州玩了半个月,登栖灵塔是他们这次游览的高潮。白居易写诗道:"半月腾腾在广陵,何楼何塔不同登。共怜筋力犹堪任,上到栖灵第九层。"刘禹锡写诗道:"步步相携不觉难,九层云外倚阑干。忽然笑语半天上,无数游人举眼看。"他们是以登上栖灵塔为自豪的。盛世修塔,塔身方形,总高度为73米,为仿唐式塔,东西南北每面四柱三间,一门二窗,平座腰檐,出檐深远,屋面平坡,腰鼓形柱,直棂形窗。塔雄踞蜀冈之上,气势雄伟,古朴典雅,远观似孤峰耸秀,矗入云霄;登临则眼界顿开,胸襟旷达。现在游人也可像白、刘那样,步步相携,同登栖灵,尽收扬州景观于眼底。

栖灵塔

唐诗人杜牧——二十四桥

"青山隐隐水迢迢,秋尽江南草未凋。二十四桥明月夜,玉人何处教吹箫。"这首诗已流传了一千多年,可谓妇孺皆知。诗因桥而咏出,桥因诗而闻名。单是桥名就引动多少文人学者打了一千多年的笔墨官司。《扬州鼓吹词》说:"是桥因古之二十四美人吹箫于此,故名。"据说二十四桥原为吴家砖桥,周围山青水秀,风光旖旎,本是文人欢聚、歌妓吟唱之地。唐代时有二十四歌女,一个个姿容媚艳,体态轻盈,曾于月明之夜来此吹箫弄笛,巧遇杜牧,其中一名歌女特地折素花献上,请杜牧赋诗。传说是优美的。也有野史说成是隋炀帝的作为,二十四桥即炀帝以歌女数改名,但无以稽考,只能留给后人鉴赏。宋代沈括是以严谨著称的,他在《补笔谈》中对二十四桥一一考证,论证扬州确有二十四桥,证明扬州无愧于"桥乡"的称号。曹雪芹在《红楼梦》中借黛玉思乡之情,特别提到:"春花秋月,水秀山明,二十四桥,六朝遗迹……"文学家朱自清也曾满怀激情地追忆故乡"城里城外古迹很多,如'文选楼'、'天保城'、'雷塘'、'二十四桥'"。二十四桥为单孔拱桥,汉白玉栏杆,如玉带飘逸,似霓虹卧波。桥长24米,宽2.4米,栏柱24根,台级24层,似乎处处都与二十四对应。洁白的栏板上有彩云追月的浮雕,桥与水衔接处有巧云状湖石堆叠,周围遍植馥郁丹桂,使人随时看到云、水、花、月,体会到"二十四桥明月夜"的妙境,遥想杜牧当年的风流佳话。沿阶拾级而下,桥旁即为吹箫亭。亭临水边桥畔,小巧别致。亭前有平台,围以石座。若在月明之夜,清辉笼罩,波涵月影,画舫拍波,有数十歌女,淡妆素裹,在台上吹箫弄笛,婉转悠扬,天上的月华、船内的灯影、水面的波光融在一起,使人觉得好像在银河中前行。桥上箫声、船上歌声、岸边笑声汇在一起,此时再咏诵"天下三分明月夜,二分无赖是扬州",你定会为唐代诗人徐凝的精妙描写抚掌称绝。国外著名音乐家曾指出,贝多芬的第二十三钢琴协奏鸣曲与杜牧的这首诗意境十分相仿,这又说明诗与音乐的密切联系。可谓诗中有画,诗中有音。

二十四桥

唐画家李思训、李昭道——小李将军画本

唐高宗时,宗室画家李思训受封右武卫将军,时人称大李将军,曾任江都令。他们一家人俱善丹青。弟思诲,曾任扬州大都督府参军。子李昭道,人称小李将军。三人均善山水。思训侄孙李凑,开元中为广陵仓曹参军,工画绮罗人物,为时惊绝。这几位宗室画家先后承继,对扬州重视书画艺术有启发倡导作用。李思训山水独具风格,人称"李将军山水"。其子昭道,被评为"变父之势,妙又过之",因之被誉为小李将军。李思训善山水竹石,笔力遒劲,好写湍濑潺溪、云霞缥缈之景,鸟兽草木,亦得其态,而金碧辉映,自成家法。其作品如《江山鱼乐图》《江帆楼阁图》,法度谨严,意境高超,笔力刚劲,色彩繁富,皆为我国国画中开一派山水画风之作。李昭道擅画金碧山水,多点缀鸟兽,并创制海景,其作品如《春山行旅图》,画风工巧繁缛。二李首先在笔法方面改变了展子虔青绿山水中皴法极少、勾勒填色的特点,以笔格遒劲的皴法点染自开新路。其次是在设色方面改变了隋至唐初生硬如斧刃一般的画法,而是吞云吐雾,云霞明灭,产生出"时睹神仙之事,窅然岩岑之幽"的辉煌灿烂、光彩夺目的效果。再次,他们对界画具有较大的影响,在宫廷的楼台殿阁、画栋雕梁的宫苑景色中大量使用界画,使主景更为突出。

小李将军画本

瘦西湖小李将军画本是按唐代画家李昭道的画意建的阁,郑板桥为景题匾。东有望春楼,西有熙春台。此建筑西面是两个扇形窗,东面是两个六角窗,站在屋内的不同角度向窗外望去,只见对面景色时时变换,窗框俨然画框。这种框景艺术正是李渔所说的"无心画",而窗外所见正是花和月。"花为画本,月为诗源",是诗人画家的"本"和

李昭道《明皇幸蜀图》

"源"。可见该景区实在是为诗人、词人、画家所设,按其生活创作喜好安排建筑,配上相应的匾额联对,人们可感受到氤氲的文人气息和扑鼻的翰墨之香。

宋文学家欧阳修——平山堂

平山堂是游目骋怀的好地方。堂前古藤错节,芭蕉肥美,通堂式的敞厅之上,"平山堂"三个大字的匾额高悬。这是名闻遐迩的宋代著名政治家、文学家欧阳修贬谪扬州太守时所建。"西寺西头松竹深,欧阳旧迹试游寻",连乾隆对欧公也怀着深深的敬意。庆历四年,欧阳修这位刚正不阿的政治家在中央做官,为了改变北宋王朝政治、经济、军事积贫积弱的状况,参

平山堂

欧阳修石刻像

与了以范仲淹为首的革新派对吕夷简为首的保守派的斗争,终因保守势力强大,致使"庆历新政"实行不到一年就失败了。范仲淹遭贬外调,欧阳修写信给谏官高若讷,责备他不论救范仲淹,被贬为夷陵令。其后,韩琦、范仲淹等相继以党议罢去,修又疏言可惜,再贬至滁州,庆历八年迁至扬州。像这样一位壮志满怀、经纶满腹的志士,四年中三次遭贬而迁徙,受到如此打击迫害,怎不令人感慨系之。可敬的是,他不为世俗所羁,爱上了蜀冈,于是在此建堂。公余之暇,他常携朋友来此饮酒赋诗。他们饮酒方式颇为特别,常叫从人去不远处的邵伯湖取荷花千余朵,分插百许盆,放在客人之间,然后让歌妓取一花传客,依次摘其瓣,谁轮到最后一片则饮酒一杯,赋诗一首,往往到夜,载月而归。这就是当时的击鼓传花。如今悬在堂上的"坐花载月"、"风流宛在"的匾额正是追怀欧公的轶事。欧阳修最爱莲花,

其后调任安徽阜阳,到任第二天,他就来到该城的西湖之滨,见湖面开阔,但杂草丛生,于是遍植瑞莲和黄杨,使西湖顿改旧观,夏日时,莲叶接天,荷花映日。于是,他写诗道:"菡萏香清画舸浮,使君不复忆扬州。都将二十四桥月,换得西湖十顷秋。"可见他是按照扬州瘦西湖的景致安排阜阳的山水。堂前楹联"过江诸山到此堂下,太守之宴与众宾欢",是清太守伊秉绶所作。上联以山喻人,显现当年高朋慕名而至、谈古论今的盛景;下联借欧公《醉翁亭记》中句,表现欧公无法施展抱负的郁闷和乐观自适的落宕情怀。造句既佳,书法古朴,为平山堂楹联之冠。

宋文学家苏轼——谷林堂

苏轼蜡像

苏轼虽是四川人,但和扬州有特殊的感情。欧阳修是他的老师,曾在扬州任太守,师生之情,使他常至平山堂,怀念老师对他的教诲。秦观是他的学生,仍是师生之情,但他是处在老师的地位对学生进行奖掖提携,而他自己又亲任扬州太守,力矫时弊,解民倒悬,留下诸多政绩。

"谷林堂"是元祐七年(1091),苏轼56岁任扬州知府时为纪念欧阳修而建的。他二月到任,八月离任,历时半年。时间虽短,但他努力革新鼎故,做了几件深得人心的好事。最重要的是深入民间,见老百姓皆为"积欠"(每年所欠官税)所困,于是上任后一再上书请免积欠,以求"使欠困之民,稍知一饱之乐",终于获准。

公事之余,苏轼经常来到平山堂追怀恩师,对欧阳修的知遇之恩没齿不忘。为纪念恩师,苏轼在老师的平山堂后专门修建了谷林堂。堂成之日,苏轼赋诗《谷林堂》:

　　深谷下窈窕,高林合扶疏。
　　美哉新堂成,及此秋风初。
　　我来适过雨,物至如娱予。
　　稚竹真可人,霜节已专车。
　　老槐苦无赖,风花欲填渠。

山鸦争呼号,溪蝉独清虚。
寄怀劳生外,得句幽梦余。
古今正自同,岁月何必书。

这首诗深寓苏东坡对老师的敬重和仰慕,师生之谊令人感佩。谷林堂坐北朝南,面阔五楹。堂前花坛上有老梅、天竺数株,庭中古松过檐,景物清幽。堂内陈设古朴典雅,有苏公挥翰的塑像。

宋词人秦观——文游台(高邮)

高邮文游台,门前是石牌坊。岁月的风雨,剥蚀得它斑痕累累,唯有那洁白的巨石匾额历经风雨,熠熠生光。"古文游台"四字若蹲猊,雄壮、雅健,非大手笔而无此风。这是清代著名诗人王士禛登临观览的遗墨。"国士无双秦少游,堂堂坡老醉黄州。高台几废文章在,果是江河万古流。"这里曾是苏东坡、秦观等文人欢会之处。他们觥筹交错,唱和应答。

穿过牌坊,先见一组建筑,前后三进。前进是"古四贤祠",水磨砖砌的门堂,重檐飞椽的厅堂,显得质朴庄严,当初曾有名画师绘制的四人画像供奉堂内。从宋以来,几乎历朝都有名人来此聚会,缅怀四贤。在文游台上,至今还有两方清壬寅年间两次文会的石刻。四贤祠后是读书台,周围翠竹寒梅,芳兰佳卉。这是苏、秦的读

据秦少游诗句刻石

书处,两人秉烛夜读,秦观虚心求教,东坡悉心指点,秦观学业大进。两人分别后不过五月,秦观被钦赐礼部进士。

文游台果真有"文游"的倜傥潇洒。它雄踞高丘,濒临碧湖。雄伟的丘台之上,参天的古木丛中,高矗一组殿宇,丘下雄狮傲踞,台级从上到下直铺殿宇。拾级而上,先到盍簪堂,正梁上白底黑漆大字"大宋元丰年间创建"。"盍簪"是朋友相聚之意,据说这里即为苏、秦等雅集之处。现四壁嵌有60余块碑刻,为著名的《秦邮帖》,是弥足珍贵的书法精品。其中有苏东坡的画像,后人欢会的石刻,最多的为诗条石:苏东坡的《春帖子词》、秦观的《淮海词》、孙莘老的《墨妙亭》。文游台是一座巍峨的双层殿宇,歇山重檐,杰阁飞甍,层楼映日。下层安放高达2.55米的秦观立像,颇具词人潇洒之姿,书

生意气溢于神貌。宋代的张辑、曾巩,元代的周权,清代的袁枚、阮元等都曾千里迢迢来此登临观览,真是:"七百年来剩一丘,高台终古著文游。几经女真兵戈扰,为有元丰翰墨留。"

明民族英雄史可法——墓园

国存与存亡与亡,巍峨庙貌甚堂堂。
梅花岭畔遗香在,铁煩何时返故邦。

这是郭沫若同志1962年7月,适值史可法360周年诞辰,为史可法写的赞诗。

瑞雪纷飞的季节,踏上梅花岭,只见万花纷谢,寒梅怒放。香山雪海中,史可法纪念馆巍然耸立。敬爱的朱德委员长亲笔题写的"史可法纪念馆"匾额,浓墨正楷,雄健遒劲,使纪念馆更显得庄严肃穆。伫立馆前,首先映入眼帘的是一副楹联:"数点梅花亡国泪,二分明月故臣心"。

这是清代诗人张尔荩撰的联。言简意赅的内容,雄壮雅健的笔墨,曾使海内外佳宾赫然领略到史可法"吾誓与城为殉"的凛然正气、飒飒风采,更使多少雄姿英才扼腕墓道,激发起民族自尊和爱国热情。1990年,江泽民总书记在接见台湾"统联"访问团时深情地说:"在扬州城外梅花岭,在民族英雄史可法的衣冠冢,冢前有一副对联,叫作'数点梅花亡国泪,二分明月故臣心',就能激发人的民族自尊心和爱国热情。"1991年,他在访苏前的记者招待会上,再次吟诵这一对联,歌颂史可法的忠肝烈胆。同年10月12日,江泽民总书记和朝鲜民主主义人民共和国主席金日成一行参观了史可法纪念馆。在晴雪轩的史可法诗文稿前,江泽民不断向金日成介绍这些诗文的内容、含义。江泽民对金日成主席说,我们对待历史上的事情是用历史观点看待的,现在我们是搞民族大团结。金日成说,保护好这些文物,对人民进行爱国主义教育很有好处,今天的参观使人们学到了很东西。参观结束时,金日成题词:"史可法将军的爱国精神永放光芒。"

史可法的精神是民族的骄傲,在中华正气篇上是熠熠发光的一页。史可法在为官期间为百姓做了许多好事,现今祠堂两边的楹联上写着:

尚张睢阳为友,奉左忠毅为师,大节炳千秋,列传足光明史牒;
梦文信国而生,慕武乡侯而死,复仇经九世,神州终见汉衣冠。

这里提及的张睢阳,即唐代张巡,他在河南睢阳与太守许远共同作战,在内无粮草外无援兵的情况下,依靠人民,抵抗安禄山的叛军,坚守数月不屈,睢阳失守后遭杀害。左忠毅即左光斗,曾出任京畿学政,被魏忠贤阉党构陷下狱。此人以爱护贤才、国事为重著称史册。他发现史可法于贫士之间,委以国家重任,其耿介贞亮、忠烈刚勇的品质一直成为史可法为官的准则和前进的动力。文信国即文天祥,南宋爱国将领。武乡侯即诸葛亮,三国时蜀国宰相。这里作者连用四个比喻,不仅称赞史公有出将入相之才,而且是经邦济世、咤叱风云的一代英雄。

史可法为政很有惠声,以"廉政爱民"为朝野称道。当六安城垣倾圮时,他自捐俸修葺,"佐以节省之资不下二千金,而不支公帑,不费民财,虽一砖一石,亦目寓而心经焉"。而他自己却"终岁布衣蔬食,约己裕民"。他看到六安学事废弛,便开"礼贤馆,广咨问,以拔才能"。他看到官吏借"签点法"无偿征收百姓马匹,致使"中人之产立尽","百姓苦之",便立即改革,永除其弊。他"事无巨细,咸属亲裁,目视、耳听、口答、手批,靡不赡举,而始终无倦,致百废俱兴"。当他巡抚凤阳等处时,大胆"劾罢督粮道三人,增设漕储道一人"。表现了他嫉恶如仇、整饬吏治的胆略。

从1645年(弘光元年)4月15日到25日,这就是扬州十日保卫战。清兵至少10万人,扬州守兵仅1万多人,可谓敌众我寡。多铎不断派明降将劝降,史可法说:"我为朝廷首辅,岂肯反面事人?"接着,多铎亲自出马,连发5封书信,史可法都不启封,全部付之一炬。史可法清楚地知道,在这样艰难的情况下,要想取得胜利是不可能的,他只能抗战到底,以一死报国。他首先招集诸将说:"吾誓与城为殉,然仓皇之中不可落于敌人之手以死,谁为我临期成此大节者?"副将史德威慨然任之。史可法高兴地说:"吾尚未有子,汝当以同姓为吾后。吾上书太夫人,谱汝诸孙中。"接着,他一气写下了5封遗书,除1封致豫王多铎,其余都是给母亲、夫人、叔父、兄弟的。21日,他又作遗书给母亲和夫人:"……北兵于十八日围扬城,至今尚未攻打,然人心已去,收拾不来!法早晚必死,不知夫人肯随我去否?如此世界,生亦无益,不如早早决断也!"25日城西北崩塌以后,清兵攻入,城陷。史可法欲以佩刀自杀,部属强行夺过佩刀,拥其走入小东门。清兵迎面而来,史可法大呼:"我史督师也!可引见汝兵主。"遂被俘。多铎以宾礼相待,口称先生,当面劝降,许以高官厚禄。史可法骂不绝口,严加拒绝:"我为朝廷大臣,岂肯偷生为万世罪人!吾头可断,身不可辱。愿速死,从先帝于地下。""城亡与亡,我意已决,即碎尸万段,甘之如饴,但扬城百万生灵,不可杀戮!"最终,史可法壮烈牺牲于南城楼上,时年仅44岁。

扬州十日以后不久,清统治者统一了中国。他们虽然出于政治需要,也给明朝降将贰臣一些官位,但最终他们还是要以表彰明王朝的忠臣良将以怀柔汉族的官员百姓。乾隆南巡扬州时,知道百姓想反清复明,且有识之士经常打着史可法的旗号以号召百姓,于是顺乎民心,也到史可法墓前吊唁,给史公加上"忠正"的谥号,并亲书"褒慰忠魂"四字,四字的拓片至今仍在史公祠内。虽然他有以此平息众怒、怀柔明代遗臣、贬抑降清"二臣"之意,但毕竟对史可法的高尚节操还是充分肯定的，而在梅花岭建祠奉史公正始于这位皇帝。

现今的史可法纪念馆已修葺一新，已成为融历史、文物、风景于一体的游览胜地。飨堂内端坐着史公的雕像，沉着之态，深思之神，使人仿佛见到"行不张盖，食不重味，夏不扇，冬不裘，寝不解衣"的一代忠臣。墓园内遍植绿柳、翠竹、劲松、寒梅，清幽而肃穆，幽雅且宁静。飨堂前两珠银杏已有200多年历史，粗大高直，浓荫蔽天，犹如两杆旗帜，亦似两方丰碑，为墓园添色，为史公壮威；遗墨厅中，有史公《复多尔衮书》《临难家书》，有他的墨迹联对："琴书游戏六千里，诗酒清狂四十年。""涧雪压多松偃蹇，岩泉滴久石玲珑。""斗酒纵观廿一史，炉香静对十三经。"尽管有些是拓本，但史公的遒劲笔力、豪放的气概充溢字里行间。梅亭前，池塘一方，池塘之北正是梅花岭。岭上寒梅虬劲，香溢池水，端坐亭内，漫步池边，"千朵梅花满池水，一弯明月半亭风"的诗情画意顿时涌出，令人陶醉其间，乐而忘返。

遗墨厅

清代著名文学家蒲松龄——故居（宝应）

蒲松龄游幕宝应纪念馆坐落在宝应老城区叶挺西路73号。该馆始建于清初，双层砖木结构三合院。2014年，宝应博物馆对蒲松龄游幕宝应纪念馆进行修缮、景观营造、书画作品征集和主题布展，以再现当年蒲松龄先生读书、写作、会友、办公的历史场景，并得到山东淄川"蒲松龄纪念馆"等方面的支持与关注。

该纪念馆主题展览分为"鹤轩留仙——蒲松龄游幕宝应觅踪"和"宝应书画家纪念蒲松龄作品"两部分。其中，一楼为"鹤轩留仙"，有家世生平、卓著成就和宝地情缘三个展厅。主题展中厅塑蒲松龄半身铜像，形象生动，栩栩如生。二楼为"宝应书画家纪念蒲松龄作品"展，表达了宝应人民对蒲公的崇敬和怀念之情。二楼东西厢设茶室、书房，再现当年会友、读书、写作场景。馆外环境营造了"鹤苑"，引用蒲松龄游幕宝应时相关的鹤轩、鹤亭、鹤泉、放生池碑等,以及淄川故居藤廊等人文元素,别开生面,独具情趣。

清小说家曹雪芹——静香书屋

静香书屋是瘦西湖复原的景观。设计者有说是按旧时《扬州画舫录》的记载,有说是按清代园林档案中的效果图复建,更多说法是以《红楼梦》为蓝本。该景清初即有,著名红学家周汝昌先生曾比较《红楼梦》中最主要景点怡红院与扬州水竹居的关系。乾隆南巡,赐名"水竹居",并赠诗曰:"柳堤系桂舟,散步俗尘降。水色清依楹,竹声凉入窗。幽偏诚独擅,揽结喜无双。凭底静诸

静香书屋

虑,试听石壁淙。"这与潇湘馆颇相仿,因两景之魂都在于"清"、"凉"两字。两处的楹联似乎不约而同地突出了景物之魂——"清"而"洁"、"凉"而"静"。两景之魂又靠寓"清"之"竹"、寓"凉"之"水"表现,水与竹配置和谐,互衬互补,相得益彰。其实,怡红院倒是与静香书屋颇相仿。李斗《扬州画舫录》载扬州水竹居的内景静照轩:"静照轩东隅,有门狭束而入,得屋一间,可容二三人。壁间挂梅花道人山水长幅,推之则门也。门中又得屋一间,窗外多风竹声。中有小飞罩,罩中小棹,信手摸之而开,入竹间阁子。一窗翠雨,着须而凝,中置圆几,半嵌壁中。移几而入,虚室渐小,设竹榻;榻旁一架古书,缥缃零乱,近视之,乃西洋画也。由画中入,步步幽邃,扉开月之,纸响风来。中置小座,游人可憩。旁有小书橱,开之则门也。"刘姥姥进怡红院,《红楼梦》描写道:"于是进了房门,只见迎面一个女孩儿,满面含笑迎了出来……刘姥姥便赶来拉他的手,'咕咚'一声,便撞到板壁上,把头撞的生疼;细瞧了一瞧,原来是一幅画儿……又用手摸去,却是一色平的……一转身,方得了一个小门……掀帘进去……左一架书,右一架屏……忽然想起:'……这别是我在镜子里头呢罢?'说毕伸手一摸,再细一看,可不是,四面雕空紫檀板壁,将镜子嵌在中间……一面只管用手摸,这镜子原是西洋机括,可以开合。不意刘姥姥乱摸之间,其力巧合,便撞开消息,掩过镜子,露出门来。"两景相较:一是门壁的设置巧妙,观之为画,推之为门;二是富丽堂皇,不仅中国园林传统的雕空板壁用上,而且有西洋玻璃镜,西洋画也设

置巧妙,开阖自如,器具多含机关,当有先进技术应用;三是书卷气重,房中画为点缀,书为主体,富贵气之外又带几分雅趣。由此观之,静香书屋的设置,确为"富贵闲人"提供了场景,曹雪芹移之用之当是十分自然的了。

步行其间,细细玩味,确与大观园景色那样相契相合。主厅静香书屋为卷棚式,这是北方园林用得最多的样式;又与南方园林结合:面水而建,塘中一汪碧水,睡莲婀娜,游鱼戏水,一艘画舫卧波,亭廊环围桥闸,黄石构筑的假山上翼然飞亭。屋内松竹梅的木雕罩格,条几上供桌屏、花瓶,书桌上置文房四宝,多宝架上摆放线装古书,圆桌上一盘围棋,使人一进入其中,立即体味到《红楼梦》中贾宝玉富贵闲人的洒脱和聪慧,真是"宝鼎茶闲烟尚绿,幽窗棋罢指犹凉"。驻足其间,仔细把玩,余味无穷。

清扬州学派泰斗王念孙、王引之——纪念馆(高邮)

王念孙(1744—1832),字怀祖,扬州高邮人,乾隆四十年进士,累官至永定河道。王引之(1766—1863),字伯祖,嘉庆四年进士,官至工部尚书,为王念孙之子。王家为书香世家,念孙祖父王曾禄,一生以讲学授徒为业。父亲王安国,官至吏部尚书,为人清介廉直,治学精于《三礼》。念孙自幼聪颖好学,3岁随父入京学习经史典籍。8岁能写文章,儒士贤达誉为神童。10岁读完十三经,旁涉诸史。13岁时,受教于学界泰斗戴震,系统学习儒家经典,学业日进。21岁时,乾隆南巡,他以大臣子身份前往迎接,被赐为举人。37岁时任工部主事,研究治河之道。他是很有才干的,能从自然人事综合考察古今治河利弊,写成《导河议》上下篇。他性方正,居官廉直,不受请托。乾隆年间,军机大臣和珅把持朝政,索纳贿赂,聚敛财富。乾隆刚崩,王念孙不顾和珅权高势重,党羽众多,首先向嘉庆上奏章,弹劾和珅。其胆识才气震动朝廷上下,于是贤臣纷纷上书。嘉庆皇帝即位仅五天,就宣布和珅十大罪状,将其逮捕下狱,不久被赐自尽,家产查抄,其党羽也都一一议罪。在"和珅跌倒,嘉庆吃饱"的政治斗争中,王念孙能仗义执言,甘冒风险,可见他为政清廉之一斑。他还是治水专家,在任直隶永定河道时,治理过河北一带水患;在任山东运河道时,专门治理山东境内运河;嘉庆年间,在"引黄河水入运河"的争论中,嘉庆帝请他裁决,他直陈己见,认为引黄入运仅能暂时解决黄水出路,而黄河将大量泥沙带入运河,必然造成高宝湖黄沙淤积,祸及运河两岸居民,其观点为嘉庆帝所赞许。但因其不少治河主张难以实施,一次永定河决堤后,王念孙悲愤辞职,归故里著书。

王念孙和其子王引之在扬州学派中受到特别推崇,在文字、音韵、训诂方面贡献杰出。其中,最著名的作品为《广雅疏证》、《读书杂志》。由于音韵方面的杰出贡献,王氏受到海内学者的赞誉。阮元称他们父子是"一家之学,海内无匹"。章太炎则直言不讳地说:"古韵学到了王念孙,已经基本上分析就绪,后人可做的只不过是修补工作。"王力先生说段(玉裁)、王(念孙、引之)著作是中国语言学走向科学的里程碑。可见二王在中华文化中的卓越贡献。高邮王氏纪念馆有"王氏门前独旗杆"的故事。该馆在王氏故居基础上建造,其故居是王氏从大刀陈奇家买来的,陈奇是清代武将,门前特竖八根旗杆。后来,陈氏家庭衰落,旗杆朽烂而倒,仅剩一根高耸直立,一并卖给了王氏。王氏世代为朝廷重臣,清例天官府邸门前理应有旗杆高耸,因此百姓以"独"旗杆称王家官位显赫。文人将其引申,取"独树一帜"之意,称道他在学术上的独特建树。政治家则赞扬他为政清廉,体恤民情,赞扬他勇斗和珅的胆略才识。正如一诗人所赞:"古城古色古香幽,独树旗杆训诂求。百年心血探真谛,群贤咸集珠湖秋。"

王氏四种

民国海军先驱盛白沙——纪念碑(仪征)

盛白沙纪念碑是为纪念我国海军先驱盛白沙而建。盛白沙(1894—1923),扬州仪征人。他少有大志,力图拯救民族于水深火热之中。"男儿生逢乱世,当挥三尺剑,立不世功,继承古哲前贤之志。大丈夫能马革裹尸,实为无上光荣。"他曾有过实业救国的幻想,最终却走上富国强兵的道路。"立志振兴海军,效法英之纳尔逊(英国著名海军将领)"成为他一生的座右铭。1910年,他年仅16岁即考入南洋海军学堂,并秘密参加同盟会,开始他的革命生涯。1911年辛亥革命爆发,他回到家乡,积极投入反清运动。仪征光复后,他成为最年轻的县议员,但宣扬孙中山革命思想最积极,论述最精辟

1915年,他毕业于烟台海军学校,旋即进吴淞海军学校继续深造,1917年再往南京鱼雷枪炮学校深造,同年7月正式派往海军练习舰队肇和军舰实习,从此开始他碧海蓝天的革命生涯。这一年,他恭谒孙中山,孙先生看重他的年轻干练、刚毅沉着,亲口勉励他"读书不忘革命,革命不忘读书"。他深受鼓舞,更加坚定了矢志追随孙文,解救中国的革命信念。

1922年5月,孙中山下令北伐,但粤军司令陈炯明叛变,护法舰队司令温树德也随同叛变。孙中山当机立断,任命盛白沙为右指挥,协同在永丰舰指挥诸舰。盛白沙临危受命,镇定自若,指挥诸舰,重创敌军。终因海军陆战队叛敌,北伐军回师受挫,致使盛白沙以永丰舰掩护孙中山离穗避港。该年9月,孙中山在上海召开改造国民党会议。孙中山电召盛白沙来沪,委以全权,与皖系代表卢小嘉、奉系代表张学良会商联合出兵,讨伐直系军阀。盛白沙努力斡旋,三方达成联盟。为巩固联盟,征得孙中山同意,盛白沙、卢小嘉、张学良结义金兰,三角联盟成立,加剧了北洋军阀的分裂。这年12月,盛白沙在李烈钧的帮助下,组成临时舰队,田士捷任司令,盛白沙任舰队指挥,统率肇和、楚豫、肇平诸舰,痛击陈炯明余部,为克复广州立下卓著的功勋。

1923年2月,盛白沙受孙中山之命整顿海军,改组海军党部。原护法舰队司令温树德表面悔悟,却借机回到广州,暗中接受吴佩孚收买,成为吴佩孚的"驻粤海军司令"。盛白沙愤然与田士捷及其他海军将士一起讨伐温逆。温逆怀恨在心,盛白沙终被暗算,遭到乱枪射击,被迫纵身入海,又遭跟踪射击,身中数弹殉难,丹心染碧汕头浪,年仅29岁。牺牲后,孙中山追加他为海军中将,并特予抚恤,列入革命人物传,以彰忠烈。

1985年,江苏省人民政府追认他为革命烈士。

北伐战争以后,国民政府提倡以先烈之名命名出生所在城邑的公园,仪征遂建白沙公园。其时,奎光阁、泮池都在其中。近年来,先在仪征胥浦重建白沙公园,又在仪征城内建扬子公园。1993年5月,盛白沙烈士诞辰100周年,仪征市政府在扬子公园内建盛白沙烈士纪念碑。正面镌刻政协副主席赵朴初先生题写的碑名"盛白沙烈士纪念碑",背面镌刻人大常委会副委员长周谷城撰写的碑文。纪念碑矗立在小山之巅,山形如舰艇,山下湖水浩淼,远处看去如舰艇在航行。纪念碑的碑顶、碑座皆为红色,寓示烈士革命精神之热烈;碑身则为白色,象征烈士个人品质之纯洁;碑两侧的铁锚图案,底座四周的石墩、铁链,隐寓烈士献身于祖国的海军事业;碑地的崎岖小道,又表示烈士革命经历的坎坷。青松葱郁,丹桂飘香,烈士精神如松柏常青,桂香四溢。

古宅名居
——清芬正气传当世

盘谷大天——两江总督周馥故居

该住宅园林是全国重点文物保护单位,初建于乾隆年间,后在光绪年间复建,为两江总督周馥整饬而成今状。园以韩愈《送李愿归盘谷序》中"太行之阳有盘谷","是谷也,宅幽而势阻,隐者之所盘旋"取意。在高墙环堵的闹市区,运用"园中含园"、"景外生景"之法,在有限的天地表现出深远的意境。虽是封闭的格局,但以布局紧凑、小巧玲珑取胜。园主以花墙将园分为东西两部,墙上的花窗又引景泄景,分之为二,又合之为一,似露还藏,似隔又联。而联缀两园的是砖雕的桃形门——门如垂桃,桃蒂在上,桃尖在下,如桃倒挂枝头。门廊以水磨砖拼镶而成,上方砖雕两叶,桃大叶小,似更夸大桃的丰硕。门内藤萝缠绕,迎春挂垂,似一天然的珠帘,而又比普通珠帘多了几分生气。门亭立一块丈二高的寿星献桃石,如一老者谦躬温和,笑容可掬,似已候你多时。盘谷的建筑十分注意安排,楼台亭阁配置得当,山顶有风亭,沿蹬自可攀;水边有榭阁,入内自生凉;山麓造琼宇,曲栏环楼绕。园中的山叠得好,清雄而有古意。叠石或如昂狮,或似蹲豹,或同卧虎,或像云涌涛立。夏日看,石间苔青似黛,草碧如丝,嘉木扶疏,芳花俏艳;冬日看,山头白雪皑皑,"九狮之状毕现",有跃跃欲腾,有沉沉酣睡,有悠闲戏闹,有竞相追逐,自得其乐而又自成天趣。最趣者当为花柳明媚之朝,清辉圆满之夕。若是笼以烟雨,"帘外雨潺潺";若是掩以轻雾,"落月去清波"。此时,鸢飞戾天者,经纶世务者,能不望峰息心、窥谷忘返吗?

乾嘉巨擘——阮元故居

阮元故居在毓贤街6-8号。阮元(1764—1849),字伯元,号芸台,人称"雷塘庵主"。他历经乾隆、嘉庆、道光三朝,曾为"九省疆臣"、体仁阁大学士,晚年晋加太傅衔。他的特点是一生虽为达官而不废学问,于经史小学、天算、舆地、金石、校刊都有很深的造诣。著有《畴人传》、《研经室集》等,是扬州学派的代表。他虽累于政务,但一生倡导学术,培养后进,影响之广、作用之大是很难找出第二人与之相提并论的。其方式,一是以经述文章延揽名流,一时名士如张惠言、陈寿祺、王引之等皆出其门。二是编刻典籍,除

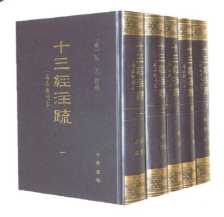

阮元编《十三经注疏》

《经籍撰诂》外,《十三经注疏》、《皇清经解》等书都出自他手编印。而并世学者钱大昕、汪中、刘台拱、钱塘、孔广森、焦循、凌廷堪的遗作,都赖他一一刊布。可以说,他一生全力传播民族文化,在读书人中影响很大。房屋组群三路,中为家庙,东西路为家宅。家庙祠堂面阔五间19米,进深11米,面积193平方米。前有步廊,上置卷棚,院墙壁上嵌"太傅文达阮公家庙"石刻。家宅东路前后五进,三、四、五进今存。面阔三间,均厅前有廊,上置卷棚,规整严谨,质朴宽敞。

汪氏小苑——中等盐商住宅

汪氏小苑主人汪竹铭,盐商,属中等偏上的商贾阶层。住宅占地3000平方米,遗存老屋近百间,建筑面积1600平方米,是清末民初扬州盐商的住宅群。

豪门大宅,阆爽深密,晚清、民国特色兼具。宅分中西东三路,各为三进,暗合九州方圆,寓意家国兴旺。西中两路由购进旧宅后重新修葺,保存了清时特色:一是外墙均不开窗,避外隐内,这在兵燹战乱年代颇为严紧。二是四合院式的单元组群布局,体量宏大,气势森严,栋宇鳞次,高墙围垣,望之隐若城郭。主体建筑南面朝阳,青砖青灰丝缝砌筑,厚实朴质,不加粉饰。山墙有三山式屏风墙,比之徽派工整浑厚。三是一进与一进之间有天井透风采光,形成独立的单元,以落地门槛分隔,可开可关,可装可卸,适应冬闭夏敞之需。东路为民国时增建,体量上保持和中西住宅的协调一致,但在形式上有了改变。由于是以内火巷隔开,所以朝巷的西墙均开窗户,窗格也由传统的"井字式"、"柳条式"变为现代的"目"形窗加玻璃,更为简洁适用。玻璃窗皆为抽插式,即夏天时可改换玻璃窗为纱窗,透风挡蚊蝇。门也有了西式推拉门,有黄铜包裹的门槛及轨道。这样,可不因门的开启而影响空间使用。主厅为花厅,柏木建造,前后均用兔耳梁的卷棚。其玻璃,尤其是彩色玻璃皆从国外进口,传统的古宅中吹来了域外的风。

房屋分区明朗。四角有花园,小苑前三纵三进为住宅区,严整对称;后部为休闲区,则随势造型。尽量将房屋安置在园的四周,分别有厨房、浴室、花房、书房、轿厅,大小不一,错落有致,恰到好处,点到人心。其位置大小完全从功用出发,设施配套齐全。比如西北园为主的是后花厅,六间居中而建,中以罩槅分开,前有回廊横陈,可协商议事,迎客送宾。书斋紧傍其东,形制虽小,却很安静,前有花台,旁为花墙,在其中读书论赋,确是宝鼎茶闲,幽窗棋趣。另外,还巧妙地建有暗房、暗阁、暗门、暗壁、暗洞,虽使人感到动乱时期为躲灾避险的无奈,却使人看到当年匠人的匠心独运,精巧安排。

浙派豪宅——吴道台府

该宅为全国重点文物保护单位。宅主吴引孙为晚清浙江宁浙绍道道员,广东、甘肃、新疆要员。现宅第是其在浙江任上,延请浙江匠师,仿宁绍台道府和宁波天一阁样式建造住宅和藏书楼——测海楼,占地12亩。原有东西横向五路房屋并立,南北纵向三至五进深宅高墙大屋,计有房屋100余间。该建筑采用规整严谨、中轴贯穿、两厢对称布局,体现儒教中庸之道的思想,石雕、砖雕、木雕均为浙派做法。比如第三路第一进一排七间,面南有天井,面北与第二进朝南七间对应,东西两厢廊各三间,四面围合一宽敞的大庭院。四面皆置卷棚回廊、栱轩梁、峰头、柱头、撑牙、雀替,木雕繁华富丽。尤其是四面转角伸展的大弧形弯曲悬挑角梁及其垂吊精巧木雕大花篮使人叹为观止。测海楼为藏书楼,主楼为两层,面阔五间,前后均为重檐,檐下置步廊。明间前为槅扇,后有屏门,上为木雕棂条,中嵌玻璃窗槅,创造出十分安静清雅的氛围。这是主人读书藏书处,原有藏书8020种,247759卷,是我国现存最完好的个人藏书楼。

测海楼

盐宅之最——卢氏家宅庆云堂

卢氏家宅位于康山街22号,是清代盐商卢绍绪宅地,占地10余亩,从光绪二十年至二十三年,历时三年建成,耗银7万余两,为晚清扬州住宅之最。清钱泳《履园丛话》说:"造屋之工,当以扬州为第一。如作文之有变换,无雷同,虽数间之筑,必使门窗轩豁,曲折得宜……盖厅堂要整齐,如台阁气象,书斋密室要参差,如园亭布置,兼而有之,方称妙手。"

主宅前后九进,前五进皆七间排列,三进为平房,两进为楼房,后四进为明三暗五布局。间、厢、披、廊、亭合计200余间,前后走廊13道,大小天井17方,火巷2道,建筑面积合计4000余平方米。该住宅广庭气势宏大,屋宇厅房皆面阔7间,正厅后厅进深11米,主厅可设宴100桌,雍容大度,台阁气象。住宅的砖雕、木雕、石雕随处可见,楣窗、花板、飞罩、罩格、门窗肚板都以花鸟虫鱼、福禄寿喜的吉祥图案表现喜好爱憎。如门楼的砖雕吉花丰腴,瑞兽生动,人物飘逸;仪门门楼的砖雕斗栱,磨砖檐椽、飞椽重叠有致,四面壁墙磨砖满嵌斜角锦纹,檐口堆砌五层磨砖飞檐,体量宏大,精工气度。

卢氏家宅

该住宅呈前宅后院格局,住宅部分六个天井皆成花园布置,花园如同国画的留白,使住宅有了疏朗的空间,有了严整与空灵的对比。亭园中花木扶疏,春华秋实,使居者有了活动的空间,不仅舒适而且有了情趣。可贵者,六个花园各具特色,与宅苑配置和谐,相映成趣,给人以春有花艳、夏享绿荫、秋品榴果、冬闻梅香的快慰。主花园意园置于住宅之后,太湖石堆叠的假山,一片池水,一艘画舫,一栋藏书楼,百年老藤,老干虬枝,形若游龙,遮天蔽日数十平方米,簇拥着书房,使读书之人有笔走龙蛇、登科乘龙的遐思。

清芬正气——朱自清故居

朱自清(1898—1948),字佩弦,原籍浙江绍兴,生于江苏东海县,成长于扬州,所以自称扬州人。他是文学研究会的早期成员,中国新文学运动的开拓者之一。在小学时,每年春天,他总要登梅花岭,凭吊史可法的抗清遗迹。他还喜欢漫步瘦西湖,朗诵文天祥"人生自古谁无死,留取丹心照汗青"的正气歌。他一

朱自清故居

生经历了诗人、学者和战士三个阶段。他艺高品更高,抗战胜利后,在清华大学任教期间,曾多次参加学生爱国游行的活动,支持学生的革命行动。他一身重病,宁可饿死,毅然签字抗议美国的扶日政策并拒绝领取美国的救济金,虽在贫病交加中逝去,但正气长存人间。

朱自清像

他一生在两个地方生活最长,一是北京,二是扬州。青少年时期有13年是在扬州度过的。这是作者人格品行的成长期。他1916年曾在江苏省立第八中学(今江苏省扬州中学)毕业,其后去北大读书。五年后,他就被聘为扬州中学的教务主任。其时,他很想为家乡教育的振兴做出一些努力。朱自清故居安乐巷27号,平房古宅,正屋三间两厢,连着前面的三间照屋,是一小四合院。今已复原,让人们参观瞻仰,缅怀这位平生淡泊、穷困而不失其志、著作甚丰、知识渊博而独树一帜的一代文豪的光辉一生,从而挖掘他的哲学思想、美学思想、教育思想、文艺思想等诸多宝藏。江泽民总书记在1988年为朱自清诞辰90周年作的诗说得好:"背影名文四海闻,少年波老更情亲。清芬正

气传当世,选释诗篇激后昆。"该住宅是全国重点文物保护单位。

一代艺师——王少堂故居

　　王少堂故居在三多巷10号。王少堂是现代评话艺术家,其父王玉堂、伯父王金章都以讲说《水浒》著称。他7岁开始学艺,9岁登台演出,15岁独立演出。他转益多师,博采众长,既注意把父亲善于"表"的特点和伯父善于"演"的特点融合在一起,又得宋承章派《水浒》之神韵,还吸取康国华《三国》、刘春山《西汉》的传神含意之长,再结合自己特点加以提炼、发展,并随时注意观察体验生活,对所接触的三教九流各行人物观察入微,在口、手、眼、身、步、神诸方面悉心揣摩,力求表演时形神兼备。终于经过60多年的艺术实践,他在表演艺术上形成了内涵极为丰富的王派《水浒》的独特风格,即说表与演出"快而不乱,慢而不断,形神兼备,描摹殆尽",成为扬州评话艺术的集大成者,也是扬州评话当时最杰出的代表人物。他把明末清初柳敬亭所开创的历经360多年的扬州评话推向了一个崭新的艺术高峰。

园林璀璨篇

书卷气浓的园林盛景

寄扬州韩绰判官
杜 牧
青山隐隐水迢迢,秋尽江南草未凋。
二十四桥明月夜,玉人何处教吹箫。

《园冶》,世界造园学最古名著

《园冶》,仪征寤园和扬州影园造园的实录,中国古代传统园林理论与实践的总结,现今传统园林修葺、创新的圭臬,世界公认的"世界造园学最古名著"。

世界上最早的造园专著《园冶》,在明代园林成熟时应运而生

我国园林历史悠久,商周时代的帝王园林,汉代开始的富商园林,魏晋以来的寺院园林,南北朝时的文人园林,盛唐的造园之风,到明代时,造园艺术达到了高峰。丰富的实践亟需进行理论概括,计成的《园冶》、文震亨的《长物志》两书对我国造园艺术进行了系统总结,尤其是《园冶》。计成(1582—?),字无否,号否道人,吴江人,中国明末造园家。《园冶》全面总结造园经验,系统论述造园艺术,对园林的相地、立基、屋宇、列架、装折、栏杆、门窗、墙垣、铺地、掇山、选石、借景有十分独到的系统阐述,被世界上称为"世界造园学最古名著"。明清时期江南宅第园林盛极一时,尤其是康乾南巡,富商达官为争宠于王室,大兴造园之风,一时有"江南园林甲天下"之说。这都是在《园冶》指导下的实践。此时,园林具有极高的审美价值,成为今天海内外嘉宾百看不厌、常看常新的热点景观。

计成在扬州写下的《园冶》,全面总结造园经验,系统论述造园艺术

造园成就的结晶,一生心智的结晶

计成多才多艺。一是画家。他"少以绘名","最喜关仝、荆浩笔意,每宗之"。这样,他在造园时就不同于一般工匠,而能以书画理论付诸造园之中,将"园"和"画"融为一体,使静态事物与动态环境融合,所造园林成为流动的诗、立体的画,有生命的艺雕。二是文学家。《园冶》文笔精彩,采用的是"骈四骊六"为特征的骈体文,在文学史上也有一定地位。三是旅行家。计成"性好搜奇","游燕及楚,中岁归吴,择居润州",使其能搜尽奇峰打草稿,达到一勺则江湖万里、一石而太华千寻的境界。四是鉴赏家。计成在《自序》中曾说一事,镇江四面环山,风景优美,当地有人以形态奇巧的石头,

点缀竹树之间以作为山。他不以为然,提出叠石应该借鉴真山形象,使人观之,不以为假。这种对真善美的追求显然是一般匠人无法企及的。五是造园家。他最初为常州吴又予造园,"此制不第宜掇石而高,且宜搜土而下,令乔木参差山腰,蟠根嵌石,宛若画意;依水而上,构亭台错落池面,篆壑飞廊,想出意外"。这是随势造型,完全根据地形地貌施艺,而又借鉴画理,叠石增丘,开沟理水的名园,所以评价极高,他也引以为豪,"从进而出,计步四里〔百〕,自得谓江南之胜,惟吾独收矣"。

他大部分时间在扬州,安徽歙县人郑元勋是其好友,更是知己,计成为其设计影园。郑亲身感受到计的高超技艺,感叹"经无否略为画则现灵幽",一语破的地说:"计无否之变化,从心不从德,为不可及。而更能指挥运斤,使顽者巧,滞者通。"现在,影园旧址在荷花池,已刻石纪念。计成曾被明代内阁中书汪士衡请到仪征城西建造寤园。寤园和吴园"并驰南北江"。正是由于他是画家、旅行家、鉴赏家、造园家,所以他的《园冶》就能以理论指导实践,以艺术构思指导造园工艺。《园冶》成书于崇祯四年(1631)秋末。该书是计成在完成吴玄的"五亩园"后,利用在仪征建造寤园的空闲,以寤园为案例,旁及其他,整理展示其毕生的著作图式和文稿而形成的著作,无愧图文并茂的造园专著。

造园理论的开拓,宏观、微观兼善

《园冶》共分三卷。一卷兴造论,园说及相地、立基、屋宇、装拆;二卷栏杆;三卷门窗、墙顶、铺地、掇山、叠石、借景。可以看出,作者既注重整体又不忽略个体,既注重理论阐述又有具体范例举隅,既注重整体设计科学又注意施工易行,既注重体制构架又有细部装饰,从造园的骨骼——叠山、血脉——理水、五官——建筑到毛发——花木,无一不到,高屋建瓴而又细致入微。

他抓住了造园理论的核心问题:如何看待园林美和自然美的关系,源于自然是否要高于自然,刻意求工是否要脱离自然。计成力排众议,在园说中,他提出了"虽由人作,宛自天开"的造园原则。意谓由人所造的园林能达到如天然生成的效果,这是造园家希望达到的最高艺术境界。这种使所造园林具有自然山水味道的造园思想,使园林"自成天然之趣,不烦人事之工",体现居住条件与自然环境的和谐一致,使所造园林"具备了出自天然的艺术杰作的韵律"。而达到此标准的具体造园步骤就是"巧于因借,精在体宜",从园林的扬与抑、藏与露、繁与简、少与多、小与大、虚与实、开与合等多方面对造园理论总结归纳。

真假论。计成是十分反对园林对自然的描摹的,在《园冶·自序》中他说,"中岁归吴,择居润州",对于"润之好事者,取石巧者置竹木间为假山,予偶观之,为发一笑"。其原因是"世所闻有真斯有假,胡不假真山形,而假迎勾芒者之拳磊乎"？只有对真山的形美、质美有了艺术的认识，假真山之形，才能制作出俨然真山的园林假山。"有真为假，做假成真。稍动天机，全叨人力。"这是取自然之性情，得山川之灵趣。

虚实论。实景与虚境，形象与象征，说到底是园林创作中由实到虚、由形到意的艺术升华过程、意境创造过程。计成在《园冶·立基》篇中简约地提到"凡园圃立基，定厅堂为主"，要有乔木，须筑垣，建馆舍，构亭台，开土堆山，沿池驳岸，这都是具体实在的，但他接着由实景生发虚幻遐想："曲曲一湾柳月，濯魂清波；遥遥十里荷风，递香幽室。编篱种菊，因之陶令当年；锄岭栽梅，可并庾公故迹。寻幽移竹，对景莳花；桃李不言，似通津信；池塘倒影，拟入鲛宫。""动'江流天地外'之情，合'山色有无中'之句。"这真是一篇绝妙的园赋。作者由实及虚，分明从有限的景观中，驰骋想象，想到陶渊明、庾将军，想到龙宫中的鲛人垂泪，想到桃李芳菲中的舞女翩跹，这种诗情画意从另一角度证明园林虚实结合，境意结合，情思、理趣结合的妙处。

春秋论。古人有"爽借清风明借月，动观流水静观山"之说，即园林建造时不仅要取法自然，更要利用自然。计成在《园冶·屋宇》中特别强调"时景"，这不同于普通家居"循次第而造"，"惟园林书屋，一室半室，按时景为精"。即不变的空间，但景色却要随时变化："奇亭巧榭，构分红紫之丛；层阁重楼，回出云霄之上；隐现无穷之心，招摇不尽之春。槛外行云，镜中流水，洗山色之不去，送鹤声之自来。境仿瀛壶，天然图画，意尽林泉之癖，乐余园圃之间。"计成指出，艺术园林应该巧妙地利用自然中变化的日月风雨、春夏秋冬、早晚晨昏，使园林发挥多维空间的艺术境域，由第一性的真实的美景结合光影色彩的瞬息万变，形成第二性的即如诗如画的时令季候的变化美。这是园林意境的开放性的精辟论述。

《园冶》

实借论。"夫借景，园林之最要者也。""巧于因借"，即不仅要通过叠山理水创造实景，更要考虑周围，借用他景。计成的这一理论通过两方面来予以表现。一是努力利用自然，提出"地偏为胜"的观点："园虽别内外，得景则无拘远近，晴峦耸秀，绀宇凌空。"显然，他认识到在远距离城市的地旷人少之地，有未被破坏的山水，恰当利用，稍加点缀，就可成为好园林，当是事半功倍。二是创造人化的自然，因为至远郊求偏僻也并非城市人的需求，园林多在地少人稠的城市腹地建造，所以他认为"足征市隐犹胜巢居，能为闹市寻幽，胡舍近方图远？得闲即诣，随兴携游"也是一种乐趣，所以他在"巧于因借"后,特地续上"精在体宜",即对园内的景充分利用,"随基势高下,体形之端正,碍木删桠,泉流石注,互相借资;宜亭斯亭,宜榭斯榭,不妨偏径,顿置婉转,斯谓'精而合宜'者也"。只要善于扬长避短,"俗则屏之,嘉则收之,不分町畽,尽为烟景"。"斯所谓'巧而得体'者也"。这种闹中得闲得幽的思想显然成为闹市中江南园林创作的理论。而他提出的借景之法——"远借、邻借、仰借、俯借、应时而借"已成为造园者的圭臬。

计成将造园技术进行艺术的升华,使园林审美有了典范

更可贵者,计成既以实践,又依儒道释的传统哲理,总结归纳造园法则,将匠人支离破碎的经验上升到全新的理念高度。

"构园无格"说,即"地与人俱有异宜",园林建造应因地因人而异;"巧于因借,精在体宜"说,即既要因地制宜,充分表现园林自身之美;又巧妙借景,为我所用,以有限包容无限。

"相地合宜"说,即山林、江湖、郊野、村庄的不同环境都可以造园,关键是创造不同的风格和特点,因地成形;"景到随机"说,即造景必须按照自然条件,随意但必须相机进行修整改造而成为有审美价值的景观;"往复无尽"说,即景观贵连为贵断,"砖墙留夹,可通不断之房廊","夹巷借天,浮廊可度"才能构园得体。"基立无凭"、"先乎取景"说,即"内构斋馆房屋,借外景自然幽雅",注意后建的厅房一定要巧妙地利用周围原有的树木,使建筑融合于景境之中。

"三分匠七分主人"说。他批判"世之兴造,专立鸠匠"的以工匠为主的错误观点,提出"三分匠七分主人"之说。一是造园者必须走进需要造园的园主的生活圈子,懂得园主人的雅好,造出和他心境一致的客观物境。二是主持人不能无原则地迁就园主的客观意图,按自己的理论构思园林,主持人和园主地位虽有差别,但审美观是可以契合的,这种契合可以造出高品位的园林。这里,契合最重要的一点是"情"。他就是这样的范例,造园做到"从心不从法","更能指挥运斤,使顽者巧、滞者通",已经达到了"随心所欲"、"任意挥洒"的高度。

由"境"生"意"说。《园冶》并未停留在对文学意境的欣赏和慨叹,而是考虑文学意境如何在园林意境上的表现。因为文人的游记散文是在现成的山水园林前被动的由"境"生"意",是由具体到抽象、由现实到浪漫的过程。《园冶》提出必须以自己的"情"去造"境",目的是让游园者能由园"境"而生情"意",即由抽象到具体,再由具体到抽象。可以说,他在创作过程中,已将意境释化为形、神、情。

可贵者,计成的天人合一观念所创设的园林不同于英国纯自然的草地牧场式的风景园,也有别于日本抽象自然的枯山水园,而是对自然浓缩提炼后融合主观精神的意境的伟大创造,是化实景为虚境,创形象为象征,是人类最高心灵的具体化，是一种人类的共性美，即将据传统文化的积淀体现于园林中的情理结构，与当时乃至今日国人的心理结构有相互呼应的同构关系和影响。可以说，他以自身的心理结构浓缩了人类与园林相关的历史文明，而他的园林则是创造了属于那个时代灵魂的作品。

著作出版的坎坷，身后寂寞的不幸

计成挟其卓越的造园之术奔走四方，自食其力。晚年不甘私其能，而极欲将《园冶》公诸于世，确是胸襟磊落之人。可惜，一介工匠梓人，社会地位、经济条件使其将著述成功问诸于世难如登天。所幸其时有两个人对《园冶》成书起了关键作用。

一是他的朋友当涂曹元甫先生，他来仪征，寤园主人和计成陪他在园中游览了两天，曹称赞不已，"以为荆、关之绘也，何能成于笔底"？赞扬寤园如荆浩、关仝的山水画，而在看到计成的《园冶》（其时叫《园牧》，意即造园的方法，不过是营造的法式而已）草稿后，他更为惊讶："斯千古未闻者，何以云'牧'？斯乃君之开辟，改之曰'冶'可矣！"意即不仅是造园之技术，更是对古今园林的理论升华，审美观照。

二是与阮大铖有关。阮是曹元甫之友，曹知自己力孤势单，虽十分欣赏，但无能为力。所幸曹与阮大铖友善，于是向他极力推荐计成。赖于他的介绍，计成与阮大铖相识。此时恰好阮被朝廷罢官放逐还乡，他从南京去仪征见到寤园，大吃一惊："乐其取佳丘壑，置诸篱落许。"（阮大铖《园冶·冶叙》）即称赞该园虽在人工篱落之间，却有自然山水意境，于是由爱园而爱《园冶》再爱计成其人，继而一口应承，解囊出资，给他刊刻印行，并亲自作序，使该书广以流传。计成是感激的，他一生所建的园林中，堪称代表作的除寤园、影园外，就有过后在南京为阮大铖修建的石巢园。

该书出版，当然受到时人重视。郑元勋为《园冶》题词，预言："今日之国人，即他日之规矩。"《园冶》"安知不与《考工记》并为脍炙乎？"将《园冶》与《周礼·考工记》等量齐观，评价的确很高。可惜清代268年间，该书竟然湮灭无闻，即使李斗这样的学者，在《扬州画舫录·城西录》中也仅据郑元勋《影园自记》的文字阐述影园之美，而对影园的设计者计成及其《园冶》却未著一字，不能不说是憾事。

近现代对《园冶》的首肯竟然是从日本开始的。陈植教授在《重印园冶序》中说，他是1921年在日本东京帝国大学教授、他的老师——造林及造园专家本多静六博士处见到此书的，分明是《园冶》旧的版本。是外国人发现了该书的价值，于是在日本流传，进而传播西欧各国，计成被国外学者称为造园鼻祖。陈植先生说："四十年前，日本首先援用'造园'为正式科学名称，并尊《园冶》为世界造园学最古名著，诚世界科学史上我国科学成就光荣之一页也。"

新中国成立后,《园冶》在国内寂然无闻,其政治原因是因阮大铖为其作序,资其梓刻,他又为阮大铖等富商巨宦造过园,而阮大铖又是明的奸佞、清的降臣,士林不耻。计成自然被看成"阮氏门客",而不具体分析他仅是"以艺术传食朱门"的一介寒士。试想,他不为官僚豪贾所用,贫苦百姓衣食无着,瓮牖绳枢,有谁请他设园造景呢?"愧无买山力的"计成,"自叹生人之时也,不遇时也",他只能以诸葛亮、狄仁杰"大不遇时"自嘲,"何况草野疏愚,涉身丘壑"的工匠平民,著书也仅为"但觅梨栗而已",读之令人潸然。

阴霾过后,艳阳高照。如今《园冶》研究已成热门,今人艾之增先生对《园冶》有精辟的评价:"包涵面广,探索度深,观察角特,信息量大。""读之可驰骋想象,缠绵情思,飞花流水,漫无边际,仿佛在做一场心神的游戏娱乐。"

近水美景

秀湖揽胜
——西湖瘦处情偏好

卷石洞天

该景原为清代北郊二十四景之一，早圮，近来复原，成为瘦西湖蜀岗名胜区第一景点。《礼记》中载："今夫山，一卷石之多，及其广大草木生之，禽兽居之，宝藏兴焉。"此处"卷石"通"拳石"，即"石小如拳"，"洞天"是神仙居住之地。用如拳小石堆成神仙的洞府，更见扬州园林叠石艺术非同一般。

因扬州地处江淮，无石可产，他方之石运载不便，不可能有巨峰大石。扬州园林的叠石就在于运用高度技巧，将小石拼镶成巨峰，其石块大小，石头纹理，组合巧妙，钩带联络，拼接之处有自然之势，无斧凿之痕，且多用阴拼，即石块的拼接涂料全部暗含在内，外表缝隙犹如画的线条，符合"峰与皴合，皴自峰生"、"依皴合缀"的画论，人们称赞"扬州以名园胜，名园以叠石胜"。此处确是这种理论的典范。

此景由东部的水庭、中部的山庭和东北部的平庭三部分组成。入园巨石为屏，古木起舞，此即中国园林的障景之法。中部山庭南端为二层薜萝水阁，下层观瀑，上层观山，阁内西窗将山亭景色尽收眼底，恰似一幅"风壑云泉"的山水中堂。山庭以西，土阜蜿蜒，叠石精巧，虽人工叠成，却宛自天开。此处虽为假山，却使人不觉其假，给人以高山深谷的意境。古人说："善弈者，取势；不善弈者，取子。"该园不是追求假山的局部象形，而是取其整体的气势。洞曲峰回，岩壑幽藏；峡谷险奇，清泉回旋；山奇、石怪、水秀、洞幽。典籍记载，该景中的九狮山叠成"中空外奇，玲珑磊块"，"有窍有罅，有筋有棱"，其状"如老松皮，如恶虫蚀。蜂房相比，蚁穴涌起"。其势如"冻云合沓，波浪激冲，下本浅土，势若悬浮"，真是"横竖反侧，非人思议所及"，这才称之

卷石洞天

"北郊第一假山"。

东北部的平庭很有特色,"群玉山房"是平庭精华。"若非群玉山头见,会向瑶台月下逢。"群玉山为西王母所居,此房巧借神仙洞府之名,正与"卷石洞天"暗合。顺游廊北行,入山房门厅,迎面壁泉三迭,泠泠成响,声如琴韵;竹形花窗,花影浮动,透进阵阵花香;渡石梁,入山房,恍惚飘进仙境琼苑。远山近水,峰青池碧,泉鸣溪流,古柏卷虬。厅内有一竹舫,名为知音舫。在竹舫内品茗,坐观水景,则有"天在清溪外,船在云里行"的空灵感;而厅中又取西洋之法,置大镜一片,远望镜中舫,又会有"小舟撑出柳荫来"的虚幻感;知音舫又与窗外拟人山石"听琴"呼应,正与民间"俞伯牙摔琴谢知音"的佳话暗合。此景以密取胜,多种厅堂样式集于一处,楼、阁、亭、台、廊、榭巧布假山周围,高低、大小、明暗、虚实皆处理恰当。各房之间有游廊周接,又各自成区。转折处,角落边,或植一树,或点一石。水中游鱼睡莲,山畔高大乔木,门前松石盆景,构成美的和谐。

西园曲水

该景为清乾隆年间湖上二十四景之一,建于清乾隆三十年(1765)。"曲水"借晋王羲之《兰亭集序》中"行曲水以流觞"之意,即让酒杯(觞)顺着一弯曲水流淌,杯停之处,岸旁之人即须赋诗一首以助酒兴。因该园在卷石洞天之西,即为西园曲水。此处水之特点,曲折逶迤,从卷石洞天沿石级向下,一溪清流渐宽,最宽处有一岛,形似琵琶。岛上原为一楼,"夕阳红半楼",现为一馆,东西皆可极目,尤其傍晚夕阳落山,西山红日半沉,余晕如金,更为迷人。前行则为丁溪,湖水由此转折,一支往南,一支向北,形如"丁"字,因而得名。沿溪柳树成荫,绿影蒙蒙,花香四溢,蝉噪鸟鸣,人烟隔水见,香径小溪通。由东向西至北,转折处巧置一拂柳亭,圆顶,三面临水,柳丝婆娑,春燕秋鸦,夕阳疏雨,无所不至。亭上一联"曲径通幽处,垂柳拂细波"。至此,如入青山云水之间,尘外之思、怡悦之情顿生,随波漂流,比之浙江兰亭曲水流觞,更富情趣。

翔凫石舫是很有特色的,原为清盐商魏氏园旧物。它凫于莲塘之中,与浣香榭隔水相望。两座都是水上建筑,又都处于湖畔旁的内湖之中,形成湖中有湖、湖中有舫的趣味。比之北京颐和园的石舫,它虽小,但构制极为精巧。从外形看,门厅之顶为单檐庑殿式,面东而立;中舱之顶重檐立山式,与门厅成丁字交叉;后舱之顶单檐歇山式,四角昂翘,与门厅平行。而内部装饰更发挥了扬州清代建筑精雕细刻的特点,舱前嵌透风花格,舱后饰鹤翔砖雕,中舱有红木鸳鸯戏荷落地罩格,其刀法极其严整,装饰意味极浓。整个舟临岸贴水,似待客登舟,而舱首对联"两岸花柳全依水,一路楼台直到山"

又似乎告诉你登舟游湖,将有十里春光收不尽之感。

　　长廊是西园曲水一大特色,水曲折迤逦,廊也随势造型,起伏跌宕。东廊连妙远堂,门前百年核桃两株,枝叶繁密,果实累累。濯清堂取《楚辞》意"沧浪之水清兮,可以濯我缨;沧浪之水浊兮,可以濯我足"。西廊连浣香榭,似取西施在柳旁荷池浣纱意境。廊周围遍布扬州盆景,树桩盆景之古拙,水石盆景之清秀,水旱盆景之诗情画意,集于一园,荟于一处。传统盆景之古之雅之奇,创新盆景之新之巧之趣,叫人目不暇接,美不胜收。正如堂联所示:"具体而微,居然峭壁悬岩平沙阔水;植根虽浅,何妨虬枝铁干密叶繁花"。

西园曲水

虹桥揽胜

　　"扬州好,第一是虹桥。杨柳绿齐三尺雨,樱桃红破一声箫,处处驻兰桡。"这里就是扬州历史上赫赫有名的虹桥,是清二十四景之一的虹桥修禊。修禊是每年的阴历三月三日在水边以香薰草沐浴以消除不详,刚开始为人们仿效王羲之修禊兰亭之雅事,后来逐渐成为文酒之会,盛极一时。虹桥景色优美,曾吸引众多的文人雅士在此指点江山,切磋诗文,留下了许多珍贵的墨迹和动人的故事。康熙年间,王渔洋主持"虹桥修禊",文人雅士云集,他的"红桥飞跨水当中,一字栏杆九曲红;日午画船桥下过,衣香人影太匆匆"更是脍炙人口。乾隆二十二年,两淮盐运使卢见曾主持红桥修禊,唱和者达7000余人,编次得诗300余卷,盛况空前。乾隆皇帝来此也曾做诗赞赏过虹桥的景色。

如果把瘦西湖比作一位古典美人,是虹桥揭开了她的盖头;如果把瘦西湖比作一部长剧,是虹桥拉开了她的帷幕。从虹桥开始,可领略"两堤花柳全依水,一路楼台直到山"的美景。

大虹桥

西湖瘦秀

据清代陆以湉《冷庐杂识》记载和今人统计,全国以"西湖"命名的风景区有三四十处之多,而"瘦西湖"仅扬州一个。该匾为扬州著名书法家孙龙父先生所书,章草体,以古朴厚重而自成一家,深得方家爱赏。瘦西湖起伏多姿的陂岸,清流映带的碧波,葱郁芳鲜的佳卉,幽窈明瑟的厅堂,构成集景式滨水园林群落,在国内外享有盛名。

是的,她比起杭州西湖是瘦了一点,杭州西湖湖围15公里,水面面积5.66平方千米,园林风景49平方千米。扬州瘦西湖虽然仅有100多公顷的游览面积,10千米多的游程,但一条曲水如锦带,或放或收,或宽或狭。缥碧清澄,游鱼细石,清晰可见。两岸三步一亭,五步一园,各具特色,斗艳争奇。更有诗词碑刻,匾额联对,恰到好处,点到人心。清代杭州诗人汪沆曾将扬州瘦西湖和杭州西湖相较,感慨地写诗道:

垂杨不断接残芜,雁齿红桥俨画图。
也是销金一锅子,故应唤做瘦西湖。

这就是瘦西湖的来历。扬州诗人朱自清称赞汪沆起名之妙:"假西湖之名以行,雅得这样俗。"这"瘦"字后来成了"秀"的代名词,古往今来,多少人"腰缠十万贯,骑鹤上扬州",又有多少人荡漾在瘦西湖中,倾倒在小金山下。诗人学者邓拓称赞:"瘦了西湖情更好,人天美景不胜收。"书法家林散之更是偏爱扬州：

漫说西湖天下瘦，环肥燕瘦各知名。
怜她玉立亭亭柳，送客迎宾总是情。

西湖瘦秀

徐 园

园中有园是瘦西湖的特色。站在徐园门前，西望是桃花坞，花墙之后即为观桃花所在；东望是春波桥，向东是四桥烟雨楼风景区，曲桥连接，直通岛上，是一观景所在；此时向北望，则是有名的小园徐园。民国初年徐宝山任民国第二军军长时，延请吉亮工入其幕中。徐公雅重其人，曾乞吉亮工书楹联。吉豪放不羁，一次酒醉后写道："从来名士多耽酒，自古英雄不读书。"上联自诩，下联言徐，有褒有贬，耐人寻味。

徐园为纪念徐宝山而建。他任辛亥革命第二军军长时，统管两淮及八百里长江的缉私。他曾追随孙中山，与清军对阵作战，其后又提出撤销扬州军政府以统一江苏政权的主张。由于其轻视袁世凯，并逐走袁派来的监视他的参谋长，袁世凯下毒手派人炸死徐宝山。事件之后，1915年邑人特建祠堂纪念徐宝山。此时，吉亮工不待请求，主动写了"徐园"两字。刚挥毫时，他心情还较沉重，所以"徐"字为行楷，而越写越激动，以至写"园"时，已按捺不住内心的激愤，写成了行草，但两字配合和谐，字径虽逾尺，但笔力遒劲，结构雄浑茂密，非深得书法三味者不能为之。康有为等民国著名人物也都曾撰联吊唁，康有为写的一联是："大树飘零，草木犹知名姓；遗园明瑟，山林长忆将军。"

徐园名为祠堂,其实是极精巧的园林。站在园外,月洞门如一画框,园内依依杨柳,迎门点石,如园的帘幕,欲遮又露,朦胧依稀。微风过处,柳枝摇曳,透出殿宇一角。这是活的屏障,有生命的屏障。

进入园内,先是黄石迭砌的荷池,外有曲水,内有池塘,池水与湖水相通,保持一汪碧水。塘边,茑萝绕石,麦冬盘石。池内莲映碧波,香溢四周,环桥桃柳,如同围屏。过池则是馆轩,中为听鹂馆,取杜甫"两个黄鹂鸣翠柳,一行白鹭上青天"之意。馆内楠木落地罩隔,精刻松竹梅图案,为扬州木雕之珍品。东部为碑亭,碑亭内是《徐园碑记》,碑文为仪征吴恩棠先生撰。馆西为"春草池塘吟榭",取谢灵运"池塘生春草"之意,几案明净,最宜小坐。三处建筑成锁壳形,中为馆,歇山式;西为榭,亦为歇山;东为亭,双檐四角攒尖式。同处一园,确有廊腰缦回、檐牙高琢的意境。

绕过徐园,立于小红桥,瘦西湖湖面开阔,给人豁然开朗之感。如未曾来过扬州,万万想不到,一个小园之后竟然有这样开阔的地界、阔大的湖景。此时再回过头来看徐园,方知徐园是整个瘦西湖的屏障,当进入比较阔大的景区前,由于安排了这样的园林,就使人像看戏一样,由序幕发展而逐渐形成高潮,这在构园中是十分艺术的。

徐园

琴室　棋室　书屋

瘦西湖一直有"翰墨园林"之称,到处都显示出文学艺术的特征,以文入画,以文点景,文景结合,给人以丰富的想象、感觉不尽的韵味。小金山麓,当年的造园者即按照文人雅士喜爱的琴棋书画构制了一组精舍。形制不大,造型清雅,给人以淡雅素洁之美。琴室临水而建,门前古柏两株,皆逾

200年,拔地过檐数丈,葱笼叠翠。人入其下,眉髯皆碧。屋前芳径,面水临桥,水边数株垂柳依水,古人常在此面水弹筝。过去,琴室有一挂件——鱼纹音石。黑灰色色彩,音石琢成,轻轻敲击,只听见12345,悦耳动听。如果古筝弹奏,音石击拍,岂不是红牙拍板,正好歌"杨柳岸晓风残月"? 不过,柳永的《雨霖铃》过于伤感,还是抱柱上的楹联好:"一水回环杨柳外,画舫来往藕花天。"格律平仄相对,读来朗朗上口,听来和谐入耳。进琴室,是一庭院,东面花瓶门的石额上是"静观"二字,是清代大书法家邓石如的手笔。这是提醒游客保持安静。为何?原来这是木樨书屋,读书所在,自然要安静观书了。书房内陈放多宝架,上置经史子集,书卷溢彩,翰墨生香。门外沿墙筑坛,花木幽深,特别是丹桂丛植,花时浓香外溢,金黄出墙,闻桂花香,读万卷书,此乐何极? 小轩内有砖棋盘,两大两小。大者是象棋盘,1米见方;小者是围棋盘,0.6米见方,是乾隆年间江南苏州府造。这是棋室修葺时,在棋室墙壁上发现的。据说,当年砌棋室时,砖石不够,聪明的工匠便把这四个棋盘砌在墙内。棋盘砌棋室,真是名符"棋室"之实。似乎一入翰墨园林,连百工匠人都被书卷气熏染,也懂得风流雅趣了。现在棋室布置高雅幽静,面南置放两堂清代青瓷屏风、山水图饰,共12片,是扬州盐商在景德镇烧制,贡奉皇上之用,一直深藏宫中,溥仪从故宫离开时将其带到天津,"文革"中复出,回归扬州。其瓷质洁白且发蓝光,画面山水皆为界画,严整而富于变化,周围边框皆楠木雕琢,图纹极富装饰性。另有海梅多宝橱两张,刻漆罗屑八怪字画挂屏四幅,皆为稀罕之物。在棋室中点一炉妙香,沏一杯清茶,两人对奕,宾朋围观,日光透过窗外梅花树影洒进来,其意境岂不是如室前楹联所云:"青山载酒呼棋局,紫褥传杯近笛床。"这种园中园的构置,是我国古典园林造园艺术的华采之笔,在不大的空间,居然敢再以园墙进行分隔,大园当中藏有小园,可动观,一步一景,景随步移。又可静观,不同的空间内鲜花有季:或春日赏魏紫姚黄,国色天香;或夏日看荷花睡莲,"晴露珠共合,夕阳花映深";或秋日品三秋桂子,"叶密千层绿,花开万点黄";或冬日观疏野横斜,暗香浮动——简直是一幅优美的画轴。身处其中,似觉该园是山川灵秀之所钟爱,源远流长文化之所积累的再生。"室雅何须大,花香不在多",至真至切。

琴室

月观

　　按理说,琴室、棋室、书屋之后,必有画室,但棋室前仅有月观,没有画室。其实,月观就是画室。原来,中国的诗歌艺术、绘画艺术都强调虚实结合,特别是作画,贵在"笔不到意到"。造园如作画,构园者也强调虚实相生,如果月观改为画室,就过于求实,而索然无味,俗不可耐,扬州瘦西湖也就没有翰墨园林之称了。"月为诗源,花为画本。"构园者深知文人通过赏月才能诗情大发,特别是古城,素有"天下三分明月夜,二分无赖是扬州"之说,于是他们将琴室、棋室、书屋明提,而将画室暗点,面东临湖建水榭式建筑——月观。每逢望日,文人雅士在此吟诗作赋,尤其是中秋之夜,木樨盛开,三秋桂子,十里荷花,宛如琼楼。月观特地在后墙留六扇大窗,打开后窗,阵阵桂香,和着室内茶香、酒香,沁人心田;天边东升皓月,悬挂柳梢,与湖中月影互相交辉。水明、灯明、婵娟明;茶香、酒香、木樨香。此时,诗人、画家仿佛超脱尘世,飘到蟾宫,与嫦娥、吴刚共度良宵,请问谁个诗人不文思如涌,谁个画家不泼墨淋漓? 而这种构思又通过月观中一联"月来满地水,云起一天山"表现出来。郑板桥只用了十个最常用的字,就把这小孩都会的字组成了一副千古绝对:瘦西湖水虽然有限,但月色溶溶,就显得无际无涯;小金山虽微不足道,但水气弥漫,与天边云山连绵逶迤。如此,天上人间,实景虚化,小景变为大景,有限的园林化为无限的诗境,人行其间,心胸怎不为之开阔? 观内无水却有水意,潺湲入湖而波连;观前无山却具山情,云起碧空而山出。此联虽属喻意,但一经点引,即情趣万千。著名建筑学家梁思成来此游览,盛赞小院布局得体,构筑精良。卵石铺地,意趣盎然;曲廊连屋,时时见奇;折墙逶迤,随势造景;鲜花点缀,暗香四溢。此当为扬州园林书卷气的范本。

五亭桥

　　瘦西湖在全国园林中独树一帜,五亭桥又是瘦西湖的标志,在全国园林中有一席之地,和白塔一起列为全国重点文物保护单位。其最大的特点是阴柔阳刚的完美结合,南秀北雄的有机融合。该桥建于莲花堤上,为清乾隆二十二年(1757)巡盐御史高恒所建,是因为建于莲花堤上,还是因为形状像一朵盛开的莲花,所以它又叫莲花桥。据说,乾隆南巡到此,曾感叹它像琼岛春阴之景,这就点出了该桥是借鉴北京北海之景。确实,该桥受北海五龙亭的影响很深。五龙亭五亭临水而建,中曰龙泽,重檐下方上圆,象征天圆地方;西为涌瑞、浮翠,涌瑞为方形重檐,浮翠为方形单檐;东为澄祥、滋香,澄祥为方形重檐,滋香为方形单檐。五亭皆绿琉璃瓦顶,亭与亭之间有石梁相连,婉转若游龙。龙泽、滋香、浮翠三亭有单孔石桥与石岸相接,珠栏画栋,照耀涟漪。扬州五亭桥无北海开阔的水面,当然无法把五龙亭照搬。但聪明的工匠另辟蹊径,将亭、桥结合,形成亭桥,分之为五亭,群聚于一桥,亭与亭之间以短廊相接,形成完整的屋面。桥础是跨度55.5米的桥梁,下面是12个大块青石砌成的桥墩,形成"卅"形的桥基,比起普通桥梁多了四翼,两端为宽阔的石阶。按说,这样的石质,这样的桥基,给人的感觉是厚重有力的,其形很像一古代城堡,如果上面围以石栏,则完全是一种壮美。桥上五亭形成亭廊,中亭较高,瓦顶重檐,四角攒尖顶,翼角四亭对称,皆为单檐,亭挑四角,檐牙高啄。亭上有宝顶,四角悬风铃;亭内有天花,图案绘制巧。油漆红柱,金黄瓦顶,彩绘雀替。如果不看下部,不就是典型的江南风亭么?完全是一种柔秀之美。桥亭秀,桥基雄,两者如何配置和谐呢?这里关键是如何把桥基建得纤巧,与桥亭比例适当,配置和谐。造桥者把桥身建成拱卷形,由三种不同的卷洞联系。桥孔共有15个,中心桥孔最大,跨度为7.13米,呈大的半圆形,直贯东西。旁边12个桥孔布置在桥础三面,可通南北,亦呈小的半圆形,桥阶洞则为扇形,可通东西。正面望去,连同倒影,形成5孔,大小不一,形状各殊,这样就在厚重的桥基上,安排了空灵的拱卷,在直线的拼缝转角中安置了曲线的桥洞,自然就与桥亭配置和谐了。难怪后人把石基比成北方威武的勇士,而把桥亭比作南方秀美的少女,这是力与美的结合、壮与秀的和谐。"扬州好,高跨五亭桥,面面清波涵月影,头头空洞过云桡,夜听玉人箫。"如果说瘦西湖像一个婀娜多姿的苗条少女,那么,五亭桥就像一条五朵莲花组成的腰带紧束着瘦美人的腰肢,更显出她无比迷人的风姿。

五亭桥

白塔　钓鱼台

扬州至今还流传着"一夜造白塔"的故事。该故事出于《清朝野史大观》。一天，乾隆在瘦西湖中游览，船到五亭桥畔，忽然对扬州陪同官员说："这里多像京城北海的琼岛春阴啊，只可惜差一座白塔。"第二天清晨，皇帝开轩一看，只见五亭桥旁一座白塔巍然耸立，以为是从天而降，身旁的太监连忙跪奏道："是盐商大贾，为弥补圣上游西湖之憾，连夜赶制而成的。"据说，是八大盐商之一的江春用万金贿赂乾隆左右，请画成图，然后一夜之间以盐包为基础，以纸扎为表面堆成的。尽管只可远视，不可近攀，但乾隆不无感慨地说："人道扬州盐商富甲天下，果然名不虚传。"传说是无稽的，旧塔建于何年，已不可考。因喇嘛塔原属藏语系佛教中喇嘛教寺院的塔制，元代以降，渐行全国，清乾隆四十九年（1784），两淮盐

白塔

总江春集资仿北京北海白塔，就旧塔基建造。《扬州画舫录》点明，该塔是"仿京师万岁山塔式"，但型制已大有区别。北海的白塔是寺庙塔，肚大头细，高35.9米，下为高大的砖石台基，塔座为折角式的须弥座。扬塔虽取喇嘛教寺院的塔制，但在瘦西湖仅为点缀，系园林塔。另外，扬州的建筑都以柔秀见长，因此取其形式，改换了面目。一是降低高度，扬州的白塔仅27.5米；二是外形轮廓线变得秀美，使之龛内缩，其相轮（十三层级）也较北海塔瘦长，这样扬州的塔形就像花瓶一样了；三是发挥砖刻特长，塔座全是砖雕的束腰须弥座，座为八角四面，每面三龛，龛内砖雕十二生肖像，象征一年十二个月，一天十二时辰。筑台53级，象征童子拜观音的五十三参图。相轮为13层，象征天的最高处十三天。处处有象征，处处有暗示，扬州造园艺术的手法

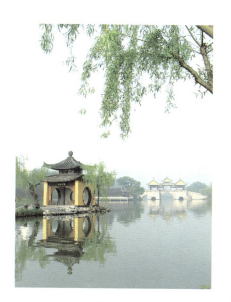

钓鱼台

巧妙地糅合于外来景致之中。著名建筑家陈从周在《园林谈丛》中曾将北海塔和扬州的塔进行对比说:"然比例秀匀,玉立亭亭,晴云临水,有别于北海塔的厚重工稳。"可见北方之景到了南方也随乡入俗,雄壮之气锐减,窈窕气质倍增了。

最妙的是将白塔和五亭桥放在一起,一个高耸入云,直指青天;一个横卧莲塘,悠然戏水。特别是在钓鱼台上,透过两圆拱门远眺,西圆门为正圆,映出五亭桥的金碧辉煌,涂红抹彩,翘角飞檐,华丽夺目;南圆门为椭圆,映出了白塔,通体洁白的色彩,铁马丁冬的风铃,完全是凛不可犯的武士。

熙春台

熙春台与五亭桥相对。宽阔的露台,围以汉白玉栏杆,"横可跃马,纵可方轨"。此处是当年乾隆皇帝祝寿之处,处处体现出皇家园林富丽堂皇的阔大气派。主体建筑熙春台,主楼五楹,楼前三楹突出,再建前阁,下檐与主楼檐平,上檐略低于屋脊。主楼为双檐歇山顶,前阁为双檐卷棚顶。楼南紧后是双檐六角攒尖亭,楼北前远方设一"十"字阁,阁结五顶,中顶攒尖耸峙,多角交错,很有紫禁城角楼的味道,但形制更为秀丽。主楼和两亭分别以串廊和栈道连接,浑然一体。所有建筑的瓦顶全用绿琉璃筒瓦,屋脊甍上是两条金龙,脊角走兽亦为龙头,琼楼琳宫,金窗玉槛,与红色露台、汉白玉栏杆以及远处五亭桥的黄瓦朱栋、白塔的玉体金顶相映成趣,确是"碧瓦朱甍照城廓,浅黄轻绿映楼台"。游人到此,似乎也沉浸在乾隆当年举觥畅饮、群臣三呼万岁的氛围之中。

熙春台

熙春台内的装饰陈设大量使用扬州漆器工艺,特别是巨幅壁画《玉女吹箫图》,采用扬州磨漆画的工艺,表现一群唐代仕女或起舞或欢歌的场景。二层若干根大竹简拼成两个半月形图案,上刻历代诗人咏扬州明月的名句。这些都是杜牧诗意的具象表现。登楼远眺,游目骋怀。只见青山逶迤,隐于天际;绿水如带,迢递不断。向东极目,五亭桥畔,画舫拍波;回首北望,蜀岗山麓,古刹高耸。杜牧诗中的"隐隐"、"迢迢"尽在不言中,难怪当年乾隆感慨不已,曾写诗赞道:"初识江南景物饶,已闻好马助春娇。明朝又放征帆下,去向扬州廿四桥。"

石壁流淙

据《扬州画舫录》载,"石壁流淙"为清二十四景之一,原为清代大盐商徐士业的别墅。"石壁流淙,以水石胜也。是园輂巧石,磊奇峰,潴泉水,飞出巅崖峻壁,而成碧淀红浤,此'石壁流淙'之胜也。先是土山蜿蜒,由半山亭曲径逶迤至此,忽森然突怒而出,平如刀削,峭如剑利,襞积缝纫。淙嵌,如新篁出箨,匹练悬空,挂岸盘溪,披苔裂石,激射柔滑,令湖水全活,故名曰'淙'。"乾隆乙酉

石壁流淙

年间,乾隆南巡,赐名"水竹居",并赠诗曰:"柳堤系桂舣,散步俗尘降。水色清依榻,竹声凉入窗。幽偏诚独擅,揽结喜无双。凭底静诸虑,试听石壁淙。""石壁流淙"是万花园内的主景之一,由中国工程院院士孟兆桢设计。假山石料用量多达2万余吨,经精心营造地形,堆砌石山,引水形成瀑布溪流,以磅礴大气取胜。淙流众水攒聚在一起,由高向低冲击,形成瀑布,其悬瀑下落如风快,声响似惊雷,临水时水花向四面飞溅,蔚为壮观。瘦西湖环绕该区西侧,宽窄变化有致,两岸景色也随之变化,最宽处对着石壁,可观赏石壁倒影和瀑布,成为该区与其他景区的自然划分界线,充分体现了山体、水体与建筑相融合的"城市山林"特点。此处景点甚多,且很具特色,清妍室、水竹居、阆风堂、观音洞等,建筑楹联集前人旧句创作完成,与历史意境相符合。这样,琼花广场、田园风情、史迹寻芳、群芳争艳等八大景区既有历史的厚重,又具有花事、博览、观奇、体验、智趣、休闲、教育、生态、娱乐、审美十大现代功能。这符合当今游人的审美要求。

蜀冈骋怀

——松排山面千重翠

大明古刹

大明寺为全国重点文物保护单位。古城扬州北郊,蜀冈如卧龙般蜿蜒绵亘。名扬四海的千年古刹大明寺,就雄踞在蜀冈中峰之上。大明寺始建于南北朝宋孝武帝大明年间(457—464),因年号"大明",故称"大明寺"。隋仁寿元年(601),隋文帝杨坚60寿辰,诏令在全国30个州内设立30座塔,以供奉舍利(佛骨),其中一座就建在大明寺内,称"栖灵塔"。寺从塔名,故寺也称"栖灵寺";又因寺在隋宫、唐城之西,因此也称"西寺"。清初避讳"大明"两字,曾沿称"栖灵寺"。乾隆三十年(1765),乾隆皇帝第四次南巡,亲笔赐名"法净寺",兴之所至,又赐"蜀岗慧照"额,并题一联:"淮海奇观,别开清净地;江山静对,远契妙明心。"1980年,为迎接鉴真大师像从日本回扬州探亲,才复名"大明寺"。

大明古刹

大明寺由五路景区组成:中路为寺庙古迹;东路为鉴真纪念区,仙风道骨的鉴真大师从此东渡;再东路为钟鼓楼、栖灵塔;西路为文人胜迹,北宋的文仙欧阳修在此为官,诗仙苏东坡在此任职;再西路为西苑芳圃。尤其可贵的是,该景区"文革"中受到强行保护,历史遗迹未受到丝毫破坏,是国内罕见的一处集园林风光、文物古迹和宗教建筑于一体的游览胜地,是一处历史文化原汁原味、内涵十分丰富的文化宝藏。大明寺自创建以来,无愧于"扬州第一名胜"之说,是佛教走向世俗化、寺庙走向园林化的范本。

西 园

平山堂西是西花园,亦称"御苑",是乾隆多次临幸之地。釜式园林常见,而釜式园林却不多。扬州西园这一釜式园林别有情趣,周围山岭环抱,古木参天,把园外之景故意挡去,因园内之景足为大观,使人目不暇接。周围无任何电杆、建筑,和谐美未被破坏,自然美保护周全。釜式园林下部皆有水,而此处之奇在于广阔的水面上又散布着大小不等的汀屿,汀与水连,水绕汀环,把有限的空间构成

御苑含翠

一幅生动优美的湖山画轴,确如池中船厅前宋代苏东坡撰写的一联:"万松时洒翠,一涧自留云。"园中自然景本已迷人,而经历代匠工堆叠修整,尤其是清代,为了迎接康熙、乾隆的临幸,叠石增山,建堂筑舍,更使西园锦上添花。这里的园林构造注意随势造景,巧借四周高、中间低的盆谷地势。东部平旷,陆地为多。西部深邃,以水为主。又注重水的安排、山的构造、厅房的设置、碑石的处理,形成十分精致的人文景观。湖面东南角,堆叠黄石假山一座。山高15米,临水而起,下依池坡,四面堆叠成险壁峭岩,底部似若干年流水冲击而成。山顶峰峦起伏,山中涧屋幽深,屋形方长兼有,空谷上下相连,时洞时天。山外叠有盘山小道,时曲时直,时峰时壁,造型多异,既可过空谷绕山盘旋,登山巅鸟瞰全园,又可经曲道踏池边小汀,欣赏池中游鱼细石。西园之水分上下二池:下池面积广阔,是湖光缩影;上池狭小,势如山涧的写真。西园之假山要分上山和下山,下山阔大雄浑,上山则曲折婀娜。山中叠有石屋两间,大小虽似,但各有异趣。左室中叠有洞谷,宛转曲折;右室中叠有悬崖,崖悬石挂。山南还叠有飞峰,状如拱门,横跨山涧。屋前、岩下、水池连续,绕山而行,增加不少生气。西园建筑富有浓郁的艺术性,厅、馆、亭、台、楼、阁、榭、廊皆布置和谐。楠木厅在西园之西北最高处,歇山飞角,屋前建有卷棚廊,三面凌空,隔扇中部满雕荷花、红桃、牡丹、兰花、松

竹、梅,上部雕刻石松、蝙蝠、折枝仙草,花纹细腻,雕工圆润。柏木厅在园之东南最低处,与楠木厅相应。它跨水而筑,厅后山岭环抱,厅前廊台宽阔,下临深潭,群鱼欢游,清晰可见。船厅在中部水岛之上。船厅三楹,厅西过廊一间,再西为二层小楼,楼与厅形成高低两个层次,其形若行舟,飘于水面。井亭在湖心岛上,翼然飞亭,四角映水,顶部漏空,亦称环亭。依栏下视,井中倒影,摇曳生姿。人说坐井观天,不知天外还有天,而此井却确可坐观天,日月云霞皆收眼底。

天下第五泉

扬州人爱喝茶。喝茶先得种茶。扬州种茶历史悠久。五代毛文锡《茶谱》云:"扬州禅智寺,隋之故宫,寺旁蜀岗有茶园,其茶甘香,味如蒙顶。"(蒙顶,是四川峨嵋蒙山之顶,山顶之茶是唐珍品。白居易曾作诗云:"扬子江中水,蒙山顶上茶。")当时蜀冈茶还作为贡品进贡。《甘泉县志》载:"甘泉县宋时贡茶,皆出蜀岗,甘香如蒙顶。"直接把蜀冈茶和蒙顶茶并列。欧阳修曾在蜀岗上立"春贡亭"记盛。至今蜀冈有茶树五百亩,其茶以芽尖鲜嫩、条索紧密、汤色明亮、清香浓重为宇内称道。扬州不仅茶叶好,而且讲究泡制。首先是水,最好的冲茶水当为五泉水。唐代状元张又新写《煎茶水记》,说唐代宗时李季卿出任湖州刺史,路经维扬,逢陆羽。李久闻陆之大名,十分倾慕,相聚甚欢。当他们的船泊于扬子江边准备吃饭时,李季卿说:"陆君善于别茶天下闻名,而扬子江南零水又殊绝,难得今日二妙千载一遇,岂能错过?"陆羽欣然应允,于是李季卿令谨慎可靠的军士携瓶操舟,深入扬子江南零取水,陆羽准备好茶具相候。不一会,水取来了,陆羽以杓扬其水,说:"这是扬子江中水不假,但不是南零水,而是近岸之水。"军士说:"我划船深入,而且有百人做证。"陆羽不言语,让他端起盆,把水倒入另一盆中,倒及一半时,又以杓扬之,说:"以下都是南零水了。"兵士惊吓不已,跪地请罪。原来他最初确实是在南零取的水,可惜近岸时,舟荡水泼了一半,于是就近以江水加满。李季卿和宾客都大为惊叹,恳请陆羽口授天下之水的优劣。陆羽说:扬子江南零水第七,惠山水第二,虎丘水第五,丹阳水第十一,扬州大明寺水第十二。

天下第五泉

陆羽之后的刘伯刍也是位学识渊博者,把江淮最宜于烹茶的水分为七等:扬子江南零水第一,无锡惠山寺石水第二,苏州虎丘寺石水第三,丹阳县观音寺水第四,吴淞江水第六,淮水最下第七,扬州蜀冈中峰大明寺水名列第五。北宋欧阳修守扬州时,曾品尝该泉水,并在井上建"美泉亭",还撰《大明寺泉水记》,称赞泉水之美。苏东坡守扬州时曾记道:大明寺塔院西廊井与下院蜀井的水,以塔院为胜。真是:从来名士能评水,自古高僧爱斗茶。过去,此处一直有塔院井和下院井之说,明代大明寺僧沧溟曾掘地得井。嘉靖中叶,巡盐御史徐九皋书"第五泉"三字,青石红字,字形丰腴壮丽,人称此为下院井。水岛上有一井,是乾隆二年汪应庚开凿山池种莲花而得,并于井上建环亭,著名书法家,吏部王澍书"天下第五泉"。

双峰云栈

《扬州画舫录》载:"双峰云栈在两山中,有听泉楼、露香亭、环绿阁诸胜。两山中为峒(即洞),今峒中激出一片假水,漱于万折栈道之下,湖山之气,至此愈壮。"双峰云栈是瘦西湖二十四景之一。盛世恢复旧景,在原地——蜀冈两山中九曲池处,已于2014年4月18日前对外开放。

双峰云栈

记载的名胜均已恢复。猿扳蛇折,百步百降,如龙游千里,双角昂霄。中有瀑布三级:第一级最高点听泉楼处落下,第二级在环绿阁楼旁的假山上流下,第三级通过水岫、深潭、水池、溪流等不同景观再营造三级瀑布。飞琼溅雪,汹涌澎湃。下临石壁,屹立千尺。按清乾隆年间的记载,上建栈道木桥,道上多石壁,虽有假山和黑松的遮挡,但桥旁壁上所刻御史高恒所书的"松风明月"四字赫然在目。立于栈桥上,远远眺望,听泉楼瀑布错落有致,有磅礴的气势;而在瀑布下方的石曲桥和环绿阁,可近距离与瀑布接触,飞流直下溅出的水花,落在脸上和衣上,丝丝凉意,颇为惬意;临水水榭环绿阁飞檐翘角,阁内则可以坐观瀑布。屋檐两侧的楹联最切,上联"碧树锁金谷"取自柳宗元诗,下联"遥天倚翠岑"取自韦庄诗。虽是集句,但切景切事,画龙点睛。

观音山

　　观音山是隋代迷楼故址。据《迷楼记》载,迷楼是隋炀帝的行宫,浙江匠人项升设计,"凡役夫数万,经岁而成"。隋炀帝曾说:"使真仙游此,亦当自迷。"隋亡楼毁,明代顾桐曾题匾"鉴楼",分明取"前车之鉴,以警后世"之意,以隋炀帝的教训鉴戒后人。从元代至元年间开始,历经明、清两代,屡废屡修,现在寺的建筑多为光绪年间所建,佛像均为1984年以后重塑。观音山是山寺的代表,它处蜀冈东峰,因其地势在扬州最高,所以构寺者大胆使用山寺的构造方式:不强调对称,而是在山体顶峰随山势筑殿。山上古树蔽日,红墙高耸,楼殿参差,山与庙俨然一体。其特点一是曲折幽深,从山前道路上山,曲折逶迤,攀登到顶,砖铺山道,蜿蜒而陡峭,两旁如城墙上的女墙,因而有"小长城"之誉。山上有圆通宝殿、迷楼、紫竹林、上苑等建筑。这些建筑都不在同一中轴线上。比如山门殿,坐西面东而建,而天王殿和圆通宝殿则坐北朝南。你正以为无路可走时,绕过偏殿,则入紫竹林;登几级台阶,又见迷楼出现在你面前。古代墨客勾勒过这里的景致:"楼阁高下,轩窗掩映,幽房曲室,玉栏朱楯,互相连属,回环四合,曲屋自通,千门万户,上下金碧。"其特点之二是险。寺处山巅,以块石垒基,建筑皆气宇轩昂,崇楼杰阁。从山下仰视,悬崖上危楼对峙。若是清晨,云遮雾托,诸建筑仿佛浮于云中。登楼俯视,如临深渊,鸟瞰碧水谷溪,遥看平山烟岚,有如置身石壁之间,时有险意产生。而在山上小径间漫步,又觉坦荡如砥,清幽异常,风光为他处不及,确使人产生"无限风光在险峰"之感。这里的树林叫"云林",此处的池塘为"天池",此处的楼为"摘星楼"。高宗南巡时,曾赐一联"渌水入澄照,青山犹古姿",横披"峻拔为主"将其险峻之态恰当地概括出来。

　　观音山的佛像是很有特色的。这里的佛像不同于一般寺院以"释迦牟尼"为主像,其他佛像皆众星捧月。此处以"菩萨"为主体,同时供奉四大佛教名山菩萨,院落东侧房为文殊菩萨,西侧房为普贤菩萨,文殊殿后为地藏王殿,在四大菩萨中又突出观音菩萨,主殿圆通宝殿中供奉观世音菩萨巨型坐像。观音山的佛像,美学价值极高。古代的雕像家逐渐将世俗融会于佛教虚幻之中,其塑像造型力求塑出人物的不同神韵。观音山的三十二应身,不仅面型、衣着、动态各尽其妙,无一雷同,更重要的是对人物神态的细部处理力求呈现人物的不同性格,衣裙褶纹飘飘欲动,栩栩如生。有的头部微扬,眼望空际,分明有看透尘俗之意;有的则凝神沉思,手执经文,在妙言偈语中寻找解脱之法。或陋且怪,或丰且清,其线条流畅,刀法精练,实为佛像之上乘。圆通宝殿附近为大悲楼、紫竹林,都与观音的生活环境暗合,以示观音"渡众生在白莲台上,挽浩劫于紫竹林中"。观音山的香市

观音山

是很有名的。清代时,每到二、六、九月的十九日,即观音的诞日、成道日、出家日的香期,香客朝山敬香,络绎不绝,蔚成"香市",尤以六月为盛,大江南北来进香者数万人,可与江南大小九华山、三茅诸山媲美。其时佛像前的香烛签上插满香,案上堆满香,佛前供满香,以致香客均将香投入山顶的"香海"里。这"香海"为燃香之处,很深,四周围以短垣,门额之上为"梵天香海"石额。香入海中,烟雾缭绕,香气氤氲,夜间光焰上烛层霄,辉照数里。而此时的山下街市,香烛、玩具、吃食琳琅满目,叫卖声不绝于耳。湖中画舫轻漾,弦音笙歌,叫人如入仙境一般。

汉陵苑

　　西汉刘邦封了不少同姓王,原以为天下同姓是一家,谁知同姓王中谋反的不乏其人。有异志的想谋反,以图由王变皇;封在穷地的想谋反,以改变权力和财产的分配不公;封在富地的也想谋反,积有实力而不愿多贡献,想与帝王分庭抗礼。而皇帝更是整天疑虑重重,既怕穷王造反,又怕富王造反。刘胥原为汉武帝之子,曾受封广陵,为第一代广陵王。他有膂力,也是有野心的,武帝对他一直防范。武帝死后,他祈祷神灵,对昭帝、昌邑王、宣帝"祝诅",事败后被迫自缢。天山汉墓可能是他的坟冢,原在高邮天山。天山,又名土山、神居山,海拔44米,周长6华里。1979年春,采石工人开山时发现了山中古墓葬,一号墓墓坑深18米,东西宽23米,南北长28米,墓道长60米,墓顶封土5米有余,墓室填土约2万方。棺木南北长16.65米,东西宽14.28米,以珍贵楠木制成,折合木材545.56立方米,以结构复杂、规模庞大、稳重壮观、构件比例协调严谨而为世人瞩目。墓虽在高邮,但广陵王当年的广陵城就在蜀冈之上,至今仍有夯土城墙。实际上,如今将其安葬

在蜀冈是为了尊重历史,也是让这位王侯荣归故里。

汉墓博物馆气势磅礴。它建于山顶之上,巍峨雄伟,从多层台阶下仰望,大有帝王陵寝之势。拾级而上,两旁的门阙、主展厅、东西廊房皆为汉式建筑,门庭高敞,廊柱质朴,迭梁穿头,线条简洁,凝重雄伟,古朴粗犷。

主展厅是20多米高的穹顶,地下墓道内是棺椁。墓室庞大,面积达200多平方米。主体三椁两棺,南北长13米,东西长11米,椁壁高达4米。椁的底部以10多米长的楠木拼成,最外椁像一道墙,里外两层用整块楠木制成,中填黄柏木,每块都在0.4米见方、0.9米长左右。黄柏木之间榫铆嵌合,不用铁钉,全部嵌在一个框架之中,与整个墓室融为一体,严丝合缝,尤其是转角处更见匠心。该墓共用"题凑"八百多根。"题"者,"头"也;"凑"者,聚也,即头部集中内向为"题凑"。由于黄柏木皆取内芯,故名"黄肠",这就是"黄肠题凑",是西汉帝王诸候享用的特殊的墓葬制。这样的汉墓在陕西咸阳、北京大葆台都出现过,但远不如扬州天山汉墓。可惜材料用错了地方,不免使人有劳民伤财、暴殄天物之叹。

黄肠题凑

"黄肠题凑"的椁内是一个个装摆随葬品的耳室,一个个相联又相隔,每室皆有门,步入其中,如入迷宫。该墓虽被人大规模盗掘,但仍出土了大批文物,如银器、铜器、铁器、玉器、漆器、陶器、木俑、丝绸、绣品,约有千件之多。其中的全套铜浴器、兵器带钩盾,皆为罕见之物。尤其是木俑,有男有女,有坐有立,有正有侧,俑唇上朱红可见,面部眉目清晰,姿态各异,制作极为精工,如一只猿猴,两臂上举,口开目张,似乎正全力向上攀援。而椁盖上多处有凿刻的文字,虽是标明棺椁构件的名称、位置,但金石味极浓。看来刘胥生前虽未实现夺位之望,但死后仍想享尽阴间荣华。

寺观闻钟
——何楼何塔不同登

高旻寺

  临水寺的代表是高旻寺。从扬州乘船到瓜洲,途经三汊河,相传此为九龙福地,所以从隋代起即有人在此建寺,屡兴屡废。清顺治年间,漕运总督吴惟华因扬州频遭水灾,遂购地建寺。四年后,又在此建成天中塔,庙亦为天中寺。康熙三次南巡时,因为皇太后祝福,曾颁内帑略加修葺。四次南巡时曾登临该塔,极顶四眺,南眺镇江诸山,北望蜀冈诸寺,有高入天际之感,于是书额赐名"高旻寺"。"旻"意即"天",极夸该寺直入云霄,高入天际。至今康熙手书的"敕建高旻寺"汉白玉石额仍存。院中现存四个旗杆墩,青石所制,厚重工稳,雕镌细致,由此可以推断当时接驾的场面。因康熙曾在此驻跸,为感圣恩,两淮盐商、普通百姓纷纷捐款修造梵庙,规模越加扩大。其后,康熙曾赐金佛一尊于寺,曹寅又在该寺之西建行宫,康熙第五、六两次南巡,乾隆的六次南巡都曾在此驻跸。该寺获如此殊荣,于是大兴土木。最盛时,除一般庙宇应有的大山门、大殿、禅堂外,还有无梁殿、金佛殿、御书楼、御牌坊、禅堂、客舍、僧寮、斋堂等。这里不仅成为扬州八大名刹之首,而且与镇江金山寺、常州天宁寺、宁波天童寺合称我国佛教禅宗的四大丛林。

  该寺是临水寺,建筑活泼轻灵,构成曲折幽深的空间,幽雅而又含蓄,实际上是佛教建筑形态的民居化、花园化,世俗情态格调逐渐代替了宗教的神秘色彩。其老禅堂、念佛堂、藏经楼、西楼、水阁凉亭、寮房各抱地势,高低错落,自得天趣。一楼一阁都造得奇,隐得巧,山光岚影恰到好处,梵音晨钟点到人心。寺外运河水泊,涟漪平缓,微波荡漾,殿宇倒映湖中,衬以白云蓝天,嘉木葱茏,其秀丽、恬静、明洁、灵秀,何景能比?

  高旻寺的大殿完全采用皇家宫殿的建造方式,高30米,面积1320平方米。殿亭的基座为花岗岩的须弥座,很为厚重。殿宇气势宏大,雕梁画栋,金钩彩绘。外廊壁为八幅石雕。东为佛陀出家,分别为路逢老人,道见病卧、路睹死尸、得遇沙门,揭示出佛陀见到人的生老病死,苦不堪言,受到沙门指引迷津,于是出家修道。西为佛陀得道,分别为诸菩提场、坐菩提座、成等正觉、诸天赞颂,看来他也是历经艰难,方成正果的。画幅采用高浮雕的方法,刀法严整,富于装饰效果。殿前分置石狮和大象,狮子象征智慧威猛,大象应为六牙白象,表示六度轮回,佛祖出身时,其母即梦见六牙白象来投大殿内中为佛祖,手持莲花,这是沿用佛经故事,因佛祖曾拈花示意,唯有弟子迦叶点头知道其祖所想所愿。佛像身后为八十八佛,旁站弟子二人,年轻的为目结连尊者,他被称为神通第一;年老的为须菩提尊者,他被称为智慧第一。三尊像皆泥塑装金,金光灿烂。东西两厢的十八罗汉则用彩塑,造型生动,极富个性,似佛非佛,似僧非僧,有文有武,有老有少,人物的喜怒哀乐和他们的性格特征刻画得细腻传神,富有浓郁的生活气息,完全是世俗化的佛像。另外,缅甸洞缪观音寺住持惟静法师赠送立、卧玉佛各一尊,使古刹增添了不少光彩。

高旻寺的出名在于"坐禅",亦称"坐香",即坐禅以香计。近期为此修禅堂两座,堂高18米,呈不等边八面体近圆结构,内部周边皆为禅床,中间供佛像,打禅时人人面向中间佛祖。据说康熙皇帝南巡驻跸高旻寺,也到禅堂"坐香"凑热闹,由于未能心注一境,被手执"巡香板"的下座打了一香板,这位皇帝才稍稍静下心来打禅。

扬州是多塔之区,因用材不同(有石塔、砖塔、砖木混合塔),外观上有圆形、四方、六面、八面,又因地理环境和历史发展的区别,形成了单层、密檐、楼阁式、喇嘛式多种塔形。高旻寺的天中塔九层,高72米,呈八角形,供72尊玉佛,塔周镌刻全本《华严经》。清代时,有人曾诗赞此塔:"宝塔一层灯一层,灯光直上天光下。一更二更灯初红,照见隔水清芙蓉。十里五里灯尚见,明星隐约疏林中。"确是写出了塔的壮观,但毕竟有诗无塔,只能使人发思古之幽情。而今旧迹复建,增其旧制,十分令人欣慰。

文峰塔

"宝塔有湾湾有塔,琼花无观观无花。"这宝塔即为文峰宝塔。唐代扬州地图中,长江与扬州近在咫尺,为了减少长江对扬州的直接冲激,前人将长江和扬州相连处的运河故意凿成"之"字形,汹涌澎湃的江流斗折蛇行,自然得到缓冲,进扬州城时便如被驯服的野马,增加了温柔敦厚之气。就在运河转弯处的东岸,塔高耸而立,成为进出扬州所见的标塔。高塔"送夕阳,迎素月",夜幕降临时,高处点燃灯火,为南来北往的船只导航,"送客迎宾总是情"。

塔名文峰,耐人寻味,王士祯《文峰塔记》中说,明万历年间,一僧在"少林寺从师披剃,命名曰镇存。托钵维扬,至南关之外福园庵结夏。有感于阿育王事,发希有想,拟创宝塔"。当时,知府虞德晔和姓邵的御史很为支持,曾给帖化缘,提供方便。镇存很有些身手,他以表演武艺为手段,"距跃曲踊技击剑舞之状若猿猱鬼神而骇焉"。扬州多名商贾客,百姓中也有愿疏财建塔者,"争出其资以佐木石砖甓之费,可三千金,不三载而成"。当然,记载总是乐观的,而王士禛倒是懂得其中艰难,"一瓶一钵重重老,万水万山得得来"。个中艰辛,令人潸然。有趣的是寺僧明明"有感于阿育王事",而一姓邵的御史偏偏起名"文峰塔",意即以此高塔镇住文风,扬州便会有更多的人在科甲中出头冒尖,涌起一座座"文峰"。这样轻轻一题,即将释家的初衷转换成儒家的指归;并且就以"文峰塔"冠以寺名,时间一长,文峰寺无人知晓,文峰塔反而妇孺皆知了。

文峰塔为楼阁式塔,八面七层,砖木混合式结构。塔基为石筑须弥座,底层外檐向外伸展,基础坚实,端庄稳定。向上每层墙面皆为砖砌,斗拱、栏杆则为木结构,一到六层外观为八角,而内心都是四方的,分向开门,内壁上下交错重叠,亦成八角形。到第七层时,内外壁统一为八角形。整体上讲,七层下大上小,结构稳定。清康熙七年,扬州闹过一次地震,官邸民房倒塌无算,唯独此塔仅塔尖摇落,可见此塔之坚固。

文峰塔

此塔最宜登高远眺,俯观塔下殿宇静谧安祥,运河流淌,形成动静对比。不远处即荷花池,塔影倒悬运河之中,荷池居于绿荫之内。人们将塔喻笔,池喻砚,一塔一池,互为借景。向北眺望,古城旧貌新颜,通衢大街,车水马龙;层楼民居,鳞次栉比。向南极目,长江静如练,似乎失却了波涛汹涌、山奔海立之势;金山峙象屏,仍旧显示出雾里云遮、清丽妩媚之状。塔外即为"古运河"的石碑。当年鉴真东渡曾从此扬帆远航,康熙乾隆南巡也曾在此游览。这时,你再诵读《扬州览胜录》,当年王振世曾登上塔的最上层,"南眺隔江京口三山,北顾蜀岗云峰诸胜,临风放歌,慨然有遗世之志,友不携谢月兆 惊人句来向青天一诵也?"此时,能不有登此塔而小天下之感吗?

石塔寺

石塔寺本是扬州一座很有名的庙宇,寺内不仅有巍峨的大殿,而且有雕刻精美的石塔。这里一直是佛家圣地,一年到头香烟缭绕,游客不断。

石塔寺所以有名,与唐代诗人王播和宋代词人苏东坡有关。唐代王播曾在石塔寺读书,因贫无所依,靠和尚养活,每到吃饭钟响,他即与和尚共餐，又不肯做事。时间一久，和尚们不免讨厌，于是就做了恶作剧，故意先吃饭，后敲钟。王播很气，于是在墙上题诗两句："上堂已了各西东，惭愧阇黎饭后钟。"愤而离寺。二十多年后，他出任淮南节度使，重游故地，只见原诗句已用碧纱笼罩起，更为感慨，于是续题两句："二十年来尘扑面，如今始得碧纱笼。"当地官绅以为寺僧得罪王播，对该寺多有为难，苏东坡得知，特作《石塔寺》诗并序："饥眼眩西东，诗肠忘早晏。虽知灯是火，不悟钟非饭。山僧异漂母，但可供一莞。何为二十年，记忆作此讪？斋厨养若人，无益只贻患。乃知饭后钟，阇黎盖具眼。"苏轼诗的可贵之处在于不仅深谙世态人情，同情无辜受责的僧人，而且对文人不记恩德、只记瑕疵的恶习，以新显傲故交的丑行进行嘲弄鞭策。从中可窥见苏轼严于律己、注重自我修养的高尚品质。千百年过去了，人事沧桑，石塔依然，苏东坡的诗句在民间广泛传诵着。现今寺毁塔在，其塔为唐代遗物，周围有石栏保护，分上下两层。塔由20块长方形的栏板和11根栏柱建成。栏分两层，底层与塔基平，上刻龙、凤、牛、马等动物，上层北面有石级，石级两侧石栏板上刻有二龙抢珠，其余各面都是莲花，11根栏柱上皆为如意形状的花纹。塔檐边上，雕刻朴素的图案花纹，每层各面都精雕佛像，当年还施过鲜丽的色彩。尽管已历经一千多年风霜，佛像已残缺不全，风化剥落，但色彩隐约可见，使人想见当年雕刻之精。

塔的附近有6株银杏，塔东北3株对植，塔北2株对植，均有数百年历史，干围可两人合抱。一株在塔的正东。扬州现存银杏的生长地多为庵观寺院，一般植于主要厅堂之前，而且对植。银杏长寿，少虫，其体态雄伟，树冠蓬松，广覆庇阴，可衬托出寺庙的庄严肃穆。现存的银杏中，最老的是处于石塔寺东的唐代银杏。此处原为城隍庙。这株古银盘杏根错节，老虬刚劲，干粗可达五人合围，高度超过三层楼房，达20米，树冠超过10间房基，直径达18米。更有趣的是，此树主干从中心劈开，分为两大片，各向南北倾斜，形成可贯东西的"V"形，中间透视出石塔的倩影。它与石塔配置和谐，横亘路中，围以曲栏芳草，成为扬州一景。作家艾煊说，"它是扬州城史的载体，它是扬州文化的灵魂"，"是一座有生命的扬州城的城标"。而再

石塔

向东,即为文昌阁,旧时是供奉文昌帝君的场所,热衷功名的士子常常顶礼膜拜。文昌阁与石塔、银杏高低掩映,一到夜晚,华灯齐放,光耀数里,非常壮观。

天宁寺

天宁寿位于丰乐上街3号,始建于东晋,相传寺的前身乃是东晋时期谢安的别墅。宋政和二年(1112),宋徽宗应昭庆军节度使蔡卞请求,赐"天宁禅寺"四字,清代列扬州八大古刹之首。建筑面积1万多平方米,从南到北依次为山门殿、天王殿、大雄宝殿、藏经楼、万佛殿。寺内筑东、西甬道各一条,长约500米,另有数十间庑廊和10个配殿,素有"一庙五门天下少,两廊十殿世间稀"之说,是扬州创建

天宁寺

年代最早的大型寺庙建筑群。寺北是重宁寺,其主体建筑与天宁寺同为一条轴线,清高宗乾隆四十九年(1784)为其母亲祝寿建"万寿重宁寺",并赐"普现庄严"、"妙香花雨"两额,又亲撰寺记并勒石。

清代,康熙、乾隆南巡都曾驻跸天宁寺。乾隆又曾在天宁寺西侧修建了行宫。大画家石涛以及"扬州八怪"中的郑板桥、金农等人,均曾客居天宁寺内。曹寅曾在此刊刻《全唐诗》。该寺的历史价值不仅仅在于它见证了佛教在扬州的传播和发展,更重要的是它体现了扬州与封建朝廷的关系、扬州诗局对中国文化的贡献以及《红楼梦》与扬州的历史渊源。

天宁寺塔(仪征)

仪征天宁寺塔始建于唐代景龙三年(709),《仪真隆庆县志》中《天宁万寿禅寺》一文明确记载:"在县治东南,澄江桥西。始自唐景龙三年,泗州僧建佛塔七级,以镇白沙,创永和庵于塔后。"宋代重建,此时寺庙已成规模宏大的报恩孝禅寺,后改名为天宁万寿禅寺,与鼓楼对峙,隔河相望,并称为真州"双璧"。历代屡建屡毁,明洪武四年重建,现为砖木结构塔身,仅剩下剥蚀灰暗的砖身。可在当年,却是雕梁画栋,金碧辉煌,无论春夏秋冬,伫立桥下,仰观古塔的雄姿丽彩,或登塔远眺,俯视塔影摇曳于波光潋滟之中,均是

各具特色,令人心旷神怡。塔东原有河一条,水面开阔,东南向有石拱桥坐落于上。河、桥、塔相配,构成了小城八景之一"苍桥塔影",尤其在元宵灯节,塔的七层飞角上即挂起红灯,微风吹过,阵阵风铃清脆之声响起在上空,灯塔倒浸在一片清虚之中,水上水下灯光闪烁辉映,形成了苍桥塔影的另一佳境。

镇国寺(高邮)

寺庙建筑镇国寺景区位于京杭大运河高邮段河心岛上。镇国寺始建于公元874年。史书记载:唐僖宗李儇有个弟弟,走出宫廷,周游名刹,行至高邮西门城角的一块空地旁。此地地势平坦,环境幽美,并且西倚京杭大运河。只见一堤烟柳,郁郁葱葱,运河流水汩汩,珠湖雪浪滔滔,李儇尘念顿时全无,便请求他哥哥僖宗在此建一座庙,以供他诵经侍佛。僖宗答应了他的请求,并赐法号举直禅师,寺名为镇国禅寺(镇国禅院)。之后,举直禅师就在此专心讲经说法,晓晨夜半,镇国寺的钟声悠悠扬扬。禅师八十多岁圆寂,火化后,遗骸全骨不解,联若钩锁,发出七彩异光,耀人眼目。其怪异之事广为传播,作为奇谈。唐昭宗李晔在位,赐立佛塔一座,曰"镇国寺塔",珍藏舍利和经卷。塔四面九层,青砖砌建,塔顶四角攒尖,顶端有紫铜葫芦塔尖,底层南北拱门,层层两旁有小佛龛,层层之间又有叠砖出檐。岁月沧桑,塔屡废屡建,光绪三十二年(1906)重修,塔增七级,即为今之形状。1956年运河拓宽,此塔本该在河心,理应拆去,当时周恩来总理亲自过问,不惜耗重金,让道保塔,所以现在的唐塔在河心岛上。古园林专家陈从周先生两访古塔,留连忘返,赞不绝口,在渡船上曾口占一绝《高邮镇国寺塔》:"归程回首步犹迟,古塔斜阳系去思。不惜秋波重一转,水中陆上两相宜。"

名园步芳
——浅黄轻绿映楼台

何园

　　该园是清光绪年间任过湖北汉黄德道台、江汉关监督（有资料还说他曾任清政府驻法国公使）的何芷舠所造，俗称"何园"，因主人附庸风雅，从陶渊明"倚南窗以寄傲"、"登东皋以舒啸"取意，又称"寄啸山庄"。

　　园分三部分。南部为住宅部分，前后三进，第一进为楠木大厅，五开间。第二、三进为二层楼房，每进皆为六开间。楠木厅为主人会客之用。此厅极富层次，顶部为单檐歇山，中间三间略高，两旁两间略低，形成中高边低的两个层次。而从下部看，中间三间向前伸出2米，旁边两间自然置于后部，立面上又形成中前边后的两个层次。厅内厅外装饰极其富丽，外檐柱之间镶嵌大型木雕月牙门9个，雕刻冰纹如意图案，雀替是牡丹花的花篮。屋内罩槅全部使用梅花，冰纹镶嵌而成。

　　除楠木厅外，后面两进皆为双层楼房，屋宇宽敞，规模宏大。每进之间皆列小院，东西两面筑廊勾连，青瓦红柱歇山顶，一式水磨青砖。墙壁以细沙和糯米汁，略加草灰以作胶合，为灯芯拼缝。楠木门窗皆为双层，内玻璃，外百页，地板悬地1.5米以上，以阴窗透气。朝南一面外廊皆镶嵌月牙门，简单疏阔，仅为装饰之用。小院中略置花台，配以树木，以少量山石花草点景，显得幽静又富有生气。总之，南部建筑总体布局严整，基本上是多进四合院式建筑，是研究清代扬州大型民宅的活标本。

　　园的北部即为花园，分东西两部分。一入东部，即感到构园者身手不凡。构园强调有山有水，园以山奇，山因水活，可此处一无山二无水。但是，当你进园时，先见辅景，南面是一畦牡丹芍药圃，北面湖石贴壁山林，那山林皆为太湖石堆就，紧贴着墙壁，又高过墙头，山林延北壁逶迤西去，折向东壁，再西折向北，直通回廊复道，共有60余米，好似一石头的屏障，不仅将墙外诸多低矮民宅遮掩，且贴壁山林本身时起时伏，在东北接踵处的峰巅，有一山亭点缀其间，假山的窦穴、曲洞、石室、山房皆能上下沟通，给人以山外有山、楼外有楼的深远意境。此园中多处使用此种包镶之法，不仅用材节省，而且扩大了空间，使虚实结合，景有尽而意无穷，实为构园者处理特定地形的生花妙笔。

　　水的安排更为奇巧，何园为旱园，旱园水做的常法都是挖一水塘、点缀些山石,沾点水气而已。而何园构园者从一开始就另辟蹊径,在进园处贴壁山林前置一湾曲水,池旁湖石或如峭壁凌空,或如矶石俯瞰。池内碧水中游鱼怡然,山上葛藤倒悬,更有山色楼台倩影映水,让人不自觉地叹道:"活了!"更有趣者,前园的牡丹厅房后安排船厅。看着这船形的厅堂,人们仿佛已到湖边。再看厅下,以鹅卵石和小瓦铺成的水的波浪纹,起伏有致,似见波光粼粼,似听裂岸涛声。此时,你抬头看那楹联"月作主人梅作客,花为四壁船为家",大概顿时会忘却这是一个旱园,而会疑为在湖滨漫步,舫内荡桨;定会惊叹构园者能在东园的山水楼阁中,居然使之无水而有水意,无山却有山情。

　　东园是何园的序幕,到西园时才能看到何园的主体。楼台的豪华,层次的深密,复道廊的透迤曲折,山石的深邃空灵,在园林中确是独树一帜。西园楼台极富层次,低层有池中的水亭,中层有蝴蝶厅、桂花厅、望月楼,高层还有山石凌空。主体建筑蝴蝶厅是上下两层的七楹楼房,中间三间稍突,两侧两间稍敛。崇楼杰阁的歇山顶四角昂翘,如蝴蝶振翅起舞。一个个厅堂都装扮得极为富丽,厅内木壁上雕刻历代名碑字画,如东坡的竹、韩琦的竹、板桥的兰、唐寅的花鸟、曹操的诗等,雕刻面积达140平方米。人在其间漫步,可谓看书画展览和美术工艺,画家飞逸的翰墨,雕刻家明快的刀工、流畅的线条,都得到了极为细致的体现。可贵的是,这些楼台虽为单体,但以立体复道廊周接。部分游廊为复廊(一条廊中间用墙分隔为二),把园巧妙地分成东西两部。构园者知道,此园外景虽不可借,但园内景可以互借,因此在廊的上部开漏窗,有的用水磨花窗作为分隔,有的直接开成空心窗洞,有牡丹形、菱花形、梅朵形、海棠形。廊壁间还镶嵌颜真卿《三表法帖》、王羲之《十七帖》等诗条石,使串廊本身就极富美感。更值得称道的是以花窗作为分隔,既可引进外景,又可泄出内景,自然加深了园林的层次,增加了园林内部环境气氛的曲折变化,使各景之间在相互呼应、相互因借中创造出更美的景色画面和游览情趣来,这是"妙在因借"的活用。另外,一个个厅房本来都是个体,由复道廊勾连后,景色的组织有了连续性,避免了杂乱无章,断绝路径,引动游人沿着游廊去游园。这是将静观的欣赏改为动观的游览,人在园中游,尽管是地域有限的空间,但能探求回味,避免全盘托出,一览无余,犹如看一不尽长轴。可谓立体交通、多层欣赏的园林。

　　西园的山峰是全园的最高处,主峰以太湖石堆就。造园者在湖池旁采用点石之法,绕湖池一周,高低错落,曲折有致地以湖石围岸,在水亭旁又以湖石构成的曲桥通亭阁,而在西南角则堆石成峰,有险壁、有悬崖、有奇峰、有幽岩,或如一人,或似一物,或像群猴戏闹,或如雄鹰高踞。底部还有梅花三洞,互相串连,碧水贯穿其中,远远望去,显得幽深清冷。此处构山极为适宜,因此处是园的边缘,仅一墙之隔即为园外,而游赏者看着高耸的山石,定会产生"正入万山圈子里,一山过后一山拦"之感。这就增加了景深,开拓了意境。且山极空灵,上有盘山曲道,下有空谷勾连,既可沿山道仔细玩味山石奇趣,又可登山顶俯视全园美景,还可在山谷中纳凉品茗,叙谈话旧。

华灯初上,水心亭笙歌悠扬,这是扬州的艺人在演奏古琴。虽是夜晚,那皎洁的月光,悬挂的彩灯给远山近水披上了五彩缤纷的盛装。朱栏玉砌,绿树澄湖,鸟栖庭树,影度回廊。湖心亭上,身着长袖舞衣的少女拨动琴弦,娇若春花,媚如秋月,倩影映于平湖之中,湖中游鱼将一池春水惊皱。置身其中,你哪里会以为这是何园,分明是琼瑶仙境。正如陈从周教授所题:"江南园林甲天下,二分明月在扬州。水心亭上春波绿,览胜来登一串楼。"

何园

片石山房

扬州无山,园林中常采用平地叠石之法。扬州的叠石增山是很有讲究的,明张岱赞扬州叠石,有"扬州以名园胜,名园以叠石胜"之说。扬州地处江淮,无石可产,他方之石,运载不便,不可能有许多巨峰大石。扬州园林叠石就在于运用高度技巧,将小石拼镶而成巨峰。其石块的大小,石头的纹理,组合巧妙,勾带连络,拼接之处有自然之势而无斧凿之痕。且多用阴拼,即石块的拼接涂料,全部暗含在内,外表缝隙犹如画的线条,符合"峰与皴合,皴自峰生"、"依皴合缀"的画论。这种方法在片石山房中得到了完美的体现。

片石山房建于清乾隆年间,一名双槐园,据传仍出自石涛的手笔。亡国之痛使之寄情山水,饱餐"五老"、"三叠"之胜,又能在叠石时将胸中丘壑转化为佳山秀水。在他的画论中,山的处理应"内实外空",或"外实内空"

片石山房总体布局即为"外实内空"。上有蹬道可攀,中有山屋可居,下有山麓水边汀步可跨,"一峰突起,连岗断堑,有胎有骨,有开有合"。

片石山房分东山和西山。东向是一横长形的倚墙山,转角向南,皆以湖石迭就,紧贴着墙壁,有些部分高过墙头,与墙头游山高低错落。山巅有小叶罗汉松一株,树龄已逾百年,更使山有古拙之感。

湖山西段那座奇崛兀立的石峰,就是大师的人间孤本。它并非自然而超脱自然,出自人工却巧夺天工。峰高9.5米,由太湖石堆就,挺然高出园墙,作傲视群雄状,在江南园林中前无古人,所以,被人们称誉为冠盖园林叠石的"天下第一山"。人间孤本的腹内,藏有石室两间,上有凌空栈道,下临瀑布深潭。人们从这座屹立不倒400年的人间孤本上,感受和领略着石涛大师博大精深的艺术造诣和山水情怀。山顶上寒梅一株,已逾百年,老干虬枝,更觉幽深寒冷。古藤翠蔓从石隙中伸出,或垂山巅,或穿石脚,似觉岚气雾露,烟云毕至。沿石蹬道上山巅,周围怪石突兀,堆叠巧妙,一块块,一组组,或如老人颔首,或似仙女采撷,亭台楼阁,矶石花木,皆卧脚下。拾级而下,道路左盘右曲,待到山脚,忽见藤蔓之中藏一洞口。入洞深幽,初觉狭窄,越走越宽,竟然是方形石屋两间。此时,你再看前方贴壁砖刻"片石山房",顿时会领悟该景原指一片片石堆叠的山中洞府。

片石山房

石峰前一泓清池,岚影波光,上下辉映。南岸为明末楠木大厅一座,面阔三楹,造型质朴,用料粗壮,结构简练。西山墙建不系舟一艘,轩窗三面,皆为梅花冰裂纹雕花窗隔洞门。周围是"美人靠"椅,下为白石围栏,三面皆临水。倚于靠椅之上,水中游鱼细石,清晰可见。此时,再远眺"片石山房",便可看出石山极合石涛作画皴法,气势、体面、形状、虚实处理、细部经营与石涛画论相合。可贵者,主峰、大厅、不系舟等皆以曲廊周接,廊壁镶嵌诗条白,皆依石涛的诗词遗墨镌刻,使人观瞻到他笔力古拙、秀劲绝俗的书法。窗隔、门扇皆精心设计。仅以门为例,有似月牙,有似古瓶,有似宫灯………厅前山后,或种一树,或点一石。进门处的三叠泉,水榭内的涌泉井,山坳处的水中月,廊转折处的半亭,妙手天成,令人叫绝。园虽占地不多,但无不经营精当,山石和谐之美,亭阁映日之乐,花木扶疏之趣,确如石涛题画诗中所写:

四边水色茫无际,别有寻思不在鱼。
　　莫谓此中天地小,卷舒收放卓然庐。

　　清光绪九年(1883),何芷舠从吴姓人家手里买下片石山房,把它变成了何园的一部分。

　　片石山房是石涛的"人间孤本",为了再现其原貌,许多名人十分关心其修葺工作。1979年11月,当时的政协副主席赵朴初先生偕同夫人又一次来到扬州,察看了小盘谷和片石山房。来片石山房的路上,陪同他的扬州著名书法家许虹生先生俏皮地问他:"赵老,有事不明,请教您老。""不必客气,请讲。"赵老十分谦和。"您的诗集《片石集》,我拜读多遍,只是书名不甚了解。"赵老淡淡一笑:"哎呀,一片铺路石而已。"

　　赵老听说前面就是片石山房,很幽默地说:"此房应属于我呀。"当时,片石山房正残破,赵老却十分有兴味地登上峰巅俯瞰,又进石房小憩。他对许虹生先生说:"此是石涛的人间孤本,所幸规模尚存,一定要好好保护,不久当有修复的机会。"离开片石山房,在何园大厅上,赵老铺纸蘸毫,写下一首有名的七律诗:

　　竹西佳处石能言,听诉沧桑数百年。
　　巧叠峰峦迷造化,妙添廊槛乱云烟。
　　鲍公堕泪芜城赋,荀老呕心富国篇。
　　喜看名园千亩复,好争明月二分还。

　　诗成后,他特地对"荀老呕心富国篇"作解释:"《荀子》第十篇为《富国》,现在老一辈革命家正在为祖国振兴呕心沥血,谱写一曲新的富国篇。"陪同听了,想起赵老为扬州奔走出力,个个肃然起敬。如今,确如赵老所言,片石山房已修复并列为全国重点文物保护单位,赵老的趣事也被人们广为传颂。

石涛《西园雅集图》局部

个　园

　　该园是全国重点文物保护单位。分峰造石当为扬州叠石的一大特色。所谓分峰造石,即根据不同的石材,堆叠不同的山峰,辅以花卉树木,形成一个个个性鲜明的山景,而又要将诸多山景汇于一园,相互映衬,相互比照,给人以"一石则见太华千寻"的美感享受。个园是这方面的代表。该园建于清嘉庆二十三年（1818），两淮盐总黄至筠于明寿芝园旧址重建。清时为马曰琯、马曰璐兄弟二人别墅——小玲珑山馆。二马是安徽祁门人，虽经营盐业，但雅好书画，尤其不惜重金收藏典籍，家中藏书百橱，积十余万卷，《清史列传·儒林传》谓其"藏书甲大江南北"。家中有丛书楼、觅句廊、看山楼、红药阶、透风透月两明轩，至今旧制尚存，故名仍袭。全祖望曾写《丛书楼记》，称："百年以来海内聚书之有名者，昆山徐氏、新城王氏、秀水朱氏其尤也，今以马氏昆弟所有，几过之。"可见其藏书之丰。可贵者，马氏并非将典籍深藏秘阁，宁饱蠹虫，不轻易借人，而是编成《丛书楼目录》，方便文友查阅，使书尽其用。诗人卢雅雨、学者惠栋、藏书家赵昱都曾借抄马氏秘籍，而全祖望、厉鹗都曾长期寓此，写成了学术专著。如惠栋所赞："玲珑山馆群疆俦，邱索搜较苦未休。"

　　黄虽为巨商，但也喜爱文化。主人"性爱竹"，自号"个园"，遂以号作为园名。该园据说出自石涛的手笔。他一生多游历名山大川，"搜尽奇峰打草稿"。他在个园设计上取材自然，却又敢破常格，因而以四季假山汇于一园的独特叠石艺术而闻名遐迩。

　　未入园门，只见修石依门，筱竹劲挺，两旁花台上石笋如春笋破土，缕缕阳光把稀疏竹影映射在园门的墙上，形成"个"字形的花纹图案，烘托着园门正中的"个园"匾额。微风乍起，枝叶摇曳，只见墙上"个"字形的花饰不断移动变换，"月映竹成千个字"（袁枚），你会不自觉地赞叹一声："活了！"这"个"字，定出了园的基调，既使人想到绿竹漪漪满园栽的盛景，也使人领略到构园者的高风亮节。构园者虽未特别指出，但抓住最能体现春意的竹、石笋，以竹石和谐相配，游者从中获得的必然是欣欣向荣、朝气蓬勃的审美感受。

　　过春景，首先映入眼帘的是夏山，全用太湖石叠成，秀石剔透，夭矫玲珑。步入曲桥，两旁奇石有的如玉鹤独立，形态自若；有的似犀牛望月，憨态可掬。抬头看，谷口上飞石外挑，恰如喜雀登梅，笑迎远客；远处眺，山顶上群猴戏闹，乐不可支。佳景俏石，使人目不暇接。过曲桥，入洞谷，洞谷如屋，深邃幽静，左登右攀，境界各殊。山涧石缝中，广玉兰盘根错节；窗前阶下，雨打芭蕉玉立亭亭。人行其间，只见浓荫披洒，绿影丛丛，真是眉须皆碧了。

　　秋山最富画意，山由巉岩峭壁的安徽黄石堆就。其石有的颜色赭黄，有的赤红如染，其势如刀劈斧削，险峻摩空。山隙间丹枫斜伸，曲干虬枝与嶙峋山势浑然天成。山顶翼然飞亭，登峰远眺，群峰低昂脚下，烟岚飘隐其中，虽是咫尺之图，却有百千里之景的磅礴气势。

　　如果夏景是以太湖石清新柔美的曲线表现秀雅恬静的意境，那么，秋景则以黄石粗犷豪放的直线表现雄伟阔大的壮观。一具北方山岭之雄，一兼南方山水之秀,峻美、秀美风格迥异,却又在咫尺之内巧以楼前立体长廊相连,浑然一体而不突兀,和谐统一,极富画意诗情。

从黄石东峰步石而下,过"透风漏月"厅,是用宣石堆成的冬景。宣石中含有石英,迎光闪闪发亮,背光皑皑露白,不知构园者是否研究过光的折射?不过他把冬景安放厅后阳光不能直射处,真再恰当不过了。无论近看还是远观,假山上似覆盖着一层未消的残雪,散发着逼人的寒气。山畔池旁,冬梅点点,疏影横斜,暗香浮动。"霜高梅孕一身花"(袁枚),真是"春夏秋冬山光异趣,风晴雨露竹影多姿"。

有人说景石四标准:"透、漏、险、瘦",似乎已成定论。不!这不过是一般的叠石技巧,像个园这样分峰造石,构成四季假山,游园一周,似游一年,已见构园者的不同殊俗;更可贵者,这春夏秋冬都不是孤立的个体,截然分开,而是浑然天成。你看,冬景虽给人以积雪未消的凛冽之感,但靠春景的西墙却

个园秋山

开了两个圆形漏窗,只见枝枝翠竹过墙来,又给人们"严冬过尽绽春蕾"的深远意境。整个园景犹如一幅构制巨大的画卷,路随景转,景随路换,叠山之外,园中又因势散散落落地布置一些厅馆楼台、石桥小院,配上联对匾额,更有鸟啭莺啼,蜂舞蝶恋,构成美的和谐。过去一直有"扬州以名园胜,名园以叠石胜"的说法,游了个园,始觉此论精宕。像个园这样以叠石的个性美赢得中外佳宾的名园确实不多。个园,个园,大概是寄寓着构园者欲以匠心独运的美的个性独树园林的一帜吧!正如今人吴奔星《忆扬州个园》所赞:"个"字形容好,参天节节高。狂飚歌一曲,如对万支箫。

二分明月楼

"天下三分明月夜,二分无赖是扬州。"扬州独占明月风流,扬州文人以赏月吟诗咏怀为乐事,清代中叶,员姓豪门依唐徐凝诗意建成此园。至今,园内有井一口,井栏上刻"道光七年杏月员置",如史书般镌刻了园史的真实。主楼寓园之极北,七间长楼面南,中悬清代诗人钱泳书匾"二分明月楼",既如屏障挡住北边残景,又以敞廊、美人靠形成登高观月的好去处。折

角向东,黄石山一座,嶙峋峭拔,又在山上依山势筑东阁三间,西向主楼和东部夕照阁相连。这样,明月西沉时可依阁送月。西南角又置迎月楼三间,与东阁正好错开,遥遥相望。这样,月上东山时可在阁中迎月。楼阁都在园的周边,既挡住园外的破败之景、嘈杂之声,又在较为窄小的天地内留下中部开阔的空间,而东阁西阁的错置,避免了严整、拥塞,有了疏朗、开阔,形成了幽雅、宁静的氛围。与周边形成对比的是园中间的园林小品,扇面亭、伴月廊、月亮桥,那门洞漏窗或如满月,或似残月,或像新月。亭廊桥畔铺地以蝶瓦卵石,形成水面涟漪。其间,巧点黄石,好似水面汀屿,造成人的错觉。尤其是月色朗照之夜,月亮清辉笼罩佳园,遍地铺银,树影斑驳,秋蛩鸣应,人疑乎在山涧探幽,在水畔漫步,沉浸于月光夜色之中,这种实景和虚景的结合,天上人间的有机交融,使人感到无水却有水意,无山却有山情,真是山山水水在意中,谁能不遐思陶醉,由衷赞叹"春风阆苑三千客,明月扬州第一楼"。

二分明月楼

凤凰岛

　　凤凰岛位于扬州市区东侧,京杭运河和古运河交汇处。这是一组风光秀丽的岛屿。凤凰岛由5个翠螺青黛般的小岛构成,水域面积近1万亩,湖面辽阔,碧波万顷的邵伯湖南端被群岛分隔成为数道河汊,犹似嫦娥起舞时抛向人间的条条彩带,呈现一派泽国风光,山、水、林、鸟相映成趣,湖光山色秀美多姿。凤凰岛岛尖翘首,集灵、秀、仙三气于一体,别有一番野趣天成的韵味,并以其丰富多彩的人文意蕴,而远近闻名。

　　大门口是一幅气势磅礴的"山水图",高高堆砌的假山,顺流而下的溪水,映衬着"金湾秀色"四个大字。在600平方米的大理石广场两侧栽种了望不到头的4.5米以上的棵棵雪松,蔚为壮观。进入景区,只见大运河水与邵伯湖水融为一体,烟波浩渺,帆鸥点点,沿湖的曲径通道伸向远方。左侧为大运河河面,右侧为绿荫遮盖的绿地,沿途建造了栩栩如生的十二生肖大型雕塑。

　　进入"御码头",登舟走到聚凤岛,其形状在空中看,像颈项埋在翅膀里的白天鹅静卧在碧波之上。岛上树木繁盛，郁郁葱葱，白鹭、灰鹭、柳鹭、斑鸠等几十种珍贵鸟类常年栖息在这里，简直就是一个鸟的天堂。各种鸟儿齐鸣，汇成一曲美妙无比的鸟儿大合唱。

凤凰岛有一座长亭，上书"长卿亭"，是为纪念客死在这里的唐代大诗人刘长卿所建。刘长卿善于描写自然景色，晚年曾在荆江太安隐居多年，留下了一些感叹扬州的名诗名句。岛上还建有湖鲜馆、水上游艇俱乐部、湖滨浴场、儿童乐园、老年度假公寓、凤凰岛宾馆、野生动物园、桑园等休闲娱乐项目。凤凰岛确如凤凰正展翅高飞，吸引着游人。

茱萸湾

粗知正传野史的人都知道，扬州东郊的湾头镇即古茱萸湾。茱萸飘香的季节，你如来到湾头，立在"古茱萸湾"石坊前，只见岁月的风雨剥蚀得它斑痕累累，唯有洁白的巨石匾额历经风雨，熠熠生光。四字若蹲猊，雄壮，雅健，非大手笔不能有此风功力。这是清代著名学者阮元游赏观览的遗墨。

1980年年初，在湾头发现两方石碑，碑长1米，宽30厘米。一块是阮元隶书碑"古茱萸湾"；另一块碑上一半记古茱萸湾的地理形势及重要地位，下一半刻七言律诗一首，论述了"古茱萸湾"的历史变迁和优美景物。石碑为我们提供了茱萸湾历史稿本的线索，引导我们追访茱萸湾历史的沿革，探寻古代志士仁人的遗踪。

据历史记载，这里汉代时称茱萸村，因盛产茱萸得名。按古代旧俗，每年重九节，人们喜欢把茱萸果实悬于屋中，蛇虫蜈蚣闻见此味就吓得溜走了。年轻的弟兄喜欢佩带盛着茱萸果的香囊，姑娘则折茱萸戴首，避灾辟恶。人们都喜欢登上高阜，嬉戏玩乐。古朴的民风乡情，令人神往不已。

这里是古运河最老的一段，如一条银带，飘逸于广袤的绿野之上。这条古名邗沟的运河，据说是公元前480年吴王夫差下令开凿的人工河，它成了历史上第一次沟通长江和淮河两大水系的"红娘"。其后，志士仁人纷纷从中受到启示，据《天下郡国利病书》记载："汉吴王濞开邗沟，自茱萸湾通海陵仓及如皋磻溪。濞以诸侯煮海为利，凿河通运海盐而已，三国以后道湮塞。"当时，吴王濞开凿邗沟是为运盐，茱萸村是第一大码头。此处有湾，故名茱萸湾。隋文帝杨坚在仁寿四年疏浚运河，以通漕运，正式将茱萸村更名为茱萸湾。从此，人们只知有茱萸湾，而茱萸村却鲜为人知了。

一个人从婴儿时期到盛年仅仅需要二十个年头，运河从婴儿时期到盛年却整整跨过了十个世纪，从吴王夫差开邗沟到隋炀帝大规模开凿运河连接五大水系，古茱萸湾也跟着到了鼎盛时期。当时的茱萸湾是古扬州的门扉,既是商船进出扬州的咽喉,也是中外文化交流的港湾;是旅客游人乐而忘返之地,也是文人骚客歌赋咏怀之乡。难怪日本在拍摄《世界之最》这一影片时,特地摄入中国长城和古运河,而古运河之景即取于此处。

步入茱萸湾,只见三面环水,东临古运河,西傍新运河,北靠邵伯湖,茱萸湾就浮在这烟波浩渺的河湖之中,好似"白玉盘中一青螺"。这里是天然的丘陵地带,高低起伏,绵延曲折,湖光山色,天然成趣,略加点染,皆成妙境。新建的厅房、楼馆、亭榭,缘势造型,错落有致,建筑布局各具特色,面水而建,精美雅致,由游廊周接而又各自成区,佳木葱茏,奇葩争艳,翠竹劲松,奇峰异石,好一幅春光满园图。难怪从汉代以来,引动多少文人墨客来此观赏,留下动人诗句,唐代诗人姚合满怀赞美之情写道:"江北烟光里,淮南盛事多。市廛持烛入,邻里漾船过。有地惟栽竹,无家不养鹅。春风荡城郭,满耳是笙歌。"诗美,景美,真难为这位诗人的生花妙笔。

冶春园

冶春园是颇有特色的小园。冶春即冶游,男女在春天里外出游玩叫冶春。此园选址好,漫步曲径之上,左为湖水,右为山丘。这山虽然是一段丘阜,只因园筑其下,看似山,实非山也。可见当初构园者的构思精妙。水更有趣,说是湖,只不过是护城河的一段,与市内小秦淮的河水在此汇合,形成一处较为宽阔的水面而已。但这片水确有道理。向东看,两道石壁上有一桥,此为砖砌拱桥,名为天宁门桥。桥东西上下各有一层白石围栏,随势造景,弯曲自如。河岸上有成片的女贞、松柏、梧桐、槐树,古木屈曲,浓荫遮天,把喧嚣的马路完全遮挡,制造出一片人工静域。向南看,北水关桥透过桥孔,一弯曲水向南逶迤。两旁沿河人家,码头上淘米洗菜的,汰衣洗裳的,真是小桥流水人家。向西看,又是一桥,即北门桥。水从此又分叉,桥洞中只见船篙轻点,扁舟傍岸,原来附近是两个船码头。三个桥之间的地带,水虽不大,但活跃异常,似乎扬州城的活水都从此分配,扬州城的活力都由此而不断补充。

曲径湖水之间,是水绘阁和香影廊。阁与廊之间又有曲栏勾连,皆沿湖而筑。水绘阁与香影廊房屋形式虽不大,却极富层次。南部临水处茅屋草顶,阳光一照,满顶金黄,与碧水绿扬相映成趣。房内花隔为壁,方格支窗。临水处,又有美人靠椅。阁与廊一半建于水上,人坐其间,如同凫在湖上一般。

河对岸有来历,为小苎萝村。苎萝村原为西施家乡,过去这儿是游船停靠之所,村民皆以撑船为业,而撑游船者多为女性船娘。此地船娘长得漂亮,言谈不俗,因此人们常把她们比成西施,而村名亦成了小苎萝村。

扬州人爱喝茶,讲究茶肆的静、雅、趣,追求和谐优美的喝茶氛围。此处把园林之美、茶肆之美巧妙糅合,玩中有吃,吃中有玩。来到茶社,依窗而坐,凭栏远眺湖光,近赏花木,再品着香茗,何等悠闲自在?文豪朱自清先生在《扬州的夏日》中这样描写:"北门一带,叫作下街,茶馆最多,往往一面临河,船行过时,茶客与乘客可以随便招呼说话。船上人若高兴时,也可以向茶馆要一壶茶,或一两种'小笼点心',在河中喝着,吃着,谈着。"

香影廊、水绘阁的北面即为"丰市层楼",缘于康熙、乾隆在扬州驻跸时建两个行宫——天宁寺、高旻寺。天宁寺行宫有大宫门、二宫门、前殿、寝殿、右宫门、戏台、前殿、垂花门、西殿、内殿、御花园,门前左右为朝房及茶膳房,两旁为护卫房。从天宁门至北门,沿河北岸建河房,仿照京师长连短连、廊下房及前门荷包棚、帽子棚做法,称为买卖街,令各方商人运贾珍异,随营为市,该景即"丰市层楼"。

冶春

这里还是皇帝南巡时供应六司百官吃喝的大厨房,其中所备菜肴即"满汉全席",至今在《扬州画舫录》上留有该席的食谱,其中包括第一分头号五簋碗 10 件,第二分二号五簋碗 10 件,第三分细白羹碗 10 件,第四分毛血盘 20 件,第五分洋碟 20 件,酒 20 味,小菜碟 20 件,枯果 10 彻桌,鲜果 10 彻桌。看来,扬州人也擅长于地道的满汉全席。如今的丰市层楼即为著名的餐饮之处,与旧例倒是相合的。

竹西公园

竹西公园,即历史上的竹西佳处。5 世纪末,隋炀帝于扬州城北 5 里处蜀冈东峰修筑"上方行宫"后以改建上方禅寺,这一方土地便逐步繁盛起来。直到中唐时代,大诗人杜牧的名句"谁知竹西路,歌吹是扬州"一出,禅智寺即被称为竹西寺。寺前有官河、月明桥,寺外建竹西亭、昆丘台,还有三绝碑、竹西亭、吕祖照面池、蜀井,成为历代文人乃至平民百姓争相仰慕的文化胜地。清代有"淮南第一胜迹"之谓。

博物概览
——领异标新二月花

扬州历史博物馆

扬州是博大精深的博物城,扬州博物馆历史文物的陈列,形象地展现了扬州3000多年的文明史。专题性的"扬州八怪书画"、"扬州工艺美术"、"安素轩石刻"、"汉代与五代木棺"、"马可·波罗史迹"、"扬州雕版印刷"、"曹雪芹与《红楼梦》"又从不同层面展现了扬州昔日的文明、今日的辉煌。博物精品,尤其是汉代与唐代出土的文物,其数量之多、质量之高、工艺之精为他处无法比拟。金器,有唐代镂空雕花金栉;铜器,有西周四凤大铜盘,东汉错银饰青铜牛灯,唐代海马葡萄镜;漆器,有汉代银扣嵌玛瑙七子漆奁、漆制砚台、漆面罩;玉器,有汉代白玉双翼飞熊小玉壶;陶瓷,有唐三彩双鱼壶,唐代阿拉伯文背水扁瓷壶,宋代影青缕空瓷器,元代霁蓝白龙梅瓶,明代时大彬手制紫砂茶壶;俑器,有首次面世的西汉说唱俑,唐代骆驼陶俑,唐代彩绘女舞俑;乐器,有唐代曲颈琵琶;印章,有汉代"妾莫书"龟钮银印、"广陵王玺"金印……一件件美不胜收,观赏品玩,叫人爱不忍离。

扬州双博馆

古籍雕版印刷博物馆

　　该馆是新建的专题博物馆,我国唯一的雕版印刷专业博物馆。扬州的雕版印刷历史十分悠久,在我国印刷术发明不久的中唐时期即已开始。诗人元稹曾为白居易诗集作序,说白诗流传之广,并作注云:"扬越间多作书,模勒乐天及余杂诗卖于市肆之中。"清代学者赵翼曾指出:"'模勒'即刊刻也,则唐诗已开其端欤!"近代学者王国维论证:"夫刻石亦可云模勒,而作书鬻卖,自非雕版不可。"这就说明,当元稹、白居易的诗文很风行时,社会需求量很大,为了适应社会需求,扬、越就有人将其诗篇雕成书版印刷出卖。宋代,扬州的刻书业在全国占有相当的地位,北宋沈括的《梦溪笔谈》即是扬州州学教授汤修年主持刻印的,成为该书此后各种刊本的祖本。清代时,扬州刻书业分官刻(以刻印地方志为主的刻书机构)、私刻(个人刻书)、坊刻(即刻书的作坊)。扬州为刊刻《全唐诗》而建立起官刻机构——扬州诗局。雕版业的发达,使前人的著作能不断地保存下来,流传开去,为后来者提供营养和借鉴;而后来者亦能因此而自励,著述更加勤奋,亦为雕刻界提供新的书源。这样的良性循环,使扬州的雕版事业发展至今,永不衰竭。扬州雕版印刷著作很多,阮元的《畴人传》,魏源的《海国图志》,金农的《冬心先生集》,马曰琯刊刻的《说文解字》、《广韵》、《玉鉴》,伊龄阿、黄文旸等刊刻的《曲海》,尤其是曹寅主持刊刻的《全唐诗》,共汇集诗人2200多家,收诗48900余首,是一部集大成的著作,后人评估:"其雕镂之精,胜于宋版;书法端楷,雠对精良,洵称善本。"

　　现今的扬州广陵古籍刻印社,保存了传统的雕刻印刷。20世纪60年代,国务院指示,要把散失的古籍版片集中起来,有计划地整理。江苏一带古籍版片多集中于扬州,计有42种丛书,140种单本,存版总数约20万片。尽管"文革"中遭到不同程度的破坏,但该社现存版片仍有16.7万余片,大多是清末民初的刊版,也不乏影宋、影元、影明的抄本,学术价值极高,是目前全国规模最大的古籍雕版印刷企业。现该社采用木版刻刷、木活字排印等方法,或旧版新印,即对保存的书版,择其雕刻精良,在版本学上有一定地位并为社会需要的书籍,予以重印,如《楚辞集注》;或善本复刻,如明本《西厢记》,与王实甫的原著最为接近,为研究《西厢记》提供了可靠的依据;或稿本刊行,如《杜诗言志》,是一部注释杜甫重要诗作之书。

　　近日,新中国成立以来规模最大的线装书出版工程《毛泽东评点二十四史》由该社中标承印。该套书影印仿真出版,共850册,80函,以其学术价值、版本价值、工艺价值、收藏价值为世界所瞩目。《四库全书》是我国最大的官修百科全书,2006年,依据台北故宫文渊阁藏本重印的线装特藏本,由扬州承印，收著录之书 3470 种，79016 卷，36078 册。此次重印所用大型手工宣纸的制作工艺为 38 道，手工装订工序为 28 道。专家评价："线装本《四库全书》再现了《四库全书》的原貌，是线装本图书出版的里程碑。"

如今，扬州广陵古籍刻印社印行的《桃花扇》、《四明丛书》、《西厢记》、《楚辞集注》等 50 种线装古书，工艺十分考究，以梨木为版，精雕细刻成版片。印刷精良，以上乘宣纸、特殊烟墨、手工作业，印成古籍单页。装帧精美，装订成单册线装古籍，并配以锦缎函套。其版本价值、收藏价值、工艺价值，深为海内外方家所爱赏，也常作为我国领导人出访时的礼品，赠送友好国家的首脑。正如一位学者所赞扬的："刻印当年已擅场，唐诗殿本说维扬。楚辞今又传东国，翰墨因缘缔友邦。"扬州雕版印刷技艺已列为国家首批非物质文化遗产。

扬州八怪纪念馆

"歌吹扬州惹怪名，兰香竹影伴书声。"这是邓拓同志赞咏清代著名画家郑板桥的诗句。这两句诗也形象地概括了由汪士慎、黄慎、金农、高翔、李鱓、郑燮（板桥）、李方膺、罗聘八人组成的"扬州八家"的特点。他们中除高翔祖籍扬州，李鱓、郑板桥是靠近扬州的兴化人外，其他都只是陆续寄居在扬州的。他们大多生于康熙二十五年至三十四年之间，又长期活动于扬州一带，互相间意气相投，关系密切，艺术上相互切磋，相互影响，在诗书画上形成了当时别具一格的风貌和情趣。长期以来，人们习惯地称他们为"扬州八怪"。

扬州八怪群像

"扬州八怪"虽生活在所谓"康乾盛世"，但当时盛行于官场的却是卑污、奸恶、趋炎附势。"八怪"对这种腐朽的官场作风十分憎恶。郑板桥认为,历来为官的多半不做好事。他在山东任知县时,刚上任,就派手下人在旧官府的墙壁上挖了百十个孔,通到街上,说是"出前官恶习俗气"。当时,"八怪"中多数人干脆就不入仕。乾隆丙辰年,有人荐举金农入博学鸿词科,他一笑置之。后来,有人称他是"百年大布衣,三朝老名士。疏髯雪萧萧,生气长不死"。"八怪"中有五人终身不曾为官。郑板桥、李方膺、李鱓三人虽做过知县,但由于他们为政清廉,敢忤大吏,同情百姓,为统治者所不容,也先后弃官,以卖画作诗为生。这和当时那种醉心功名利禄的世俗比较,的确"怪"得可以。"扬州八怪"大多把自己一生的志趣寄托在诗文书画之中。作为诗人,他们注意反映民间的疾苦,抒发内心的积愤和苦闷,表达对美好理想的追求和向往,从而使他们的作品充满了浓厚的现实主义精神和深刻的思想内容。黄慎在一首短诗中写道:"黄犊恃力,无以为粮;黑鼠何功,安享太仓!"把贫

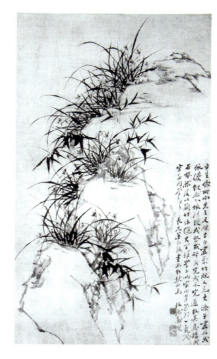

郑燮《兰竹图》

苦农民比作黄犊,把官僚地主比作黑鼠,爱憎何等分明!郑燮一生写了许多诗文,他说过"天地间第一等人,只有农夫……"的话,写过"十日卖一儿,五日卖一妇,来日剩一身,茫茫即长路……"之类的诗,其他如《悍吏》、《抚孤行》、《逃荒行》等,从不同侧面描述了农民在地主压迫下的悲惨生活。他在一首著名的词——《沁园春·恨》中写道:"单寒骨相难更,剩席帽青衫太瘦生。看蓬门秋草,年年破巷;疏窗细雨,夜夜孤灯。难道天公还钳恨口,不许长吁一两声?颠狂甚,取乌丝百幅,细写凄清。"愤世疾俗之情,溢于言表。这种敢于直接向天公挑战、恨声不绝的精神,在当时的诗坛上确是"怪"得很。

清初以来,画坛上崇尚的是以王时敏为首的"四王"的画风,以临摹为高,讲究笔笔要有来历;书法界则奉董其昌为宗师,欣赏的是那种姿媚靡弱的笔致。"八怪"兴起,努力标新立异,对当时的画风书风提出挑战,继承徐渭、朱耷、石涛等人的创作思想和方法,主张师造化、法自然,要从生活中获得真实感受,寻找创作题材。这种创作方法也被认为是"怪"的。金农拜竹为师。春天来了,他到处去求竹种。听说龙井山僧的竹是一种稀有品种,就长途赶去购置。人家要价昂贵,每一竿要卖青蚨(细钱)三千,他倾其所有,买来竹种,栽在书房前空地上。从此,他白天倘佯竹林中,细心看竹,夜晚坐

看窗上竹影婆娑,睡在床上还倾听着风吹竹动的声音。他病了不愿迁入内室,说:"不可一日不听风声竹声。""八怪"都注意认真观察事物,表现在画面上,尽管是一枝竹,一片叶,也都带着感情,做到"物我交融",在真实动人的艺术形象中寓有丰富的主观意趣。"八怪"最喜画梅、竹、石、兰。他们以梅的高傲,石的坚冷,竹的清高,兰的幽香,表达了自己的志趣。有人曾称汪士慎是"要将胸中清苦味,吐着纸上冰霜桠"。郑板桥曾画过一幅竹图,并题诗道:"衙斋卧听萧萧竹,疑是民间疾苦声。些小吾曹州县吏,一枝一叶总关情。"直接把对国计民生的关注,倾注在一片潇潇竹影之中。

特别值得一提的是罗聘的《鬼趣图》。罗聘爱画鬼。他笔下的鬼形形色色,并解释说:"凡有人处皆有鬼。"他说鬼的特点是:"遇富贵者,则循墙壁蛇行,贫贱者则拊肩蹑足,揶揄百端。"这哪里是在画鬼?分明是通过鬼态撕下了披在那些趋炎附势、欺压贫民的贪官污吏身上的人皮,还了他们的本来面目。他画过这样一幅鬼图:一个鬼鲜花插头,一个鬼奴赤体着帽相随。"主人衣服丽且都,其仆乃至寒无襦。"这一富一穷、一主一仆之鬼,真把当时的炎凉世态刻画得入木三分。在当时艺苑中盛行脱离现实生活,单纯追求古人笔墨趣味的风气下,"扬州八怪"却敢于标新立异,对这种风气提出挑战,还能不"怪"吗?

重视个性特点,各显其长,各臻其妙,"八怪"中除了黄慎、罗聘兼擅人物、山水、花果外,其余的多喜作"四君子"(梅、兰、竹、菊)画,笔墨淋漓,奔放奇崛,这是他们的画风。但是,他们也做到了同中有异,各具面貌。比如画梅,汪士慎喜画繁枝,千花百蕊;高翔多作疏枝,抹红一点;金农常画野梅,瘦枝繁花;李方膺则喜作丈许大幅,蟠塞夭矫。李鱓与郑燮交好,他画兰竹,看到郑燮所作兰竹跟自己的面目完全不同,另具一种风致,就高兴地说:"这是能够自立门户的!""八怪"书法上的创新也很突出,金农古拙厚重的"漆书",被书法理论家包世臣誉为"逸品";郑燮的字,篆、隶、楷相参,布局疏密相间,错落有致,自称是"六分半"书;黄慎喜学怀素狂草,他的画幅上常作草书长题,显得映衬有致,受到鉴赏家的重视。

诗书画印的紧密结合是中国的独特艺术和传统风格。历代有名的书画家都力图把诗书画结合起来,如王维、苏轼都

黄慎《望福图》

曾在诗画的结合方面做过一些探索。但是，真正自觉地、有意识地把四者结合起来，使之成为一种更加完美、更加多姿多彩的综合性艺术的人，当推郑板桥。他在每一件具体作品中都努力把四者熔于一炉，如《柱石图》：画面是一根石柱，笔直刚劲，历经风雨沧桑，瘢痕累累，但崛强峥嵘，棱角毕露，无畏缩颓唐之象，有傲岸不屈之神。其题诗是："谁与荒斋伴寂寥，一枝柱石上云宵。挺然直是陶元亮，五斗何能折吾腰？"印章是"富贵非吾愿"。这种以石自比、宁折不弯的气魄和风度，通过诗书画印准确地表现了出来。"怪"应该理解为"新"。发扬艺术的优秀传统，敢于创新，何"怪"之有！

　　八怪纪念馆由西方寺改建，八怪的代表人物金农晚年即生活于寺中，以其故居为馆，实在难得。西方寺建于隋朝，原为避风庵，面临大江，据说唐代时，寺前掘得三尊石佛，唐太宗敕赐"西方禅寺"，不久僧人智完迁建该寺于今址。兵燹战火，屡废屡修，所幸明代大殿巍然不动。大殿构架多为楠木制成，其梁架很有特色，柱顶做卷杀，成覆盆形式。梁架全部露明造，正中缝作抬梁形式，为月梁形制，山面为穿逗式。大殿内彩绘在扬州地区少见，因扬州梁架都精于雕镂，少施彩绘，但大殿内却遍施彩绘于梁架之上，甚至不用藻井，而以五彩遍装，从仅存的小片彩绘分明看出，梁檩枋的彩绘为宋代风格。而大片保存较完好的则是明代早期彩绘风格：构图鲜明，多用连枝图案，花纹轮廓简单，色彩多用青绿及黄白互相衬托，表现花纹和底色。修复时运用"以旧还旧"的古迹保护理论，尽量不损坏梁架造型及彩绘，使今人能窥见宋明的建筑艺术。王振世的《扬州览胜录》载："清乾隆中，仁和画师金冬心先生游扬州，尝客寺中，后殁于世。"金农晚年信佛，专事画佛写经，如今的金农寄居室内复原了他的起居绘画的陈设。他在寺中曾题诗壁上："无佛又无僧，空堂一盏灯。杯贪京口酒，书杀剡中藤。占梦今都应，谀人老未能。此处何所想？池上鹤窥冰。"看来，金农当时的境况甚为凄凉。画家孤灯独卧，形只影单，但可敬者"谀人老未能"，决不趋炎附势，宁可"池上鹤窥冰"，保持清雅和高洁，以其人品艺品方面赢得人们的缅怀。可以告慰先生的是，如今他的故居已成为他和友朋——八怪的纪念馆。八怪的生平业绩、飘香的翰墨，都使后人瞻仰到八怪的赫赫风采。

金农隶书

民间工艺博物馆

玉雕《清·大禹治水图》

该馆位于扬州漆器厂内。它将技艺表演、精品展示、旅游购物集于一体,可观,可问,可学,可购。营造了高雅的艺术氛围。

献艺表演者都是扬州当今著名的民间艺人。项目有扬州漆器中的刻漆、红雕漆、雕漆嵌玉,扬州刺绣中的仿古绣水墨绣,扬州剪纸中的花卉、人物,扬州面塑中的人物、动物,扬州通草花中的菊花;扬州微雕中的象牙微雕、瓷刻。

陈列品中有扬州玉器、漆器、书画、金石,这些都是近现代知名艺术家的艺术精品、绝品、代表作品。

张永寿剪纸《百菊图》

科技馆

扬州科技馆位于扬州市城庆广场南侧、高家河北侧,于2015年扬州建城2500年之际正式对外开放,主体建筑面积3万多平方米。

扬州科技馆以"传承与创新"为主题,服务于以青少年为主的各年龄段市民,系统讲述人类对交通、机械、能源、光学、宇宙、规律、健康等方面的探索历程和未来前景,向观众揭示科技发展的内在规律。同时,融入扬州科技、扬州文化等地方元素,展示扬州的文明发展史和科技成就。通过采用文字、图表、照片、实物、模型、展教设备等形式,利用声、光、电、多媒体等现代科技手段,将扬州古代科技与现代科技传承与创新展示出来,是一个充满时代魅力和现代化气息的科普场所。

扬州科技馆共建有地下一层和地上五层,分别为:巨幕影院;健康生活展厅、儿童乐园展厅、地球家园展厅;交通信息展厅、工艺技术展厅;能源材料展厅、光影魅力展厅;天文宇航展厅、智慧天地展厅;安全教育展厅。

扬州科技馆集科普性、互动性、体验性为一体,在开展展览教育的同时,还组织各类科普实践和培训活动,让观众通过亲身参与,感悟科学的神奇与奥妙,寓教于乐地提升参与者的科学素养。

国展中心

扬州国际展览中心位于扬州市新城西区文昌西路北侧,与扬州博物馆、中国雕版印刷博物馆、扬州体育中心以及京华城中城全生活广场环湖相望,毗邻扬州火车站,距市中心3千米,距扬州港及润扬长江大桥约10千米,交通便利。

扬州国际展览中心占地250亩,一期工程建筑面积1.5万平方米,二期工程建筑面积1.2万平方米。采用大跨度无柱钢结构,共可搭建900个国际标准展位。室外有湖滨广场,既可举办盛大庆典活动,也可布置室外展台。全部配套设施均根据国际惯例设计,如PDS综合布线、计算机网络系统、公共广播系统、电话自动交换系统等,可满足各种类型的展览需要。此外,中心还设有办公、商务、休闲等多种配套设施。

中心自2002年10月24日成功举办江苏省农业国际合作研讨会暨项目洽谈会以来,先后承办了中国国际印刷机械展览会,华东六省市家禽交易会,江苏农机、汽车产品展示订货会,扬州科技成果洽谈会暨国家863成果计划展,扬州市荣获联合国人居奖大型图片展,房产展示交易大会,江苏省高考志愿填报咨询会扬州分会场,世界华人篮球赛,欧美狂欢嘉年华活动等大型展览会,带动了扬州物流、会议、旅游、交通等行业的发展,丰富了市民的精神文化生活。2008年全国工艺品旅游用品暨家居用品展、2009年第十九届中国厨师节推动了扬州与各地经济文化的交流。此外,国展中心自2007年3月份以来,先后举办大型综合类人才招聘会50余场和夏季高校招生咨询会、人才交流会等,为人才培养与流动提供平台。扬州国际展览中心已经成为展示扬州市精神文明的窗口。

花鸟虫鱼
——花柳含丹日

万花园观百花

据康熙《扬州府志》，扬州历史上曾有"万花园，宋端平三年制使赵葵即堡城统制衙为之"的记载。元末的邹奕在《居竹轩诗集序》中称，"往者河东张公仲举以诗鸣于广陵"，作有《秋日偕成居竹秦景桓游蜀岗万花园》等诗。虽然这首诗没能查到原文，但可见万花园在元代就是文人骚客的向往之地。在《中国园林历史年表》中，"万花园"建设的时间是端平三年，也就是公元1236年，这也证实了万花园确实是扬州制使赵葵所建。这使园林有了历史根基，也使历史上的园林文化得以传承。

现今的万花园西、南两面与瘦西湖相邻，北临小运河，东靠长春路，属于瘦西湖风景区的一部分。万花园在规划设计时，将新园作为瘦西湖的衍生区域，尤其是水的恰当使用，使瘦西湖、小运河都成为园的水系。连点成线，连线成片，使小景变大，散景变整。该景之北是瘦西湖历史上二十四景之一"石壁流淙"所在区域，由北至南依次与现有的"静香书屋"、"二十四桥"、"白塔晴云"、"五亭桥"等景点相连，强调与瘦西湖沿线景点的融合、衔接、过渡，强调空间的整体性、瘦西湖发展脉络的延续性，形成总面积500余亩的大片景观，使传统的"瘦"变成符合现代需求的"胖"。

万花园以花文化为主题，以花卉植物、绿化树木配置为主，体现扬州特有的花卉文化，类似《红楼梦》中的花溆萝冈。这里共栽种260多个品种，形成了花境、花溪、花坛、花门、花廊的花卉景观，春有花、夏有香、秋见彩、冬见绿的四时花卉芳境。济南的莲花、连云港的白玉兰、奉化的水蜜桃、湖州的百合、洛阳的牡丹，城市名花不远万里落户名园，群芳竞艳。花与国家、花与城市、花与名人、花与诗词、花与民俗、花的寓意等花卉文化集中强化。其种植设计体现出与主题相呼应的生态、群落式绿化，注重植物花卉的多品种、群落的稳定性以及乔灌草层次丰富的搭配。

玲珑花界观芍药

熙春台东是九曲桥。此桥为梁桥，正与廿四桥拱桥遥相对应。围栏皆以汉白玉为材,折角处的站柱上镌刻云纹,柱间栏板镂刻成蝶形图案,犹如群蝶在云中戏舞,蝶花相恋,桥似乎就成了玲珑花界的路标。桥畔即为芍药圃,扬州素以芍药名世,尤其是二十四桥,又名红药桥,因桥边遍植芍药,故而春日游人如云。

元祐年间,朝廷贡花、贡茶之风盛行,当时的名臣丁谓、蔡襄等人,权力灸手可热。他们以朝挺之名,向各地强征茶、花,造成百姓的巨大灾难。苏东坡到扬州做太守前是蔡京任扬州太守,他见扬州芍药好,就效仿洛阳牡丹万花会。搞芍药万花会,后来蔡京虽走,但仍要扬州每年向京城贡花。苏东坡到任后,宣布罢去官办万花会。让老百姓自由赏花。东坡也与百姓同乐,共赏芍药,他在《浣溪沙·扬州赏芍药樱桃》中写道:"芍药樱桃两斗新,名园高会送芳辰,洛阳初夏广陵春。红玉半开菩萨面,丹砂秾点柳枝唇,尊前还有个中人。"很可惜,金人的入侵,扬州芍药曾受到毁灭性的破坏,这才有了姜夔《扬州慢》"二十四桥仍在,波心荡,冷月无声。念桥边红药,年年知为谁生"的感慨。姜夔对扬州芍药是很有感情的。《扬州慢》写于1176年,他才20多岁。1202年,他又到扬州,此时已是年近半百,尽管他有人生迟暮之感,但扬州芍药还是使他迟迟不愿离去,于是又写下了咏扬州芍药的词:"恨春易去,甚春却向扬州住。微雨,正茧栗稍头弄诗句。虹桥二十四,总是行云处。无语,渐半脱宫衣笑相顾。金壶细叶,千朵围歌舞。谁念我,鬓成丝,来此共樽俎。后日西园,绿阴无数,寂寞刘郎,自修花谱。"

俱往矣,如今盛世花艳。每当春日,一个个花台之上,芍药盛开,"御衣黄"、"梨花雪"、"粉面桃腮"、"胭脂点玉"、"紫雁夺珠"、"珊瑚映日"、"乌龙卧墨地"、"银粉洒金鳞"……红如绛缯,白若裹雪,绿似碧绡,黄赛金袍,似乎是瑶池仙女乘着芍药花节,冉冉飘落在碧翠丛中,徜徉其间,绝无姜夔的"念桥边红药,年年知为谁生"的惆怅,只会引发"扬州帘卷春风里,曾惜名花第一娇"的豪情。

芍药金带围

平远楼赏中日友谊莲

莲花一直是人们讴歌的对象。她不仅凭"唯有绿荷红菡萏,卷舒开合任天真"争艳于世,而且因其"出污泥而不染,濯清涟而不妖"的高洁为人称颂,更因她远涉重洋,承担中日友谊的使命,而为中日两国人民所喜爱。

仲夏时节,日本奈良唐招提寺的内供花园,"唐招提寺莲"和"唐招提寺青莲"争艳斗奇。别看她们的叶比现代莲叶娇小,花蕾稍瘦而长,可她们却是第一棵友谊种子繁衍的后代。听该寺的主持森本长老讲,日本仅是莲花的第二故乡,莲花的祖籍是中国。当年鉴真大和尚舍生弘道,涉风涛远渡蓬莱,她们都是光荣的成员呢!据说鉴真准备东渡时,梦中向佛祖表示了意愿,佛祖未给明示,却给他一粒古莲。鉴真手捧古莲,仰望佛祖,豁然开朗。见大师心领神会,佛祖圣心大悦,抬手指了指那棵莲子。只见那莲子上突然钻出一枝并蒂莲。这分明是寄意莲子,希望中日友谊像并蒂莲那样亲如兄弟。大师连忙捧起这株莲花,急速就奔走。这虽然是梦境,但大师一醒,立即把准备带去的古莲藏在怀中,东渡中屡遇风险,他都没有丢失。1965年,武汉植物研究所莫山教授将"大贺莲"和出土的古莲子杂交,取名"中日友谊莲"并转赠日本朋友。可惜,在十年动乱中,我国土地上欣欣繁殖的千万株"中日友谊莲"荡然无存。"无情有恨何人觉","风定犹闻碧玉香",1979年4月17日,邓颖超同志在日本奈良参观唐招提寺时,大贺学士的学生阪本佑二先生委托唐招提寺长老森本孝顺,将中日友谊莲和"唐招提寺莲"以及"唐招提寺青莲"赠送给邓颖超同志,还是由武汉植物研究所精心培育。三种古莲开出绚丽的花朵,她们又张开翅膀,到当年姐妹的故居安家,祖国大地到处是"接天莲叶无穷碧,映日荷花别样红"。

中日友谊莲

1980年5月,为庆贺"日本国宝鉴真和尚像中国展"来扬州大明寺展出,武汉植物研究所派专人把唐招提寺莲、唐招提寺青莲、中日友谊莲三种莲花的莲藕送到了鉴真故居——扬州大明寺。夏日,寺内平远楼前三个明、清时代的古石盆内,三种莲花一齐开放,有的嫩叶新抽,"小荷才露尖尖角",有的田田的叶子肩并着肩密密地紧挨着。正是新雨过后,那翠油油的荷叶上噙着一滴滴喜泪,珠圆玉润,晶莹透明。她沉寂多年,一旦挣脱束缚,竟然这样冶美,层层碧玉中怀抱朵朵红花,有的袅娜开放,有的羞涩地打着骨朵。晴日看,"全红开似镜,半绿卷如怀";雨中赏,"荷背风翻白,莲腮雨退红"。中外佳宾徜徉于花前乐得发颤,情不自禁地用手拂起池中的水,让水漏在荷叶上,就像一串水晶珠在荷叶上滚动。看看她们的勃勃英姿,中日人民谁不祝愿赤县扶桑的友情洁如莲花,长如藕丝?

西园曲水品扬派盆景

盆景素有无声的诗、立体的画、有生命的艺雕之称。扬派盆景与广州的岭南派盆景上海的海派盆景、成都的川派盆景、苏州的苏派盆景并称全国五大流派盆景。扬州盆景既源于自然，园艺家能"搜尽奇峰打草稿"，将伟大中华的佳山秀水缩龙成寸于方寸盆中；又能高于自然，从古代的诗画中吸取精华，将诗文画的深远意境形象化于山石树木之中，使有限的景物，表现出无限的诗情画意。这才使扬州盆景能自立于中华盆景之林，而成为五大流派之一。扬州盆景形式多样，独具特色，主要类型有树桩盆景、山水盆景和水旱盆景。

扬州的树桩盆景传统习惯上常采用五针松、罗汉松、桧柏、榆树、黄杨、银杏、春梅、虎刺等树种。现在又从外省引进若干树种，如金弹子、贴梗海棠、金钱松、福建茶等，常用树种有松柏类、杂木类、花果类100多个树种，采用提根、整枝、摘叶、掐芽等方法，使其具有根露、干粗、枝屈、叶细的特点。

扬州盆景中的树桩盆景艺术常见的有几大类型：第一，自然式，用植物生长的自然形态在盆中造形，用大自然特有的风貌组景，虎刺、六月雪、竹子等适宜于自然式。第二，云片式，把植物枝条剪扎成多层次水平状，达到枝无寸直、弯曲有序的一寸三弯云片状，如黄杨、雀梅、榆树等。云片是扬州盆景的特长，是将枝叶扎成极薄的片，如飞云之状，要求叶叶俱平，且叶面向上，片片之间互相平行，顶片为圆形，其余为掌形。云片之间分布严整工稳，层次分明，上不掩下，每一片内的小枝扎成若干弯曲，弯弯相套，枝不搭枝，扎工十分细腻。有时在一寸长的枝条上扎成三个小弯，称作"一寸三弯"。这种云片，是模仿高山上松柏长年受风涛影响而形成的枝条横逸斜出的水平状，如黄山迎客松、送客松皆成云片之状。可见扬州云片盆景是有现实依据的。所以，扬州盆景中的《瑞云》、《巧云》、《翠云》在世界许多国家多次展出，无不载盛誉而归。第三，古朴式，以植物主干与根部的自然形态，采取人工造型与自然美相结合的手法达到云片结顶和根系奇特的造型艺术。第四，意理式，以草木植物为主，在盆中以植物和各种石料合理配置，达到完美的境地，如兰花与石、竹与石等。树石之间，顾盼有神，舒展得势，虚实相映，别具一番奇趣。

水旱盆景是指在同一盆中既栽种植物又布置山石，既有水面又有旱景的一种盆景，它介于树桩盆景与山水盆景之间，树与石相映成趣，水与旱相辅相成。这种盆景从传统盆景中的"古、雅、奇"的风格中跳出，而以"新、巧、趣"的意境独据态势。它既讲究树木的形态美，又追求山石摆布和水面处理，拼配雕凿不露痕迹，山石植物形态自然，舟楫、屋宇配件选用得体。其构思新颖,手法独特,因物造景,即景抒情,山川形胜,郊野小景,田园风光,皆可入景,源于自然,高于自然,为盆景艺术开辟了一条新径。

扬州盆景还注意美的和谐。扬州有"一盆、二景、三架"三位一体之说,强调花美、石美、造型美、盆美、架美、几案美。比如花盆,或以瓷,或以陶,或以紫砂,盆上要有图案花鸟、山水、人物;要镌刻文字,"移芳"、"凝香"、"清供",妙语联珠,耐人寻味。而有些古盆一句诗、一幅画都能将欣赏者带入美的境界中去。"能生万物是春风",是对春光为万物生长默然奉献的赞美;"芳菲酣蝶梦,馥郁醉蜂魂",不仅对蜂蝶恋花进行描写,而且把赏花人如蜂蝶一般的沉醉之态揭示殆尽;"叶灌宿露翠,花迎朝日鲜",提醒人们要欣赏甘露滋润的鲜叶、朝阳抚弄下的花容。更有趣的是,扬州盆景常置植物于"云盆"之中,这云盆是溶洞中天然形成的盆状钟乳石,"盆"的中央凹陷,边缘曲折层叠,外形好像去柄的灵芝,又好似天边绚丽的云彩。栽种植物后,上下辉映,相得益彰。

盆景园

梅岭村戏金鱼

金鱼,色彩艳丽,体型优美,令人喜爱。扬州金鱼养玩历史悠久。清李斗的《扬州画舫录》、现代王振世的《扬州览胜录》均有记载。王氏在该书中列"金鱼市"专章说:"金鱼市在广储门外。沿城河一带人家以蓄金鱼为业,门内筑土为垣,秋瓦砖为池,池方广可三四丈,并置砂缸多只,分蓄金鱼。大者长盈尺,小者一二寸。鱼类共七十二种,有龙背、龙眼、朝天龙、带球朝天龙、水泡眼、反腮水泡眼、珍珠鱼、南鱼、紫鱼、东洋红、五花蛋、洋蛋、墨鱼等,名目繁多,不可枚举。各省人士来扬游历者,多购金鱼携归,点缀家园池沼。每岁春二三月,养鱼人家往往运至沿江各埠销售,亦有远至湘鄂者。"清乾隆间,善养金鱼者有柳林茶社主人朱标。柳林故址在史阁部墓侧,当时有文鱼、蛋鱼、睡鱼、蝶蝴鱼、水晶鱼诸类。梦香词云:"小队文鱼圆似蛋,一缸新水翠于螺。"扬州解放后金鱼养殖集中梅岭一带,目前转移平山乡、淮泗河一带,品种有狮子头、鹤顶红、红龙睛、黑龙睛、蝴蝶尾、朝天龙、红绒球、五花蛋、铁包金、红水泡、红丹凤、红白琉金、五花珍珠、五花丹凤、红白珍珠、五花高头等。他们注意金鱼良种的提纯复壮,实施二次淘汰、三次筛选、科学杂交、外地引进等多种科学养殖方法,比如"朝天龙"和"鹤顶红"杂交培养出全国独有的新品种——"凸眼一颗红",鱼头部分双眼凸出,且眼珠朝天向上,如两盏灯笼,龙睛转动,充满生机。头顶部一颗红斑,几乎成方形,体白印红,似白纸上盖着的一方印章,很有个性,外界素有"扬州水泡福州蝶,南通珍珠苏州头"之说。

鱼戏

绿扬村玩秀鸟鸣禽

清黄惺庵居士的《望江南百调》有诗说:"扬州好,溜雀校场中。月样红叉鹦鹉架,水磨黄竹画眉笼。顾盼健儿雄。"旧时,扬州同北京、上海一起,被人们誉为全国三大著名养鸟盛区。

如今,每天清晨,古运河畔林荫树内,瘦西湖绿树丛中,以至大路两侧的行道树下,金丝笼悬挂,鸣禽欢叫,养鸟人畅谈驯养经,陶然、怡然。鸟市、鸽市、鸟楼内,鸟类云集,斗艳争奇。扬州鸟类品种繁多:金丝雀、画眉善于鸣唱,百灵、云雀能歌善舞,八哥、鹦鹉模仿人言,娇凤、八色鸟羽毛艳丽,喜鹊、相思寄托情思,黄雀、蜡嘴还具有衔牌做戏的特技。扬州人养鸟考究,鸟笼或方形或柱型或鼓型,青竹篾打磨得光滑如镜,挂钩、笼底、笼门装饰精细典雅。养鸟工具,如加水壶、加食匙、蛋米缸、水罐、鸟食筛子、取蛋勺子,或陶或瓷,或铜或银,甚至用象牙雕成,金丝嵌就。鸟食不可随便,百鸟百食。食谷类的那是粟米、菜子、谷子、小米,淘尽晾干,蛋清搅拌,马虎不得;食虫类的得喂蚜虫、椿象、甲虫、金针虫、槐树虫;八哥喜欢吃肉,而且要精肉。不对鸟的脾气,能养好鸟?

鸟趣

驯鸟可是大学问,口传身授,代代相传,悟出了乐趣,总结出讲究,形成了风俗。先说养鸟的对象,过去是"大少爷的百灵、无赖的画眉、太监的秀眼、小孩的麻雀、理发的八哥"。不是圈内人,别养圈内鸟。选鸟亦乃大学问。就说画眉,要文的还是要武的?文的只唱不斗,叫时头上仰而不下俯,尾下勾而不摆动,气质文雅;武的能唱又能斗,有谣说:"身似葫芦尾似琴,颈如削竹嘴如钉。再添一对牛筋腿,十笼打斗九笼赢。"再说"学口"和"逗鸟",画眉要学会喜鹊、山雀、黄雀、蜜鸟、鹦鹉的叫,这是初步的。再学公鸡打鸣、母鸡下蛋,猫叫狗吠;继而学火车汽笛、汽车喇叭、小孩哭闹,这就有意思了,叫"出花"。接着练"入棚",茶楼酒头,屋檐口一溜边摆开30只鸟笼,跟大伙儿一块唱,一唱几个钟头。别的鸟停了,叫不动了,你却越唱越精神,你就是冠军了,这是文的。武的驯"打斗"、"隔丝斗"。两画眉在各自笼子里,两笼靠近,两画眉扑上笼丝,隔笼嘶咬,出爪助战,啄眼睛、抓羽毛,胜了振翅歌唱,败了你就乘早回吧!"打滚笼",两笼笼门相对,打开笼门,好家伙,一画眉冲进去,互相冲锋,肉搏斗殴,不斗个你死我活决不罢休。旧时这是赌博用,如今不兴了。而"黄雀衔牌"的算命也不过是骗人的。不过"蜡嘴衔弹",那是真功夫,抓一把小弹子,逐个抛入空中,蜡嘴鸟瞅着弹子落下,冲入半空衔住。那一瞬间,在场观众无一不乐。

悠闲的天鹅

友谊盛景
——舍己为人传道艺

鉴真纪念堂

扬州鉴真纪念堂是为纪念唐朝律学高僧鉴真而建。鉴真是当时淮南地区极有名望的佛教首领,他拜唐代律宗祖师道岸为师,受请东渡日本传法,于奈良东大寺设坛传戒,又创建唐招提寺,成为日本律宗初祖。鉴真是友好使者,他曾六次东渡,历时十年,虽双目失明而矢志不渝,在日十年,不仅辛勤传法,而且把唐代绘画、书法、雕塑、医药、工艺、印刷、建筑等成熟的文化带至日本,实际上是一僧团形式的文化代表团。他使魏晋以来中日两国人民互相友好的夙愿得以圆满地实现。1963年鉴真圆寂1200周年,中日双方商定,举行隆重的纪念仪式,我佛教协会主席赵朴初和日本佛教首领大谷莹润分别代表两国鉴真纪念委员会,商定在扬州建造纪念堂,1973年动工,1974年竣工。纪念堂由我国著名建筑专家梁思成先生设计。他接受任务后,专程赴日,参观奈良唐招提寺和日本其他一些古建筑。回国后,他又对我国唐代庙宇建造风格进行研究,精心设计这座纪念堂,体现了1963年中日两国商定的精神:不仅从意义上,而且建筑物本身也要成为中日友好的象征。纪念堂分为两组,一组为四松堂构成的清式四合院,南为纪念馆,北为门厅,由游廊周接,天井内有四棵古松,廊悬云板、木鱼,精舍巧建,清幽雅洁。另一组为仿唐式四合院,由纪念碑亭、纪念堂,再由超手游廊将两建筑周接,园内植佳兰芳卉,其中樱花为1980年鉴真大师像回故里探亲时,日本奈良唐招提寺森本孝顺长老所赠。这两组纪念堂一为清式,一为唐式,分之为二,但同处一条中轴线上,又合之为一。纪念碑是梁思成一夜之间设计而成的,他设计成功后,高兴地告诉陈从周教授,说是我国传统的纪念碑以竖碑为多,碑面光滑,无花饰边框,而鉴真纪念碑采用横式,周围边框突出,中

鉴真纪念堂

间阴文镌字,正面为郭沫若题"唐鉴真大和尚纪念碑",背面刻赵朴初在纪念堂奠基典礼上写的文章。这就打破了传统格局,在传统基础上创新,有了时代感。底座的花饰采用莲花座作底,莲花座托碑,因莲花独具神圣,"出污泥而不染,濯清涟而不妖",中空外直,不枝不蔓,且莲的丝长(思长),象征佛教思想天下众生,所以莲花一直成为佛教的象征。莲花座之上有以卷叶草为主题的纹样花饰。

鉴真纪念堂内部

原来,梁思成在快设计完毕时感到"唐"这个字不好体现,陈从周立刻提议用该草作为纹饰,因其是唐朝特有的草,以象征鉴真生活的年代。正堂完全仿照日本招提寺主体建筑金堂样式,只是形制由七楹变为五楹。金堂系鉴真当年亲自设计,保持了中国盛唐的建筑风格,又糅合了日本当时建筑的特点,现在纪念堂又仿照金堂,其用意当然是体现中日文化互相交融的特点。纪念堂坐北朝南,面阔五间,进深四间,四周高大的台基上是粗可两人合抱的檐柱。柱为腰鼓状,柱头斗拱三重,线条浑圆飞动。而窗则为方棂窗,全部为直线条。瓦头、滴水均按扬州唐代出土的瓦头、滴水做模烧制。屋顶采用单檐庑殿顶,屋顶正脊的两端,用一对鸱尾相合。这对鸱尾是仿招提寺样式,原鸱尾很有来历,传说是日本天平二年由遣渤海国大使小野田守带回日本而交给普照的。这似龙非龙、似鱼非鱼的鸱尾原是我国神话传说中的龙子,其性好吞,常为正脊构件。这对鸱尾是我国长安崇福寺大殿上的构件,它体现了佛祖的意愿——避水火,化凶险,祈幸福。安禄山造反时该寺遭火焚毁,鸱尾为小野田守带到日本,安放于唐招提寺上,成为招提寺唐代风格的一种标志,同时体现中日友谊。日本作家将鉴真的传记题名"天平之甍"正由此立意。现在鉴真纪念堂不仅正堂造一对大鸱尾,碑亭也造一对小鸱尾,以此暗寓纪念堂雄伟庄重的唐式基调和中日之间绵长的友谊。正殿中央坐像为鉴真干漆夹纻像,是扬州雕塑艺术家刘豫按照日本

鉴真东渡雕塑

招提寺"模大和尚之影"而造,结跏趺坐,合闭双目,神态安祥。殿前石灯笼是鉴真大师像回故里时,招提寺主持森本孝顺长老所赠,已经20多年。长明不灭,站在灯前,不由使我们想起郭沫若先生对鉴真的赞誉:"鉴真盲目航东海,一片精诚照太清。舍已为人传道艺,唐风洋溢奈良城。"

崔致远纪念馆

崔致远纪念馆位于唐城遗址博物馆东侧。

崔志远是新罗国(南韩)人,公元856年来中国留学,苦读六年,考中进士,朝廷授予官职。公元879年,他应淮南节度使诸道行营兵马都统高骈的聘请,来到扬州任都统巡官。任职期间,他撰写过一万余首(篇)诗文,精选后编成一部《桂苑笔耕集》,计20卷。这部集子对研究晚唐时期淮南以及扬州的时俗,具有重要的参考价值。同时,从这部集子中,还能看到扬州和朝鲜半岛交通以及和新罗国往来的情况,是一部不可多得的历史珍贵资料。

崔致远纪念馆

该馆是由中韩两国有识之士共同倡议、双方商定共募资金建设的中韩文化交流项目。已建成竣工的纪念馆为仿唐式建筑,包括崔致远纪念堂、纪念碑亭和中韩友谊亭等建筑,建筑总面积1573.79平方米。内部陈列有出土的唐代文物、崔致远的著作、当今纪念崔致远的典籍,从不同侧面反映出崔致远的行状和影响。

仙鹤寺

据史籍载,扬州仙鹤寺与广州怀圣寺、泉州清净寺、杭州凤凰寺齐名,同为我国伊斯兰教著名的四大清真寺。其中,杭州凤凰寺状如凤凰,可惜屡废屡修,已看不出凤凰的形貌。扬州仙鹤寺形如仙鹤,并且保存完整,是中阿建筑风格的巧妙糅合,一直为海内外珍视。

门厅即为鹤首:水磨砖砌,重檐飞椽,斗拱如蜘蛛结网,复杂奇巧,屋脊两端各有一只黄铜麒麟,凝视着伫立于当中的一只仙鹤。向北的甬道,曲折蜿蜒,高低有致,这就是鹤颈。寺内的主建筑礼拜殿,是鹤身。这座大殿高大巍峨,由两部分组成,前部为单檐硬山顶,后部为重檐歇山顶,二顶勾连搭成。前部的朱红横匾上刻着金色的阿拉伯文——太斯米(大慈大悲),后殿正中窑门的横匾上刻着一百个圆圈,每个圆圈内都刻着描金的阿拉伯文,这是有名的"百字赞"——称赞真主的盛德。在下是窑门,传说由窑门可直通西方极乐世界,窑门四周是四排文字,皆是描金的阿拉伯文。这是《可兰经》中的精华,尽管内容都是"世上除了安拉再别无一主","天与地的宝座由真主掌握",但书法味极浓。窑门和百字赞的横匾布满一壁,红底上镌刻金字,刀法严整有序,布局疏密和谐,极富书法意味。装饰在大殿之中,顿使四壁生辉。当虔诚的穆斯林匍匐在宣谕台前口诵着"万物非主,唯有真主,穆罕默德,是主钦差"的经文,你定会感到这声音是那样的悦耳、那样的和谐,那声音在大殿中回荡,余音绕梁不绝。

此时,你如注意四周的立柱,便会发现立柱都向殿中心倾斜,这是该寺特有的梁架结构。原来,阿拉伯人最初居住帐篷,以后在建筑中也保留此种风格,皆圆形穹顶,尖拱门,下面的立柱当然要向中心倾斜了。这样做,不仅使梁架稳重,避免梁架的走动,而且藻井装饰后,可使殿宇顶部成拱形,有较好的音响效果,使颂经时声音响亮悦耳。此时,你再绕到大殿南侧,会看到大殿的侧面更为壮观。在殿内觉得浑然一体,而在殿外望,前部的单檐硬山顶,后部的重檐歇山顶都是一式的中式建筑,高大嵯峨,杰阁飞甍。可贵者,望月亭是伊斯兰教建筑中必有的厅堂,因为伊斯兰教徒喜欢用太阴历,望月决定斋月和起斋日期,仙鹤寺中当然也少不了这样的结构。为了不喧宾夺主,只是将望月

仙鹤寺

亭放在大殿的南侧,巧倚山墙处,处在硬山和歇山二堂之间,处理成半个歇山亭。两旁又辅以起伏游廊与殿相连,重檐歇山顶的顶尖飞出,四角昂翘,硬山顶高挑,顶中有顶,角中错角,十分壮观。硬山歇山共处,正面侧面并立,殿堂、亭台、游廊集中,既符合中国人民观赏习惯,又满足阿拉伯的实际需要,简直是各式古殿宇的荟萃。小小的配景,不但不与主殿争艳,而且为主殿添彩。

两侧的诚信堂就是仙鹤的两个翅膀,那两根矗立在堂旁的古柏,枝干似

腿,那露出泥面的盘根,不正像鹤的脚趾吗?堂后原有的簇簇劲竹,正如鹤尾。正殿两旁各有一口井,"画龙点睛","井""睛"谐音,"井""睛"又都是圆形,形同,音同,真难为造园者的苦心了。

《嘉靖维扬志》和《江都县志》都曾记述:"清真寺在南门大街,宋西域普哈丁建。"普哈丁是伊斯兰教创始人穆罕默德的第十六世裔孙,宋朝时从本国(古称大食国),来到中国,学习中国的古老文化艺术,传播伊斯兰教。从当时都城洛阳出发,途径武昌,沿长江到宋时阿拉伯人聚集较多的城市扬州传教。武昌停留期间,他对黄鹤楼的古老建筑风格极感兴趣,更对李白的"故人西辞黄鹤楼,烟花三月下扬州"的诗句赞叹不已,不由激起他对仙鹤的遐想,认为如果百年之后,进入天堂,与真主同在固然不错;假如死后,或到麦加圣地朝觐时能乘黄鹤而走,不是更佳吗?就这样,他带着这一想法来到扬州,在构寺时既符合伊斯兰教寺院的要求,又突破阿拉伯圆形穹顶尖拱门等建筑特点,大胆地采用中国大屋顶殿宇的建筑形式,成为中阿人民友好的象征。

普哈丁墓园

墓域门额石匾题:"天方矩矱",其意为来自阿拉伯的"天方贤士之典范"。门外南侧有古柏树一株,树龄五百年。穿过并排三间的"天方矩矱"厅是一片洁静的庭院,过门厅面东有一阿文石额,意为"这一类人在真主面前是高贵的"。左有北轩三间,后带一间抱厦,对面有东榭三间,一式是小巧轩敞的瓦屋。榭前有一株四百多年树龄的古银树,树旁院内两侧有一对结构相似、南北相向的门亭。北门亭内东墙上,嵌有《先贤历史纪略》碑一块,记有普哈丁生平事略。过北门亭即为墓地,最先为法纳墓亭,亭额上书有:"宋德佑元年(1275)西域至圣一十六世后裔大先贤普哈丁,宋景延三年(1273)西域先贤撒敢达,明成化元年(1465年)西域先贤马哈谟德,明成化五年(1469)西域先贤展马陆丁,明弘治十一年(1498)先贤法纳,乾隆丙申(1776)桂月重建。"

普哈丁墓亭四壁有拱门,南向拱门右侧有一竖石碑,上镌"西域得道先贤补好丁之墓",并刻有十只仙桃,下题"清雍正四

普哈丁墓园

年（1276）九月立"。普哈丁墓亭平面呈方形，外貌呈中国传统的四角攒尖式筒瓦顶建筑，面积约14平方米，亭高约3.5米，亭内的上部呈拱球顶。墓亭四面均有拱门可入内，墓室顶正中悬一底色为粉红色用红色书写的阿拉伯文清真言木质方匾，意为："万物非主，唯有真主；穆罕默德，是主的钦差。"普哈丁墓筑于墓亭中央地下，上有五级矩形青石墓塔，通高0.88米，底座为2.16×0.88米，顶层为1.56×0.24米。每层塔石上雕有牡丹、缠枝草和如意形花纹；第三层的塔石上，还用阳文刻着阿拉伯文《古兰经》上的一些章节，技法圆熟，制作精美，是中阿文化相融合的典范。

圣心堂

扬州耶稣圣心堂位于北河下25号，是原天主教扬州监牧区的主教座堂。

1873年，原负责上海徐家汇天文台工作的法国籍耶稣会神甫刘德跃来到扬州，在缺口城门内购地动工建造耶稣圣心堂，1875年初步竣工。1876年1月1日，江南代牧区主教郎怀仁来到扬州，为这座教堂祝圣。耶稣圣心堂于1900年全部建成。1949年，罗马教廷从天主教上海教区分设天主教扬州监牧区，扬州耶稣圣心堂成为新教区的主教座堂。教堂坐西朝东，面积357平方米，建筑风格为哥特式，有两座

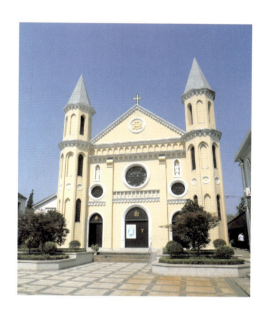

圣心堂

高17米的钟楼，堂内祭台供奉耶稣圣心像，内部的10根红漆柱及哥特式建筑梁架极有特色，并有精美的彩色玻璃窗及各种装饰。前面修建了带有中国风味的门楼与照壁，可谓中西合璧。为江苏省文物保护单位。

海内外的扬州园林

扬州园林营造技艺入选第四批国家级非物质文化遗产推荐名录。

扬州以园亭胜,扬州园林不仅在扬州,在国内及世界各地也成为一张亮丽的名片。

国内外到底有多少"扬州园"？世界各地到底有多少"中国园"？

目前,扬州园林建筑大师在国内建设的"扬州园"逾30座。扬州是世界园博会的常客。2011年,世界园艺博览会在西安举行,"扬州园"的古典江南园林风格独树一帜。此外,山东济宁有扬州"祥园",泰州有扬州园"三友观翠",北京有扬州园"片石山房"、世界公园中国园"清音境",另外还有甘肃酒泉公园,淮阴城南公园,淮安勺湖书院,黑龙江大庆林源南湖公园、大庆油田龙凤公园,湖北鄂州西山秀园、沙市万寿塔公园,等等。

从20世纪80年代开始,扬州园林开始走出国门,先后在日本、英国、美国、加拿大、德国、泰国等国承建了一座座极具扬州特色、代表扬州城市魅力的园林。在世界各地建设了十多座"中国园"。

德国斯图加特"清音园"。这一园林在1993年德国斯图加特举办世界园艺博览会时建设。清音园建筑面积2000平方米,是以瘦西湖静香书屋为蓝本的缩小版,将扬州园林的山水花木元素精巧打造,荣获该次园博会"金杯奖"。

德国曼海姆市"中国园"。2000年建造,总建筑面积为1000多平方米,依照传统的山水园林设计和建设。

德国布吕尔"幻想国"。2001年建造,对其中的中国戏院进行了修复,并对孔庙、茶室等进行了维修。

泰国"唐园"。2006年由扬州古建园林公司建造,作为中国的唯一代表,参加了泰国清迈世界园艺博览会。该园原样复制了扬州多个经典建筑,占地1000多平方米,有门厅、假山、石塔、仿唐二层楼阁,获评最高奖项一等奖。这一古典扬州园林永久赠送给了泰国,成为两国文化交流的象征,也是两国人民友好的见证。

美国"翠园"、"峰园"。1989年,扬州在美国华盛顿世界技术中心大厦内建设了两座中国式园林,分别命名为翠园和峰园。翠园采用"旱山水意"的手法,"峰园"则运用了中国园林"以石代山"的造园艺术。

美国肯特市"四面八方亭"。1994年4月,扬州市与美国肯特市结为友好城市,扬州市向肯特市赠送了一座"四面八方亭"。该亭坐落在肯特市中心伯林顿绿色公园,在美国被命名为"友谊亭"。

美国"中国园"。在美国首都华盛顿国家树木园内。作为中美两国文化交流的重要桥梁,中国企业英成集团有限公司向全美中国园基金会捐赠资金3000万元人民币,专款用于中国园项目的施工设计费用,于2016年开工建设。取扬州明清园林中最精华部分,集其大成:以扬州园林的个园、五亭桥、白塔、片石山房和船厅为主体,兼蓄苏州拙政园的远香堂、杭州西湖景区的柳浪闻莺和花港观鱼等著名景点。全园分为入口区、片石山房、自然山林、湖上园林和个园5个部分。建成后,还将制作一份关于扬州园林的3D光盘,在建成后的美国"中国园"播放。

英国伦敦"六角亭"。1987年10月,英国伦敦华埠会出资邀请中国花卉进出口公司在英国唐人街副港坊兴建了一座琉璃瓦六角亭。这一项目由扬州红园承建。

加拿大"中国城"。1989年8月,扬州古典园林建设公司在加拿大安大略省密西沙加市承建,其造型之美、工艺之精,得到当地媒体盛赞。

日本厚木"风月亭"。1984年,扬州与日本厚木结为友好城市,扬州决定赠送仿制的小金山风亭给厚木。当年,厚木市市长足立原茂德即亲率代表团回访,专程登上风亭,恳切要求次年能在厚木公园见到该亭,回国后还专门建造了8.7万平方米的公园安置该亭。1985年9月2日,扬州在厚木安装该亭,起名"风月亭",一则是小金山的风亭、月观之美,另一则取日本长屋王子的诗"山川异域,风月同天。寄诸佛子,共结来缘"。四面台座上刻有艺术栏板三方,内容为"松鹤延年"、"凤吹牡丹"、"喜鹊登梅",柱上对联:"骑鹤扬州,万里松风传韵事;驶帆厚木,千秋水月寄深情。"改原联的藏头为嵌字,将"风月"嵌于第8字。如今,赤县扶桑都有风亭盛景,中日人民友谊可见一斑。

中西方古典园林在总体布局上的一个最大区别,在于突出自然风景还是突出建筑。以法国宫廷花园为代表的古典主义造园艺术的突出特点,就是在平面构图上强调园林中部的中轴线,园林内的林荫道、花坛、水池、喷泉、雕像、小建筑物、小广场、放射形的小路等都围绕着这根中轴线,强调围绕这根中轴线来进行布置。在这根轴线高处的起点上则布置体量高大、对称严谨的建筑物,建筑物控制着轴线,轴线控制着园林,因此建筑物也就统率着花园,花园从属于建筑物。显然,这种园林的基本指导思想来自理性主义,是"强迫自然去接受均称的法则"。

扬州的园林则走着相反的道路。一般以自然的山水作为园林景观构图的主体,园林植物配合着山水随势相宜地自由配置,道路回环萦曲,穿插于山水、花木、建筑之间,建筑只为观赏风景和点缀风景而设置,以形成富有自然山水情调的园林艺术效果。扬州人建造园林是为了追求"林泉之趣"

"田园之乐",这种"趣"和"乐"只有令人神往的自然山水才能给予他们。人工建设的结果,只能是更加强自然环境整体的美,突出自然的美。这种自然美与人工美的高度统一,正是扬州人在园林艺术上不断追求的境界。

在国外建设的扬州园,"山水为主,建筑是从"这一点十分明显,有别于西方"建筑为主,山水是从"的观念。与大自然相比,建筑物的相对体量与绝对尺度,以及在景物构成上所占的比重,一般说来都是很小的,只处于从属的点景地位。在这种环境下,建筑布局强调"依山就势","自然天成",它们穿插、点缀在自然景色之间,起着画龙点睛的作用,在自然美中注入人工美的气息,渲染着人们现实生活的情调。

扬州园林建筑属于人文主义的建筑,反映的不是西方神的秩序,而是人的秩序,弥漫着浓郁的人文精神,是技术和艺术的统一载体,其构造的合理性、逻辑性本身就具有美学品格,表现出中西园林的不同文化意识。扬州的古典园林建筑在古代《诗经》中就有"如翚斯飞"、"作庙翼翼"的描述,说明即使是土木结构,也注重舒展如翼、四宇飞扬的艺术效果。扬州园林建筑不仅适用,而且外部形式传达和表现出一定的情绪、气氛、格调、风尚、趣味,"使物质经由象征变成相似于精神生活的有关环境"(黑格尔《美学》)。扬州建筑不同于西方世界以砖石构造为主的建筑体系,而是以木结构为主体,因木材是我国常见的材料,质地坚韧,触感很好,容易施工,而且木结构造型轻盈,屋宇更有飞扬意味,配合厚重的山墙或外墙,形成端庄和活泼的对比。美国肯特市的四面八方亭,由扬州的古建大师吴肇钊设计。一般的亭子都是4根柱子,但四面八方亭底下共有12根柱子支撑。这一亭子的主体建构为四面,但又有八个方向,因此被称为"四面八方亭"。由于富有变化,四面八方亭深受人们喜爱。

扬州在国外建筑的"扬州园",都不是以单一的、独立的、个别的建筑物为目标,而是以空间规模巨大、平面铺开、相互连接和配合的群体建筑为特征,在严格对称的原则下,各个建筑物之间有机相联,构成多样变化又保持均衡统一的平面整体。"群"是中国传统建筑的灵魂表现,具有体积感的建筑单体,不是独立自在之物,只是作为全群的一部分而存在,与中华民族注重宗族的"关联与和谐"以及内倾的性格相吻合。在群体建筑的相互联系和配合中,中国传统建筑又展示出空间序列的内在深化,通过复杂的柱、梁、檩、椽等建筑工艺,实现"五步一楼,十步一阁,廊腰缦回,檐牙高啄"的意境,形成一种具有深度空间的庭院或庭院式建筑形式。

古城百姓私家园林

近年来,扬州出现了一些百姓私家住宅园林。

唐代就有"园林多似宅,车马少于船"之谓。而今,随着城市的发展,很多市民都迁入了住宅楼,但盛世造园,古城老居民故土难离,老城区东关街、丁家湾、南城根、灯草行、达士巷、金鱼巷等街道住宅空间较大、条件较好的市民,热衷于在家中营造园林。园子面积在 30～150 平方米左右,亦可称为"袖珍园林"或"盆景园林"。据调查,古城区目前拥有民居私家园林 50 余处,加上城郊、辖县的农家主题的乡村园林、空中花园等,当逾百家。

扬州是名副其实的园林城市。私家园林的建造不仅给扬州增添了园林氛围,也增加了活力,尤其是一些民居改建的私家园林,百姓乐在其中,使园林有了人这一园林之魂,且不同于公共园林,从一开始就自己设计制造,自然敝帚自珍。主人与园林相互契合,相依相存,荣辱与共,反映了传统的生产生活方式和社会关系,体现了原住居民的民俗风情,园林自然就不再是一幅静态的风景,而是动态的画面,活了。

这些园林又催生出了一批现代"造园人",园林师、能工巧匠也越来越抢手。专业的园林设计公司一般承接比较专业的园林设计,而有的园主本身就是园匠,不少老城区的私家园林都是园主人自己打造的。他们耳濡目染扬州的园林文化,对亭台楼阁、小桥流水、花木盆景等都很有研究,打造了不少私家园林精品。一些造园人先通过打造自己的住宅,慢慢地摸索出打造私家园林的窍门并推而广之。他们将美学、设计学、建筑学、力学,甚至文化学、民俗学有机融合,造出的园子自然有品位、有文化。

专题纪录片《绿杨人家——扬州古巷民居小庭园》收录 50 户小庭园的影像资料,推开一扇扇私家园林的神秘大门,在亭台楼阁、桃红柳绿的园林中穿梭。寻常巷陌中的盎然春色,风雅扬州的文化风俗,私家园林的建筑特色,让人们耳目一新。

祥庐,仅百平方米,布局有序,极为精致。院墙一隅凿有水池,湖石驳叠池岸,池水从小红桥下流过。西南建有二层"紫气阁",飞檐凌空。粉墙黛瓦,正面厅堂歇山顶,飞檐翘角,东南建角亭,亭上有匾有联。花木布满全园,富有韵味,秀色可餐,乡村野趣尽现小园之中。亭台楼阁、一草一木都由主人杜祥开自己设计:亭子间美人靠是自己雕的,竹楹联的字是自己刻的,水池是自己砌的,院内的水井也是自己挖的。耗资不多,构筑的时间却长达一年半,乐在其中。

木香园，中西合璧，古代文化与现代文明交相辉映。该园原是清朝爱国疆吏、广西巡抚张联桂故居的一部分，面积约140平方米，由4个小园组成，中园最大，约70平方米。建有熙秋亭、吟月桥、映雪厅、听雨阁、玲珑山等十二景。园内有一口三百年古井，井内有一石头暗室。"闻香去杂心，观水通禅意"、"得空小雅玩心大，角亭浅水片山深"的楹联，反映了园主的雅趣。

紫园，现代流派，面积约80平方米。主人焦谛是清代大学者焦循第六代孙，既是画家，又是设计师。园在宅前，园中紫藤缘架盘曲，绿荫如盖。园西池水婉转曲折，石灯映影，流水潺潺，落英缤纷，禅机无限。园中散置着几座古石雕，精美的纹饰，体现了古代的灿烂文化。墙壁间镶嵌着一方方青花瓷片，室内还有牛仔酒吧，小园里流动着一种古朴雅逸的自然韵味。

听雨书屋，最"香"的私园，面积约120平方米。园主人胡炳泉爱好书法、绘画、小提琴，还会砖刻、石刻。透过幽深的花墙小巷、砖雕花窗、八角门，古井、水池、石桥、假山次第展开。古雅的门厅后面是轩廊，清代的小楼清雅秀丽。楼前一方天井，石柱、水池、花木置其间，三面墙上蔷薇、枸杞、凌霄、月季交错而上，满眼绿色。春天，南院满墙的藤本月季姹紫嫣红；夏天，北院满墙的爬山虎，翠绿掩盖了整个院落；秋天，一院的金桂、丹桂飘香；寒冬，梅花绽放，香自苦寒。可谓春有花，夏有香，秋见彩，冬溢绿，一年四季花香不断，别样的幽雅娴静之美。

栖凤会馆，可登高观景。天井约有50平方米，天井内水池、水墙、水山、水阁布置独特，两层小楼围天井而建。高低错落的串楼，将房屋分隔成功能不同的厅房。楼顶平台建有"仙人阁"，阁顶有"观景台"。举目四望，城区老宅鳞次栉比，粉墙黛瓦，古意盎然，尽入眼帘。

纵观私家园林，它们多建于城市之中，占地不大。园中亭台楼阁，配以山水花木，以素雅精巧、小中见大的风格取胜，巧美秀雅，体现出浓重的书卷之气。

其中许多小园的主人，往往有深厚的家族历史背景、较高的文化素质、丰富的艺术修养以及对园林艺术的执着追求。他们善于"螺蛳壳里做道场"，在一块块有限的地域凿地叠山，筑亭建廊，种花植草。小园内有山有水，以有限的面积造出无限的空间。每家庭园各不相同，进入门内别有洞天：粉墙黛瓦，绿萝蔓爬，修篁鲜花，小桥流水，假山峥嵘，曲径通幽，且应时而变，民国式客厅、西式罗马柱、古铜旋转楼梯、喷水池、古典立柱灯、人体雕塑，无不给人以美的冲击，令人流连忘返。它们不同于燕赵的慷慨、楚汉的雄风，而是充满吴越的灵秀，像颗颗闪亮的珍珠，洒落在老街小巷内，给古城增添了奇光异彩，成为古城扬州的一道风景线，使扬州成为名副其实的园林之城。

涵碧园

涵碧园是当今建造的园林中最具个性的规模最大的私家园林。该园为三笑集团董事长韩国平先生亲自规划设计，是该集团的商务活动中心和企业品牌的展示窗口，有道是"淮东私园第一观，当今竹西最佳处"。

秋壑在胸中，看杰阁画楼，飞泉叠石，胜境宛如蓬岛；
园林甲天下，愿邀朋戏酒，对月传觞，风流雅集兰亭。

联匾相配，表示该园包融天下青山绿水，人在园中，坐拥一片天地；又标明"主雅客来勤"，欢迎四海佳宾、五洲贵客。

这是风光秀美的风景园，自然曲折的脉脉清流，秀石叠砌的池沼假山，鳞次栉比的楼阁亭台，集北方妙景之雄，兼南方佳境之秀，可谓匠心独运。

该园在院落的组合上舍弃了皇家园林的中轴线，打破了传统的对称格局，因地制宜，错落有致，疏密有间，追求诗文之意的舒展开合、起承转合，又寻求画意的远近高低、明暗虚实，这一切"虽由人作，宛自天开"，完全契合"师法自然"、"天趣自然"、"率意天成"的美学理论，使园林体现自然、淡泊、恬静、含蓄的艺术特色，并收到移步换景、小中见大的观赏效果。

香影楼景区。主楼香影楼，两层五开间，与正门处一条中轴线上，大气派，与西侧的凝翠轩、东侧的湖石假山形成园的第一个中心。

涵碧园

晴光阁景区。该景区为核心景区，主楼为晴光阁，东为澄碧楼，前为大片湖面，湖中有惠风和畅亭、凌云书屋、听泉山房、湖石假山、船舫。园中亭台楼阁高低掩映，各自成区，又有游廊周接，配以山水花木，素雅精巧，小中见大，轻巧通透，开敞深邃，色调淡雅，充满书卷之气。它不同于燕赵的慷慨,楚汉的雄风,而是充满吴越的灵秀;性质上既不同于皇家气的擅山海之富,居山林之饶,崇门丰室,洞户连室,飞馆生风,重楼起雾;也不同于富商气的繁琐庸俗、附庸风雅、叠床架屋的楼阁,雕梁画栋的装饰,矫揉造作的联匾。理水、叠山、造屋、栽花,自然流露出一种诗情画意。

玉漱楼景区。该景区是园的东部景区,主楼为玉漱楼,四周有六个亭拱卫,成众星捧月之势。这是一块吉地,其地脉天成,紧临晴光阁、澄碧楼,东高西低,四周空旷开阔,一马平川,是风生水起之地,堪舆学上乃大吉之所在。其地脉风水,真可谓百年传承,得天独厚。

陈 园

陈园位于钟灵毓秀的甘泉镇。"陈",不仅仅是园主人的姓,更是广义的陈。历史上,扬州姓陈的文化名人不胜枚举,如东汉扶世济民的广陵太守陈登,三国时的建安七子之一的陈琳,清代扬州八怪的代表陈撰,更有古往今来四方八面陈姓的雄姿英才、志士仁人,或流连,或久居,为扬州的繁荣发展倾心尽力,这是天下的陈。同时,"陈"字意指传统、古雅、推陈出新,点明陈园是文化遗址公园,是古代文化与现代文明交相辉映的博物院。

陈园由一园、一宅、一馆组成,整体风格为大园林。

一园:阆苑,这是按扬州清代名园"阆苑"复原的。赵孟𫖯有诗云:"春风阆苑三千客,明月扬州第一楼。"该园包含有徽派、苏派、晋派等原真性建筑,弥补了扬州园林仅有苏派、扬派的缺憾,时时体现文人雅士的习好意趣,处处观赏都是一幅幅天然图画。

一宅:高翔故园。高翔是扬州八怪之一,甘泉人,在其故乡复建故居,地脉、文脉都顺理成章,这是让他衣锦还乡。故居按清代文人的生活习俗复原,其房屋建筑、生活起居用品都是明清旧物,美不胜收。与故居配合的还有高翔与八怪其他人交往、切磋艺术的场所。

一馆:盐商实体生活博物馆。近代人陈去病在《五石斋》中说:"扬州之盛,实徽商开之,扬盖徽商殖民地也。"在扬州的徽商群体,富可敌国。该博物馆实体再现清代徽商在扬州

高翔《溪山游艇图》

的食、住、行、娱、读书、收藏的生活。其中,数栋徽州古宅系列是从当地移建而来的,大型楠木厅、四水归堂、三间两厢、公子读书楼、小姐绣楼更是精华所在。各类古玩名器上千,千余件门窗、牌匾、石雕、木雕,明清老红木雕花大床,紫檀、黄花梨全套厅堂家具,处处见奇。

陈园

凤鸣园

瓜洲自古为江北重镇,"瞰京口,接建康,际沧海,襟大江",为七省咽喉,全扬保障。低山丘陵起伏,树森林密,物产富庶,民风淳朴,处处弥漫着浓郁的山野情趣,令人心旷神怡,给人美的遐想。

观音岛直升机游艇航空乐园,地处瓜洲古镇滨江地带,位于润扬长江大桥北接线以东、瓜洲渡口以西、古运河与长江交汇处,南与镇江市隔江相望,北距扬州市区14公里,钟灵毓秀,是扬州唯一拥有江、湖、河、滩涂的生态公园。

乐园由通用直升机场、游艇码头和凤鸣园三部分组成。

凤鸣园是江南园林,拥有凤鸣坊、观音阁、三星亭、麒麟阁、小南海、天地观景台等景观。

这里经过打造,被定位为:"南郊'水'核心的多元一体体验式滨江风光带"。

游艇码头,滩涂遍布,芦苇摇曳,群鸟栖息,拥有保存完好的生态湿地环境,是2005年以来扬州市委、市政府为打造成"生态扬州、人文扬州"而建设的一项生态景观工程的一部分。乘飞机天空翱翔,江上游艇畅游,近看运河入江,润扬长江大桥飞架,不仅可以领略碧水蓝天,享受戏江弄潮的乐趣,而且可以向南极目,眺望镇江的金焦山、西津渡、毛公岭,体会"京口瓜洲一水间",江依水、水润城的乐趣。

直升机场是扬州的唯一,对推动新业态旅游产业的发展,具有一定的现实和深远的意义。该项目于2013年6月开始兴建。它包括直升机起降平台、直升机训练平台、直升机停机坪、直升机库、航站楼以及餐饮、茶座、宾馆和商务中心等。驳岸、道路、地下管网等基础设施已按机场要求全部完成。

"直升机空中游润扬"观光旅游项目,按照"米－171"直升机起降要求兴建的通用航空机场已完成项目选址。机场由南京军区空军设计院勘测设计,涉及民航与空军有关部门的手续已办理完毕。

已购置哈佛教练直升机一架,并进场试飞成功。已与美国罗宾逊直升机公司签订了购买两架R44直升机的合同。

游艇水上旅游项目,利用观音岛所处的长江和运河入江水道、与长江浑然一体的千亩芦苇荡,以及镇江和扬州两市的旅游资源,开辟通往镇江和扬州七河八岛的水上游览线,构建"艇在水上行,人在画中游"的美丽图画。

凤鸣园

现有5艘游艇和1艘气垫船,游艇总数预计可达到8～10艘。游艇码头已完成设计施工,投入使用。

水上游览项目包括游艇俱乐部,拥有豪华游船、大众型游船、休闲渔船、高速快艇多艘,可同时接待多位游客江中观光。将推出江中涌潮观光、芦苇荡风情游等多种精品游览项目。

乐园集旅游胜地、休闲园地、度假天地、郊野露营、运动休闲于一体,满足游客现代特色旅游、立体旅游、高端旅游的需求,是扬州市唯一的集观光、休闲、新婚蜜月、游艇、直升机训练为一体的新业态旅游项目,也是江苏地区率先发展立体旅游和特色旅游的试点和示范项目。这里是探奇求知、变换生活节律、调适身心的最佳去处。

主题篇

天人合一　雄秀交融

书卷园林　艺术幽思

——园林的"书卷气"主题

不同于燕赵园林的慷慨、楚汉园林的雄健，扬州园林充满着吴越的灵秀。许多专家对这种风格皆有定评。"其烟渚柔波之自然，其婉丽妩媚之气质，其人工与自然融合之天衣无缝，窈折幽胜，仍为苏杭等地之园林所无法比拟者。"（刘策《中国古典名园》）瘦西湖一直有"翰墨园林"之称，到处都显示出文学艺术的特征，以文入画，以文点景，文景结合，给人以丰富的想象、感觉不尽的韵味。小金山麓，当年的造园者即按照文人雅士喜爱的琴棋书画构制了一组精舍。形制不大，造型清雅，将佳木繁花、联对匾额巧妙安排，彰显琴棋书画，暗合春夏秋冬，给人以淡雅素洁之美，可谓天人合一的典范。

春日临水抚琴，柳岸晓风

琴室临水而建，屋前芳径，面水临桥。阳春三月，桃花缤纷烂漫，柳丝婀娜起舞，确是"沾衣欲湿桃花雨，吹面不寒杨柳风"。此盛景在"琴室"匾上有载，沈约《宋书·徐湛之传》云："风亭、月观、吹台、琴室，果竹繁茂，花药成行。"扬州是古琴之乡，广陵派古琴艺术是中国古琴艺术的重要流派之一，唐、宋以来渐显地域风格与流派特征。明末清初，徐常遇编著《澄鉴堂琴谱》，标志着广陵琴派的正式确立。20世纪初，孙绍陶首倡成立了广陵琴社。2003年，中国古琴艺术列为世界非物质文化遗产。2006年，广陵琴派入选国家级非物质文化遗产名录。古人今人常在此面水弹筝，岂不是红牙拍板，正好歌"杨柳岸晓风残月"？

秋日凭轩读书，丹桂诗韵

进琴室，是一庭院，东面花瓶门的石额上有"静观"二字，是清代大书法家邓石如的手笔。原来这是木樨书屋，读书所在，当安静观书。园林专家陈从周曾说："大园宜动观，小园宜静观。"步入"静观"发现，这里的静源于这堵粉墙，挡住了园外的喧嚣，但并未阻隔风景。透过花窗，"似隔非隔，隔而不断"，给人一种"园外有园，景外有景"的感觉。书房内陈放多宝架，上置经史子集，书卷溢彩，翰墨生香。门外沿墙筑坛，花木幽深，特别是丹桂丛植，花时浓香外溢，金黄出墙。秋日品三秋桂子，"叶密千层绿，花开万点黄",闻桂花香,读万卷书,此乐何极?

冬日幽窗棋罢,梅香茶闲

　　棋室前为一株老梅,疏野横斜,暗香浮动。室内有一幅棋画与棋联,这是宋代两位名家苏东坡、黄庭坚在"松下对弈",恰巧一枚松子掉落在棋盘之上,苏东坡即兴说道:"松下围棋,松子每随棋子落。"黄庭坚环顾四周,看到远处水边有一老翁在钓鱼,应对道:"柳边垂钓,柳丝常伴钓丝悬。"这幅场景,既为棋室点题,也道出了文人在扬州生活的惬意。"琴令人寂,棋令人闲",虽说博与弈是紧密相连的,唯文人弈棋的彩头不过是多一番雅趣。棋局中,可以挣脱现实关系的镣铐,体味到生命的闲情逸致——一种以自由为特质的精神享受。风雅是他们倾心和神往的一种境界,而围棋自唐代以来就被视为同书、画、琴同品的雅事,"以棋消长日,局中度流年",自然成为文化最常见的暗示方式。

夏日面湖挥翰,莲腮映月

　　"月为诗源,花为画本。"构园者深知文人通过赏月才能诗情大发,特别是古城,素有"天下三分明月夜,二分无赖是扬州"之说。"今月古月,浩魂一轮,把酒问青天,好悟沧桑小劫;长桥短桥,画栏六曲,移舟泊烟渚,可堪风柳多情。"

　　于是,他们将琴室、棋室、书屋明提,而将画室暗点,面东临湖建水榭式建筑——月观。每逢望日,文人雅士在此吟诗作赋,尤其是中秋之夜,木樨盛开,荷花竞艳,"晴露珠共合,夕阳花映深",宛如琼楼。月观特地在后墙留六扇大窗。打开后窗,阵阵桂香,和着室内茶香、酒香,沁人心田;天边东升皓月,悬挂柳梢,与湖中月影互相交辉。水明,灯明,婵娟明;茶香,酒香,木樨香。此时,诗人、画家仿佛超脱尘世,飘到蟾宫,与嫦娥、吴刚共度良宵。请问谁个诗人不文思如涌,谁个画家不泼墨淋漓?而这种构思又通过月观中一联"月来满地水,云起一天山"表现出来。郑板桥只用了十个最常用字,却组成了一副千古绝对:瘦西湖水虽然有限,但月色溶溶,就显得无际无涯;小金山虽微不足道,但水气弥漫,与天边云山连绵逶迤。如此,天上人间,实景虚化,小景变为大景,有限的园林化为无限的诗境。人行其间,心胸怎不为之开阔? 观内无水却有水意,潆洄入湖而波连;观前无山却具山情,云起碧空而山出。此联虽属喻意,一经点引,情趣万千。

片石山房效仿，比耳悦目

片石山房画景

片石山房景区有水榭三间静卧波上。这里别出心裁，将琴、棋、书、画如谜般进行设计，有为主的——书屋，书桌、官帽椅、轩窗、多宝书架，营造了三更灯火五更鸡，发愤攻读的氛围；有附带的——枯树的棋桌，枯树的凳子，极古朴，上刻一方围棋盘，安放几枚围棋子，山水中对弈，情趣自不一般。书棋明提，也有暗点——画。面南是一四方花窗，下角是一块玲珑巧石，旁边是簌簌劲竹。微风轻拂，枝摇影动，分明是郑板桥的竹石图。木雕的窗边，折角，如同扬州人的对画的装裱，比之文人的水墨丹青，多的是生气变化。更有联想——琴，棋桌旁是泉井，当泉水涌出时，泉水叮咚，宛如琴音，间关莺语，幽咽泉流。这里的雅韵须静心修行，方能比耳为美，悦目为欢。

片石山房棋盘

小金山棋盘

木樨书屋

归隐放舟　茱萸聆奕
——园林住宅的"山人气"主题

隐逸气是扬州风景特有的一种风格。由于受"野店思茅宇,山人爱竹林"(王勃)习俗的影响,最初是失意的官员、迁客和怀才不遇的骚人、墨客为寻找陋室、荒院,体悟"仕宦溺人为至深"(苏舜钦)而形成的一种气质,渐成时尚后,竟成为私家住宅刻意追求的一种风格,升华为一种境界。现今扬州的住宅中处处可见山房之影,寄啸山庄、片石山房、问月山房、群玉山房、卷石洞天、仙人旧馆、壶园、小盘谷,不仅是老庄思想的反映,而且是中国传统思维模式的表现,并促使住宅审美意识的不断进步和成熟。吴江人计成的《园冶》、文震亨的《长物志》两书对扬州住宅艺术中的山人气进行过系统的总结。山人气住宅的"不戚戚于贫贱,不汲汲于富贵"(陶渊明)的理念,松菊为友、琴书作伴、恬淡安适的审美方式,得到了皇室和富商的认同,将帝王殿堂中表现出的不可一世的煊赫、养尊处优的得意、穷奢极欲的纵乐、呼前拥后的喧嚣逐渐淡化。

卷石洞天。该景原为清代北郊二十四景之一,早圮,近日复原,成为瘦西湖蜀冈名胜区第一景点。《礼记》中载:"今夫山,一卷石之多,及其广大草木生之,禽兽居之,宝藏兴焉。"此处"卷石"通"拳石",即"石小如拳","洞天"是神仙居住之地。用如拳小石堆成神仙的洞府,更见扬州园林叠石艺术非同一般。内有"群玉山房",是平庭精华。"若非群玉山头见,会向瑶台月下逢。"群玉山为西王母所居,此房巧借神仙洞府之名,正与"卷石洞天"暗合。知音舫为竹舫,在其内品茗,坐观水景,则有"天在清溪外,船在云里行"的空灵感。知音舫又与窗外拟人山石"听琴"呼应,正与民间"俞伯牙摔琴谢知音"的佳话暗合。

片石山房。扬州的大小住宅均刻意吸取山人气的意境,比如石涛的片石山房,"四面水色茫无际,别有寻思不在鱼。莫谓此中天地小,卷舒开放卓然庐"。何芷舠孙何适斋曾有《扬州园林片石山房》对山人气进行诠释:"池前广地花木扶疏,楚楚有致;廊前空地,亦有修竹数竿。琴台一座,面对岑岚,似寄高山仰止之思。"片石山旁处处体现山人气的清旷、幽深,而何园中的若干联对,如"藕花木培生气,避尘器作散人","前尘如梦,旧游西子湖边,十所冠盖虚掷,笑我也曾骑黑卫(驴);缺憾常留,小憩吴公台畔,九曲栏杆倚遍,教人何处看青山"(何芷舠),"退士一生藜苋食,散人万里江湖天"(何绍基),"莫放春秋佳日过,最难风雨故人来"(彭鸿),一品大员淡化勤政的政治意识,而强化伦理意识中的亲情、恋情、友情,再好不过地验证了住宅山人气的魅力。

壶园。 该园是同治年间江西吉安知府何廉舫寓居扬州时的家宅。他29岁时中了进士,任过吏部主事,接着又任江西吉安知府。其时,太平军攻入吉安,何氏一门八口被抄斩,继而他因失职罪被削职为民。当何廉舫遭难、穷困潦倒时,曾国藩和李鸿章慷慨解囊,于是他寓居两淮盐运使驻地的扬州,以业盐为职业,经商发了财。最终,他没有在商场致力,而是在诗文中找到了归宿。他的《悔余庵诗文集》,曾国藩给予了"惊才绝艳"的极高评价;他的《齐姜醉遣晋公子赋》,鲁迅先生认为要比章士钊的呈文不是好一点,而是好得多。

他的由官而绅,再由绅而儒,三起三落,是近代知识分子的缩影。走近壶园,就是走进中国近代史。他是撰联高手,一副副对联都是发自肺腑,表现远离尘嚣之乐:

　　自抛官后睡常足,不读书来老更闲。

何廉舫的自撰联正是他境遇的写照。其实,他一日未尝忘读书:

　　酿五百斛酒,读三十年书,于愿足矣;制千尺大裘,营万丈广厦,何日能之?

他悟透人生,不以物质富有为幸,而以终日消磨一卷书为满足。爱书爱景,几近痴迷的程度。

聆奕馆。 茱萸湾聆奕馆是景区里供游人品茗休憩的佳处之一,在这里聆听水声、风声、竹声、鸟声,绝对让您有身临"水云深处"、"人生难得一时仙"的美好感觉。据传这里还曾是唐代公主的躲避之地呢!馆内陈设古色古香,推窗可见三面流水,四时景色尽入眼帘。馆外抱柱楹联"如此风神唯须饮酒,既佳光景当是剧棋"写酒,写棋,写人之神态,写时空之聚焦,写出了闲适和柔秀,写出了豪爽及大度。

弹指阁。 陈园该阁取义高翔名画《弹指阁图》。高翔的《弹指阁》是一幅写实的园林小景,阁址在今扬州天宁寺的梅岭西园内。弹指阁从佛经取意:一是指时间短暂。佛经说二十念为一瞬,二十瞬为一弹指,人生苦短,当自得其乐。二是指许诺、欢喜、告诫。弹指阁地傍天宁寺,可见这是一个清净场所、觉悟之地。高翔是笃信佛教的,"为令觉悟,登楼清听市声远;是故弹指,倚槛潜窥鸟梦闲"的对联是他心境的表露。

问月山房。 冶春花社原为造园大师余继之种花之所,包契常题名"餐英别墅",分明从屈原"夕餐秋菊之落英"取义。内有郭氏"问月山房",从李白的《把酒问月》取意。孤高的明月形象,通过海天景象的描绘以及对世事推移、人生短促的慨叹,展现了作者旷达博大的胸襟和飘逸潇洒的性格。

崇文尚德　吟诗作赋
——名城的"文气"主题

著名作家宋振庭先生说:"扬州是唤起民族自豪感的好地方,扬州和扬州的文史就是其中最有力量的历史博物馆。她站在这里每天给人们讲课,她说:'这个民族曾经创造过并且还在创造着多么让人神往的物质文明和精神文明。'"

崇文尚德,漫步扬州,扑面而来的是文化名城特有的文化气。

文汇阁。书籍当汇聚,所以有文汇阁。全国有七大藏书阁,扬州占其一。手抄本《四库全书》,全国仅七套,乾隆放在扬州,并令地方官员允许士子借读,推动扬州文化发展。可惜毁于内患,让我们时时为落后、愚昧惊醒。盛世修书,近日,影印文津阁本《四库全书》,一套安放在扬州天宁寺藏经楼,一套捐赠北京故宫博物院。

文选楼。典籍当扬弃,所以有文选楼。《昭明文选》在江对面镇江编成,文选学却在扬州开创,如学者所说:"注《选》之学,或道其源,或畅其流者,大多皆扬州人士,呜呼盛矣。"近现代承继研究者不乏其人,且有后来居上、出蓝之誉。隋代的曹宪、唐代的李善、清代的阮元都曾在这里研究经学小学文学。

文昌阁。文化当昌明,如水的源远流长,所以有文津桥,桥上有文昌阁。这里是旧时的府学,旁边有文津园。对文昌帝君的膜拜是对文化昌明的祝福,这是学经和入仕的门径,也是培养担当津梁重任的人才的路途。饱含着扬州人虔心教育、昌明文化的祝愿。不远处是县学,有魁星阁,演绎着文化的传递与接力。

文峰塔。文士当风起云涌,所以有文峰塔。官府不是看重阿育王造塔存放佛骨,而是借佛教力量造塔以振兴儒林。文峰如笔,荷池染翰。以荷花池比喻砚池研墨,以青天作纸,确实可以做出千古大文章。这是大气派。

文游台。文友交游,载酒论诗,所以有文游台。都说文人相轻,而苏东坡却发现了没于稠人广众之中的秦观,屈尊降贵,专程赴高邮鼓励秦观。从此,这位北宋的婉约派词宗从文游台步入国家殿堂,伸展忧民报国之志。

文化里。里巷也风流,文化里展示的是原生态的历史文化、民俗文化、居民文化和手工文化,古韵古意,是扬州活着的历史,商铺、茶楼、澡堂、客栈、小吃摊、刀剪铺、民间艺人,纯正的民风,淳朴的人情,把人们对岁月雅俗文化的怀想串成精美的项链。

文人尽显才智。扬州无愧于人文荟萃的文化城,钟灵毓秀之地引动多少文人雅士云集寻胜,雄姿英才荟萃探幽。吟诗作赋,留下多少歌咏扬州佳景的华章;孜砣探求,写就多少研究古代文化的专著。扬州的文化沃土,使多少文人尽显才智:唐初有张若虚的《春江花月夜》"孤篇压倒全唐";盛唐有李白"烟花三月下扬州"的"千古丽句";继有刘禹锡"沉舟侧畔千帆过,病树前头万木春"最富哲理、催人奋进的佳句。

开一代诗风。唐之前的古体诗向唐代今体诗过渡,隋炀帝功不可没,他的《春江花月夜》:"暮江平不动,春花满正开。流波将月去,潮水带星来。"不仅以绝妙的"江流扶明月,潮水拥星光"的意境,给人以美的享受,而且诗的平仄已见唐代绝诗格律的端倪。唐诗重意境,宋诗重理趣,唐诗人杜牧就是这种变化的开山,一首"二十四桥明月夜"就是意境、理趣结合的典范。

讽刺文学丰碑。扬州决不仅仅对花流泪,对月伤感,"为时而著",扬州讽刺文学所树起的我国讽刺文学的一座座丰碑,达到了作家所处时代的最高思想水准和艺术水准。自古以来,历史文化名城扬州颇多"掀天揭地之文,震电惊雷之字,呵神骂鬼之谈,无古无今之画"(郑板桥语)。反映扬州政治、经济、民情习俗的社会生活百态,为讽刺文学提供了丰富的活水源头;扬州历史文化的丰富营养,培养了一位位讽刺文学的巨擘。扬州本土和客居扬州的文人补察时政,泄导人情,敢鼓敢呼,不同时代,以不同样式,"为事而作":枚乘的《七发》开汉大赋讽一劝百的先河;唐代诸多诗人皆借隋运河讽唐奢靡;元代睢景臣《高祖还乡》套曲制作新奇,揶揄百端;明代宗臣《报刘一丈书》抒发积愤,痛快淋漓;清代吴敬梓客死扬州,《儒林外史》也于扬州付梓,分明是揭示文人心态的利刃,堪称讽刺文学的绝唱……

运河碧水是滋养骚人墨客的甘甜乳汁,"烟花三月"又平添古城名邑的无限风韵。地以人名,文因地著,文地交辉,使"人天美景不胜收"。

商胡来访 师夷制夷
——风景中的"胡气"主题

"商胡离别下扬州。"(杜甫)唐代对胡人到中原做官经商实行开明政策,并且积极鼓励。"胡"包括中原及周边的少数民族,也包括阿拉伯、印度、柬埔寨、尼泊尔、日本、南韩,以及南非、东非乃至欧洲的广大地区。陆上丝绸之路与海上丝绸之路使扬州成为连接欧亚非的文化纽带。如鲁迅所说:"那时我们的祖先对于自己的文化抱有坚强的把握,决不轻易地唾弃。"包容而不崇拜,抉择而不唾弃,这是博大的胸怀与气魄。它既无私地把自己成熟的文化输向天涯海角,又无厌地吮吸五洲四海文化的丰富营养。唐代鉴真大师双目失明航东海,将盛唐文化之菁华——传播于彼邦;晚唐新罗(韩国)学者、诗人崔致远入淮南节度使幕府;宋代时,阿拉伯友好使者普哈丁来扬州传教,临终时还愿意安卧于维扬之畔;元代威尼斯旅行家马可·波罗遍访扬州,并且有在扬州任职之说。这真可谓"维扬玉立亭亭柳,送客迎宾总是情"。

胡人给我们带来了有形的胡物,为传统的生活吹来一股新鲜的风。先看服装,扬州博物馆的唐代彩绘俑,其中一女俑所穿即为胡服——中翻领、小襟、窄袖,有别于唐服的宽袍阔袖。次看运载工具,一骆驼陶俑长达71厘米,高约52厘米,引颈昂首,双峰肉鞍为背驮装满食物的兽头皮囊,分明再现了陆上丝绸之路商贾驼运的场面,以别于马运、车运。再看吃食,史载"贵人御馔,供尽胡食"。鉴真东渡的食物即有胡饼,与今天新疆的商人在扬州制作的馕相类。再看用具,仙鹤寺中有扬州出土的青釉绿彩背水瓷壶的照片,上有阿拉伯文"真主真伟大",其形制纹饰为阿拉伯物件无疑。而扬州博物馆中金栎上的飞天雕饰,铜镜上的打马球运动,唐城中瓷片宝相花、团形花的纹饰等等,当是从印度等国传入。再看乐器,扬州出土的唐代乐器中,有两具琵琶,一具虽属明器,但仿真程度极高,长55厘米,宽19厘米,颈成直角,上有旋轴四根。四弦四柱的曲颈琵琶,弥足珍贵,想见扬城使用胡乐已很普遍。

胡人生活方式的影响。年代久远,有形器物仅是一鳞半爪,我们即使"众里寻他千百度",也难有"蓦然回首,那人却在灯火阑珊处"(辛弃疾)的惊喜,而胡人的生活方式不仅仅具有文物价值,而且已成为传统与习惯,早已渗透到扬州人的血液中。先看语言,"别宝回子"、"波斯献宝",已成扬州人方言,妇孺耳熟能详,对外地人却要做一番解释。次看风俗,寒食清明的扫墓祭祖本源于印度佛教的扫塔,造寺院、建佛塔、雕佛像,已成扬州人代代相承相续的淳风良俗。再看道德规范，"割股疗亲"本源于佛教的舍身供养，《扬州画舫录》有载，清代扬州有箫孝子祠墓，他是梦中受神的启发而割自己的肝给母亲治病，可见其受佛教影响之深。《唐语林》中载一事，一老胡人在扬州一带经商二十余年，临死前将一颗珠宝交给李勉，后其子寻父来扬，李勉告知，为怕丢失，特地将珠宝藏在其父口中，并助其发墓取宝而回。这说明老胡人对李勉的十分信赖，而扬州人也不负胡人朋友之托，体现了传统道德的信与义。而回汉双忠的民族英雄左宝贵平壤之战为国捐躯，是甲午战争中清军高级将领血战沙场、壮烈殉国的第一人。战斗打响前，左宝贵"遵回礼，先期沐浴，誓临阵死节"。战死后，尸骨无存，清军将士冒着炮火硝烟，只觅得他的一领血衣和一只朝靴，从平壤护送回淮安。左夫人陶氏及其亲属，遵奉朝廷旌表，按照回族葬礼，在河下墓地为他举行衣物下葬仪式，并建造了"左忠壮公祠"。光绪皇帝颁旨，在扬州再建其衣冠冢，就傍扬州普哈丁墓旁，让英雄在东南影响最大的伊斯兰圣地，紧傍穆罕默德的裔孙安息。

胡人实实在在的遗存，已经不是木乃伊，不仅具有文物价值，而是活化石，记载着扬州胡气的前世今生。村庄聚落的高邮菱塘乡、江都波斯庄，都有着胡人先民的后代。波斯庄不仅有波斯亭，而且居民体格高大，胡须浓密，眼窝深凹，鼻梁挺直，分明有着波斯人的体型相貌。这里流传着一个故事：唐代时波斯商人结识此地郭姓巨商，他在此以物易丝，行医治病，以其性格豪爽，待人真诚而深得百姓拥戴，并与郭家姑娘喜结连理。后兵匪来犯，他带领民众与匪徒殊死斗争而英勇牺牲。他的陵墓一直保存，还有两个偶像，一为波斯骧（面善），一为龙骧（面恶），类似图腾，可以趋福避害。人们幻想他的英魂能保境安民，于是形成了"波斯龙骧祭"的仪式——集会、击鼓、撞钟，向这位异国商人供奉祭品。这里已引起中外学者研究的兴趣，伊朗、英国、美国的多批学者来访，波斯庄蜚声遐迩。

师夷之长技以制夷。近代学者：思想家魏源在扬州遇到了与其著作最有关系的两个朋友龚自珍、林则徐。三人都是忧国忧民之士，都主张改变闭关自守的现状，向西方学习。1841年受林则徐之托，魏源在其仓巷洁园著成《海国图志》。这是一部世界地理历史知识的综合性图书。全书详细叙述了世界舆地和各国的历史政制、风土人情，主张学习西方国家的科学技术，提出"师夷之长技以制夷"的中心思想，是一部具有划时代意义的巨著。《海国图志》撰写、刊刻于扬州，堪称近代最早全面推介西方先进科学技术的一部奇书，扬州也无愧"睁眼看世界"第一城的美誉。他还在扬州编成《圣武记》，总结清代盛衰教训，为抵抗侵略提供借鉴。睁眼看世界，师夷以制夷，巨著惊世，思想骇俗，喊出了时代最强音。

正谊明道　功开食货
——园林"伦理"主题

人类文明包括认知、伦理、审美三大领域,正是在这三大领域的演化中,人性才得以诞生和发展。有了文化,生活就丰富、饱满,这是精神享受。在一个互联网如此发达的时代,如果把人脑比作电脑,我们拼不过内存。人脑比电脑丰富的地方是,有价值判断,有觉悟,有取舍的标准。知善知恶,就是一种智慧的开端,就是良知。扬州园林古迹不仅有建筑躯壳,而且有主题内涵。历代先贤为伦理的建设克尽绵力,其影响永恒。

董仲舒祠堂——贤相的"正谊明道"

董仲舒在"天人三策"中对"罢黜百家"做了理论上的阐发,提出春秋大义的观点,为中国封建社会确立以儒家学术为核心的统治思想奠定了理论基础。汉武帝选派他担任江都相,辅佐江都王刘非。刘非是武帝之子,始终觊觎皇位,但还不敢付诸行动。董仲舒因势利导,劝刘非"正其谊不谋其利,明其道不计其功",即"正谊明道"。从此,董仲舒被尊为"众儒之首"、"汉代孔子",认为皇亲国戚都应安分守己,自觉遵循君君臣臣之礼。现在,在老扬州城区内还有董子祠、正谊巷等和董仲舒相关的遗迹。

董子祠气势恢宏,主殿中设漆雕屏一扇,上刻董子立像,上悬"正谊明道"四字匾额,为康熙亲书。楠木柱上镌刻着董仲舒"正其谊不谋其利,明其道不计其功"之语,为院名出处。悬有一副对联:"习六艺,述五经,师表圣贤垂万世;上三策,相二王,尊儒功德足千秋。"既概括了董仲舒一生的功绩,也是对董子继承孔子思想并发扬光大的赞颂。设"务本"、"景贤"、"崇文"三楼,"仪董"、"尊儒"二轩,恢复了"资任堂"、"博文"、"起道"二斋,形象的表达董子的思想主张及后人对他的尊崇。

隋炀帝的迷楼、鉴楼——亡君的奢靡误国

"炀帝雷塘土,迷藏有旧楼。"(杜牧)隋亡之后,迷楼就成了游人到扬州后的必访之处。"今日市朝风俗变,不须开口问迷楼"(李绅),"红楼日日柳连年"(罗隐),"只因占尽风流号,惹得纷纷口舌多"(《红楼梦》)。在隋炀帝的遗迹中,迷楼最富有传奇色彩,其传说聚讼纷如,历史的真实与文人的渲染真假莫辨。唐代韩偓《迷楼记》也是根据传说加以演绎的:"幽房密室,错杂其间,万折千回,东西莫辨",步入其中,"目眩神迷,虽终日不能出"。杨广"幸之,大喜,顾左右曰:此楼曲折迷离,不但世人到此,沉冥不知,使其仙游其中,亦当自迷也"。故名"迷楼"。传说隋炀帝还作《迷楼歌》云:"他日迷楼更好景,宫中吐艳变红辉。"迷楼的位置,一直说在观音山上。观音山上有小楼叫"鉴楼",相传就是迷楼遗址。这源于明代中叶扬州人崔桐的说法:"楼名何事改标题?为洗隋朝旧日迷。"感谢现今观音山的住持,他说,迷楼遗址确实应该在观音山,旁边的"天兴门"、"成象殿"都是隋宫旧址,但宫毁楼亡,后来仅以禅堂替代,有民国老照片为据。为满足人们的探求,他在观音山下造鉴楼,在匾额上书大字"鉴楼"二字,旁作说明:"观音山旁,隋炀帝行宫迷楼遗址,传明崔桐改之曰鉴楼,以史为镜。"楼前是一汪碧水,而内中施舍禅茶。其意是,去除世俗的功利,便能恬淡静心,观景自适。这不仅

以新楼了却了公案,而且让僧俗都淡泊名利,与"鉴楼"警诫后世的初衷吻合。迷楼旧有联:"数重楼苑,万顷江田,碧荷映日,紫竹浮烟,千古迷人繁盛地;十里春风,一湾湖水,白塔凌空,绿杨垂岸,九州耀眼艳阳天。"若能恢复,与楼名更切。

盐宗庙——盐商的"功开食货"

盐宗庙、大盐商卢绍绪之豪宅，都是盐商生活、经营、祭祀的场所。

盐宗庙正堂内供奉宿沙氏、胶鬲、管仲三位盐业的始祖，为目前国内仅存的三宗同祀的庙宇。宿沙氏，最早发明煮海为盐的始祖。胶鬲在丰镐及渭水一带贩卖鱼盐，是经销盐的始祖，后世称中国第一盐商。管仲，春秋战国时齐国名相，首设煮盐官，是最早管理盐的官员。

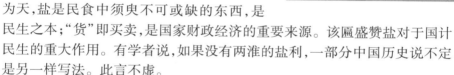

堂中有匾"功开食货"。"食"，民以食为天，盐是民食中须臾不可或缺的东西，是民生之本；"货"即买卖，是国家财政经济的重要来源。该匾盛赞盐对于国计民生的重大作用。有学者说，如果没有两淮的盐利，一部分中国历史说不定是另一样写法。此言不虚。

古代重农主义视农为"本"，视工商为"末"，认为后者不仅是社会浮华、堕落的原因，而且是小农的兼并者和国家利益的侵蚀者。当然，有识之士是抨击该谬论的，郑板桥说："工人置器利用，贾人搬有运无，皆有便民之处。而士独于民大不便，无怪乎居四民之末也。"盐商当然更要为自己正名。"庆云堂"三个大字，熠熠生辉，烘托厅堂气氛。庆云，彩云，祥瑞之气。《汉书》云："若烟非烟，若云非云，郁郁纷纷兼索轮囷。"《礼乐》云："甘露降，庆云集。"堂上有主人拟的对联：

盐宗庙

屑玉披沙品清洁，熬霜煮雪利丰盈。

上联讲做人，主人以盐自诩，品质清洁无瑕；下联赞盐业，盐商之道如同制盐之道，禁受风雪霜剑的煎熬才有了宏图伟业和丰厚的利润，可谓君子爱财，取之有道。这也是对世俗"无商不奸"的最好回应，也可看出盐商经营的不易，十分耐人寻味。

旧雨今雨　情谊真挚

——园林"交友"主题

"首先是人类营造了建筑,然后是建筑营造了人。"(丘杰尔)扬州的园林建筑不同于皇家园林夸耀文治武功,也不同于富商园林踌躇满志于一本万利,而是书卷气园林,以交友赏景作为人生乐事。

宜雨轩,旧雨、今雨相逢

个园,"宜雨轩"匾额为刘海粟先生所题。门前有一楹联:"朝宜调琴,暮宜鼓瑟;旧雨适至,今雨初来。"琴瑟和鸣指夫妻和谐、家庭和睦;"今雨"、"旧雨"借指新朋老友。源出杜甫《秋述》诗序:"秋,杜子病卧长安旅次,多雨生鱼,青苔及榻。常时车马之客,旧雨来,今雨不来。"此联可谓"宜雨轩"的破题导读,显然,这里曾是主人接待宾客、与新朋老友欢聚的场所。宜雨轩是四面厅,四季景物都绕厅而置,景色透窗而来。"人在厅中坐,景从四面来。"春、夏、秋、冬竟一起隔着窗儿涌到了眼前。时光像是停下了脚步,四季也没有了更迭。有人说,这是友情的长青树。

宜雨轩

轩内的对联是由林则徐撰句的"世无遗草真能隐,山有名花转不孤",讲的是隐士高人在世间不留痕迹,但有高山仙草名木为友的隐逸境界。近代国家的衰败并不意味着全体国人思想的落伍,晚清时中国的知识精英、政府官员中一些优秀的思想家关注着中国未来的命运。把眼光瞄向了海洋,对准了世界。在这些走在时代前沿的精英中,林则徐、魏源、李鸿章、龚自珍等"旧雨"、"今雨"均频繁往来,在扬州交好,"上筹国计,下恤民生",忧国爱民,至今深得人们缅怀。

包世臣故居,与魏源、林则徐多有过从

包世臣故居在东关街观巷,是普通民居。包世臣是安徽泾县人,清代学者、书法家、书学理论家。泾县是一个贫瘠的山区。他虽曾十二次会试而未能中试,但他是当时官场公认的"天下奇才",嘉庆二十年举人,曾官江西新渝知县,后被劾去官。客居扬州,自署其居为"小倦游阁"。人们以为宋代书法家米芾在扬州旧有"倦游阁",包是借用,典出《史记·司马相如列传》:"今文君已失身于司马长卿,长卿故倦游。"包世臣景仰前贤,懒与俗人交往,洁身自好。他晚号倦翁、小倦游阁外史。他虔心书法研究,28岁时遇邓石如,师从学篆隶,后又倡导北魏。晚年习"二王"。自称:"慎伯中年书从颜、欧入手,转及苏、董,后肆力北魏,晚习二王,遂成绝业。"自拟为"右军第一人"。其《艺舟双楫》鼓吹碑学,对清代中、后期书风的变革影响很大,至今为书界称颂,成为书法评论名著,对改变清代书法风气有重要影响。他还是清代"经学致用"的重要代表人物。学识渊博,喜兵家言,治经济学,对农政、货币以及文学等均有研究。花香鸟自来,虽处蓬门陋巷,却受到朝野敬重:陶澍要改革漕运,请他到上海策划;林则徐禁烟,路途上先去拜访他,请他出谋划策;魏源写好《海国图志》,也请他审定。

与归堂,中西合璧

该堂坐落在何园最南面的楠木厅。从花园巷18号的何园正门入园,它是迎宾第一厅,是何园的主堂正厅,也是园主人对外交往的正式场所。"与归"二字,典出范仲淹《岳阳楼记》"微斯人,吾谁与归",原是范仲淹难遇知己的慨叹,体现的是何园主人要以先辈贤者、隐者为范,在朝廷难遇知音时,宁可归隐,也不与腐败官场同流合污的志趣,其思想意愿和价值取向受到时人称道。一座厅堂,就是这个家庭的脸面,一定程度上代表着这个家庭所拥有的实力及其社会地位。何氏家族与中国近代史上赫赫有名的几大家族有着纵横交错的姻亲关系,何园自然少不了贵人贤达的出入往来。与归堂也

是目前扬州面积最大、保存最完好的楠木大厅,它在中国传统厅堂构造的形式上融入了西方建筑理念和表现手法。此厅极富层次,顶部为单檐歇山,中间三间略高,两旁两间略低,形成中高边低的两个层次。而从下部看,中间三间向前伸出两米,旁边两间自然置于后部,立面上又形成中前边后的两个层次。厅内厅外装饰极其富丽,外檐柱之间镶嵌大型木雕月牙门9个,雕刻冰纹如意图案,雀替是牡丹花的花篮,屋内罩槅全部使用梅花,冰纹镶嵌而成。高大庄重的梁柱构架,配上四围通透、装饰华丽的玻璃墙面,一扫中式厅堂的封闭、古板和沉闷,洋溢着开放、敞亮和明快的气息。而对联更切:"莫放春秋佳日过,最难风雨故人来。"赏景交友,乃人生最大乐事。

与归堂

爱日轩,高朋满座

吴道台宅邸客厅,"爱日轩"三个字为隶书。这是曾在嘉庆年间做过扬州太守的伊秉绶的字体。伊秉绶的书法非常有名,以隶书成就最高,因此主人吴引孙便选用了伊秉绶的字体。"爱"是爱惜、珍惜之意,"日"为光阴。古书上曾说:"君子爱日以学,及时以行之。"匾额取"爱日",意在告诫吴氏后人须珍惜时日,刻苦读书。两侧抱柱上的楹联上联是"夜灯咏史虫吟草",下联是"朝几研书獭祭鱼"。意思是:夜晚咏诵古诗时,听见草地中虫子吟唱的声音,早上研究史料时,将书籍一堆堆放在几案上,就像水獭将捕获的鱼一条条地堆放在草地上。此联用比喻的手法将刻苦读书的情景展现在我们面前。写这副楹联的是吴引孙的好友、前任道员何绍基。在古代,侍奉父母的日子为"爱日"。当年,吴引孙建造这座住宅的一个重要目的,就是要让他的母亲在这里安度晚年,享受天伦之乐。谁知建成后却是高朋满座,亲朋好友、远方客人谈经论道,其乐融融。大清王朝第一百零一名状元陆润庠与扬州道台吴引孙同朝为官,交情匪浅,吴道台故居落成,自然要请陆赐墨宝。另一厅堂是滋德堂,坐北朝南,正厅五间。厅前建有回廊,转角处不设角柱,而在上面悬臂梁,下面吊一木雕花篮,正好用花篮巧妙地遮住木构件相接处,为扬州仅见。"滋德堂"三字为陆润庠所写,楷书,左方有他的落款和印章。"滋德"出自《尚书》的《泰誓下篇》,原意是:"树德务滋,除恶务本。"唐代大学问家孔颖达解释这句话的意思是:"立德务滋长,去恶务除本。"就是说,要不断地培养好的德行,而对邪恶的东西,要从根本上将它铲除。这既是陆润庠对吴道台的希冀,也是自己为人、为政的表白,两人可谓志同道合。

绘秋阁,李斗与伶人的情谊

李斗的《扬州画舫录》已列入江苏"百部传世名著"。李斗的书当研究,爱屋及乌,他在扬州的生活之地也引起人们的兴趣。李斗"棨棨有才"(袁枚),其实他更重情。绘秋阁就真实记叙了他与伶人的情谊,是友情之阁。据《扬州画舫录》载:"绘秋阁在翠花街,余旧居也,阁外种梅十数株。辛丑年间,金棕亭见歌者居绘山与小史李秋枝寓阁内,遂名其阁曰'绘秋',并有文以记。"原来居绘山是梨园弟子,其父"好勇,善泅水",不慎在游泳时,"戏杀一儿",吃官司入狱,十年乃归家。生下绘山,"及长,善清唱",与陈凤姑相恋。可惜,因家贫及居父的行状,陈家不允。奈因凤姑坚决,陈父虽签婚约,却提出苛刻条件。绘山负气去京师,在相府唱十番鼓,积攒了银钱回来娶亲。谁知命运不济,路遇歹徒被盗。陈父乘机悔婚,但凤姑以死明志,父未得逞。绘山感念凤姑的痴情,投水而死不成,后到扬州,由于李斗等的相帮,充盐商家乐,有了转机。他积攒了一些银钱,回家娶凤姑。后来入一府班,唱老生,名声大振,收入也丰厚。但好景不长,又遇艰难,最后仍归扬州,仅为龙套。"又二年,病瘵欲死",李斗继续收留,"投余阁(绘秋阁)中六阅月"。李斗见其想家,又"遣人送之归"。可惜勉强归家,已不能言,"指手画空而死"。凤姑收殓之,"庐其下",为其守墓,"矢志不嫁"。李斗忠实详尽地叙述了一个伶人的悲欢,绘山的坎坷与凤姑的真情令人潸然。绘秋阁的跋中说,"江淹赋恨,无非累德之词;庾信言愁,大有销魂之句"。这是借古言今,点赞居绘山的演技,也同情他的不幸,"溯前身于青兕,共叹仙才;舞后队之紫鸾,应成法曲"。李斗是性情中人,他爱才惜玉,绘秋阁是重友情之地。

湖上草堂,高谈转清

该草堂是瘦西湖最主要的建筑,坐东朝西,面对五亭桥,湖光山色尽收眼底。两副对联均为伊秉绶所题:"莲出绿波,桂生高岭;桐间露落,柳下风来。""白云初晴,旧雨(老朋友)适至;幽赏为已,高谈转清。"当是赏景交友的第一胜境。古往今来,多少名贤高士在此雅集,林散之、费新我先生在此挥翰。费先生巧改白居易诗,而为"日出山(江)花红胜火,春来湖(江)水绿如蓝",至今为人缅怀。

鹤驭飘飘　清骨仙风

——"鹤"主题景观

扬州是鹤城,是南朝殷芸将鹤与扬城首次相连,从此,文人墨客屡屡以云鹤、竹韵、明月、箫声盛赞扬州。与他处不同的是,扬州鹤是景观鹤,倒非它处对道家向往的诠释。当然,有人也以他处鹤比拟扬州鹤,如《扬州画舫录》载,康熙南巡驻跸高旻寺,寺名即他所赐,还赐了几方匾、几副联,其一是"龙归法座听禅偈,鹤傍松烟养道心"。难为他静得下心来。不过,其他文人墨客笔下的扬州鹤,突破了道家虚无缥缈的藩篱,其诗文及与其相应的景观都充满了世俗的情调。

个园鹤亭松月

夏山顶上有鹤亭,"鹤亭"两字为书家田原所题,对联"立如依岸雪,飞似向池泉",描写的正是仙鹤的姿态。旁是一圆柏,已有140年树龄。在夏山的山涧石缝中,枝如铁,干如铜,顶天立地,茁壮峥嵘,松鹤延年倒是有殷芸小说的文意。南朝梁文学家殷芸写过《商芸小说》,其中有故事,"腰缠十万贯,骑鹤上扬州",仅十字就说透人生三大乐事:聚财多赀货,为官扬州刺史,骑鹤飞升成仙。旁置紫藤,山顶有紫气东来,是老子出函谷关的景象。鹤舞云霄,神仙福地,当是兴建鹤亭之初衷。今人不大理会,往往只沉湎于观景。

西方寺鹤池窥冰

此景取义金农"池上鹤窥冰"诗句,周围有千年古银杏,假山水池,绿草如茵,洁净清幽。金农寄居西方寺时有"以鹤为伴"的爱好,其诗句云:"我今常饥鹤缺粮。"以记其当时生活的贫困及与鹤同甘共苦的境况。金农养鹤为孤寂辛酸的晚年生活增添了情趣,"月夜画梅鹤在侧,鹤舞一回清人魂"。他曾携鹤踏雪,并题诗于壁:"此时何所想,池上鹤窥冰。"宋人林逋有"梅妻鹤子"之说,而金农画梅不在林逋之下,爱鹤更有甚之,高士情怀可见一斑。

大明寺鹤冢斥俗

平山堂南有鹤冢一座,大雄宝殿东廊有《双鹤铭并叙》刻石,两者联系,当知鹤冢来历。铭为星悟的好友湘南李郁华撰并书。原来,两淮副转运使徐星槎修葺平山堂后,"纵双鹤其中,主僧星悟珍护之,俯仰池亭,饮啄自适。未几,一鹤病足毙,一鹤巡绕哀鸣,绝粒以殉"。两鹤之情并非世俗的恋情,而是纯真的友情。星悟深为感动,于是葬双鹤于一冢,并树石碣墓前,并立碑说:"无意羽毛之族,尚有如此情义,而世有不知羽禽之道义,乃可悲可愧乎。"星悟法师是以鹤喻人,借题发挥。他是看透了人间冷暖、世态炎凉,分明对当时世俗中不重道义、尔虞我诈的丑行进行抨击。他的好友李郁华为星悟法师的义举所感动,欣然命笔。铭曰:"有鸟有鸟鸣在阴,翩然比翼怀好音。胡为羽化趾相寻,义不独生明素襟。露高松兮滴沉沉,琴夜月兮响暗暗。生同栖兮中林,死同穴兮芳岑。相彼羽族兮而贞烈其心,世之不义愧斯禽。"言简意明,托鹤言志。李郁华书法得颜鲁公书体之真髓,饱满酣畅,字字珠玑。碑前伫立,不能不感慨系之。星悟、李郁华乃艺坛知己,碑文、碑事包含了多少梨花飘雪、桃花吐艳的沧桑。后平山堂进行改造,拆掉了内部的不少围墙,更为疏朗空透,堂下的鹤塚与堂遥遥相对,正好使人联想起当年的文人曾将欧阳修及其好友范仲淹、王禹偁和学生苏轼四人名著《醉翁亭记》、《岳阳楼记》、《黄冈竹楼记》、《放鹤亭记》的句子集在一起:

大明寺双鹤铭

衔远山、吞长江,其西南诸峰林壑尤美;
送夕阳、迎素月,当春夏之交草木际天。

大明寺鹤塚

梅花岭鹤泪咽断

史可法的精神是民族的骄傲,在中华正气篇上是熠熠发光的一页。飨堂内端坐着史公的雕像,沉着之慨,深思之神,使人仿佛见到"行不张盖,食不重味,夏不扇,冬不裘,寝不解衣"的一代忠臣。像旁楹联是郭沫若先生所题:"骑鹤楼头,难忘十日;梅花岭畔,共仰千秋。"这是用典故将史公与扬州鹤相连,源出《桃花扇》中"骑鹤楼头,咽断广陵"的唱词:"[煞尾]领着一枝兵,和他三家傲,似垒卵泰山压倒。你占住繁华廿四桥,竹西明月夜吹箫;他也想隋堤柳下安营巢,不叫你蕃釐观独夸琼花少。谁不羡扬州鹤背飘,妒杀你腰缠十万好,怕明日杀声咽断广陵涛。"英雄流血又流泪,今天的鹤城扬州给他最好的归属:"千朵梅花满池水,一弯明月半亭风。"

瘦西湖鹤戏荷浦

荷浦薰风原是清二十四景之一。它的园主人是乾隆年间扬州八大盐商之一的江春。此人富可敌国,皇帝曾两次临幸他的园宅,见其喜种荷花,故赐名"净香园"。荷浦薰风仅是其中一景,此地前湖后浦,当年湖种红荷花,浦种白荷花。现在这里"湖中有岛,岛中有池,池中有荷",池中栽种的是扬州荷花名品——广陵红。每到夏季,荷塘中阔大的荷叶层层叠叠、错落有致地静立在湖面上,朵朵艳丽的出水芙蓉簇立在荷叶中间,倘若夏夜泛舟,自然会有"荷塘月色"佳境的体验。岛上有数十只仙鹤塑雕,比真鹤略大,色彩仿真,形态各异,或领首觅食,或振翅欲飞,或高蹈漫步,或亲密呢喃。学者说,扬州景观的鹤,当数元代白朴笔下的鹤最有特色。白朴往来苏浙,其《木兰花慢·灯夕到维扬》确是至真至情之文:"谁能十万更缠腰,鹤驭尽飘飘。

正绣陌珠帘,红灯闹影,三五良宵。春风竹西亭上,拌淋漓,一醉解金貂。二十四桥明月,玉人何处吹箫。"现在,瘦西湖的万花园、廿四桥的芳圃上常有仙鹤塑雕,这是再现白朴的诗意,苦心当赞。

仙鹤寺象形仙鹤

据史籍载,扬州仙鹤寺与广州怀圣寺、泉州麒麟寺、杭州凤凰寺齐名,同为我国伊斯兰教东南著名的四大清真寺。其中泉州麒麟寺已不复原貌,且已更名清净寺;杭州凤凰寺状如凤凰,可惜屡废屡修,已看不出凤凰的形貌;唯扬州仙鹤寺形如仙鹤,并且保存完整,是中阿建筑风格的巧妙糅合,一直为海内外所珍视。

照壁为鹤嘴,门厅为鹤首。水磨砖砌,重檐飞椽,斗拱如蜘蛛结网,复杂奇巧。屋脊两端各有一只黄铜麒麟,凝视着伫立于当中的一只仙鹤。向北的甬道,曲折蜿蜒,高低有致,这就是鹤颈。寺内的主建筑礼拜殿高大巍峨,是鹤身。两侧的诚信堂是仙鹤的两个翅膀。两棵矗立在堂旁的古柏,枝干似腿,露出泥面的盘根,正像鹤趾。堂后原有的簌簌劲竹,正如鹤尾。正殿两旁各有一口井,"画龙点睛","井"、"睛"谐音,"井"、"睛"又都是圆形,形同,音同,这是造园者的苦心。

《嘉靖维扬志》和《江都县志》都曾记述:"清真寺在南门大街,宋西域普哈丁建。"他是伊斯兰教创始人穆罕默德的第十六世裔孙,宋朝时从本国(古称大食国)来到中国学习文化艺术,传播伊斯兰教。从当时都城洛阳出发,途经武昌,沿长江到宋时阿拉伯人聚集较多的扬州传教。武昌停留期间,他对黄鹤楼的古老建筑风格极感兴趣,更对李白的"故人西辞黄

仙鹤寺

鹤楼,烟花三月下扬州"的诗句赞叹不已,不由激起他对仙鹤的遐想,认为如果百年之后,进入天堂,与真主同在固然不错;假如死后或到麦加圣地朝觐时能乘黄鹤而去,不是更佳吗?他带着这一想法来到扬州,在构思建造仙鹤寺时既符合伊斯兰教寺院的要求,又突破阿拉伯圆形穹顶尖拱门等建筑特点,大胆地采用中国大屋顶殿宇的建筑形式,使之成为中阿人民友好的象征。

南秀北雄　融汇出新
——园林取他山之石，择善而从，为我所用

园林之妙在于借。计成在《园冶》中说："巧于因借，精在体宜。"就是说，中国的园林都是南北互借，取他山之石，择善而从，为我所用。关键是不要死搬硬套，而要取人所长，结合自身特点，推陈出新。

五亭桥活化五龙亭，成为吸取融汇的造园典范

扬州地处我国东南沿海的中点，瘦西湖可以吸收南北园林的精华，因而在全国园林中独树一帜。五亭桥又是瘦西湖的标志，和白塔一起被列为全国重点文物保护单位。其最大的特点是阴柔阳刚的完美结合、南秀北雄的有机融和，自然被看作园林建筑的典范。

"维扬多水，素以桥胜。"茅以升教授曾评价说，中国最古老的桥是赵州桥，最壮美的桥是卢沟桥，最秀美的、最富艺术代表性的桥就是扬州的五亭桥了。它被誉为中国亭桥结合的典范。该桥受北海五龙亭的影响很深，但绝非照搬照抄。扬州无北海开阔的水面，聪明的工匠别出心裁，改亭为桥，形成亭桥，分之为五亭，群聚于一桥，亭与亭之间以短廊相接，形成完整的屋面，不同于五龙亭桥和亭的连接，而是亭和桥的珠联璧合。

白塔改喇嘛塔为园林塔，其形制全国独具

喇嘛塔原属藏语系佛教中喇嘛教寺院的塔制，元代以降，渐行全国。清乾隆四十九年（1874），两淮盐总江春集资，仿北京北海白塔，就旧塔基建造白塔。《扬州画舫录》记载，该塔是"仿京师万岁山塔式"，但形制已大有区别。扬塔虽取喇嘛教寺院的塔制，但在瘦西湖仅为点缀，系园林塔。另则扬州的建筑都以柔秀见长，因此取其形式，改换面目。一是降低高度；二是外形轮廓线变得秀美，形似花瓶；三是发挥砖刻石雕特长，将扬州造园艺术的手法巧妙地糅合于外来景致之中，雄壮之气锐减，窈窕气质倍增。"然比例秀匀，玉立亭亭，晴云临水，有别于北海塔的厚重工稳。"（陈从周）

熙春台改对称为不对称,淡化皇家气,彰显书卷气

"熙春"一词出自老子的"众人熙熙,如登春台","熙熙"有和乐的意思。熙春台是当年乾隆皇帝祝寿之处,处处体现出皇家园林的富丽堂皇的阔大气派,又表示与民同乐的意思。主体建筑,碧瓦飞甍,富丽堂皇。主楼五楹,楼前三楹突出。再建前阁,下檐与主楼檐平,上檐略低于屋脊。主楼为双檐歇山顶,前阁为双檐卷棚顶,这是对称的。楼南紧后是双檐六角攒尖亭,楼北前远方设一十字阁,阁结五顶,中顶攒尖耸峙,四周为歇山顶,多角交错,分明是紫禁城角楼的缩尺成寸,形制更为秀丽。两亭一前一后,一以串廊连,一以栈道接。这就改变了皇家园林的对称,而有了南方园林的轻灵活泼。所有建筑的瓦顶全用皇家园林的绿琉璃筒瓦。屋脊甍上是两条金龙。脊角走兽亦为龙头。琼楼琳宫,金窗玉槛,与红色露台、汉白玉栏杆以及远处五亭桥的黄瓦朱栋、白塔的玉体金顶相映成趣,呈现出皇家的富丽堂皇,但舍弃了皇家建筑装饰的金钩彩绘,是"碧瓦朱甍照城廓,浅黄轻绿映楼台"的雅致清纯。乾隆感慨不已,曾写诗赞道:

    初识江南景物饶,已闻好马助春娇。
    明朝又放征帆下,去向扬州廿四桥。

园林布置中的宁静致远,体现书卷气的风骨

对联、匾额、书画是园林之魂,扬州园林尽管南借北鉴,但园林风格保持个性。北京故宫等皇家园林总是夸耀安邦定国、文治武功的政绩:

    八十君王,处处十八公,道旁介寿;
    九重天子,年年重九节,塞上称觞。

佛道圣地常常以参禅悟道,出世归隐,劝诫世人:

    当知是处恭敬供养,不可以百千万劫说其功德;
    若复有人受持诵读,已非于三四五佛种诸善根。

富商园林尽管附庸风雅,但总掩饰不住踌躇满志的得意和一本万利的希求:

    屑玉披沙品清洁,熬霜煮雪利丰盈。

扬州园林以聚友赏景、谈书论画为题,追求的是吹箫抚琴、吟风弄月的氛围,表现的是淡泊明志、宁静致远的意趣:

水榭朝曦花带露,山房晚照柳生烟。(西园曲水)
碧瓦朱甍照城郭,浅黄轻绿映楼台。(熙春台)
月作主人梅作客,花为四壁船为家。(何园)
朝宜调琴,暮宜鼓瑟;旧雨适至,今雨初来。(个园)

陈从周的《园林谈丛》说得比较精当:"苏州园林如宋词,纤巧精致;扬州园林像唐诗,清秀富丽;颐和园则像是汉赋,恢宏广博。"

巧妙精思　叹为观止
——园林的"明月"主题

主题是景观之魂。依旧扬州明月好,明月自然是扬州景观的第一主题,月亮是中国人阴晴圆缺的平常心,不像西方《我的太阳》那样高亢激昂,唯月光可滋养内心的弹性和柔软。扬州景观处处见月,看天空明月的圆缺,想千古明月的诗景,谁人都会欢欣烂漫。园艺家深知游人之心,其显现方法又令人叹为观止。

二十四桥景区，彩云追月，木石竹雕

二十四桥景区之魂就是彩云追月。景因"二十四桥明月夜"而起,自然要表现明月。一是22白玉栏板,上镌彩云追月的图案,为平浮雕满月,月亮、云彩均处于同一平面,上以线雕勾勒。二是桥塊的支撑板做成彩云追月的雕塑,也是平浮雕的满月。三是桥与水衔接处有巧云状湖石堆叠,周围遍植馥郁丹桂,使人随时看到云、水、花、月,体会到"二十四桥明月夜"的妙境,遥想杜牧当年的风流佳话。

与熙春台隔湖相对的建筑是小李将军画本与望春楼,是典型的江南建筑风格,粉墙黛瓦,清新淡雅。望春楼是当年扬州八怪望春书翰之处,下层南北两间的门厅分别为水院、山庭,将山水景色引入室内。楼上则是咏春赏月的好地方,栏板以绿石镌刻,上镌彩云追月的图案,为镂空雕的月牙、浮雕的云彩。

熙春台内月的装饰陈设,一是台的四边分别有四个圆形装饰窗,是彩云追月的木雕,毛玻璃的月牙,木浮雕的云彩;二是主景为30平方米的巨幅壁画《玉女吹箫图》,采用扬州磨漆画的工艺,表现一群唐代仕女在月色朗照下起舞欢歌。二是楼上以36根大的半竹筒拼成两个半月形图案,直径3.6米,上刻历代诗人咏扬州明月的名句。

小李将军画本是暗用月亮,因这是按唐代画家李昭道的画意建的阁。郑板桥为景题匾,典出画论:"月为诗源,花为画本。"该景点景色优美,东有望春楼,西有熙春台。小李将军对景挥毫此处的云水花月,寻找到创作源泉。所以,他的画吞云吐月,云霞明灭,产生出"时睹神仙之事,窅然岩岑之幽"的辉煌灿烂、光彩夺目的效果。

曹雪芹在《红楼梦》中借黛玉思乡之情,特别提到:"春花秋月,水秀山

明,二十四桥,六朝遗迹……"文学家朱自清也曾满怀激情地追忆故乡"城里城外古迹很多,如'文选楼'、'天保城'、'雷塘'、'二十四桥'。"可见其云月景致的动人。

月窗

月栏板

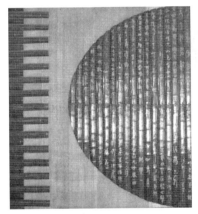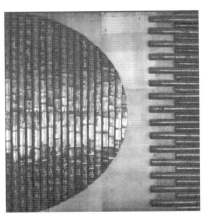

二十四桥景区,彩云追月装饰窗,木石竹雕

个园明轩,借鉴古人,透月漏风

古建专家陈从周对扬州园林进行了全面的考察研究。他在《扬州园林记游》个园篇中提及的厅馆仅"透月漏风"轩,据说轩名是清人姚正镛书题。此景名源于街南书屋十二景中的"透风透月两明轩"。可见,无论是个园主人黄至筠,还是马曰琯、马曰璐,都是喜欢月亮的。而"透风透月两明轩"暗含的是宋人黄庭坚的《鄂州南楼书事》,是说南楼所以可爱怡人,是因"清风明月"时时光顾,使楼阁充满了灵动的意象,自然使居者娱心快目。

片石山房,镜花水月,虚实相映

片石山房与何园紧邻。园不大,想要小中见大,当独辟蹊径。在园西边廊壁间嵌有一面大方玻璃镜,无论从哪个角度观看,这面镜子都能将园中景色收入自己的怀抱。这自然扩大了景深,丰富了景观的内涵。

与镜子遥遥相对,东北湖山脚下的水潭中,则藏有一轮白日明月,它不是"暮江平不动"下的"流波将月去",而是白日见湖中天光月影。原来,在片石山房的假山北,有一扇门,下实上虚,一束光线从门洞射入,湖石中有一洞,映在湖中,就成了月影。这是景观修复过程中的偶然得之,"无意插柳柳成荫",且月影跟随着观赏者人行步移,从月牙到满月,依次变幻出盈虚百态,把"月有阴晴圆缺,人有悲欢离合"的诗意瞬时呈现,成为著名而奇特的佛理景观:镜花水月。用心揣摩,自有一番智慧人生的大知大觉。

二分明月楼,春华秋月,主题分明

"天下三分明月夜,二分无赖是扬州。"扬州独占明月风流,扬州文人以赏月吟诗咏怀为乐事。清代中叶,员姓豪门依唐徐凝诗意建成此园。至今园内有井一口,井栏上刻"道光七年杏月员置"。该公园占地仅1031平方米,但通过月光、山色、水意、树影、亭阁、漏窗,交织互映,极富内涵。虽属闹中取静之所，但入园小憩，品尝山光月影，却也其乐无穷。

主景彰显观赏明月之快。一是主楼寓园之极北，七间长楼面南，中悬清代诗人钱泳书匾"二分明月楼"，既如屏障挡住北边残景，又以敞廊、美人靠形成登高观月的好去处。二是东西之阁，折角向东，黄石山一座，嶙峋峭拔。又在山上依山势筑东阁三间，西向主楼和东部夕照阁相连。这样，明月西沉时可依阁送月。西南角又置迎月楼三间，楼悬"迎月"匾额，楼前一联："朗抱开晓月，高文激颓波。"楼与东阁正好错开，又遥遥相望。这样，月上东山时可在阁中迎月。楼阁都设置在园的周边，既挡住园外的破败之景、嘈杂人声，又在较为窄小的天地内留下中部开阔的空间，而东阁西阁的错置，避免了严整、拥塞，有了疏朗、开阔，形成幽雅、宁静的氛围。

月廊月诗隽永。步入园门，有一平廊。廊壁有六方古朴的砖刻，刻唐诗《春江花月夜》（张若虚）、《寄维扬故人》（张乔）、《送孟浩然之广陵》（李白）、《忆扬州》（徐凝）等于其上，使人顿感一股诗情扑面而来，与园内的画意相得益彰。平廊中建一亭，集金农墨迹"伴月"，悬横匾。亭柱挂一联："留云笼竹叶，邀月伴梅花。"

园中间的园林小品处处见月之奇。"水"与"月"最有亲缘，明月楼前有水池，让游人趣味平添；池上建起的月牙桥，则在色彩斑斓的扬州各式桥中别具一格，其娇小秀媚让人怜爱之至，特别是两片新月形的桥栏，倒映水中，宛若一轮满月。水池周围的扇面亭、伴月廊、月亮桥，那门洞漏窗或如满月，或似残月，或像新月。亭廊桥畔铺地以蝶瓦卵石，形成水面涟漪。其间巧点黄石，好似水面汀屿。亭台楼阁美景佳物之中，各式各样多彩多姿的月亮桥、月亮门、月亮窗，使这座小巧玲珑的园林紧扣一个"月"字，给人以领略不尽的月光、月色、月姿、月影、月情、月意。

尤其是月色朗照之夜，月亮清辉笼罩佳园，遍地铺银，树影斑驳，秋蛩鸣应，人疑乎在山涧探幽，在水畔漫步，沉浸于月色箫声之中。这种实景和虚景的结合，天上人间的有机交融，使人感到无水却有水意，无山却有山情。正是山山水水在意中，谁能不遐思陶醉？并由衷地赞叹："春风阆苑三千客，明月扬州第一楼。"

凭轩倚栏　裙钗雅韵
——园林中妇女的倩影

一方水土养一方人,古城扬州自古有出美女的千古佳话,她们集容貌、气质、修养、技艺为一身,容仙气、灵气、巧气于一体,是美女,更是才女、名女。她们是扬州佳山奇水之所钟爱,源远流长文化之所积累,历代雅俗真情之所爱怜的再生。赖于山水绮丽、波光潋滟的风景和钟灵毓秀的园林住宅,才孕育出千娇百媚的扬州名女,而美女对园林的钟爱,又演绎着千秋传唱的风流佳话。

自古扬州美女喜爱山水园林

明代张岱的《陶庵梦忆》说:"扬州清明日,城中男女毕出。"是日,"宦门淑秀,车幕尽开,婢媵倦归,山花斜插"。"余所见者,惟西湖春、秦淮夏、虎丘秋,差足比拟",是活态的《清明上河图》。清江宁巡抚汤斌在奏疏中谈到江南"妇女有游冶之习",想要禁止,但立即有人辩驳,说"士女游观,亦足占升平之象,亦何必禁哉"。

虹桥修禊都以为是文人所为,王渔洋主持"虹(一作"红")桥修禊",其中的"日午画船桥下过,衣香人影太匆匆",是修禊时所见。"衣香人影"分明是美人的专词,给人以无限遐想。孔尚任怀着对王士禛极为崇敬的心情,在康熙二十七年(1688)三月三日,又一次发起了"红桥修禊"。此次参加的名士24人,其中不少还是王士禛的朋友。因为参与者籍属八省,所以孔尚任称这次聚会为"八省之会"。这次修禊写作出了大量绝妙佳作,如《三月三日泛舟红桥修禊》:"杨柳江城日未曛,兰亭禊事共诸君。酒家只傍桥红处,诗舫偏迎袖翠群。"他在《红桥修禊序》中记录了这段文学雅事:"康熙戊辰春,扬州多雪雨,游人罕出。至三月三日,天始明媚,士女祓禊者,咸泛舟红桥,桥下之水若不胜载焉。予时赴诸君之招,往来逐队。看两陌之芳草桃柳,新鲜弄色,禽鱼蜂蝶,亦有畅遂自得之意。乃知天气之晴雨,百物之舒郁系焉。"扬州的经历为孔尚任留下戏剧史上的不朽名作《桃花扇》提供了丰富的创作素材。

故宫有《月曼清游图》象牙雕,介绍上面赫然写着:清,工匠按扬州"周制"造。象牙雕《月曼清游图》共十二幅,为对开册页,每月一景。在册页的另一面,嵌乾隆御题诗句,诗画珠联璧合。牙雕描绘宫中仕女从正月至十二月的娱乐活动:正月深院赏梅,二月春昼观弈,三月戏耍秋千,四月观赏玉兰,五月池塘消夏,六月柳塘采莲,七月桐荫乞巧,八月高台玩月,九月秋庭赏菊,十月明窗刺绣,十一月冬闱鉴古,十二月松阶扫雪。该画系清内务府员外郎管理画院处陈枚所画,绢本工笔设色,然后由陈祖章(广东人)、顾彭年(江南人)两名手带领常存、肖汉振、陈观泉按扬州周翥制漆器方法制作牙雕。精致典雅,工艺水平极高,被誉为清代牙雕艺术的代表作。方家说,如果没有扬州美女游园赏景的生活,作品当不会如此动人。

住宅园林中,女儿馆轩精致优雅

扬州园林中,多有小姐绣楼。

徽派园林陈园,建筑多从安徽整体搬迁复建,有清雅公子读书楼,也有玲珑小姐绣楼。古徽州文风昌盛,教育发达,"以才入仕、以文垂世"者代不乏人,灿若繁星。家有读书楼,匾为"书福楼",意即"有福方能坐读书"。这里雕塑精美,月梁正中的雕刻为郭子仪带子上朝,高浮雕。郭子仪,唐大将,平叛安禄山有功,封汾阳郡王,尊为尚父,皇帝给予带子上朝的殊荣。三个牛腿,中为狮子盘球,左右文臣、武将,合在一起,其意自显。旧时学而优则仕,所以,雕刻都是直率地表示读书人的梦想。其后就是女儿绣楼绮霞阁。楼非常精巧,是3+1的构制,东三间主体,西一间套房,并列。楼上楼下遍饰雕刻,工致华丽,月梁正中的雕刻也是"郭子仪带子上朝",与读书楼的雕刻相映成趣,各具千秋。两旁牛腿是双狮:东为雄性,爪按球,寓意为君临宇内;西为雌性,是太狮少狮,寓意为子嗣相承。再两旁的牛腿为鹤鹿同松。流檐翘角都有雕饰,宏伟壮丽。月梁下是罩隔,中为直线条,表现阳刚之美;两旁为曲线条,表现阴柔之美。南面、西面的楼上是十个如意斗拱。斗拱前装饰有如意雕刻,平琢浑磨,显得富丽堂皇。联对"宝鼎茶闲烟尚绿,幽窗棋罢指犹凉",实在是女儿兴趣的表露。

汪氏小苑西纵,为汪氏儿女和女眷的住宅。西纵后两进为闺房,其门廡关则独立成区,开则相通相连。中轴采用圆作,圆柱圆梁的堂式结构,显得庄严。西轴采用方作,方柱方梁的轩式结构,颇为轻灵活泼,且加钉天花。西纵首进是秋嫮轩。嫮,美好之意,多形容女子。秋,与东纵男人居所的"春晖室"的"春"对应。喻汪家女眷接待女宾所用。古人常用秋水伊人来形容女子,取"秋嫮"作为厅名自然有此含义。秋嫮轩前有"可栖徲"花园,小圆门可入,旁置花窗,地域虽小,但小中见趣。西南角是一船轩,南宽北窄,中置罩隔,如同船头船尾。轩内置放团几、瑶琴,墙上悬扇面国画,最宜焚香操琴,品茗聚谈。船轩中设红木落地罩格,内容有"凤戏牡丹"、"鼠食葡萄"、"仙鹤献寿"、"鹿含灵芝"、"喜鹊登梅"、"蝙蝠翔舞",将人们对福禄寿吉祥的企盼化为女儿喜爱的形态生动的动植物形象,可谓别具慧眼。轩外有百年女贞耸立,荼蘼攀墙,春有芍药怒放,夏有睡莲寄趣,秋有枸杞挂红,冬有蜡梅吐芳,个中天地正宜于二八佳丽窃窃私语,抚琴吟曲。

园林中,女儿尽显才艺,诗画雅韵不让须眉

扬州女儿自然有美女所具有的如花似玉的容貌、柔情似水的温存,更有卓尔不群的见地、独树一帜的才艺。

罗聘故居朱草诗林,书斋香叶草堂是罗聘与妻子方婉仪才艺驰骋之地。

方婉仪自幼习诗书,明礼度,擅长诗画。罗聘善画梅,方婉仪善画梅竹兰石,罗聘称其有出尘之想。子允绍、允缵,均善画梅,史称"罗家梅派"。她与罗聘志同道合,是一对理想夫妻。罗聘家境清寒,他们又是一对贫贱夫妻,有"江山清淑之气,不钟于绮罗丰厚之闺阁,而生在清寒彻骨画梅相对之贫士家"之誉。她与丈夫共点翰墨,梅兰竹石瘦影疏香。其《白莲半格诗》云：

冰簟疏帘小阁明,池边风景最关情。

淤泥不染清清水,我与荷花同日生。

扬州何园玉绣楼,有何芷舫曾孙女何怡如的居室。其父何适斋师从黄宾虹,是个不愿为吏、终日以笔墨自娱的散淡闲人。耳濡目染,长女何怡如继承父志,青出于蓝而胜于蓝,成了丹青高手。1935年,画家父女回何园小住两载,寄啸山庄再次给他们灵感,一幅《烹茶鹤避烟》入选教育部美展。1948年上海中国画苑举办"何适斋、何怡如父女书画展览会",何怡如所画松鹤深得张大千大师的赞许。

世事沧桑，园林流淌女儿血泪

旧时代有"女儿薄命"之说。世事沧桑,本是赏心乐事的园林也流淌女儿血泪,这是个人的不幸,更是时代的摧残。

先春桥在扬州大东门,沈复与妻子芸娘曾在此生活。沈复《浮生六记》的扬州缘中说："赁屋于邗江先春门外,隔河两椽。"生活拮据,沈复卖画,芸娘还要帮人家打短工,但两人不负广陵春,芸娘着男装同沈复游瘦西湖,平山堂饮茶做赋谈古论今,至今成为佳话。扬州是沈复与芸娘悱恻哀愁爱情的最后驿站,芸娘的一缕芳魂至今还飘忽在扬州西边的那一陇黄土坡上。沈复夫妇在扬州的遗迹有两处,一是芸娘墓,一是旧居。近日甘泉复建"桥博园",恢复先春桥,记述两人爱情,就是让来访者有凭吊之所。

祇陀精舍、徐园、个园都有孙阆仙的血泪。陈含光有《个园行》诗,序说："鼎革后,园属徐故上将宝山家。"命运使丈夫死于非命,个园、徐园都成了孙阆仙的伤心之地。徐宝山被刺杀后,孙阆仙年方三十,英年寂居,始终心如止水,独善其身,苦卧青灯,烧香拜佛,为夫祈祷。她是深得园林精髓的,万念俱灰,皈依佛门时亲自规划设计,将自住的徐宝山家园改建为庵堂。1921年"祇陀精舍"建成,她带发修行,"红颜悟彻夙因深,绣佛长斋慧业钦",其中有多少血泪呀！她是个识女、才女,通晓歌舞,擅弹古琴,是广陵琴家王芳谷的弟子,最擅弹《归去来辞》、《平沙落雁》。她能诗擅画,冶春后社诗人如吴召封、吉亮工、方尔咸、周树年、胡震及社会名流吴次皋等人都是她的知音。她对《楞严经》、《华严经》诸多大乘佛教典籍多有领悟,"莲座亲传菩萨戒,灵台本具菩提心"。她也是个识女。革命军北伐时,她捐出了自己过生日时的5000元礼金,充作军饷,并组织女子北伐队,自任队长。"吴宫重教美人战,扬郡俨开夫人城。"她被后社诗人誉为"扬州第一女英雄"。她还是个善女。夫死后,她将手中的古玩、细软等值钱之物变卖,修筑了瘦西湖徐园门前的长堤春柳和瓜洲三十里驳岸,广为资助贫困百姓,每届岁暮,扬州城内的穷苦人家都能得到她的馈赠。每年正月初四是她生日,诗友琴朋必来祇陀林庆贺,挥翰作画,吟唱诗篇,弹奏古琴。此时,孙阆仙端坐琴旁,手挥目送,凤舞龙翔,在艺术殿堂中徜徉。缪斯的七弦琴声才使她露出一年中少见的欢颜。

气壮山河　树德除恶
——园林的"尚德"主题

古代汉民族的类比思维,常见的主要在"天象"、"地法"、"人事"之间的类比。在该种思维中,有一种叫作"观物比德",在上古运用得十分普遍。《论语·庸也》记载:"子曰:知者乐山,仁者乐水。知者动,仁者静。知者乐,仁者寿。"可知"水"是类比智者与"动"、"乐"之德的,而园林中的尚德则以修身、齐家、治国为主题。

史可法墓园。墓园飨堂匾上写着:"忠孝立身真富贵,文章行世大神仙。"这副对联,史可法是当之无愧的。史可法从小受忠贞节孝等儒家思想的影响,饱读诗书,十九岁中秀才,二十岁中进士,是难得的文武双全的一代儒将。

正中的墙壁上嵌着史可法手迹石刻,其中有著名的《复多尔衮书》以及写给母亲、岳母和妻子的最后一封书信。此书信为扬州失陷前四日即四月二十一日所写:"恭候太太、杨太太、夫人万安:北兵于十八日围扬城,至今尚未攻打,然人心已去,收拾不来。法早晚必死,不知夫人肯随我去否?如此世界,生亦无益,不如早早决断也。太太苦恼,须托四太爷、大爷、三哥大家照管。炤儿好歹随他罢了。书至此,肝肠寸断矣。"

《复多尔衮书》、《绝命书》充分表达了史可法为了国家鞠躬尽瘁的献身精神和视死如归的浩然正气。

"自学古贤修静节,惟应野鹤识高情。"这充分显露出史公的高雅节操和刚正秉性。"千里遇师从枕席,一生报国托文章。"这是史可法纪念恩师左光斗所写的对联。1625年,左光斗被阉党首领魏忠贤陷害入狱,备受拷掠炮烙,命在旦夕,史可法设法筹了50两白银,涕泣谋于禁卒。禁卒受到感动,让史可法化装成掏粪者进入牢房。史可法跪着抱住血肉模糊、不成人形的左光斗呜咽不止。左光斗听出了他的声音,用力拨开自己溃烂的眼皮,怒目注视着史可法,喝斥道:我已经不中用了,如果你再被奸臣陷害,国家大事谁来支撑呢?与其等他们来陷害你,不如我现在就把你打死。他举起手上的铁链做出要砸史可法的动作。史可法"不敢出声",悄然退出。左光斗不畏强暴、视死如归的凛然大义令史可法刻骨铭心,难以忘怀。此联中可以看出他的志向。

厚德堂。陈园主堂,从安徽徽州整体移建,是盐商江春亲属的祠堂,悬三幅对联,用意颇深:

> 读书好,营商好,效好便好;
> 创业难,守成难,知难不难。
> 世事让三分,天高地阔;
> 心田存一点,子种孙耕。
> 几百年人家无非积善,第一等好事只是读书。

这些对联是安徽盐商常用的,寓意通俗,却透出深刻的哲理,反映了盐商兴业教子的愿望。

何氏家训。家庭是人生的第一所学校,也是终生课堂。重视家教,是中华民族的传统。因为我们相信,一个人要想干好"治国平天下"这样的大事,必须从"修身齐家"这样的小处做起。在过去的时代,几乎一家一族都制定有自己的族规家训,条列书陈,世代相传。人们从小就通过它们来学习了解社会规则,约束自己的行为,妥善处理人与人之间的关系。扬州何园主人望江何氏作为一个凭借几代人艰苦奋斗而显达起来的新贵家族,十分重视对家族成员道德操守的自律教育。刊刻在《何氏族谱》中的"家训"共有11则:(1)孝敬亲长之规;(2)隆师亲友之规;(3)鞠育教养之规;(4)节义勤俭之规;(5)读书写字之规;(6)出处进退之规;(7)待人接物之规;(8)饮食服御之规;(9)量度权衡之规;(10)撑持门户之规;(11)保守身家之规。它详尽地规范了家族成员的修身处世、待人接物之道,不失为一部循循善诱的家庭教科书,凸显着一个封建家族的文化渊源、道德理想与生存智慧。事实上,何氏家族能够发达壮大,与中国近代李鸿章、孙家鼐等大家族联姻结盟,精英满门,出现了"祖孙翰林"、"兄弟博士"、"父女画家"、"姐弟院士"等代代有出息的儿孙,与其奉行的一套严格完善的家教是密不可分的。

春晖室。汪氏小苑,体现出汪家的以德治家、以德兴业的总体思想。汪氏世代以布庄为业,太平天国时避战乱来到扬州。汪竹铭后从事盐业,使得家业兴旺。汪家非常注重德行的教育,后人从事教育者居多。小苑首进取名"春晖室",源于唐朝诗人孟郊的诗篇《游子吟》:"慈母手中线,游子身上衣。临行密密缝,意恐迟迟归。谁言寸草心,报得三春晖。"取"春晖"意,以永远铭记父母的养育之恩。

春晖堂中的楹联是书画名家陈含光撰并书的篆体,阴刻,内容好,书翰好,镌刻也好,可谓三绝;只是内涵颇深,游客多费猜详。联如下:

> 既肯构,亦肯堂,丹雘既茨,喜见梓材能作室;
> 无相犹,式相好,竹苞松茂,还从雅室咏斯干。

汪氏既以良材建屋,也教子有方,祝福子女必成栋梁之材。弟兄之间,应该和睦相处,不要相欺、相辱、相骂,这样,家庭才会兴旺,个人也会发展,如竹盛松茂一般。

滋德堂。 吴道台宅第的主体建筑,正厅五间。厅前建有回廊,转角处不设角柱,而在上面悬臂梁,下面吊一木雕花篮,正好用花篮巧妙地遮住木构件相接处。在吴家,您会感觉到,无论砖雕、石雕,还是木雕,都精致华美。气度非凡的滋德堂,当年门厅正中屏门上悬挂有匾额一块,上有清代状元陆润庠的楷书"滋德堂"三个大字。陆润庠曾任礼部侍郎、工部尚书、吏部尚书和东阁大学士,左方有他的落款和印章。陆润庠不仅官居高位,而且是著名的书法家。

期盼幸福　寓意含蓄
——园林的"吉祥"主题

扬州大型园林,冠盖豪门,盐商宅第,总有"吉祥"主题,且不直露,尚含蓄。以个园为例,南部住宅系清代扬州建筑的代表作。它完全依照坐北朝南、三纵三进的传统形式建成。三路建筑各有吉祥主题,分别为"福"、"禄"、"寿"。由东向西形成三条轴线,每条轴线均分为前中后三进,是三横三纵九宫格的住宅格局。东纵和中纵每进三间,西纵每进五间。该纵中、后两进为二层楼房,抄腰廊连接,由两条火巷分隔。有楠木大厅和柏木大厅各一进,每进皆逾80平方米,用料考究,十分珍贵。

东路建筑——禄。 东路住宅前后三进,其轴线的主题是"禄"。"禄"者,俸禄也,指古代官吏的俸给。俗话说"高官厚禄",主人是希望它能保佑黄家世世代代官运亨通。建筑檐口瓦头上是篆字"禄",滴水门窗阁扇全部是"鹿"的图案,处处皆以鹿喻"禄"。

楠木厅。 此厅梁柱取材楠木,称楠木厅。厅内中间是三个大理石镶面的圆形大桌和圆形矮凳。纵观此厅堂,规整宽敞,雍容大度。屏门悬宋人山水及扬州八怪的金农所撰楹联,"饮量岂止于醉,雅怀乃游于仙。"立柱的楹联是:"家余风月四时乐,大羹有味是读书。"

清美堂。 这里是管家接待一般性来客和处理日常事务的地方。"清美"是指以清为美,为官清正廉明,做人清清白白,是人们追求的一种思想境界。此厅有楹联两副,其中的一副是:

传家无别法,非耕即读;
裕后有良图,惟勤与俭。

耕读传家,勤俭持家,体现了中国人传统的思想理念和生活态度。此厅架构为圆柱、圆梁、圆椽,厅内设圆桌、圆凳。"圆"取团圆、团聚之意,这也是中国人的一种讲究。

中路建筑——福。 这一纵的主题是"福",前进为正厅,中进和后进为住宅,称之为前厅后寝。檐口瓦头滴水及门窗阁扇,皆为倒挂蝙蝠,寓意"福到"。

汉学堂。 由于黄至筠二儿子黄奭推崇汉学,所以此堂命名汉学堂。这是大宅门主厅,是黄家正式的礼仪接待场所。此厅其规制要高于清美堂,梁柱全部取材柏木,是扬州最大的柏木厅。面阔三间,抬梁式,柏木架构,柏木轩梁,亦称之为柏木厅。其大陀梁宽60厘米,厚40厘米,扁作,古朴雄浑。

中堂楹联为："咬定几句有用书，可忘饮食；养成数杆新生竹，直似儿孙。"此联为板桥所撰。楹联中间所悬竹石图也是后人仿板桥作品。人们不仅感受到主人对竹的崇尚和挚爱，同时也感受到他对子女的殷切期望，希望他们像竹一样正直、虚心、有节。

中进住宅。出"到座"就可看到一个三间两厢的院落，是为中路中进。这里是黄至筠次子黄奭夫妇的居所。黄奭主要从事的工作是"辑佚"，是对以引用的形式保存在其他存世文献中的已经失传的文献材料加以搜集整理，使已经佚失的书籍文献得以恢复或部分恢复的行为。他和同时代另外一位学问家马国翰齐名，被称为"辑佚两大家"。主要著作有《近思录集说》、《胪云集》、《清颂堂丛书》、《汉学堂丛书》、《汉学堂知足斋丛书》等，共计数百卷。黄奭十分推崇汉学，治学严谨，著名学者阮元称其"勤博"。富家子弟能以勤奋博学留名，当属不易。

裙板鹿图案，谐音禄

后进住宅。穿堂而过可至中路后进，同样是三间两厢的格局，但陈设却大为不同，非常简朴，毫无富商大贾的豪华气派。这是黄至筠四子黄锡禧的居住场所。黄锡禧是黄家最小的孩子，也是黄家最后一个离开祖屋的人。他就好像大观园里的宝玉一样，历经家业由盛而衰的全过程，晚年寓居泰州。从少时的锦衣玉食到晚年的寄居他乡，其心路历程怕是旁人难以想象的。锡禧和他的三个哥哥一样都能诗善画，黄锡禧离开个园后寓居泰州。他的儿子自幼习医，医术高明，在上海悬壶，有"一指神针"之称。

西路建筑——寿。 西纵的主题是"寿"，屋檐滴水上是寿桃图案，门的裙板上是仙鹤的浮雕。西路住宅遗存主房前后三进，是黄家内眷生活、活动的场所。前进为厅堂，称为"花要"。中进与后进为二层楼宅，称为绣楼。檐口瓦头滴水是寿桃图案，门窗阁扇，采用的是仙鹤图案。三面置回廊两侧设耳门，皆明三暗五格局，即看上去是三间，实为五间横排，将稍间作套房。封建社会等级制度的规矩，庶民只能正房三间，民间为避僭越之嫌，就巧妙地采取"明三暗五"的组合。其实，这也是使用功能上的需要。稍间前置小天井，筑花坛，非常雅静，具有极强的私密性，通常作为闺房、书斋、密室之用。

清颂堂。因主人晚年清誉有佳而得名。此厅堂为杉木构架，极为考究。

厅内没有梁柱,相当于现在的吊顶天花,是黄家祭祀的场所。正厅三楹,旁设套房,套房前置小天井。此厅堂不但是黄氏三路住宅中最高敞的厅堂,也是扬州古民居中遗存最高的厅堂,是黄家用于接待重要宾客和举行家庭祭祀的场所,也是时而排戏唱"堂会"的地方。

黄至筠曾豢养二三百人的家庭戏班子。抱柱上的楹联是:"几百年人家无非积善,第一等好事只是读书。"体现出扬州盐商好文学的一种特征。

  中进住宅。西路建筑也是明三暗五的格局,楼下西边最后一间是主人黄至筠的卧室,室内有藏宝洞。另一间是书房。楼下最东边的房间有楼梯可直达二楼。楼上是内眷活动的场所,有绣房、儿童室等。廊墙不设花窗,套间与小天井自成格局,夏日可避暑气,冬日可拒寒风,居之适,读书雅。

  后进住宅。仍然为三面置廊,明三暗五楼宅,楼上楼下共 10 间。楼下是正房卧室,从屏门后楼梯可上楼。楼上是闺房绣楼,有女儿家的卧房、书房、娱乐室、沐浴房等。高墙深院,与世隔绝,难怪从前有大户人家的女儿"养在深闺人未识"之说。过去大户人家的女子有十三四岁上绣楼,十五六岁抛绣球之说。堂屋屏门后原有腰门直抵后花园,是太太小姐们进入后花园赏景的门。

裙板鹤,象征长寿

入世度生　美学趣味
——寺庙佛像的美学价值

汉代以后,随着佛教在中国的广泛传布,佛像艺术兴盛起来。这种佛雕艺术最初在山崖陡壁上开凿洞窟,营造佛像,继而发展到唐宋在寺庙中雕塑佛像。《扬州画舫录》说:"八大寺佛作,媲美苏州。"现存明清时期的佛像艺术,体现了宗教艺术的世俗化,更写实,更逼真,更具有人情味。其线条流畅,刀法精练,实为佛像之上乘。

大明寺,栖灵塔供奉贤劫千佛七如来

大明寺初建于南朝,清同治九年重建,民国二十三年(1934)重修庙宇佛像。文革中幸免于难,所以佛像均是清时旧物,弥足珍贵。

大雄宝殿中多层次的佛像集于一殿。正中为横三世佛——代表中东西的空间世界无限延伸。中间是娑婆世界教祖释迦牟尼佛,东方为净琉璃世界教祖药师如来佛,西方为极乐世界教祖阿弥陀佛。佛为大彻大悟、示现真理的人。这三尊佛体现了犍陀罗的佛教艺术:公元前四世纪亚历山大入侵印度犍陀罗地区时佛教尚无偶像艺术,他将欧洲地中海地区的古希腊、罗马的雕刻艺术与印度佛教结合塑造佛像,其特点是椭圆脸型,凹目高鼻,细眉薄唇,下巴丰满,通肩式披衣,褶纹起伏大,头发呈水波状或涡卷状,覆盖着

大明寺大雄宝殿佛像的犍陀罗风格

肉髻,古朴庄重,冷峻沉着。

栖灵塔是仿唐塔,九层,每层皆供奉释迦牟尼像四尊,共36尊。这是按照佛教律宗信奉"贤劫千佛七如来"构思的。这是竖三世佛,体现时间上的上下传承。顶层为毗卢遮那佛,这是法身佛。由上往下为七如来的第一代到第七代,依次为尸弃如来、毘舍婆如来、拘楼孙如来、拘那含如来、迦叶如来、释迦牟尼如来。塑像总体上以唐式风格为法,体型丰满,面容安详。这是盛唐天下太平、百姓满足的概括,与塔的整个风格是一致的。

观音山,圆通宝殿中供奉观世音菩萨的三十二应身

观音山的佛像是很有特色的。这里的佛像不同于一般寺院以"释迦牟尼"为主像,而是以"菩萨"为主体,同时供奉四大佛教名山菩萨,东侧房的文殊菩萨,西侧房的普贤菩萨,文殊殿后的地藏王殿。菩萨即在菩提树下修行到神圣纯洁意境的人,地位仅次于佛。原为释迦修行尚未成佛时的称号,后广泛用于大乘思想实行者的称呼。凡是抱着三大意愿,即愿将自己和一切众生从苦恼中救度出来,使大众得利益,并使大众觉悟的,都可称为菩萨。

主殿圆通宝殿中供奉观世音菩萨。佛经说她能普渡众生,只要一念她的名字"菩萨即时观其音声",观音即循声往救。耐人寻味的是,她不是"听音",而是"观音",故有"观世音"之名,后因避李世民讳,而简省为"观音"。这是标准像"圣观音",她已不同于如来诸佛高高在上,而是出莲座,历下界,

化愚顽,与众生的距离已近在咫尺。这一观音像美学价值极高,雕塑家逐渐将世俗融汇于佛教的虚幻之中,造型力求塑出人物的神韵,体态婀娜,面形丰满,温柔娴静,秀丽妩媚,衣裙褶纹飘飘欲动,俨然是窈窕淑女的化身。在她身上,神的形象和气质已大为减弱,成为既有淡淡的宗教观点又有浓浓的欣赏趣味的雕塑品,体现"渡众生在白莲台上,挽浩劫于紫竹林中"。

两旁是三十二应身,即观音的变像,不仅面型、衣着、动态各尽其妙,无一雷同,更重要的是对人物神态的细部处理力求呈现人

物的不同性格,有的头部微扬,眼望空际,分明有看透尘俗之意;有的则凝神沉思,手执经文,在妙言偈语中寻找解脱之法。或陋且怪,或丰且清,其线条流畅,刀法精练,实为佛像之上乘。

高旻寺,供奉佛像自出己意,独树一帜

长江流域禅宗有四大道场,"上有文殊、宝光,下有金山、高旻"。大殿完全采用皇家宫殿的建造方式,高30米,面积为1320平方米。外廊壁八幅石雕。东壁主题为佛陀出家,分别为路逢老人、道见病卧、路睹死尸、得遇沙门,揭示出佛陀见到人的生老病死,苦不堪言,受到沙门指引迷津,于是出家修道。西壁为佛陀得道,分别为诸菩提场、坐菩提座、成等正觉、诸天赞颂。表现他历经艰难方成正果。画幅采用高浮雕的方法,刀法严整,富于装饰效果。

大殿正中仅塑造佛祖,手持莲花。这是佛经故事,因佛祖曾拈花示意,未发一言,唯有弟子迦叶点头知道其祖所想所愿,这才有了佛陀所说:"吾有正法眼藏,涅槃妙心,实相无相,微妙法门,付嘱摩诃迦叶。"自此,禅宗才开始传承下来。佛像身后为88佛,旁站弟子二人。年轻的为目结连尊者,他被称为神通第一;年老的为须菩提尊者,他被称为智慧第一。佛祖是按盛唐时期佛像风格塑造的,是现实世界中的李唐王朝的化身,泥塑装金,金光灿烂,健康丰满,躯体高大,面容庄严典雅,表情温和亲切,似乎极愿接近人们、帮助人们。在雕刻手法上,圆刀代替了平直的刀法,不论是形象本身还是衣褶的变化,南北朝那种突兀的转折和生硬的棱角已经消失,显得更加光彩照人。尽管从宗教艺术的本质看,它只是封建盛世虚幻的颂歌,但这支颂歌却奏出了中国现今佛像艺术的最强音。

东西两厢是十八罗汉。罗汉是阿罗汉的简称,原指小乘佛教所达到的最高成就:诸漏已尽,万行圆成,所作已作,应办已办,永远不会再投胎转世

而遭受"生死轮回"之苦,得此果位的人叫罗汉。这里的罗汉用彩塑,为扬州仅有。造型生动,极富个性,似佛非佛,似僧非僧,有文有武,有老有少,人物的喜怒哀乐和他们的性格特征,刻画得细腻传神,富有浓郁的生活气息,完全是明清世俗化的佛像。

另有缅甸洞缪观音寺住持惟静法师赠送立、卧玉佛各一

尊,天中塔九层,高72米,呈八角形,供72尊玉佛,使古刹增添了不少光彩。

旌忠寺,千佛绕毗卢含义深刻

旌忠寺是扬州现存的律寺、禅宗、净土宗合一的寺庙。大殿中央供奉三身佛,即释迦牟尼的三种佛身。毗卢佛,也称毗卢遮那佛,即密宗的大日如来,是法身佛,代表佛教真理(佛法)凝聚所成的佛身;报身佛(卢舍那佛)经过修习得到佛果,享有佛国(净土)之身;应身佛(又称化身佛,即释迦牟尼佛)指佛为超度众生、随缘应机而呈现的各种化身。

两旁不是一般佛祖旁的阿难、迦叶,而是帝释、梵王二天王。梵王是佛教的代表,而帝释则是道家的四御之一,即玉皇大帝。大殿左右两侧不是供十八罗汉,而是供二十诸天王,即佛教中的二十位天神。明代以前,依据《金光明经·鬼神品》选定二十位天神,明代又增入四神,成为二十四天神,连同天王殿供奉四大天王。这是南朝以后儒释道合流的表现。

在毗卢遮那佛身后的光圈上,安放着数以百计的小佛像,不大,仅一尺高低,但眉眼毕现,形态生动。这里的大殿为楠木梁架,十分珍贵。殿内也设置藻井,全部露明造,在梁架的北、东、西三面密集安放小佛像,连同身后光圈上的佛像,共1000尊,全部向着中间的大佛,这就是"千佛绕毗卢",源于佛教偈语:"千佛围绕毗卢佛,三藏灵文被三根。识得其中端的事,如盘走珠处处圆。"含义是"一佛出世,千佛扶持"。正是得到众佛的相帮,佛祖才能成就大业。这种特有的造像形式在他处不多见,一直得到海内外的珍视。

宝塔苍苍　登攀远览
——寺庙塔的艺术

塔是梵文"窣堵坡"(Stupa)和巴利文"塔婆"(Thupo)的音译,意译为方坟、圆冢、灵庙。最初是半圆覆钵状大土冢,冢顶有竖杆及圆盘。佛祖释迦牟尼死后骨灰有2400斛,分埋八个浮图。尸体结成晶莹明亮、五光十色、击之不碎的珠子,即舍利子。这是对佛骨的神化。在缅甸,塔是寺庙的中心,大塔四周围绕许多小塔,建有佛堂。我国寺庙最初也有过这样的形制,但到唐代时很快发展成以大雄宝殿为中心的布局,塔安排在侧翼或后院。塔进入中国,宗教的意思逐渐淡化,成为建筑的一种独特样式。

"名园依绿水,仙塔俪云庄。"扬州是多塔之区,多种样式的塔艺术价值极高。

实　心　塔
石涛艺术塔——还原最初塔形实心塔

我国的塔大体分两类,初期为实心塔,不能登临远眺,仅是象征性纪念物,如石涛墓。扬州人重视文化,1953年,建纪念塔于"谷林堂"后,大书家包契常题写"石涛和尚纪念塔"。塔阴由李梅阁题文:"石涛和尚画,为清初大家,墓在平山堂后,今已无考。爰补此塔,以志景仰。"可惜屡修屡废,2015年重建石涛墓,建有石涛衣冠冢、纪念碑、塑像和纪念墙、石涛名句、经幢等,墓园的假山、植物构成了相对独立的空间,就像一幅淡淡的水墨山水画。主题建筑为石涛塔,高3.2米,呈六角形,分三层,逐层收敛,底座为覆钵式莲花,二层底座为莲花座,三层与顶层是石檐,形如盛开的莲花,因莲花是佛教的象征,与石涛大和尚的身份相应。

大明寺石涛墓塔

一层塔身有六面瑞兽,二层塔身的四面分别为莲花鸳鸯、菊花公鸡、牡丹凤凰、松树仙鹤,都是高浮雕,三层塔身的六面是暗八仙的图案。这些都与石涛的画家身份相应。

甘泉高翔故园建有怀师塔。石涛生前曾画过《墓门图》,据说这是他衰年时自己选定了墓,画了图,并题了诗。诗中有"谁携一石春前酒,漫洒孤山雪后坟"之句。诗句是凄苦的。由于他遁入空门,身后无子,坟自然是在"孤山",且覆盖冷雪,人死如灯灭,更何况和尚"四大皆空",生前尚且看破红尘,死后怎么计较有人祭扫的"虚热闹"。所以,他并未指望谁能慰藉他死后孤魂。石涛死时67岁,高翔不足20岁,可谓忘年交。高翔为人忠厚、诚实,不与俗客交往。他是讷口少言的,在老师生前并不善于信誓旦旦地表白,在老师死后,每年必为老师扫墓。《扬州画舫录》十分崇敬高翔的举动,说高翔"每岁春扫其墓,至死弗辍",足见其为人仁厚。今在高翔花园中建石涛纪念塔,正是为了了却高翔的心愿,也让世人忆及当年的师生感情。

楼 阁 式 塔

塔传入我国后,迅速与我国的楼阁相结合,成为楼阁式塔,或位于江河之滨,或位于崇山之巅,或围封古刹之中。高大的外形与重叠的楼阁,与寺庙原有高层楼阁或亭台形式相结合,显得体态匀称,形式整齐,上下悬殊不大,浑似一枝挺秀的临风玉树,色调浑厚淡朴,不仅能登眺欣赏景色,成为游览胜地,而且增添城镇外貌特色,成为一个城镇的标记。

1. 文昌路唐代石塔——仿楼阁式塔,人们最认可的景观

石塔寺本是扬州一座很有名的庙宇,寺内不仅有巍峨的大殿,而且有雕刻精美的石塔,因与唐代诗人王播和宋代词人苏东坡有关而备受人们关注。千百年过去了,人事沧桑,石塔依然,苏东坡的诗句在人民中广泛传诵着。塔为唐代遗物,周围有石栏保护,分上下两层,塔由20块长方形的栏板和11根栏柱建成,栏分两层,底层与塔基平,上刻龙、凤、牛、马等动物,上层北面有石级,石级两侧石栏板上刻有二龙抢珠,其余各面都是莲花,11根栏柱上

皆为如意形状的花纹。塔檐边上，雕刻朴素的图案花纹，每层各面都精雕佛像，当年还施过鲜丽的色彩。尽管塔已历经一千多年风霜，佛像已残缺不全，风化剥落，但彩色隐约可见，使人想见当年雕刻之精。

2. 仪征天宁寺塔——江苏最高的砖塔

仪征天宁寺塔，最初为砖木结构塔，原本高近70米，始建于唐代景龙三年（709）。《仪真隆庆县志》中《天宁万寿禅寺》一文明确记载："在县治东南，澄江桥西。始自唐景龙三年，泗州僧建佛塔七级，以镇白沙，创永和庵于塔后。"历代屡建屡毁，2003年重修。塔分八面，内为四方，原有毁灭的梯现已修复，可达各层，凭窗观景，尘埃一清。但外部仅剩砖砌的塔身，平座（塔的出檐廊）、腰檐（塔平座下的屋檐）本应木构，现难以恢复。外观是一座砖塔，残高47.2米，仍是江苏境内最高的砖塔。塔现坐落在城河南岸，与鼓楼对峙，隔河相望，楼塔并称为真州"双璧"。

3. 高邮唐代镇国寺塔——运河岛上的南方大雁塔

高邮镇国寺塔2014年被列为世界文化遗产（京杭大运河组成部分），被人们誉为"南方的大雁塔"。始建于唐僖宗时期，方形，七层楼阁式砖塔。塔高35.36米，纯用青砖砌成。每层无平座，但以砖砌成叠涩腰檐，所以腰檐特短。每面倚柱划分三间，柱头上有额枋。一至三层交替相闪辟门，四层以上四壁辟门。顶下砌"斗八"藻井，四角攒尖顶，顶端塔刹为一青铜铸葫芦，表面刻有"风调雨顺、国泰民安"八字。虽历经数次修葺，但仍基本保留了砖塔唐骨明风的建筑特色，是研究我国古代建筑的重要资料。最可贵的是1956年大运河拓宽时，为保塔而改道。该塔处在拓宽范围内，为保护这一珍贵文物，周恩来总理在审批方案时特批:让道保塔,让河依岛分汊,不仅使其成为大运河上一颗璀璨的明珠,而且其故事深为联合国官员首肯。

喇 嘛 塔
瘦西湖白塔——源于北海塔雄,融入扬州之秀

喇嘛塔元代时输入中国。其形制为折角形束腰式须弥座,上置金刚圈,托扁圆形塔肚,再托锥形柱,周套重围,称"十三天"。再加宝伞及塔顶,周身洁白,形似花瓶。扬州至今还流传着"一夜造白塔"的故事。传说是无稽的,旧塔建于何年,已不可考。因喇嘛塔原属藏语系佛教中喇嘛教寺院的塔制,元代以降,渐行全国。清乾隆四十九年(1784),两淮盐总江春集资仿北京北海白塔,就旧塔基建造。《扬州画舫录》点明,该塔是"仿京师万岁山塔式",但形制已大有区别。著名建筑家陈从周在《园林谈丛》中曾将北海塔和扬州的塔进行对比,说:"然比例秀匀,玉立亭亭,晴云临水,有别于北海塔的厚重工稳。"可见北方之景到了南方也随乡入俗,雄壮之气锐减,窈窕气质倍增了。

理念篇

清秀富丽 书卷浓郁

水道处理　借鉴画理
——瘦西湖的理水艺术

朱自清的《扬州的夏日》说："扬州的夏日,好处大半是在水上——有人称为瘦西湖。"仁者乐山,智者乐水。扬州园林不同于燕赵园林的慷慨、楚汉园林的雄健,而是充满吴越的灵秀。许多专家对这种风格皆有定评："其烟渚柔波之自然,其婉丽妩媚之气质,其人工与自然融合之天衣无缝,窈折幽胜,仍为苏杭等地之园林所无法比拟者。"(刘策《中国古典名园》中汪礼《扬州瘦西湖》)"苏州园林如宋词,纤巧精致;扬州园林像唐诗,清秀富丽;颐和园则像是汉赋,恢宏广博。"(陈从周《园林谈丛》)

一是北方之雄与南方之秀的分界

如朱自清所说："北方和南方一个大不同,在我看,就是北方无水而南方有。诚然,北方今年大雨,永定河、大清河甚至决了堤防,但这并不能算是有水;北平的三海和颐和园虽然有点儿水,但太平衍了,一览而尽,船又那么笨头笨脑的。有水的仍然是南方。"扬州园林的灵秀全靠水的处理。园林水围山转,山因水活,追求的是以山水为主题的自然美、灵秀美、智者美。瘦西湖不同于杭州的西湖,西湖仅水面面积就有5.66平方公里;也不同于苏州、无锡,可借三万六千顷的太湖开阔。瘦西湖原是一条城河,袁枚说它"长河如绳,宽不过二丈许"。但是,扬州园艺家却在这长河之上,重新装点出妙景佳境。

二是对水的精心处理,拓宽水面,水围山汀

扬州园林从南北朝开始就有在湖上建岛、岛上构湖的传统。湖中有湖、湖中有岛、岛上有园是瘦西湖的特色,有湖外看湖、湖心凭眺的佳境。

堆土成山,或用葑泥堆土石于湖中,如小金山就是用疏浚河道的泥堆积而成。

长渚入湖,如钓鱼台。

聚土成汀,或将葑泥堆成小汀,如西园曲水中的琵琶岛。

湖中设湖,如瘦西湖中的荷浦薰风,即用湖泥围池,外围东西为瘦西湖的湖水包围,而中间北首堆成土阜,建造小亭,南部则挖池种荷。

三是让水与他处的不同,曲折逶迤,变化万千

瘦西湖发挥河道曲折变化的特点,在空间的收放、层次的变化上,都有

独特之处。从便益门开始,河道由东向西,到西园曲水由南向北,到小金山又由东向西,到廿四桥再由南向北。中间又有不少汉河,如到冶春园处,向南有小秦淮河;到问月桥处,向北有凤凰河;到西园曲水处,向南有丁溪;到四桥烟雨处,向北有长春河。这样,在水转折处,多是三折,一来,一往,一可望,曲折逶迤,或收或纵,河道虽窄,却显出水面的宽阔。这就是袁枚所称赞的"水则洋洋然回渊九折矣"。这是采用了集中理水与分散理水结合之法,将水面化整为零,分隔成若干个相互连通、大小不一的水面环境,即为"水局",以水为题,以水取景,水陆萦回,山岛间列,小桥凌波,烟水浩淼,造成迂回曲折、扑朔迷离的美感。朱自清概括得好:"下船的地方便是护城河,曼衍开去,曲曲折折,直到平山堂。""有七八里河道,还有许多杈杈桠桠的支流。这条河其实也没有顶大的好处,只是曲折而有些幽静,和别处不同。"

四是人工对水的增容饰观,一路楼台直到山

傍湖建景,诸景连片。从古瘦西湖的遗迹中也可以看出在空间的组合和划分上有一定的成就。狭长的水面,通过桥、岛、堤、岸的划分,成为有狭、有宽、有圆、有方的许多空间,如刘策《中国古典名园》中汪礼《扬州瘦西湖》所说:"瘦西湖是扬州风景区,它利用自然的地形,加以人工的整理,由很多小园形成一个整体,其中有分有合,有主有宾,互相'因借',虽范围不大,而景物无穷。尤其在摹仿他处能不落因袭,处处显示自己面貌,在我国古典园林中别具一格。""地只数亩,而有行回不尽之致;居虽近廛,而有云水相忘之乐。"(清钱大昕)

景点傍湖,彰显水趣。让景观尽成水景,一面临水,一面傍路,设置景点,相互照应,各呈其妙,形成扬州瘦西湖显著的特色:集景式滨水园林群。这不同于一面向中心的内聚格局,而是如国画的散点透视,使有限的空间产生出密切、幽静、畅朗、水态丰盈的效果。

转折处大景,高潮迭起。观景时曲折逶迤,过一阶段就有一高潮,河道每一转折处都是比较大的景区,如西园曲水、小金山、廿四桥三大景区皆在河道转折处的"顶点"上。当两景相距较远时,或用点景,如"长堤春柳"亭;或用桥作束腰,如五亭桥就如瘦西湖的一根美丽的腰带;或在河傍岸边间植桃柳,将诸景连成一片,在"赋工属役,增荣饰观,夸而张之"(袁枚《扬州画舫录·序》)之后,形成了"两堤花柳全依水,一路楼台直到山"的效果。湖两岸的建筑,依山傍水,各园小院相套,自成系统,但又以瘦西湖作为共同的空间。视野之开阔,为苏州园林所不及,而相互呼应却又较杭州西湖紧凑。

虽然无水　却富水意

——旱园水做艺术

个园旱桥

山是园林的骨骼,水是园林的血脉,无水不成山,有山有水才是大景观。可是,市区私家园林不同于瘦西湖湖上园林的水多,靠山无脉,背水无源,也无法挖池蓄水,无水可用,该怎么办呢——旱山水意,扬州造园中的精彩之笔。

以色补水。个园夏山上植一丛探春,数尺长的绿枝如碧瀑飞挂,直泻下方深潭,瀑绿、水白、鱼红,相映成趣。秋山有桥,旱桥,两座汉白玉栏杆的小桥,前后呈"之"字形排列,有山有桥,却没有水。是造园者的失误吗?当然不是。且看桥面是一块条形黄石,此石全无同类的苍劲有力,是仿佛在流水中浸润了千百万年似的,波纹剥蚀,石苔点点。桥下的石头,上面有淡淡的墨绿色花纹,显然是模拟了流水在石头上流过而留下的青苔,给人以无限的水意。冬山为白色的宣石,如残雪未消,而白矾石的冰裂纹铺地,金黄蜡梅,银装素裹。这都是"以色补水"。

以形替水。何园的船厅及其铺地,船厅两边的假山高耸,船厅就在峡谷

何园波光铺地

水流的环境氛围中;地面用鹅卵石和瓦片铺成水的波纹,恰似船行之处荡起的波浪;船厅的楹联"月做主人梅作客,花为四壁船为家",画龙点睛,让您联想,三五之夜,月光朗照,水光潋滟,似见波光粼粼,似听裂岸涛声。船在山涧行走,分明是"两岸青山相对出,孤帆一片日边来"。这就是"以形替水"。

以意含水。瘦西湖的月观,面东临湖的水榭式建筑,每逢望日,文人雅士在此吟诗作赋,尤其是中秋之夜,木樨盛开,三秋桂子,十里荷花,宛如琼楼。月观中一联"月来满地水,云起一天山",郑板桥只用了十个常用字,便组成了一副千古绝对:观内无水却有水意,月色溶溶,无际无涯,潺湲入湖而波连;观前无山却具山情,云起碧空而山出。此联虽属喻意,但一经点引,情趣万千。如此,天上人间,实景虚化,小景变为大景,有限的园林化为无限的诗境,人行其间,心胸怎不

月观无水却有水意

为之开阔?这是用抽象的事物暗喻水,产生无水似有水、山山水水在意间的感觉。园林好比中国的诗歌艺术、绘画艺术,强调的是虚实结合,贵在"笔不到意到"。虚实相生,瘦西湖才有了翰墨园林之称。这是"以意含水",得到梁思成、陈从周等园林专家的高度赞誉。

旱园水做。这种做法其实最早出现在北方,因为那里受气候条件的影响缺水,为了弥补水的不足不得已而为之。日本也多旱园,以碎白矾石铺地,而扬州虽有江、湖、河,州界内以多水而闻名,但"旱园水做"别有韵味。它一方面弥补了私家园林空间较小、无太多的真山真水可用的缺憾,是在无奈中辟出新径;另一方面却是刻意为之,因之表现出来的含蓄的韵味恰好与江南文人所追求的意境美契合,体现了造园者打破常规的匠心独运,在有限的空间里表达出无限的意境。这是中国画中化虚为实、以虚补实的手法在园林建造中的成功运用。

以简驭繁　事半功倍

——园林"半"的艺术

静香书屋不大,仅2000平方米。在扬州的园林构建中,聪明的工匠集中使用"半制"手法,以少胜多,即小观大,以简驭繁,事半功倍,达到了"方丈蓬莱见一斑"的效果。

舫为半舫,桥为半栏。这是一临水画舫,小巧别致,凫于莲塘之中,如同船泊池边。舫首西向,由南向北看,是一艘完整的舫,船头到船尾长7.6米,但由北向南看,就是半舫,北面舫的西部是舫首。而东部则与游廊合二而一,既是舫,也是廊。游廊环围桥与闸,曲桥不长,湖水不深,自然不需两边都有扶栏,仅一边足矣。半舫、半栏,南北看不但不影响观瞻,而且富于

南墙北亭,门亭各半

变化之趣。

亭为半亭。一是建在半山腰,就叫半山亭;二是亭柱无一根整柱,多为半柱,或长或短,搁在黄石山石上,与石成为一体;三是由南向北看,亭的下部被围墙挡掉一半。山亭俯首,石径透迤,小水清浅,短墙横绝,溪声遥闻,墙外当有佳境,可随意入也。

门庭实际上是个半亭,南墙北亭,门亭各半。大门更有内涵,由外向内看,"飞塔云霄半,书斋竹林中",采用的是园林式

北看,舫、廊各半

南看,完整一舫

的门楼。门框为宫灯式砖雕,嵌于粉墙之中,上为直线游山,下嵌汉白玉石额,浅刻阴文石青"静香书屋",磨砖的匾框。门东为探春垂枝浮现,如瀑布飞泻,有了动感。迎门黄石孤峰,形成开门见山的效果。而由内向外看,分明是四角攒尖亭,但只是一半,仅是两角昂翘,如蝴蝶振翅欲飞。

山为半山。东部太湖石的假山均为贴壁假山,一带粉垣。里面数楹修舍,或以湖石贴墙,古松劲挺;或以湖石围台,翠竹潇潇;或随意傍舟,书带草围聚。好比雕塑的浮雕,以清新柔美的太湖石表现秀雅恬静的意境,显南方山水之秀。

半山亭

园西南角的黄石山也是贴壁山,由巉岩峭壁的安徽黄石堆就,看似完整,好比雕塑的通雕,其实也是半山,半在墙里,半在墙外。沿塘是黄石岸,山南是园墙,不过是几块黄石贴着墙壁而已。其石有的颜色赭黄,有的赤红如染,其势如刀劈斧削,险峻摩空。山隙间丹枫斜伸,曲干虬枝与嶙峋山势浑然天成。山下石洞逼仄,可接山翠,山顶翼然飞亭。登峰远眺,群峰低昂脚下,烟岚飘隐其中,西湖"青山隐隐水迢迢",虽是咫尺之图,却有百千里之景的磅礴气势。这是以黄石粗犷豪放的直线表现雄伟阔大的壮观,具北方山岭之雄。

黄石峻美,湖石秀美,风格迥异,却又在咫尺之间相互映衬,浑然一体而不突兀,和谐统一,极富画意诗情。

美人靠仅建一半。 在北月洞门旁,仅安排半边美人靠,上仅覆半亭。美女斜依,团扇轻摇,偶尔喂池中锦鲤,不时眺远处湖山,悠闲自得,风情万种。

半制之妙。 该园是扬州唯一的多以"半制"取胜的景观。这种半制,半真半假,半实半虚,廊、墙或遮或掩,或放或收,打破了旧式园林的对称规整,显得轻灵活泼,既有"犹抱琵琶半遮面"的含蓄,也有"半含春雨半垂丝"的腼腆,更有"半落江流半在空"的灵秀。这半,使人想起"钟山只隔数重山",山麓的王安石生活过的"半园",想到的是他变法失败后的"半是悲哀半是愁"的叹息与无奈。而静香书屋却无"吾为无名抵死求"的焦躁,也无"有名

为累子还忧"的无奈,倒是暗合曾在此流连的曹雪芹、金农的意趣。他们从不求全,但求"难得浮生半日闲",抛却的是苍蝇竞血、蚂蚁争巢的烦恼,体味的是书山诗海中的口舌留香和恬淡自适,如饮甘醇,似嚼橄榄。静香书屋独特的、乐在"天人之半"的心境,或许就是金农、曹雪芹他们留恋扬州的一点精魂。

画意诗廊 人天美景
——瘦西湖诗书画廊艺术

扬州是人文荟萃的文化城,钟灵毓秀之地,引动多少文人雅士云集寻胜,雄姿英才荟萃探幽。他们吟诗作赋,留下了多少歌咏扬州佳景的华章。扬州旅游景观中的人文价值很多是通过碑刻实现的,瘦西湖诗书画廊就是扬州特有的碑刻文化,一道永远亮丽的风景线。诗意扬州,书画扬州,扬州有明月之约,就有书香之约。

大气派的规划。诗廊是风景建设改造中挹古扬今、利用提升的典范。这原是瘦西湖与西部单位之间的隔廊。改造中,利用现有的廊,修缮整理,张扬个性,以152间,长680米的规模,位列江苏省第一大碑廊,仅次于北京颐和园碑廊,成为一道由南向北的诗画屏风。开端就是郑板桥书写的"歌吹古扬州",这源于南朝鲍照《芜城赋》的"廛闬扑地,歌吹沸天",是说扬州市井繁华,到处笙歌。唐杜牧的"谁知竹西路,歌吹是扬州"强化了其意境。该石雕5.6米×1.3米,加边框,青石,字石绿,背景是山字形的粉底照壁墙。两旁各置三堂八角花窗,再旁叠湖石山,栽五针松,前为天鹅绒草坪。总体为青绿风格,明快大方。

一入诗廊,廊外就是一片荷塘,荷塘北岸是诗堤,诗堤正中是铜雕壁画,画的是中国历史上八位贤臣。画的两边是他们故事的石雕,如"张伯行不取

开篇是郑板桥歌吹古扬州

一文"、"阮元避寿",都是廉洁奉公之人、惊世骇俗之举。他们面对荷塘,由荷花的"出污泥而不染,濯清涟而不妖"的高洁衬托,作为诗廊的开篇。

廊形、廊景不断变化。计成《园冶》说:"廊者,庑出一步也,宜曲宜长则胜。古之曲廊,俱曲尺曲。今予所构曲廊,之字曲者,随形而弯,依势而曲,或蟠山腰,或穷水际,通花渡壑,蜿蜒无尽。"瘦西湖诗画廊是他理论的诠释与印证。有扬州最大的65米的桥廊横跨湖面,有最长的水廊临水照影,有上山廊、下山廊起伏变化,有叠落廊层层递进。有单廊仅一面可走,也有花墙隔开的复廊两面可憩。廊顶多为立山人字头,也有半坡三角形。为改变单一廊形的单调,长长的廊间隔有阁,有亭,有门,有丹墀,变化无穷。如开篇就是"如意门",旁边就是清乾隆的诗碑:"一朵花宫结净因,周环绿水漾波新。歌台画舫何妨闹,恰是亭亭不受尘。"中间,承上启下,古代诗的结束,安排了一丹墀,可让观诗者小憩;向北,则是新诗的开端,最先是江泽民的"诗画瘦西湖"的金字诗碑,继而是毛泽东书写的李白《黄鹤楼送孟浩然之广陵》诗:"故人西辞黄鹤楼,烟花三月下扬州。"北端廊尾是半亭,亭中有"听箫"石额,对应"夜听玉人箫"。此典本是隋炀帝的行状。旁边是诗廊的最后一方诗碑,自然镌刻他的《春江花月夜》:"暮江平不动,春花满正开。流波将月去,潮水带星来。"切景切题,让流星王朝也有一席之地。

石涛作李白诗意画

从南到北,曲廊沿湖顺势,全部临水。廊旁绿草如茵,岸边垂柳成行。桃花带泪,杏卉含情。柳荫树下老翁垂钓,花木丛中少女寻春。芳园漫步,可穿花度柳,抚石依泉;亭中小憩,能传花斗草,赏心悦目。从东向西,移步换景。芍亭畔以初春柳景取胜,使人见到的是绿柳吻水、娇花初绽的秀景;芸香圃则以盛春花景见长,让人看到百花争艳、万紫千红的盛景;芭蕉坞又以"落花流水春去也"的暮春残景,让人在寒烟漠漠、落叶萧萧中感兴伤怀;咏梅轩更是给人寒花霜草的凄冷幽深之感。作者极力集中和夸大不同季节的特点,构成各尽天然的景区。水美扬州,尽在呵护。

廊中景,如意门,旁是乾隆诗碑

廊又是借景的所在。 廊中向东极目,"绕堤柳借三篙翠,隔岸花分一脉香"。南起点正好是二十四桥景区,北端点是平山堂景区,锦泉双屿的瀑布,春流画舫的碧波,碧玉交流的荷香,蜀冈朝旭的金铎次第展开,体味一路楼台直到山。这是把中国古典园林强调的以自然山水为基础,游廊建筑为主导,花草树木为美装,相互依靠,陪衬烘托,构成美的和谐;是以园林的新瓶装传统文化的旧酒,以全新的文化手段表现传统文化的甘醇,更为当地人所喜爱。

碑上书画的变幻。 廊内书法63方,画13方,多为0.8米×0.4米,全不用电脑现成文字,而是由诗人自己撰写;若是古人的碑刻,就刻意搜求历史上的书画原作,如郑板桥、阮元、伊秉绶的诗书;少量的诗如果诗人未留墨宝,则由当代书家撰写,如李白的诗是毛泽东撰写的。现当代的碑刻,则或挖掘扬州档案收藏,或盛情相邀,约请当代名家书翰,如郭沫若、赵朴初、启

书画相间,趣味盎然

功的诗书。这些原作的寻找,延请方家,虽费时日,但辛劳没有白费,使人们穿越时空,能与书画家面对面交流。刊刻者也是再创造,人文景观中的诗文,成为自然景观中的碑刻,是当代的能工巧匠与历史和现实中的骚人墨客的默契配合。他们以山石为纸,以锤凿作笔,在自然赋予的天地间尽情地显

露他们的豪情壮志,将"逝者如斯"的岁月化成瘦西湖山川灵秀中的永恒。有的集中体现,如廊西运动场观礼台,原本是阁式建筑,在面东处留出一廊,而在墙壁上集中镌刻着扬州八怪的八幅代表作:郑板桥的竹石图、高翔的弹指阁图、罗聘的梅花和李方膺的破盆兰花。金农的漆书"蜀人景焕文雅之地",李鳝的瓶花"花是扬州种,瓶是汝州窑",汪士慎的隶书"不知泾色山之涯,春风茁此香灵芽",黄慎的草书"裘马邗沟上,怜君已倦游",相互比照,好似诗人当年笔会唱和,让人缅怀扬州八怪文人相亲的情谊。

阁壁集中镶嵌扬州八怪书画,文人相亲

而今,诗人的风范更是精心展示。扬州人文荟萃,多少大家来此书翰,多为现代诗文、书法大家,如谢觉哉、郭沫若、赵朴初、林散之、启功、周而复、费新我、赖少其等歌咏扬州的书法字画。有康有为的"乔木见孤忠,天子大鏊;种瓜存高洁,月在扬州"。联意别出机杼,书法具北碑遗风。既有厚重的,也有轻灵的,如费新我先生的对联"日出山花红胜火,春来湖水绿如蓝",将白居易的《忆江南》仅改两个字,于是扬州的灵秀清雅尽在眼前,似乎是为扬州量身定制,妙不可言。

碑刻虽好,但要研究游人的审美兴趣,如果反复看一块块碑石容易形成审美疲劳,所以碑刻之间的组合至关重要。一方方虽只在一隅,但方与方之间相隔不远,然处置巧妙,能使人感到千变万化,恍然不知所穷。所谓会心处不在乎远,大抵一山一水、一木一石,全在人之穿插布置耳。真草隶篆错开,唐宋元明清相间,书画间隔,形式变化,在中堂之间加入扇面,每一方都有人物介绍。书画的诠释,虽言简却意赅,尤其突出与扬州的关系,引人遐思。"看似寻常最奇崛,成如容易却艰辛。"碑廊无愧瘦西湖的点睛之笔,生动地展示的是扬州城的历史文化,增添的是景区的书香和人文气息。

毛泽东诗碑

郭沫若诗碑

费新我联书

运河诗堤　古韵今晖
——运河诗堤的文化构思

扬州运河,运河扬州,扬州无愧于举世无双的运河城。扬州运河是江苏运河的代表,是京杭运河的精华。我们生于斯,长于斯,我们细读这片片青山的心事诞生,我们品味这渠渠绿水的歌吟成长,我们热爱这深情的运河。

运河文化灿烂。大运河作为经济生活中的一个载体,从文化精神层面,积极充分地传扬大运河的航运、灌溉、养殖、旅游等实用功能。从遗产的角度,它包含了自然遗产、文化遗产和非物质遗产。运河是融唐宋元明清历史遗存、典故传说、风俗民情于一体的文化线。扬州运河沿线遗留着大量的城址、衙署、驿站、钞关、仓库、寺庙、商铺、桥梁和地下的古墓、沉船、关闸、石坝等文化遗存,使运河原有的传统文化和现代文明有机交融,使原本的落盘玉珠连缀成一串精美的项链。

运河诗堤当是运河文化的明珠,生态环境优美,规划构思精巧,诗文文化厚重、多种文化元素配合,尤其是百姓对其喜爱,堪称古代文化与现代文明的珠联璧合。

环 境 优 美

诗堤处在扬州渡江桥与徐凝门桥之间的北堤上。两桥都是双曲拱桥,如长河卧波,一是缅怀唐代盛赞"二分无赖是扬州"的大诗人,一是歌颂"天翻地覆慨而慷"的奋斗的英烈,这是扬州最难忘的记忆。而今,这里的运河,水轻柔地流,风婉转地吹,轮船欢鸣,锦鳞自在,千家灯火,万户炊烟,相拥相守,和谐安康。这段运河,既古老又年轻。运河风光带绿柳垂荫,花香四季,鸟鸣啁啾,空气清新,沁人心脾。楼阁鳞次,虹桥卧波,古宅名居,牌坊码头,园林名胜,寺庙观庵,入夜,华灯齐放,五彩缤纷,灿若霓虹,邈若仙境。"明月莺花翡翠楼,繁华今古说扬州。"诗堤传承古代文化,创造现代文明,天人合一,让扬州的锦绣文明域,风物清嘉地走进了我们的心中。诗堤与何园、南河下景区已连成一体,将景观照应扩大,由旅游城市转向城市旅游,它创造了样板。

诗堤入口处"诗韵扬州"

诗 文 厚 重

运河文化、扬州文化是睿智的文化,不仅使我们触摸到文化的昨天、今天,触摸到文化的东南西北,使我们感受到运河文化的金戈铁马,也感受到杏花春雨、茶香酒醇、书趣画意。诗堤的入口,是一块太湖石,高四米,玲珑剔透,上书"诗韵扬州",是板桥体。东侧的诗碑,上书张若虚《春江花月夜》,"春江潮水连海平,海上明月共潮生","江流宛转绕芳甸,月照花林皆似霰",这是优美,而且最初就是京杭运河的开凿者隋炀帝的诗题,体现的是秀美江南;西侧的诗碑,上书姜夔《扬州慢》,"淮左名都,竹西佳处","废池乔木,犹厌言兵"。兵燹战乱,虽是历史的一点,却是永恒的警示,珍惜来之不易的安宁,扬州人应永远有危机意识。

《扬州慢》诗碑

规 划 精 巧

规划是新瓶,自然要时尚,但要能品味文化的旧酒,那才是醇厚,求的就是珠联璧合。古代文化、现代文明、生态文明交相辉映,只要心存敬畏,就能精致地表现。

偶遇这里的原居民,时来怀旧,但昔日苦痛难以忘怀。曾几何时,这里是破败民房,每到洪水季节,这些临水的居民深为水淹房屋、墙倾顶塌而苦不堪言。如今,这里已成大片绿化带,东西长730米,南北宽32米,达2.3万平方米,是在城市腹地,临河的绿化带的生态文明与文化积淀的有机结合。滤掉了山野之气,因此而飘逸清丽,风姿绰约。这里都市繁华,田园野趣,小桥流水,舞榭歌台,名胜古迹,园林古宅,运河虽淡妆浓墨却是无限风情,沧桑巨变而仍然吴越流韵。运河是立体的《清明上河图》,是现代的《春江花月夜》。"到北京看长城,下扬州游运河"已成国人向往的乐事。

现今,城市街景崇尚简洁,这里就有简约的风格,主体建筑仅为一亭,四角攒尖顶,但构思精巧,打破对称,几片景观墙,浅浮雕的青龙白虎朱雀玄武的砖雕装饰,恰到好处,点到人心。亭与路平,沿石阶而下,就是广场,一直延伸到运河边,两旁就是诗堤。东108.8米,西143米。面对运河,是高2米的石堤,上嵌诗碑,有画面式、竹简式、竹简卷形,书体有真草隶篆,是历代大家最有名的诗句,多是咏扬州与咏运河的。诗碑之间佳木葱茏,繁花馥郁,还布置了一些园林小品,如龙柱、星月柱、花卉砖雕。有的用料不多,但以简驭繁,如"水"小品,仅是几块大小不等的圆石,前后错落,高低相间,刻以金文、甲骨文、石鼓文的"水"字,石白字绿,置放在运河边。一个小品就强化了"水美扬州,呵护未来"的主题,发人深省。

李白吟月壁画

亭下基础是石刻的壁画,是"李白对月饮酒图",4.32米×1.3米,高浮雕,中间站着的是李白。他抬头望月,举杯吟诗,豪迈无羁,潇洒飘逸。这位唐代大诗人,以"烟花三月下扬州"的"千古丽句",为扬州写下了永恒的广告语。有人说,我们是通过地理老师的启蒙认识其他城市的,唯有扬州,孩提时代,诵读诗文,就对扬州心向往之。我们感谢李白,将石雕置放在亭下,面水,前为开阔的广场,让他面对运河。从容优雅,平和沉稳,才能吟诵更多华章。而旁边是四块诗碑,都是《扬州好》,这是清代竹枝词,写的人很多,因当初是曲艺开篇词,俚言俗语,百姓愿意听,能够唱,以黄惺庵的扬州竹枝词《望江南百调》最流行。而这里置放的是费轩的《梦香词·调寄望江南》,逾百首,"扬州好,第一是虹桥","扬州好,秋九在江干","扬州好,年少记春游","扬州好,评话晚开场",讲的都是扬州的风俗民情。他虽写的是扬州,但其实他是四川人,李白也是四川人,这是让他们同乡进行时空穿越。人们感慨地说:"规划就应该让知识变为知道,知识变为常识。让我们怀念改天换地的先杰,倡导他们为国为民的情怀。"

百 姓 喜 爱

早晚妇女欢快的广场舞淋漓酣畅,早晨老人的八段锦外刚内柔;下午亭中对弈,众人围聚插嘴;夜晚恋人花前月下,互诉衷肠。游人驻足流连,学者寻胜探幽。有学生在默默地吟诵诗文,有老人在如数家珍般地教育孙子。润物无声,寓教于乐,寓教于趣,让人深深感受到运河文化是精细的文化。粗糙的社会、急躁的人们、烦躁的心绪是不能感受运河文化的。汲汲于名利场所,患得患失于细微末节之人,至少不能深切地理解运河文化。可贵的是,扬州人珍惜运河文化。因为这,才有了杏花春雨般的飘逸浪漫和轻柔婉转。

文 化 融 合

诗韵广场的煞尾,又是会馆广场的开端。广场东西两旁各矗立四根柱,镌刻安徽会馆、浙绍会馆、盐场会馆、湖北会馆、山陕会馆等浮雕。中央是立体的扬州会馆图,宽10.2米,长15.6米。最外层是云纹图案,内层是云雾缭绕,再内层是运河流淌,中心是扬州古城区示意图,底层是纵横交错的街巷。突出的是最著名的12个会馆及周边名胜。运河堤壁上是一方方扬州风景名胜的石刻浮雕。近代学者陈去病在《五石斋》中说道:"扬州之盛,实徽商开之,扬盖徽商殖民地也。"确实,明清时期,政府把盐业垄断管理机构两淮盐运史和两淮盐运御史设在扬州,使扬州成为全国最大的食盐集散地。这时候,扮演主角的是盐商。扬州盐商的喜好催生了多个行业的繁荣。因为运河,扬州盐商云集;因为盐商,扬州城市性格改变。其实,会馆是运河经济,而诗韵则是运河文化,两者如皮毛,同临运河,相融相促,共存共荣。太多的春花秋月,太多的故事传奇,运河让我们领悟到扬州文化的淡定,让我们从容优雅,平和沉稳,冷静理智,因为我们身体里流淌的是运河的血,我们的身上是扬州运河水做的骨肉。

突出主题　表现意境
——园林的"用数"艺术

用数是传统中国园林手法之一，如天坛、故宫的用数，即将数字巧妙地蕴含在景观之中，突出主题，表现意境。扬州园林中的多处数字运用十分巧妙，不牵强附会，而是自如贴切，引人遐思。二十四景、二公祠、二分明月楼、三贤祠、三过亭、四桥烟雨、尺五楼、第五泉、六一宗风、七贤斗野、八宝亭、九曲池、九峰园、万松岭，真正是两岸花柳，一路楼台。

五亭桥。"维扬多水，素以桥胜。"五亭桥不但是瘦西湖的标志，也是扬州城的象征。乾隆南巡到此曾感叹它像"琼岛春阴"之景，这就点出了该桥是借鉴北京北海之景。确实，该桥受北海五龙亭的影响很深。扬州无北海开阔的水面，当然无法把五龙亭照搬。但聪明的工匠别出心裁，将亭、桥结合，形成亭桥，分之为五亭，群聚于一桥，亭与亭之间以短廊相接，形成完整的屋面。可贵者，造桥者把桥身建成拱卷形，由三种不同的卷洞联系。桥孔共有15个，呈大的半圆形，直贯东西，旁边12桥孔布置在桥础三面，可通南北，亦呈小的半圆形，桥阶洞则为扇形，可通东西。正面望去，连同倒影，形成5孔，大小不一，形状各殊。清代《扬州画舫录》记述："月满时，每洞各衔一月，金色恍漾，众月交辉，莫可名状。"民国王振世《扬州览胜录》以讹错讹，说："皓魂当空，每洞各衔一月，计15洞，共得15月，金色晃漾，众月争辉，倒悬波心，不可捉摸。"为了验证，"观此乃知西湖之三潭映月不能专美于前"，他把三潭中映月亮误解为三月映潭。其实15洞分4个方向。人们为了验证，在中秋之夜，将船停在15个桥洞内，发现根本无此奇观。不过洞洞相通，洞洞衔月的传说太奇，这样的景致自然折服了无数的文人墨客并前去寻胜探幽，引起人们对明月之城的神秘之感，而到扬州来赏月，一睹扬州明月的风采。清著名学者沈复的《浮生六记》中，说扬人呼桥面五亭为"四盘一暖锅"，白塔为酒一壶。以吃作比，俗了一点。沈复感叹："此思穷力竭之为，不甚可取。"

白塔的数字。白塔的外形轮廓线很秀美，相轮是13层级，象征佛教天的最高处13天，源于《后分涅槃经》："起七宝塔，高十三层，上有相轮。"塔座为八角四面，象征一年四季，每面三龛，龛内砖雕十二生肖像，象征一年12月，一天12时辰，筑台53级，象征童子拜观音的53参图。处处有象征，处处有暗示，扬州造园艺术的手法巧妙地糅合于外来景致之中。著名建筑家陈从周在《园林谈丛》中曾将北海塔和扬州的塔进行对比，说："然比例秀匀,玉立亭亭,晴云临水,有别于北海塔的厚重工稳。"

栖灵塔的数字。《十二因缘经》说,八种人可造塔,但规格、层级不同,如来是第一等,露盘八重以上,是佛塔。"露盘"就是"层",因双数是阴数,所以一般用单数,"七级浮屠"是菩萨的等级,尽管有13层佛塔之说,其实9层就是最高等级了。因刘禹锡登临此塔,有"九层云外倚栏杆"之句,说明当年因供奉释迦牟尼的舍利才可以有这样的规制,复建时顺理成章地建了9层。每层皆供奉如来像4尊,共36尊。这是按照佛教律宗信奉的"贤劫千佛九如来"构思的。每层都有外槽(廊),供信徒回拜,即"千佛绕毗庐"之意。9层供佛的须弥座上施1150瓣莲花浮雕,寓意塔毁至重建间隔1150年,如今盛世建塔。塔设金铎(铃铛),置仔角梁、塔刹、华盖、四道铜索各36只,合计108只。这是依《三藏法数》,闻钟声,可除众生108烦恼,此塔钟声可传三千界内。

二十四桥。"青山隐隐水迢迢,秋尽江南草未凋。二十四桥明月夜,玉人何处教吹箫。"这首诗妇孺皆知,诗因桥而咏出,桥因诗而闻名。单是桥名就引动多少文人学者打了一千多年的笔墨官司。《扬州鼓吹词》说:"是桥因古之二十四美人吹箫于此,故名。"据说二十四桥原为吴家砖桥,周围山青水秀,风光旖旎,本是文人欢聚、歌妓吟唱之地。唐代时有24位歌女,一个个姿容媚艳,体态轻盈,曾于月明之夜来此吹箫弄笛,巧遇杜牧,其中一名歌女特地折素花献上,请杜牧赋诗。传说是优美的。也有野史说成是隋炀帝的作为,二十四桥即炀帝以歌女数改名,但无以稽考,只能留给后人品鉴。宋代沈括是以严谨著称的,他在《补笔谈》中,对二十四桥——考证,论证扬州确有二十四桥,证明了扬州无愧于"桥乡"的称号。曹雪芹在《红楼梦》中借黛玉思乡之情,特别提到:"春花秋月,水秀山明,二十四桥,六朝遗迹……"文学家朱自清也曾满怀激情地追忆故乡"城里城外古迹很多,如'文选楼'、'天保城'、'雷塘'、'二十四桥'"。现今二十四桥由落帆栈道、单孔拱桥、九曲桥及吹箫亭组合而成,主景单孔拱桥,汉白玉栏杆,如玉带飘逸,似霓虹卧波。长24米,宽2.4米,两侧各24级台阶,24根玉石栏杆围以两边,处处蕴含"二十四"之意。洁白的栏板上彩云追月的浮雕,桥与水衔接处巧云状的湖石堆叠,周围遍植馥郁丹桂,使人随时看到云、水、花、月,体会到"二十四桥明月夜"的妙境,遥想杜牧当年的风流佳话。

而在景观诗文中的用数,"一面楼台三面树,二分池沼八分田"等不胜枚举,更是给景观增添了无穷的趣味。

天宁寺的一庙五门。佛教传入中国后迅速与中国传统文化结合,北方信奉涅槃学,因而挖石窟造佛像朝拜;南方信奉般若学,因而建寺庙修持研究佛经。"南朝四百八十寺",汉式寺院深受中国传统建筑的影响,讲究左右对称。天宁寺清代列扬州八大古刹之首,建筑面积一万多平方米,从南到北依次为:山门殿、天王殿、大雄宝殿、藏经楼、万佛殿。寺内筑东、西甬道各一条,长约500米,另有数十间庑廊和10个配殿,素有"一庙五门天下少,两廊十殿世间稀"之说,是扬州创建年代最早的大型寺庙建筑群,是最严整的平原寺。五门,即山门殿的三门。寺院的山门都是三门并列,一般三门中大边

小,中间高3米,宽1.9米,两旁高2.8米,宽1.65米。两旁还有两边门。三门并列象征三解脱门,即空门、无相门、无作门,佛教所称入涅槃之门。

天下第五泉。唐代·冯翊子在《桂苑丛谈》中谈及一故事,说明扬州人对风景用数的痴迷,说在大明寺西廊,壁上有题,句有数字:"一人堂堂(大),二曜重光(日月)。泉深

尺一(寸土),点去冰旁(水)。二人相连(天),不欠一边(下)。三梁四柱烈火烧燃(無),添却双戈两日全(比)。"原来这是游人题此的谜面,谜底是"大明寺水天下无比。"人称有"黄绢之奇智"。

六一宗风为政尚简。 欧阳修别号"六一居士",常有客问欧公:"六一何谓也?"居士答曰:"吾藏书一万卷,集录三代以来金石遗文一千卷,有琴一张,有棋一局,而常置酒一壶。"客又问曰:"是为五一乎奈何?"居士又答曰:"以吾一翁,老与此五物之间,事实岂不为六一乎?"显然,欧阳修已不满足于纯粹的物欲之乐,而向往更高层次的清雅之趣。祠内悬"六一宗风"横匾,原为欧阳正墉书题,后损坏,1980年由著名书法家武中奇补书。

欧阳修的《新开棋轩呈元珍表臣》诗为他的爱好作了注脚:

竹树日已滋,轩窗渐幽兴。
人闲与世远,鸟语知境静。
春光蔼欲布,山色寒尚映。
独收万虑心,于此一枰竞。

诗人并未着力渲染"弈"本身之乐,而是尽情描绘"弈"的环境氛围:棋轩幽雅,竹树葱茏,推窗见幽,无车马的喧哗,唯鸟语之悦耳。

这是他为政风格尚简、不扰民的体现。判断良吏的唯一标准,是老百姓是否觉得方便,这就是欧阳修的"尚简重效"的政绩观,这种政绩观的结果就是不求政绩。欧阳修当过好几个州的长官,从来没有像样的政绩,也不求声誉,治理风格宽松简单,不扰民。他在扬州不少事情遵范前任知州韩琦的遗政,"累百欧修,尚不足望韩公",表达了他对韩琦的敬重。"遵范遗政,谨守

而已",萧规曹随又反映出他的施政要略。历史上凡为民着想的官员大多采取的措施都是"行简",烦民、扰民的少。曾经有人向他请教"为政宽简而不荒废事务"的秘诀,欧阳修回答说,他所说的宽,是不苛刻急切地去满足上司的要求;他所说的简,是不要烦琐细碎什么都管,只要纲目不乱,"务以镇静为本,不求声誉,治存大体而设施各有条理"。行而不简,一些利益可能会被触动,因而也就会遭到利益集团的抵制,所以只有以敬民之心,才能行减政之道。宽简治民的效果如何呢?在扬州,他关心民生疾苦,"所至民便,既去民思",老百姓在他离任后建生祠怀念。

收尽奇峰 叠石再现
——园林的分峰用石艺术

古代哲人称石头是天地之骨,石头在自然景观中起基本作用,这种观念引导着中国人把自然的石头用于园林的创造。中国园林中的"山"有真山,但绝大多数园林中的"山"是假山,人工造山在中国传统造园中自然占有十分突出的地位。假山造型独特,千姿百态,点缀庭院楼阁,既装饰建筑本身,又丰富了园林的空间,使游者获得咫尺山林的美感。

叠石用的石料有湖石、黄石、房山石、青石、英德石、黄腊石、宣石及各种石笋等。所谓分峰造石,即根据不同的石材,堆叠不同的山峰,辅以花卉树木,形成一个个性鲜明的山景,构成不同季节,形成不同意境,以很小的空间,展现出千岩万壑的雄奇画面,使自然山水的构成规律得到艺术上的凝练和升华,给人以雄奇、峭拔、幽深、平远等意境。

个园,分峰用石的范本

个园以竹为名,以石为胜,其四季假山,是以小尺度的山景创造峰峦洞壑、溪涧飞泉的杰作。四季假山分峰用石,以笋石、湖石、黄石、宣石,用栽、点、围、贴、掇、叠等手法,划分个园空间,按春是开篇、夏为铺展、秋达高潮、冬作结尾的顺序,将春山宜游、夏山宜看、秋山宜登、冬山宜居的山水画理,运用到个园的假山叠石之中。

花园入口处园门上题有"个园"二字,此处为春景。根据扬州八怪郑板桥的画意,点画出一幅以粉墙为纸、竹石为绘的雨后春笋图。过春景,西北方向是由太湖石堆叠而成的夏山,有"瘦、皱、漏、透、秀"的特点。山上有鹤亭,据说是园主人当年养鹤的地方,有领略鹤舞云霄的逍遥意境。夏山和秋山之间以复道回楼——"壶天自春"相连。秋山用黄石,体现的是"北方之雄",是个园假山的精华所在,相传出自大画家石涛之手。秋山向南,是用白色的宣石通过掇山、贴山和围山的堆叠手法,堆成的一组"雪狮图",给人一种积雪未融的感觉。冬山西墙上还设两个窗,游人透过墙上的窗可看到春山,使人有冬去春来之感,感受一年四季的循环往复。游个园四季假山一圈,好似过了春夏秋冬一年。

华氏园，四季假山，自成一格

该园是盐商华友梅家园。华氏园不粉饰，不彩绘，不张扬。

整个布局是西"宅"、东"园"、中"火巷"。

东为园林。该园取材自然，却又敢破常格，因而以四季假山汇于一园的独特叠石艺术而闻名遐迩。它采取的也是分峰用石的手法。

园内主体建筑是花厅三间，四周有明轩，窗明几净。花台数座，绿水一池，千紫万红，终年溢香。

春景淡冶如笑，园最南石笋石矗立，如春笋破土，筱竹劲挺，竹影稀疏，微风乍起，枝叶摇曳，使人看到绿竹漪漪满园栽的盛景，领略到构园者的高风亮节。构园者虽未特别指出，但抓住最能体现春意的竹、石笋，以竹石和谐相配，游者从中获得的必然是欣欣向荣、朝气蓬勃的审美感受。

夏山苍翠欲滴，全用太湖石叠成，秀石剔透，夭矫玲珑。奇石有的如玉鹤独立，形态自若；有的似犀牛望月，憨态可掬。佳景俏石，使人目不暇接。人行其间，只见浓荫披洒，绿影丛丛，真是眉须皆碧了。

秋山明净如妆，由悬岩峭壁的安徽黄石堆就。其石有的颜色赭黄，有的赤红如染。其势如刀劈斧削，险峻摩空。山隙间丹枫斜伸，曲干虬枝与嶙峋山势浑然天成。黄石与层楼相接，山有磴道，拾级上楼，即《园冶》所云之"楼山"也。如果说夏景是以清新柔美且具曲线型的太湖石表现秀雅恬静的意境，那么，秋景则以黄山石粗犷豪放的直线表现雄伟阔大的壮观。一具北方山岭之雄，一兼南方山水之秀，峻美、秀美风格迥异，却又在咫尺之内巧以楼前立体长廊相连，浑然一体而不突兀，和谐统一，极富画意诗情。

冬山惨淡如睡，厅之东南以安徽宣城雪石作山。宣石中含有石英，迎光闪闪发亮，背光皑皑露白，无论近看远观，假山上似覆盖着一层未消的残雪，散发着逼人的寒气。山畔池旁，冬梅点点，疏影横斜，暗香浮动，正是"春夏秋冬山光异趣，风晴雨露竹影多姿"。这是"扬州以名园胜，名园以叠石胜"的又一范例。

陈园，四角花园显春秋

春晖园。一丛丛筱竹劲挺，石笋如春笋破箨。构园者抓住最能体现春意的竹、石笋，以竹石和谐相配，表现的是春天欣欣向荣、朝气蓬勃的美感。

夏舒园。该园由太湖石叠成，秀石剔透，夭矫玲珑。奇石或似玉鹤独立，或似犀牛望月。谷口上喜鹊登梅，山顶上群猴戏闹。山涧侧畔，广玉兰亭亭玉立；檐前阶下，芭蕉绿上窗纱。人行其间，浓荫披洒，眉须皆碧。

秋馨园。该园由安徽黄石堆就,其石颜色赭黄、赤红,其势如刀劈斧削,险峻摩空,山隙间丹枫斜出,曲干虬枝与嶙峋山势浑然天成,虽是咫尺之图,却有百里之景的磅礴气势。

冬荣园。该园由宣石堆成,迎光闪闪发亮,背光皑皑露白,近看远观,假山上似覆盖着一层未消的残雪,散发着逼人的寒气。山畔池旁,冬梅点点,疏影横斜,暗香浮动,"霜高梅孕一身花"。"四时之景不同,而乐亦无穷也。"(欧阳修《醉翁亭记》)

半壁太华　万里江天
——园林的贴壁假山艺术

计成《园冶》说:"峭壁山者,靠壁理也。"园林假山往往依墙壁嵌叠而成,"藉以粉壁为纸,以石为绘也",犹如以白壁为纸,用石头作画。"理者相石皴纹,仿古人笔意,植黄山松柏、古梅、美竹,收之圆窗,宛然镜中游也。"陈从周说:"江南园林叠山,每以粉墙衬托,益觉山石紧凑峥嵘,此粉墙画本也。若墙不存,则如一丘乱石,故今日以大园叠山,未见佳构者正在此。"

个园,多种叠石方法相互比衬,冬景贴壁最富意境

个园历史悠久,初建于明代,为"寿芝园",其假山堆叠相传出自大画家石涛之手。石涛一生"搜尽奇峰打草稿",晚年寄居扬州,作画之外,设计园林,胸有丘壑,另辟蹊径。个园取材自然,却又敢破常格,因而以四季假山汇于一园的独特叠石艺术而闻名遐迩。分峰用石当为扬州叠石的一大特色。所谓分峰造石,即根据不同的石材,堆叠不同的山峰,辅以花卉树木,形成一个个个性鲜明的山景,而又要将诸多山景汇于一园,相互映衬,相互比照。个园是这方面的代表。即每景以一种石材,配置一种植物,构成一个季节,蕴含一种意境。

冬景以贴山之法垒叠宣石而成。如果说造峰是通雕,如个园的夏山、秋山,那么,贴壁山就是浮雕,它仅以一半的山体,以简驭繁,以少胜多,似乎"尤抱琵琶半遮面",给人以变化之奇、想象之美。这样,个园的石景即小观大,既有石材样式、色泽的变化,景观大小的变化,更有叠石方法的点石、造峰、贴壁山的形式变化,给人以"一勺可见江湖万里,一石则见太华千寻"的美感享受。

何园，在无山处平添山水意境，成为"城市山林"

石矶观鱼

"扬州以园亭胜，园亭以叠石胜。"何园建于闹市，园外均是民房，破败景色不得不用高墙遮挡，但高墙是造园的大忌。工匠别出心裁，在墙上造贴壁山。它就像嵌在墙上一样，沿着墙面走向一路攀缘，状若游龙腾蛟，搅动万千气象，把原本封闭压抑的高墙深院，变成了一座抱拥天地自然山川的"城市山林"。

这是扬州园林中最大的贴壁山，俗称长峰。园造于清代光绪年间，由于时间较晚，自然可以综合扬州园林假山堆叠的经验，从东园开始，沿着园的北壁向西，到船厅附近折角，沿东面墙向北，到园北墙时继续折角沿北面墙向西，由石踏步登楼。全长74米，最高处超出墙头，离地8米。整个假山宽处5米，窄处仅1米，皆以太湖石叠就。紧贴墙面，墙就不再是墙，而是"绵绵的青山万里长"。

建园必须避免障景，贴壁山节省了空间，节省了石材，以虚代实，实在是构园者的生花妙笔。可贵的是这里的贴壁山不是可望不可即的，而是窦穴的、曲洞、山房、石屋皆上下沟通，峰峦蹬道与涧谷浑然一体，加之山亭、古树点缀其间，如一巨幅山水横披画卷，无断痕，再现了山水美的曲折含蓄。

石矶观鱼，这是开端之景，注重的是山水的照应。俗说"水随山转，山因水活"，咫尺之地，也当有水。这里仅一湾曲池，湖石围成驳岸，岩石突兀池中。池中间有一石鱼，仅露其背，似乎在与池中的锦鱼互戏。

石壁流淙

石壁流淙,这是在园的转折处,突兀的墙角,注重的是以旱带水,用石和藤的照应,表现"无水而有水意,无山却有山情"。该处石壁最宽,下叠较大的石涧屋,既可居,又可通内外厅房。山脊上有曲径,洞道盘曲,可登峰巅。涧屋内悬石钟乳,顶侧设瀑布口,葛藤蔽山,或牵藤,或引蔓,或垂山岭,或穿石脚,比起真水虽少了些流动,但微风轻拂,枝摇影动,还多了些赤橙黄绿青蓝紫的色彩和生趣。

石巅赏月,这又是在园的转折处,凹陷的墙角,注重的是山和亭的结合。地船厅东北角,一段粉墙,角处"近月亭"翼然山巅,超出园墙,月挂中天,亭中小憩,牡丹厅、船厅皆披上月色,如同薄纱,朦胧迷离。原本封闭压抑的高墙深院,立即拥天抱地,不啻琼楼玉宇,分明是"十二楼中月自明。"

贴壁山三景贯通:傍水处,有小径蜿蜒;山洞里,藏着一条石阶小路,虽幽深狭窄,却时时柳暗花明;山顶上,小径敞亮,高低盘旋,曲折迂回,一直通往翰林公子读书楼。上下求索,可以真切地领悟扬州叠石艺术的精髓。

石巅观月

瘦西湖盆景园,仿古人笔意,创造诗画意境

盆景博物馆在建筑设计上充分结合了地形特征,百亩地域,皆是丘陵,坡地蜿蜒,流水潺潺。比起个园、何园,这里地域开阔,水云皆碧,还有远山可借,近水可依,堪称桃花源。

石笋石贴壁画之墙,这是瘦西湖的盆景园的面西的外墙,计成所谓"藉以粉壁为纸,以石为绘也"。该墙完全是对计成理论的实践,原本大面积的白墙与周围的青山绿水不和谐,园艺家以白壁为纸,用石笋石、灵璧石作画,将石头一面磨平,贴在墙面上,"理者相石皴纹,仿古人笔意,植黄山松柏、古梅、美竹、收之圆窗,宛然镜中游也"。这样,石画之墙、白墙、青石假山、芳树佳卉、溪流,高低掩映,前后照应,真与假,虚与实,配置和谐,实在是飞来之笔。

片石山房湖石贴壁山小品水滴石穿

片石山房是石涛的遗构,以小见大。他的《苦瓜和尚语录》中说到堆叠园林山川的形貌与精神之间的联系:"山川,天地之形也;风雨晦明,山川之气象也;疏密深远,山川之约径也;纵横吞吐,山川之节奏也;阴阳浓淡,山川之凝神也;水云聚散,山川之联属也;蹲跳向背,山川之行藏也。"这是山房的开篇,仅在小苑的转角处,一方小池,几块湖石,一丛亮叶,山巅处细细的溪水透过石隙落入池中,淡淡的,如泉水叮咚,顿使上水有音,生气盎然。旁置海棠门,照壁墙上"片石山房"的石额正好点题,恰到好处,点到人心。

壶天自春　大天盘谷
——园林的壶中天地艺术

《园冶》云:"板壁常空,隐出别壶之天地。""伟石迎人,别有一壶天地。"小隐隐于野,中隐隐与市,大隐隐于朝。但隐于野太苦,"戴月荷锄归",却是"草盛豆苗稀。"常人难"隐于朝",倒是中隐隐于市,南北朝以后,得到士大夫、文人的认同,尤其是失意之人。

"壶中天地",来源于《后汉书》,说市有老翁卖药,悬一壶(葫芦)于肆头。肆罢,辄跳入壶中。好事者和他并入,见壶中"玉堂严丽,旨酒甘肴盈衍其中"。这壶天自春,无非说园林小中见大,远害避世,表现出文化的隐逸之气。从南北朝开始,士大夫开始建园林,在狭小的空间内表现独有的趣味,以显示其造园技术的高超。中唐以后,"壶中天地"的境界已成为士人园林最普遍、最基本的艺术追求。白居易以诗歌记载这一原则:"未知席床前,方丈深盈尺。""有意不在大,湛湛方丈余。"宋代苏轼对此十分欣赏:"不作太白梦日边,还同乐天赋池上……此池便可当长江,欲榜芳斋来荡漾"。明清时期承继"壶中天地"格局,王世贞在自己园中建"壶公楼"。潘允端《豫园记》载,在上海豫园入口处竖一牌坊,曰"人境壶天"。扬州个园有一匾"壶天自春",其他"小盘谷"、"小蓬壶"、"小瀛洲"、"小玲珑山馆"等,在园林中到处可见。

隋井玉钩洞天。琼花观有"玉钩井",又称"玉钩洞天"。相传明代时有道人从天而降,手持画卷,见扬州太守说:"此画是贵地一处佳景图,今天献给老爷。"太守见画上有楼台亭阁,题名"玉钩洞天",连忙派人尾随道人。只见道人走进琼花观,进入井中不见了。太守便差人下井,见井内无水,却有洞门,上方有"三十六洞天"。走进洞天,只见里面楼台亭阁,金碧辉煌。从井中上来后,差人向太守回报。太守不信,再派人下去看时,却见井水漫漫,已非旧观。后来的人们称这口井为仙井。明代嘉靖年间曹璿《琼花集》认为此传说"不足信也",然而,清代诗人对这段传说有不少吟咏。其实,蜀冈西峰史称"玉钩斜",是隋炀帝埋葬宫女之地,附近还有沉枪井、靴子塘,都是刀枪纷争的佐证。玉钩即井,现今已建亭记史。因与隋炀帝有关,后人就在琼花观移花接木,也不太离谱。今人看重的是古井,以及与之相配的盝顶小亭。小亭顶的中心正对井口,这样,下雨时正好雨水落入井中,意为通天通地,上接甘露,下接地源,洗手能交好运,洗脸能明目,煎茶能养心。

小盘谷。该园从韩愈《送李愿归盘谷序》取意,主人是借其名而现其意,形象化地表现了韩愈所写的"盘中之谷"——"窈而深,廓其有容;缭而曲,如往而复"。它在高墙环堵的闹市区,运用"园中含园"、"景外生景"之法,各种复杂的景观要素在"壶天"中成就出中和之美,在有限的天地里表现出深远的意境。精致的楼台亭阁皆有,更注意配置得当,曲廊连缀,花窗掩映,体量很小,但景观要素十分完备,一样形成完整的园景体系,在有限的天地内尽量增加空间形态的变化。人行其中,明明只有几十步,但在在美景,处处佳境,使你目不暇接,让你拍案叫绝。

个园"**壶天自春**"。个园主人悬挂"壶天自春"有两层含义。一是"壶天"的本意,追求世外桃源、人间仙境;其二是个园空间虽小,但登临抱山楼,朝南眺望,天地日月,春花秋月,夏雨冬雪,正有"壶天"之大,享尽大自然的无边景色。个园壶天之中,充满着"春山宜游,夏山宜看,秋山宜登,冬山宜居"的诗情画意,彰显着传统文化的生活情趣和精神。这种独特的艺术构思在我国传统园林中是极为少见的,而实际上这也确是中国园林的孤例。个园也就理所当然地成为扬州园林的标志之一,抱山楼"壶天自春"又作为邮票图案而走向世界。

匏庐。位于甘泉路221号,系民国初年实业家卢殿虎请扬州叠石名家兼画家余继之构筑。匏者,瓜也,葫芦之属。"匏庐"两字,意指整个园子横长别致,左右两个小院形如瓢葫芦。匏庐虽小,但小庭荫碧,委婉紧凑,如词中小令、诗中五绝,空间障隔,通透变化,主次分明。山石花木与朴素淡雅、幽曲多姿的建筑物浑然一体,显示了江南小型宅园精致而幽深含蓄的典型风格。

匏庐为前宅后园形式,从东门进入,门两侧有方鼓子门鼓石一对,上有仙鹤衔桃和鳌鱼图案,喻长寿和独占鳌头之意。园分东西两部分:东部,门为圆形,嵌陈延韡所书"匏庐"额。以游廊花墙通贯,园北有曲尺形小轩三间,幽静雅致。轩南有池水一泓,池东南隅筑方亭。园内植花椒树一株,亭亭交倚,楚楚动人,"有如二女降妫汭,翠裙红袖相牵连"。东园面积虽小,尚觉委婉紧凑。

从东部折回进入西部,北墙下垒黄石花坛,植芭蕉数丛,绿叶扶疏。园中建花厅,厅南叠湖石假山,掩映在老树青藤之中,一片葱郁。西南墙角构水阁,明静映水。轩下池瘦如带,池周黄石驳岸,池水透迤曲折,似觉从墙外流进。园极西,似已穷尽,却又现一门,上刻"留馀"二字,越门沿砖路北去,又有黄石一丘,逶迤而东,似别有洞天,让人耳目一新。

竹族欢聚　竹西佳处
——园林"竹"的栽植艺术

竹,"劲节可风,潇洒不俗","历四时而长茂,值霜雪而不凋",性体坚刚,无衰老之态,虚心高节,经得起寒冷,是不可缺少的观赏植物。扬州地处江淮,南竹、北竹皆适合于此地生长。据记载,全世界竹类植物有1300多种,我国自然分布的竹种有500多种。扬州地区适宜散生竹种和少数比较耐寒的丛生品种的生长。竹在扬州的栽培历史悠久,早在唐代姚合的《扬州春词》里就写到扬州人"有地唯载竹,无家不养鹅"。"竹"历来也为中国文人所喜爱,这不仅是因为竹子姿态清雅,色如碧玉,更主要的因为它"正直,虚心,有气节"的品格。张九龄有"高节人相重,虚心世所知"的诗句,苏东坡有"宁可食无肉,不可居无竹。无肉使人瘦,无竹使人俗"的吟哦;郑板桥有"一枝一叶总关情"的感喟,欧阳修更有了平山堂前种竹无数的韵事,竹似乎和扬州结下了不解之缘。

个园竹族欢聚,随势造景

个园是看竹的好去处。个园主人黄至筠系儒商,其性爱竹,其号个园,这是袭用世俗习惯,以号为园名。从清至今,个园一直保持传统,园内修篁万竿,以竹为主要植被材料,进行厅堂点缀,园林布置,突现个园主题、个性,可谓"月映竹成千个字",是扬州城内最佳赏竹处。总占地面积12000平方米,现有竹60余种,近20000竿,设土山竹林、品种观赏、映碧水榭、竹西佳处等区域。

品种竹观赏区内,有万竿修竹:芽竹、龟甲竹、罗汉竹、螺节竹、小琴丝竹、斑竹、花毛竹、曙筋矢竹等四十余种,应合了园主人"宁要食无肉,不可居无竹"的心理。观秆类中,又有形与色的分别。秆形不同寻常:像龟甲竹、方竹、螺节竹、佛肚竹、罗汉竹、辣韭矢竹、高节竹等;秆色个性各异:如紫竹、黄皮刚竹、黄槽刚竹、小琴丝竹、黄金间碧玉竹、金镶玉竹、花毛竹、金明竹、黄皮乌哺鸡竹、花秆哺鸡竹、斑竹、茶秆竹、紫蒲头石竹等;竹叶的不同寻常:如宽叶形的箬竹、狭长叶形的大明竹、叶面有各种色彩条纹的菲白竹、铺地竹、黄条金刚竹等。此外,晏竹、芽竹、苦竹、红竹、唐竹、鹅毛竹、平竹、斑竹、苦竹等散生品种,也可在园内找到身影。

进入个园,只见满眼是名竹:干紫叶细,猗那如凤毛的凤尾竹;节长丈

二,竹叶若芭蕉的龙公竹;广东的相思竹;郑山的人面竹;宝陀岩的龟文竹……竹族子弟,欢聚名园,千奇百怪,色异形殊。可贵者,各种竹虽是随势植种,却是别具匠心:长于山坡亭畔的笔竹;植于庭前轩旁的扁竹;湖旁是思夫洒泪、彩斑点点的湘竹,与湖中的"荷背风翻白,莲腮雨褪红"构成"美花多映竹,无处不生莲"的天然诗境;"水竹亭"旁是状如古藤、色黑如铁的墨竹,形成"水色清依榻,竹声凉入窗"的意境。名竹区精心安排,以"三分水,二分竹,一分屋"布置。在丛竹中,构筑竹屋数间,自为院落,连墙垣都以竹篱替代,分片栽种名竹,有四季生笋、节长心实的孝母竹,有棱有角、别具形态的方竹,宛如念珠衔接的佛珠竹,酷似僧头紧挨的头陀竹。盛夏不见日光,上有烟带其杪,下有水护其根。新春雨后,观笋人来,轩前水滨,赏春人过。轩中构件,雀替、撑牙、挂柱、美人靠全是以竹的图案雕饰。轩内陈设,竹窗竹槛,竹床竹椅,竹门竹联,确如轩前楹联所言:"竹动疏帘影,花明绮陌春。"让人处处感受到那种建筑与竹的和谐,人与竹的和谐。

观音山紫竹林可见观音法力。圆通宝殿附近为"大悲楼"、"紫竹林",都与观音的生活环境暗合。典出观音说法的紫竹林,在浙江省舟山市普陀山东南部的梅檀岭下。山中岩石呈紫红色,剖视可见柏树叶、竹叶状花纹,因称紫竹石。后人也在此栽有紫竹。五代后梁贞明二年,日僧慧锷从五台山请得观音像,归国途中遇风受阻,在此建"不肯去观音院"于紫竹林中。观音院前有潮音洞。紫竹林旁有光明池,南有观音眺,对岸可见洛迦山岛。据说蛇妖请观音显示法力,菩萨说:"那很容易!我手一指,这个地上的一块石头上马上能够现出紫竹来!"说罢用手一指,忽然那块白石上就现出无数的紫竹来。据说,就是那块紫竹石。扬州观音山的紫竹,干紫如铁,油亮发光,暗合观音"渡众生在白莲台上,挽浩劫于紫竹林中"。

水竹居的竹石是潇湘馆的原型。李斗《扬州画舫录》的水竹居的外景是:"门中石径透迤,小水清浅,短墙横绝,溪声遥闻,似墙外当有佳境,而莫自入也……粗险之石,穿池而出,长廊架其上,额曰'水竹居',阶下小池半亩,泉如溅珠,高可逾屋。溪曲引流,随云而去。池旁石洞逼仄,可接楼西山翠……是地供奉(乾隆)御赐'水竹居'匾,及'水色清依榻,竹声凉入窗'一联。"

《红楼梦》中潇湘馆的外景是:"前面一带粉垣,里面数楹修舍,有千百竿翠竹遮映……入门便是曲折游廊,阶上石子漫成甬路……后院墙下忽开一隙,得泉一派,开沟仅尺许,灌入墙内,绕阶缘屋至前院,盘旋竹下而出。宝玉题联是:'宝鼎茶闲烟尚绿,幽窗棋罢指犹凉。'"

两景相较,水竹居的外景分明是潇湘馆的蓝本,因两景之魂都在于"清""凉"两字,两处的楹联似乎不约而同地突出了景物之魂,"清"而"洁","凉"而"静",两景之魂又是靠寓"清"之"竹"、寓"凉"之"水"来表现的,水与竹配置如此和谐,互衬互补,相得益彰。

禅智寺,复现杜牧竹西佳处。竹西公园有"竹西佳处"景。竹西的来历,出自晚唐诗人杜牧吟咏扬州的诗句:"谁知竹西路,歌吹是扬州。"到了宋代词人姜夔那里,又有"淮左名都,竹西佳处"的词句。后来,人们便用"竹西佳处"来指称扬州。现在,这里的"竹西佳处"回归了字面的本来意义。这里竹多,竹美,老竹新竹,殷殷呵护,相互扶持,免遭风雨侵袭,如板桥所言:"新竹高于旧竹枝,全靠老杆来扶持。"这是在提示人们:此处竹景最佳,诗味最浓。

巧布花木　生气盎然
——园林中花木配置精品举隅

园林专家认为,考察园林必须从四个方面鉴赏:山石——园林的骨骼;水系——园林的血脉;建筑——园林的五官;花木——园林的毛发。清袁枚说:"名园易得,古木难求。"而瘦西湖绿荫馆前的方石盆"小蓬壶"上有一联:"倚山叠石因成趣,种竹栽花为有香。"说明园林中花木配置的重要。确实,扬州诸多景点花木的种植多是园艺家的心血凝就,"藉花木培生气",给人以无尽的想象。

长堤春柳,柳风不寒,桃雨沾衣

"长堤春柳"是清代扬州二十四景之一,堤长六百余米,三步一桃,五步一柳,桃柳相间。"长堤春柳最依依,才过虹桥便入迷。"每当阳春三月,融融的春风中,桃花缤纷艳丽,柳丝婀娜起舞,飞扬如烟。柳绿、桃红、迎春黄,长堤犹如挂满彩色珠帘、珠串的画廊,确是"沾衣欲湿桃花雨,吹面不寒杨柳风"。人们都说:"多情最是扬州柳。"扬州自古就是柳城,古人形容"绿杨城郭是扬州"。相传当年隋炀帝杨广来到扬州开挖南北大运河,河成后,翰林学士虞世基建议在河的两岸种植柳树,可以为拉纤女遮阳,同时也可以护堤,增加景观。隋炀帝当年还亲手栽了一株柳树,并赐姓为"杨",后来人们便称柳树为"杨柳"。"碧玉妆成一树高,万条垂下绿丝绦",柳绿桃红把春天的瘦西湖渲染得如此淋漓酣畅,绚烂至极。

小南海,寒竹风松,枯木逢春

小南海的花木配置有扬派盆景之誉。小南海是一亭,地处小金山,附近厅堂的花木与景观各具特点:琴室前是两株古松对植,关帝庙前是两株古银杏对植,湖上草堂前是两株古紫薇对植,对称均衡,中庸之道的反映。

小南海分明从观音取意,在草堂北,地处金山腰,面西,直对五亭桥。这里原是"湖心律寺"的观音阁,与白塔旁"莲性寺"都是瘦西湖的著名寺院。现有的关帝庙、山上的殿都是庙宇建筑。乾隆多次临幸,都在此停靠驻跸,所以前面的丹墀特别宽大。

小南海花木配置特别注重精致。亭东是两株古松对植,作为亭的背景,周围是劲竹。孙龙父先生题"寒竹风松"匾,为景观点题。而亭下是高高的花台,原置放汉白玉佛像数尊,现移置观音阁。亭下壁上嵌"玉佛洞"石额,靠山有玉佛洞,南北向,洞长数十米,洞中有汉白玉坐佛两尊。进洞礼佛,自有一番情趣。

小南海前是园林小品"枯木逢春",它是两片木化石,偎依相向,大片高达六米。扬州有一唐代银杏,遭遇雷击,中部脱落这两木片。后人将它们进行防腐处理,移至这里,以石栏围砌。其后栽一凌霄。这是藤本植物,攀附其上,

小南海的枯木逢春

若值夏日,木石顶端开出桔红色喇叭花,远远看去,火红一片,以为树又活了,正所谓"化腐朽为神奇"。

何园,白皮劲松,画意山巅

该园西园的山峰是全园的最高处,主峰以太湖石堆就。造园者在湖池旁采用点石之法,绕湖池一周,高低错落、曲折有致地以湖石围岸,在水亭旁又以湖石构成曲桥通亭阁,而在西南角则堆石成峰,有险壁,有悬崖,有奇峰,有幽岩,或如一人,或似一物,或像群猴戏闹,或如雄鹰高踞。底部还有梅花三洞,互相串连,碧水贯穿其中,远远望去,显得幽深清冷。山顶是两棵白皮松,苍翠蓊郁,有拔地参天之姿。白皮松是高寒地带的常绿乔木,生长在陕西秦岭、甘肃南部。扬州处江南温湿地带,本不适宜其生长,在何园,它不但生长,而且长在山石之巅,其根都在岩缝中伸展,可谓见缝插针,这是一难,成功了,就成一绝。且看灰白色树皮,裂片脱落后露出粉色内皮,皮纹特别美丽。叶为三针一束,长5~7厘米,内绿,外有白色绒毛,一簇簇如云遮雪裹。长在山顶,更衬托出山体的高大。二难在于两棵对植,"山头不得并列,树木切忌两齐",绘画与园林都应该遵循此论,园艺家岂能犯忌,但"反其

意"则是创新了。两树一大，达15米，一小，达10米，大直，小斜，互相依傍照应。枝叶横逸斜出，如云翳山巅，雪落峰崖，幽渺意境，在扬州独树一帜。

花局里，花遂人意

个园旁的花局里历史文化街区，总占地面积11350平方米，建筑面积8307平方米，有淮扬美食、传统工艺、茶馆酒吧、旅馆客栈、文艺展演五大特色区域，集园林名胜、文化古迹、特色商品交易和休闲娱乐为一体。"花局里"是经过市民征集而取的名字。花——扬州是个爱花、养花、种花、懂花的城市。局——如书局、饭局、棋局。里——中国古代将人们聚集的地方称为"里"。这是一个富有浓郁扬州地域色彩和个性魅力的名称，以"花局里"命名个园东扩的仿古商业街，复活的是扬州的记忆，续写的是新市井的传奇。

何园假山的白皮松

牡丹厅，花王富贵

何园牡丹厅的东墙歇山顶有砖雕山墙花。该山墙花为金砖拼镶，高浮雕手法，题材取自传统的《凤吹牡丹》，中间为立凤，鸟中之王凤的周围是花中之王牡丹，还有灵芝、卷叶草，皆为吉祥如意的纹饰。这些砖雕巧妙自然，毫不张扬，创意独特，布局严整，刀法老练，细密中藏神奇，是扬州建筑中的砖雕精品。

牡丹厅周围有牡丹池。牡丹是何园园花，园子里广植牡丹、芍药，品种繁多，每年4月18日至5月18日，是一年一度的扬州"烟花三月旅游节"，何园牡丹花节主题游园活动也缤纷开幕。届时，一片姹紫嫣红的摇曳春光，把何园装扮成了一个雍容华贵的五彩世界。

石塔寺,六棵银杏,阁塔照应

石塔寺本是扬州一座很有名的庙宇,现今寺毁塔在。其塔为唐代遗物,周围有石栏保护,已历经一千多年风霜。

塔的附近有六株银杏。塔北两株对植,植木兰院前。塔东北三株对植。塔的正东一株,原植城隍庙前。古代扬州是佛教道教盛行之地,也是伊斯兰教较早传入的地区之一。扬州现存银杏的生长地多为庵观寺院,一般植于主要厅堂之前,而且对植,与中轴线对称,其体态雄伟,树冠蓬松,广覆庇阴,以此更可衬托出寺庙的庄严肃穆。由西向东看,中间依次为石塔、银杏、文昌阁,高低掩映,一到夜晚,华灯齐放,光耀数里,非常壮观,反映了扬州人继承传统、致力创新的精神,被游客认为是"最扬州"的景观。作家艾煊说:"它是扬州城史的载体,它是扬州文化的灵魂","是一座有生命的扬州城的城标"。

重九山房,椒林堂茱萸飘香

该堂在茱萸湾。"重九"是九九重阳节的别称,中国古代有重阳节登高插茱萸辟邪延寿的风俗。"山房"指建筑在山野间的房屋,由于中国古代文人雅士大多向往隐居山林,并常把自己的书斋称为"山房",遂使这一名称具有了集自然风光与人文旨趣为一体的文化意味。九是个位数中最大的数字,在中国传统文化中历来享有至多、至高、至尊、至贵的地位。重九即九九,可谓双倍的尊贵。抱柱上的对联是"芝草琅玕培福地,卿云宝露润仙林"。该联取自清代名臣和著名书法家黄钺的墨迹,恰到好处地切合了这里的环境景观。

椒林堂是重九山房的主厅。椒是茱萸的别称,也是一种香料,古代说它是调制成的一种带有辣味的佐餐调料。大厅以椒林堂题名,既体现了重九山房"茱萸"的主题,同时又表达了大厅五味杂陈的功能以及所倡导和体现的芬芳美好的意味和内涵。楹联取自陈叔通的墨迹:"庭余草色邀文藻,座有兰言惬素心。"该联既写景,又抒情,特别是"邀"和"惬"两个动词,使全联文字鲜活起来,其表达的情景意趣均与椒林堂的环境景观和人文内涵十分吻合。

建筑篇

巧筑异构 精雕细镂

牌楼沧桑　盛事新颜
——园林牌坊艺术

　　牌坊是我国古代建筑中特别重要的一种建筑,是门洞式的纪念性建筑物,一般用砖、石、木等材料建成,上刻题字。史载扬州旧时多牌坊,用于陵墓、寺庙、祠堂、衙署和园林前或街道路口,用以宣传封建礼教,标榜功德。

江都县学牌楼龙柱

　　许多人都认为牌坊和牌楼一样,其实是有区别的。建筑形式上,牌楼上面是有屋顶的,而牌坊上面没有;功用上,牌坊的建造是为了某一特定的人,表彰其功勋、功绩、道德,如贞洁牌坊的建造,而牌楼只是一座建筑,用作装饰或者在街道口用作标志建筑。可惜兵燹战乱,扬州牌坊受到毁灭性破坏。旧时天宁寺外有牌楼,高20余丈,额曰"朝天福地",字下蝙蝠盈万,成为"万福朝天"的壮观。现博物馆有六根梭形柱,高136厘米,腹径56厘米,为江都县学(现为西门街小学)牌楼的基础,当是六柱五门五楼式牌坊,每根一龙,以云纹为底,龙在云雾间盘游隐现,均为高浮雕。且喜每柱形式大体统一,但每柱的龙却各具个性。其雕镂手法可与山东曲阜孔庙盘龙柱媲美,可从柱础想见牌楼的威严。

　　可喜的是,扬州现有的牌坊都是风景牌坊,没有达官显贵的踌躇满志、光宗耀祖,也不是宣扬封建礼教,没有让人为了一座座牌坊竖起来,一个个鲜活的生命倒下去的摇头叹息。

大明寺牌楼

　　这是座庄严典雅的木质牌楼,最具扬州特色。它不同于北方牌楼冲天式与楼式的结合,而是四柱三门三楼;歇山式,不同于北方的楼坡面平坡而是陡峭,不是翘角很小而是檐牙高啄,斗拱繁复饱满,细腻飘逸;色彩朴素大方,柱枋大红,斗拱酱紫,仅镂空花板、挂柱等雕饰略施彩绘,有别于北方的金钩彩绘。楠木结构,用料并不大,却不加撑。原来,聪明的工匠并非用四根直径相同的柱,而是中间两柱直径30厘米,两边的柱直径25厘米,柱北在一条切线上。这样,连接四柱的圆心就成等腰梯形,四柱就不是一条线,而是一个面,自然能承受更大的力。中门之上,南有篆书"栖灵遗址"四字;又因此地旧属大仪乡丰乐区,因此,北有篆书"丰乐名区"四字,都是光绪年间盐运使姚煜手书,字体雄美。大明寺牌楼不是孤立的,有诸多建筑与之相映成趣,前雄踞石狮两只,为清代乾隆时重宁寺遗物;向北即大明寺山门,正门上额"大明寺"三字,是中国佛教协会赵朴初会长集隋《龙藏寺碑》而镌,字体古风流溢;东侧墙上嵌有"淮东第一观"石刻,取北宋著名诗人秦少游诗句"游人若论登临美,须作淮东第一观",清代书法家蒋衡书;西侧墙上嵌有"天下第五泉"石刻,清代书法家王澍书。

20世纪30年代,该牌楼风雨飘摇,四柱前后只好用八根斜撑,经过新中国建立后的不断修缮,去掉了木撑,自然巍峨高大。此形制已成扬州牌楼的范本,新建牌楼都是吸取其总体结构的营养。

琼花观牌坊

琼花观原为蕃釐观,本是后土祠,始建于西汉成帝元延二年(前11)。祠中供奉主管大地万物生长的女神后土夫人,住有道士管理烟火,后来因后土祠的东、北两面建房形成的巷子叫羊巷,所以又有人称它为"羊里观"。唐僖宗中和二年(882),淮南节度使高骈镇扬州,挑选江南上等建筑材料和能工巧匠,在后土祠南面建了三清殿。到了宋徽宗政和年间(1111—1118),徽宗赵佶取多福大福之意赐"蕃釐观"匾额,取自《汉书·礼乐志》中的郊祀诗"惟泰元尊,媪神蕃釐",由此,后土祠改名为蕃釐观。原有牌坊、三清殿、无双亭、芍药亭等,占地十余亩,诸建筑很有特色。20世纪30年代,该牌坊残破不堪,仅剩两柱。盛世修坊,现在的石牌坊为四柱三门式冲天式牌坊。牌楼建于明代,现依明旧制恢复,深米色,两石柱柱头似华表,分别雕日月二形,左边为赤乌,象征太阳,右边是玉兔,象征月亮。石额"蕃釐观",原为清人刘大观所题,三字虬劲有力。牌坊后是三清殿,双檐歇山,前为露台,两侧为抄手廊楼。无双亭、芍药台、玉钩洞天等也已恢复,琼花观已呈现出昔日的繁华。

隋炀帝陵牌坊

尽管人们有"君王忍把平陈业,只换雷塘数亩田"之叹,但毕竟运河"至今千里赖通波",隋炀帝"若无水殿龙舟事,共禹论功不较多"。1999年,经进一步整修保护,隋炀帝陵占地3万平方米,由石牌坊、陵门、石桥、祭台、神道、城垣、石阙、侧殿、墓冢等组成,大多为历史遗留文物,弥足珍贵,仅石牌坊、陵门为后建。为贯彻文物修复"以旧还旧"的原则,现在的牌坊为三门四柱冲天式,是利用原有的扬州清代的四根旧石柱加接而成的,显得古朴端庄。

高旻寺牌楼、牌坊

高旻寺的牌坊有多座,难得的是,所有牌坊都吸取皇家建筑的优长,顶饰以琉璃筒瓦,枋额、斗拱、雀替皆金钩彩绘,富丽堂皇;且都有对联,难得的是多为德林大师亲撰亲书。山门为四柱三门三楼式,楼为歇山式,不同于扬州其他牌楼的灰褐色蝶瓦,而是黄色筒瓦。额用康熙手书的"高旻寺",石青为底,阳文金字。旁镌双龙戏珠石雕,有对联"三汊洪流从地涌出一刹海,九龙真脉千秋万代法王土"。

其后的牌坊也为四柱三门三楼式,其基座有来历。这里是康熙南巡驻跸之地,寺中现存的八个旗杆墩,青石所制,厚重工稳,雕镌细致,现以其中四个作为新建牌坊的基座,为2米×1米×1米,上端为束腰式,镌莲花纹、宝象花纹,比大明寺"栖灵遗址"牌坊的基座气派。由此可以推断当时接驾的场面。

高旻寺山门牌坊

高旻寺二门牌坊

扬州新牌坊

近几年,扬州塑造了多座牌楼。有的临水,如东关古渡牌楼,为四柱三门三楼式,临河的堤壁上有大型铜浮雕壁画,展现隋炀帝"舳舻千里泛归舟,言旋旧镇下扬州"的威风气派,成为运河的标志;有的就建在水中,如锦泉双屿就是在瘦西湖中,乘船绕水,可在牌坊中穿行,别有一番奇趣;有的在街区入口处,如何园路端牌楼,上书"南河下历史街区",成为该街区的引首建筑,突出晚清主题;有的在景区入口处,瘦西湖风景名胜区就在大明寺之西、汉墓之

东关古渡牌坊

东各竖一座大型牌楼,互相照应,划定国家风景名胜区蜀冈瘦西湖的范围;有的用牌坊将诸景连成一片,如在石塔之西的慢道各竖一牌楼对应,分书"挹古"、"扬今"匾额,由西向东看,中间依次是石塔、银杏、文昌阁,显示扬州人继承传统,致力创新,被游客认为是"最扬州"的景观。可贵的是这些牌坊都与时俱进:一是高大,均用钢筋水泥造就,如南河下牌坊宽达18米,瘦西湖牌楼宽达17米;二是有的路端的牌坊去掉中间的柱,以利交通,如南河下牌楼;三是大体形式一样,但上部注意变化,其斗拱、楼面均采用清式,镂空雕的花饰、色彩富于变化,不给人以千坊一面之感。

石塔寺西"扬今"、"挹古"二牌楼

舞榭戏台　歌吹扬州
——园林戏台艺术

南朝鲍照的《芜城赋》，歌颂扬州繁华，"廛闬扑地，歌吹沸天"，是说扬州市井繁华，到处笙歌。唐杜牧的"谁知竹西路，歌吹是扬州"，宋欧阳修的"十里楼台歌吹繁"，都是鲍照所描写的情景的印证与延伸。清吴绮云："扬州路，人醉竹西亭。"清郑板桥云："千家养女先教曲，十里栽花算种田。"都是用至朴之句，道尽了古城歌吹的奢华。清金埴对比扬州苏州，"拾翠几群从茂苑，千金一唱在扬州"，这里所说的"茂苑"就是苏州，与扬州一比，它仅成了戏班的出发地。扬州奢中之奢，是昆曲戏班的风行之地，专业戏班和业余戏班很多，观剧索价不菲却又日夜爆棚。不知昆曲者，就不能成为扬州贵人。如今，人们徜徉于扬州，寻访舞榭戏台，歌吹扬州，感觉旧戏台的奢华，新戏台的鹊起。更可贵者，名伶辈出，票友痴迷，都说要传承弘扬戏剧。扬州人有自觉，有担当，永远不负"歌吹是扬州"的盛名。

华祝迎恩迎驾戏廊的前世今身。康乾南巡是将大型的御舟停在运河，然后"从香阜寺易轻舟，由新河直抵天宁门行宫"。盐商为奉迎其南巡，竭力营建"华祝迎恩"，殚精竭虑，"自高桥起至迎恩亭止，两岸排列档子"（即临时欢迎棚，有豪华与普通之别，豪华的等于园林厅堂的复制，不仅张灯结彩，而且有山石花木香案古玩盆景，棚中都是请当地名伶盛装彩唱，一家家争奇斗艳，美不胜收）。再从迎恩桥向北到长春桥，有"邗上农桑"、"杏花春舍"、"平冈艳雪"、"临水红霞"四景。向南至北门桥，有街市、寺庙、酒楼，一派歌舞升平、富贵风流的景象。现"华祝迎恩"牌坊复建，为四柱三门三楼式牌坊，临漕河北岸而建。所幸前后左右皆花木葱茏，西有亭台，延伸了景观；河南有广场、厅堂、假山，与牌坊对应；与最可喜的是，路东临漕河与运河交汇处，有广场，有碑石，上镌刻河浪、帆樯，主景为双檐四角亭，亭中有刻石"南巡御道"，在此可见运河波涌浪逐，百舸争流；向北为迎恩桥，仍为清时旧制，为砖砌拱桥，"迎恩桥"三字苍劲有力，颇为沧桑。桥南就是南宋北门遗址，有城墙、水井、道路、柱石、水门等遗迹，还发现"地钉"和券顶门，考古价值极高。当年，乾隆对如此盛大的迎接场面是有微词的。他既踌躇满志于官商的迎奉，也对过于喧闹的戏曲感到厌烦。《自高桥易舟至天宁寺行馆》云："夹岸排挡实厌闹，殷勤难却众诚殚。"《塔湾行宫》云："聒耳早嫌丝与竹，怡情却在鸟与花。"《至维扬即事》云："稍厌笙歌特烦聒，不嫌梅竹作清陪。"《游康山即事》云："城市已云擅幽绝，管弦何事闹纷忙。"《趣园即景》云："问予喜处诚奚托？宜雨宜旸利种耘。"可见他在歌舞升平中更关心的是农事、民生。

永宁宫的寺庙戏台沧桑。该宫在永宁巷,是现存为数不多的寺庙古戏台。该宫系福缘寺下院,"永宁"含有对和平安宁的祈盼。永宁宫大门南向,现存戏台、大殿及寺房数间,占地面积650平方米。戏台仍存,两层,高7米,面阔三间,北向,面向大殿,单檐歇山顶,进深七檩,在当时不算小。

刘庄的园林戏台保存比较完好。刘庄位于市区广陵路272号,初名"陇西后圃",建于清光绪年间,1922年归盐商刘氏,修筑后改今名,占地6160平方米。该戏台为园林戏台,"L"形。北部前伸,悬山顶;南部退后,歇山顶。翘角飞檐,形制颇美。戏台周围即园林,入口处有月洞门,上额"余园半亩"。南向是厅屋三间,厅后有院,厅西有廊通院西半亭。北有楼阁临虚,贴墙叠山。南有水池,叠湖石假山。院墙上残存明王秉锌刻《泼墨斋法帖》石刻数方。处在深宅园林中观戏,可谓:"画阁阅尽沧桑感,台榭笙歌日渐新。依旧扬州明月好,何妨再赋永和春。"(清·史琴山)

何园壶上春秋可圈可点。神话传说里有海上仙山名叫方壶,何园借用这个典故,在园中挖池为海,筑亭当山,虚拟海上仙山的意境。水心亭壶上春秋是一座水心戏台,戏亭建在水中,亭中演戏拍曲,借助四面的水对音乐的回声,自然清澈绵柔。而亭的东南北三面都是廊,上下两层,可坐数百观众。观赏者在廊上品茶观戏,自然悠闲怡情。华灯初上,皎洁的月光和悬挂的彩灯给远山近水披上了五彩缤纷的盛装,朱栏玉砌,绿树澄湖,鸟栖庭树,影度回廊,名伶舞女拨动琴弦,娇若春花,媚如秋月,倩影映于平湖,游鱼惊皱春水,分明是琼瑶仙境。正如陈从周所题:"江南园林甲天下,二分明月在扬州。水心亭上春波绿,览胜来登一串楼。"

瘦西湖处处戏台,时时笙歌

吹台建于清乾隆年间,最初的设计是为了乾隆游湖时,乐队在其中弹奏江南丝竹,以助皇帝的游兴。亭内匾额"吹台"二字为沙孟海先生所书。因乾隆比较喜欢戏曲,两淮盐务官员为了取悦皇上,平时就雇下花、雅两部戏班,御驾光临时,管弦丝竹,纷奏杂鸣。御舟行驶之际,又在御舟前两舟之间,架设戏台,演员面对御舟演唱。

水云胜概原是1959年从广陵路"二分明月楼"内迁建的,桂花厅前的平台是天然舞台。电视剧《红楼梦》以此为省亲别墅,元妃从湖中乘凤舟登岸,园中香烟缭绕,花彩缤纷,处处灯光相映,时时细乐声喧,说不尽这太平景象、富贵风流。

熙春台可谓最大的戏台,"横可跃马,纵可方轨"。1991年10月21日,江泽民总书记陪同朝鲜劳动党总书记金日成游览廿四桥景区时,在唐朝杜牧的诗碑前,江泽民和金日成一起观赏毛泽东手书杜诗,并朗诵诗句。熙春台上,20名弹古筝的小朋友齐声欢呼:"金爷爷好!"金日成笑容满面,连声回答:"谢谢,谢谢!"小朋友们为金日成和江泽民弹奏了民乐《渔歌唱晚》、赢得一片掌声。

水云胜概戏台

花局里戏台小巧精致。这里新复原了两座戏台。一为亭式,唱戏者可居高临下,颇类浙江社戏的舞台。一为台式,如北方常见的舞台,戏台不大,但极雅致。台南则是一牌坊,与舞台同处一中轴线上。牌坊四柱三门三楼式,上书乾隆题额"淮南丽瞩"。对联"馥馥清风来月牖,枝枝画意入云栏",使人想见乾隆南巡时对扬州戏剧的痴迷。而舞台旁的一联令人深思:"千古准绳三尺法,一方明镜九州天。"这是法治联,悬在戏台上颇具苦心,说明法律制约,使民不敢犯罪,而戏剧艺术寓教于乐,令人不敢越轨。

花局里戏台小巧精致

陈园戏台联对劝人。 陈园戏台也处在水中央,旁有不系舟,面对弹指阁,戏台的对联是:"演古劝今,快目怡心振风俗;穿锦唱曲,歌儿舞女闲消愁。"八怪多数喜欢中国戏曲,如郑板桥就是戏迷,他在山东为官时就建有戏台,至今旧物仍在。他们就是通过寓教于乐、寓教于趣的方式,正风俗,聚民心。此联就是从山东戏台取来的,以示对郑板桥的怀念,而弹指阁则是按八怪之一高翔的《弹指阁》画意复原的,也是让两位友人沉湎在戏曲声中。

家族荣光　五彩缤纷
——住宅园林的照壁艺术

　　照壁,亦称"影壁",或曰"萧墙",常与大门隔路相应,一般在官衙、高门大宅前使用,有挡风、遮蔽的实用功能,更是体面、权势、实力的象征,同时又满足风水学中"藏风聚气"的要求,起到辟邪的作用,客观上起到烘托气氛的作用,做工考究,是汉族传统建筑特有的部分。计成《园冶》中说:"磨砖墙如用于大门内的影壁,或面对厅堂的垣墙,皆可用水磨方砖斜角贴面,或用八角形磨砖与小方砖镶嵌;或用小砖一块间半块,夹碎砖拼嵌成云锦花样。墙头封顶,则用方砖层层挑出,砌成叠涩出檐。"他是实在的,具体描绘了照壁的做法。有人说照壁源于北方,山西大宅门豪华的照壁形制大,通常装饰有很多吉祥图样的砖雕,颇为繁缛,完全是家族实力的体现。北京故宫的九龙壁、中南海新华门"为人民服务"照壁形制就大,但民居四合院照壁较为普遍。因注重风水,大门设置在东南角,这是八卦中的"巽位",主人,与厅堂自然不在一条中轴线上。为使风水的"气"之不散,门后必有照壁,但仅是门堂宽窄的小墙。从实用角度而言,是院内需隐,院外需避。由于门南向,照壁也就南向,但注重雕饰,各有个性,有的艺术性极高。

　　扬州照壁与北方不同:一是形制大;二是大宅院一般大门南向,照壁自然北向;三是与大门、正厅在一条中轴线上,使院落住宅前后照应,形成对景,显得完整;四是淡化风水概念,强调美化功能,但崇尚的是简洁、朴实,多为了祝福,也有的是为了炫耀,宗教的照壁还宣传本身的教义。普通人家建不起照壁,即使像小盘谷这样的商人,也不是单建,而是有效利用街对面的围墙,稍加装饰,一字型,长6米,高4米,壁心宽4.6米,内嵌水磨砖斜角锦文图案。而汪鲁门照壁,长9.6米,高4米,处于街对面,是常见的富豪之家的照壁。

阮元家宅双照壁,等级最高,显示家族荣光

　　扬州先贤阮元,被誉为一代名儒、三朝阁老、九省疆臣,受到朝野的尊崇和爱戴。现有的家宅与家庙联为一体。家庙大门前是内照壁,因门前是广场,南为院墙,与照壁合为一体,壁心是乱砖墙。斜挂一"福"字不可小看,是嘉庆六年皇帝亲赐,谕语十分亲切:"亲书福字赐卿,恩两浙士民同沾厚福,钦此!"外照壁正对住宅大门,大门的外墙上是石刻"太傅文达阮公家庙",

双钩楷书。对面是照壁，借用对面民居的外墙，是乱砖墙，上嵌嘉庆御题"出门见禧"。新落成的阮元广场有一照壁墙，长10.6米，高3米。中嵌阮元"生日竹林茶隐避客"雕刻，长8.3米，高1.06米，高浮雕，记叙阮元为躲避臣僚、

好友、弟子等为其祝寿，每至生日必竹林茶隐避客。画面当中有一紧闭的院门，门外送礼的人络绎不绝，有骑马的、抬轿子的、抬礼盒的，有年青文官，也有紫髯武将，一个个驻足翘首，盼望大门露出一条缝来；远处还有两匹高头大马，窥视着前面的动静。几十个人表情各异，活灵活现。大门以内阮元端坐在翠竹林中，专心看书、品茗，心如止水。

吴道台府照壁，浙派与扬派的结合

扬州名门大宅的大门都朝南，对面是照壁。吴道台府是官邸，门厅很大，对面照壁也与之相配，宽8米，高4.7米，虽是一字形，但与院墙相连，因而视觉上显得很宽，且照壁较高凸起，自然形成"山"形，形同"凸"字。照壁较高，围墙略低，有了主从。因住宅总体风格为浙派，照壁理所当然地发挥了浙江长于雕塑的特长。照壁墙上的砖雕雕镂细腻，照壁心为45度角斜放的方砖贴砌为底，四角角花为菊花浮雕，框周围砖雕如意纹饰，中间嵌"福"

字,45度角斜放,有边框。四角为蝙蝠,合在一起为五福(福禄寿财喜)临门,精致、豪华、大气。

个园照壁,清代富商的规制

现该园的照壁位置未变,规模形制未变,可以推测清代巨商住宅规制。照壁成八字型,2.6米以下是旧物,总宽7.4米,高逾6米,主墙宽4.2米。座为石座,汉白玉贴面,照壁心由45度角斜放的水磨方砖贴砌而成,四角角花为蝙蝠浮雕,中心方框斜挂,周围砖雕如意纹饰,中间楷书阳文"福"字。辅壁仅四角有角花,为双桃,喻长寿。合在一起为福寿双全,出门见福,进门有寿,带有吉祥意味。

金农故居照壁,普通民居照壁的代表。金农是寄食西方寺的,他的住宅是扬州普通民居照壁的代表。一是照壁不是专建,而是借用五岳朝天墙,这是扬州民居中"可以借山(墙)砌屋,不可拆屋让地"的表现;二是呈一字形,照壁心宽3.1米,高2.8米,形制相对较小;三是中为"福"字,四角角花嵌如意图案浮雕。与其他照壁不同的是,照壁心不是用45度角斜放的水磨方砖贴砌而成,而是乱砖砌叠,心底以白灰粉刷,与福字砖雕、四角角花的灰黑比照鲜明,显得朴素。

双忠祠照壁,缅怀英烈的"无字碑"。祠原址在东圈门双忠祠巷,祭祀南宋末年扬州守将李庭芝、姜才。在谢太后、恭帝赵㬎投降,并招降李、姜时,李庭芝正气凛然,大声喊出:"奉诏守城,未闻有诏谕降也。"这种"为国不为君"的高尚情怀高于同时期的其他文臣武将,就连敌人也深为敬佩,呵斥其他降臣:"汝等降何容易,而李庭芝却坚守不降。"李、姜以一死报国,在荞荬湾英勇就义。"死之日,扬之民皆泣下",建祠祭祀。2000年,东圈门历史街区整治前,政府有关部门在双忠祠遗址——薛家巷口对面建立了一座"双忠祠大照壁"以示纪念。据悉,相关部门曾计划在东圈门内辟出专门场所作为双忠祠的展示区。照壁宽6.8米,高5米。照壁顶为直线游山,中有"团寿",即圆形的"寿"字。照壁心为水磨砖斜角锦文,有"福"字,四角又是蝙蝠的浮雕,合在一起即为五福临门。人们说,这是"无字碑"。

运河照壁小品——和为贵。该

照壁在渡江桥与徐凝门桥之间的绿化带中。不大,4米宽,3.2米高,但构思巧妙。照壁沿用了扬州传统照壁的形式,中嵌"和为贵"篆书,壁前是两童子对弈图。这是残棋,不分胜负,结果是和棋。旁是俯首观棋的老者,捻须微笑,老少和谐。

宗教照壁建筑形式的本土化,但理念上仍宣传本身的教义

高旻寺。 照壁北向,与南向的牌楼成为对景。这是扬州最大的照壁,八字形,前为荷池,池中东西两侧为亭,荷香阵阵,叶绿花红,更衬托出照壁的金碧辉煌。照壁由座、身、顶三部分组成。座为束腰式石质须弥座;顶为琉璃瓦的游山,青绿色,瓦头是"卍"字;壁身由主壁及东西两辅壁组成,宽34米,主壁宽23米,高逾4米。它不同于扬州的传统照壁,而是唯一按皇家式样建筑的照壁,金钩彩绘,富丽堂皇。照壁上装饰有很多吉祥图样的砖雕,边框上悬4件挂饰,分别为大象、青狮、麒麟、奔牛,都是瑞兽,与佛教有关。照壁心上多处嵌花卉纹饰,主壁上四个大字"歇即菩提",东西辅壁为"风调雨顺"、"国泰民安"。德林大师生前说:"'歇'、'慢'不过是表象,'放下'、'舍得'、'善终'才是人应有的追求。"这是按照赵朴初先生的"以'人间佛教'入世度生的精神,为社会主义四化建设服务"的思想警戒世人。

仙鹤寺。 首先,照壁西向,不同于扬州大户人家的建筑南向,照壁自然北向,而伊斯兰建筑是东西向,大门东向,照壁自然西向。其次,照壁也是中阿风格的结合,照壁的形式是扬州特色,是八字型,与门厅形成对景,照壁心嵌水磨砖斜角锦文图案,正中间镌刻阿拉伯文"清真言",即"万物非主,唯有真主。穆罕默德,是主钦差"。表达的是穆斯林六大信仰中的信安拉、信使者。灰砖为底,金色阴文镌刻,鲜明、朴素而庄严。

天主堂。 位于跃进桥,名为耶稣圣心堂,始建于清同治三年(1864),内有曾国藩、丁日昌同治七年的《保护扬州天主教堂碑记》,是对传教洋人、中国军民传教、信教自由的界定。这是一座中世纪哥特式教堂建筑,但大门、照壁的建筑却纯粹是扬州地方特色。照壁不同于扬州大户人家的南向建筑,主体建筑和大门东向,水磨砖门楼,门楼上方嵌砌石额,上镌"天主堂"三字。门前照壁自然西向,宽9.6米,高4米,八字型,座、身、顶三部分完全是扬州风格,照壁心嵌水磨砖斜角锦文图案,与门楼形成对景。"天主"则暗含其上帝创造一切、主宰一切的教义。如果不看后面的教堂,仅看两边的门楼与照壁,则完全是典型的中式建筑,这是基督教教堂本土化、地方化的体现。

陈园照壁，扬州园林最大的照壁

　　该照壁宽33米，高9米，雄伟阔大，是扬州园林中最大的照壁。照壁由座、身、顶三部分组成。座为束腰式石质须弥座；墙头封顶为蝶瓦的游山，用水磨方砖层层挑出，砌成叠涩出檐；壁身由主壁及东西两辅壁组成，主壁宽22米。照壁上装饰有很多吉祥图样的砖雕，都是龙等瑞兽。照壁心上嵌水磨方砖斜角贴面，主壁上两个金色大字"陈园"，东西辅壁中为浮雕团花图案，其做工精细，完全如计成《园冶》中所说：磨砖墙如用于大门内的影壁，或面对厅堂的垣墙，皆可用水磨方砖斜角贴面。

陈园照壁

造式无定　随意合宜
——园林亭的艺术

东汉刘熙《释名》说："亭者,停也。"风景之亭形制不大,古为设在道路旁的公房,供游客停宿。今与榭大致相同,故"亭榭"常作为一个词使用。后作为园林中憩息赏景的专用建筑。"杭州以湖山胜,苏州以市肆胜,扬州以园亭胜。三者鼎峙,不可轩轾。"刘大观将园亭借代园林,以示亭在园林中的地位。亭多作点景之用,在主景之间,感觉比较空的地域以亭点缀,如戏曲两场之间的楔子过渡。

亭之形态，造式无定

计成《园冶》说："造式无定。""随意合宜则制。"有四方亭、六角亭、八角亭、圆亭、扇面亭等形式,屋顶分单檐和重檐两类。

卢氏盔顶亭,后花园一路游廊,成折角形,顶点处是一六角盔顶的半亭,为扬州少见,且墙上悬诗文石刻拓片镜框,皆为名人翰墨,其中有清刘墉(刘罗锅)的亲笔。三块石额"意园"、"花随四时"、"水面风来",均为园中旧物,存记当年旧迹,弥足珍贵。

静香书屋的上圆下方亭,天圆地方,这是表示中国人对天地的敬畏。重檐亭上檐圆下檐方,在北京常见。

万花园四面八方亭,这可谓扬州独创,在重檐四角攒尖顶的基础上,上檐为四角,寓意四面;下檐的四角成折角式,将一角折成双角,为八方。

亭之形势，随意合宜

亭多数是开敞建筑，便于登临观赏景物。扬州虽少山，但也有山亭，如小金山的风亭，观音山的摘星亭，都是处在山巅。更多的是临水亭，如长堤春柳亭。计成《园冶》说："亭胡拘水际，通泉竹里，按景山巅，或翠绿花密之阿，或苍松潘郁之麓。"指出亭子在园林中布局位置的重要性：定位得当，全盘皆活，有画龙点睛之妙用；定位不当，便使园中景物凌乱，有累赘之感。

园林中为了打破水面与堤岸横线构图的单调，需要加以点缀，常在桥上建亭子，如瘦西湖的五亭桥已成扬州地标。徐园旁的春波桥桥亭则更有特色，桥以黄石为基，圆木为面，形同桂林的象鼻峰。桥面的东首是四角攒尖亭，古拙、清幽。这种亭桥，近年来广泛使用，运河上的解放桥、跃进桥、渡江桥都是廊、亭、桥的结合，彩虹卧波，玉宇琼阁。

宋欧阳修守扬州时，曾品尝五泉水，并在井上建"美泉亭"，还撰《大明

寺泉水记》,称赞泉水之美。苏东坡守扬州时曾记道:"大明寺塔院西廊井与下院蜀井的水,以塔院为胜。"正是:从来名士能评水,自古高僧爱斗茶。岛上一井,井上覆亭,自然是即时即地之景。《扬州画舫录》说:"覆景亭在池中,高十数丈,重屋反宇,上置辘轳,效古美泉亭之制。"湖心岛上,翼然飞亭,四角映水,顶部漏空,亦称环亭。依栏下视,井中天光云影,摇曳生姿。扶栏仰视,绝无井底之蛙不知天外有天之憾,而是坐井观天,日月云霞皆收眼底。

亭之功用,壮志抒怀

在亭中主要是观赏园林景致,其本身也成为园林中景,具有多种功能。

清大明寺西园碑亭,为帝王夸耀文治武功之处。这里有康、乾祖孙的御碑亭。乾隆御碑亭是扬州最大的碑亭:面阔7.6米,进深7.4米,达65平方米。不是像一般亭的攒尖顶,而是歇山式。飞檐高翘,如羽翼舒展,晶莹透剔。朱红亭柱,堂皇庄重,周围苍松翠柏,蓝天绿水,构成和谐画面。内有乾隆的三首诗。第三首《游平山堂》:"画舫轻移邗水滨,人思六一重游巡。阴阴叶色今迎夏,衮衮花光昨饯春。巧法底须夸激水,淳风惟是惭投薪。江南山可平筵望,望岂因山因忆民。"帝王游玩中能"忆民",还是令人感念的。其实,他更信佛教,所以碑亭的两山都是佛经故事,如面东的就是砖雕——麋鹿献奶图,是说佛祖说法,感动天地百兽,麋鹿也来献奶。

宋七贤斗野亭,乃文人状景言志亭。扬州的许多亭,或是文人自建,或是为怀念先哲而建,如与杜牧相关的吹箫亭,与欧阳修相关的无双亭、春供亭,与苏东坡相关的苏亭、芍亭、三过亭。邵伯的斗野亭,景色极佳。亭雄踞高丘,临湖而建,远观帆影点点,近看田家炊烟,耳闻钟暮鼓,凭眺湖光浩渺,满眼藕白莲红。说不尽的风情万种,自然引动诸多文人墨客来此观景赋诗,尤以北宋年间的文人来得最为集中,名声最显,而且来必写诗,诗必绝妙。感谢清初杰出诗人王士祯,他来邵伯景仰,写道:"斗野亭前望平楚,依然运水碧连空。群贤翰墨思元佑,六代风流续谢公。"诗如一柄长剑,挑开斗野亭之魂。后虽在1930年左右毁于兵火,但盛世修名园,2001年秋政府投资兴建仿宋斗野亭园。园傍水而建,得趣天然,古朴典雅;亭玲珑精致,翘角飞

檐,似水鸟双翅掠水,如彩霞飘落人间。亭内集宋代四大书法家苏(轼)、黄(庭坚)、米(芾)、蔡(襄)的墨宝字迹,镌七贤诗碑于壁,名诗名墨,璧合珠联。手抚清冷的碑石,自然有了视觉空间的变异和倒错,让我们回到诗意宋代的春秋,"群贤翰墨思元祐,六代风流续谢公"。

隋玉钩斜亭,隋宫女血泪倾诉。蜀冈西峰史称"玉钩斜"。玉钩即月亮,李贺诗云:"天上分金镜,人间望玉钩。"可作佐证。这里是隋炀帝埋葬宫女之地,月亮当喻美人,月西斜当同情其不幸。明陈子龙《江都绝句同让木赋》:"千重阁道覆云霞,宫女东都自忆家。当日便为伤别地,胡香不起玉钩斜。"清郑燮《广陵曲》:"玉勾斜土化为烟,散入东风艳桃李。"清赵翼《花田》诗:"十里芳林傍水涯,当年曾是玉钩斜。美人死后为香草,醉守来时正好花。"清汪懋麟《大冢》诗:"玉钩千万钗,无一伴丘陇。"俱往矣,荒山秃岭,如今已是旧貌新颜,生态公园的仿隋亭让人为流星王朝感慨系之。

宋波光亭,今人以旧还旧,为历史留下一点血脉。该亭原名九曲亭,《扬州府志》记载:宋太祖破李重进,驻跸蜀冈寺,下令重建九曲池、九曲亭,后改

称波光亭。南宋以后,池在亭废。清乾隆年间,光禄寺卿汪应庚之孙汪冠贤,于九曲池建"接驾厅",恢复景观,无比辉煌,不禁令人想起诗中的描述:"池水亦何曲,水曲无急流。六朝风月地,自古重扬州。"为了体现历史旧景,建筑全部采用的是宋代风格,使万花园有了历史的沧桑感。

　　清代风亭,赴扶桑成外交使者。该亭处小金山之巅,六角双檐攒尖顶,麻石圆柱,小巧玲珑,扬州少有。该亭多侧面地运用曲面曲线,屋面曲、屋脊曲、檐角曲、瓦片曲、瓦档曲,直曲刚柔的强烈对比,产生了"如鸟斯革,如翚斯飞"的效果。登亭居高临下,近眺蜀冈,远眺瓜州,左右湖山,尽收眼底。有联云:"风月无边,到此胸怀和似;亭台依旧,羡他烟水全收。"藏头风亭二字为阮元所题,连同琴室、月观、吹台,把文人雅士迎风吹箫、戴月抚琴的雅趣暗暗点出。风亭一直为海内外嘉宾所称道。1984年,扬州与日本厚木结为友好城市,扬州决定赠送仿制的风亭给厚木。当年,厚木市市长足立原茂德即亲率代表团回访,专程登上风亭,恳切要求次年能在厚木公园见到该亭,回国后还专门为亭建造了87000平方米的公园安置该亭。1985年9月2日,扬州在厚木安装该亭,起名"风月亭",一则是小金山的风亭、月观之美,另一则取日本长屋王子的诗:"山川异域,风月同天。寄诸佛子,共结来缘。"四面台座上刻有艺术栏板三方,内容为"松鹤延年"、"凤吹牡丹"、"喜鹊登梅",柱上对联:"骑鹤扬州,万里松风传韵事;驶帆厚木,千秋水月寄深情。"改原联的藏头为嵌字,将"风月"嵌作第八字。

大屋高墙　变化无穷
——园林墙的艺术

墙是建筑中的围护部分,用于围合及分隔空间,有外墙、内墙之分。扬州传统建筑的外墙从不开窗,靠内天井透光通气。

扬州的墙实用性、艺术性不可小觑。多种形式的墙壁装饰,如墙上的花窗,墙顶端的马头墙,艺术内涵非常丰富。

东关街乱砖墙的沧桑。计成《园冶》说,"乱石墙","是乱石皆可砌"。砌乱石墙是变废为宝,值得提倡的节约举措。东关街老城区乱砖墙,墙的两面刮灰泥砌平,中间以碎砖瓦砾泥土填实,考证为同治、光绪年间的建筑,因此前咸丰年间清兵与太平军在扬州多次展开拉锯战,造成大量房屋倒塌损毁,但砖断不碎,足敷再用,外表不须石灰粉刷,俗称清水货。近150年过去,乱石墙仍屹立不倒。胡笔江建住宅99间半,见扬州城墙倾颓倒塌,深感痛心,为挽救墙砖,就以高价搜求城墙砖,然后砌在墙上。笔者去考察,现主宅的基础下为

胡笔江故居墙上的城砖

石,上为城砖,上有明"洪武"的年号,大部分砖都为44厘米×13厘米,为我们留下了扬州明城墙的实物资料,弥足珍贵。扬州最窄的小巷宽度不足1米,转弯处如果是直角就容易撞到行人,墙也会受到冲击。聪明的工匠将墙角变圆,或去掉一角,但高度仅2.5米,向上仍恢复直角,交替部分用砖逐层挑出,每块砖都斜向砌筑,形成锯齿形的牙子,上下交错。是为折角墙。凡街市的店铺,房屋两旁的山墙,面街处到3米高时,必以整砖三到五块,一层一层挑出。这样下面墙内缩,到屋檐时挑出,不占地方,却形成出檐深远的效果,自然可以使雨不向屋内打。是为挑檐墙。

个园和合墙的艺术。个园住宅墙下半段为实墙,青砖扁砌。上半段用板砖作空斗竖立砌,下实上虚,名为和合墙、鸳鸯墙。这是为减轻墙的承重,也是为节省材料。甚至连原扬州皇宫的围墙虽高大,但也用这样的构制,历160年不倒。铁巴锔,外表为菱形,约30厘米×6厘米,中间是铁钉,与外表成"丁"字状,间距有序,排列整齐。墙内放顺墙木,连着木排山,外表钉以铁

巴锅,与墙内木架内外拉接,以加固墙体,如今天建筑物中钢筋的拉接作用,墙体不仅不易倒塌,而且不会出现局部的鼓胀。外观上横成列,竖成行,有序排列。如果墙体相邻,铁巴锅形式还有变化——长方、菱形、鼓形,体现的是规则美和变化美。个园住宅墙上有券拱,因墙旁就是水井,水井上口虽小,但下端较宽。人们在井边洗涮,脏水顺手一倒,时间一长,必然使井周围的基础空掉,旁边的墙就会局部下沉。设置砖券,以砖砌成 3 米直径的半圆,可使靠井的墙面不再承重,墙体自然不会出现局部下沉,简单而又巧妙。凡扬州井旁,皆以此为定制。

折角墙

铁巴锅

何园墙缝的艺术。何园乱砖墙水平缝有讲究,每一块的砖大小厚薄都不同,难为扬州的工匠,居然经砌叠后竖无法成列,但横可成行,而且一面墙是几个工匠同时砌,大家配合默契,每一行的宽度经拉线砌后,趁灰缝未干时,以瓦刀划线,线横平且与地面成水平。何园水磨墙的线缝精细,门垛是房屋的脸面,

线缝

小户用门罩,大户用门楼,砖为水磨,大小一致,棱角分明,这就可以横成行,竖成列,严整精细,不差分毫。何园门垛是线缝,仅 1 毫米,用的什么材料?作者曾跟踪调研,原来是用桐油拌筛过的生石灰粉,细腻、均匀,干后比胶粘得还牢。追本朔源,计成《园冶》说:乱石墙的石板都是"用油灰抿缝"。西洋楼的灯芯缝,建筑一色水磨青砖,每块 25 厘米×12.5 厘米,砖与砖之间的

缝为6毫米,上下端画线,一般填缝都是内凹,而它是外凸,成半圆,直径仅5毫米。你随便量任何一道缝,不会有丝毫差异,令人叹为观止,正是"每一道砖缝都嵌有聪慧的苔痕"。

灯芯缝

何园阴窗

汪氏小苑的阴窗的艺术。 地板上为阳窗,地板下为阴窗,也称"透风",置于外墙。因住宅地板悬空,即使地板不是木制,而是金砖(俗称罗地砖),其实砖下也非实砌,而是置放一个个陶钵,砖搁在上面,悬空透气。因扬州温湿多雨,尤其是梅雨季节返潮,地面潮湿,房屋湿度大,人不舒服,家具衣物也易受潮发霉,但即使这

汪氏小苑的阴窗

样的季节,因地面悬空,就自然不会潮湿,而地板下外墙置阴窗,前后对应,在地下形成空气的对流,地板下就能保持干燥。阴窗多用镂空砖雕。汪氏小苑的阴窗为10厘米×10厘米,有蝙蝠形、麒麟形、喜鹊形等,何园西洋楼地板离地近1米,阴窗用以圆形石雕,直径达28厘米,所以至今地板仍然完好。

瘦西湖墙与户牖安排巧妙。 扬州瘦西湖月观的墙面精心构思,迎南的一面墙,白粉为底,西为六角门,东为圆门,中间一大型花窗,为清代旧物,用水磨砖整块与半块拼叠投榫而成,是几何图形的组合。局部是三角、菱形、八角形,均是直线,但整体看又构成曲线之美。美学家王朝闻先生赞美苏州的花窗都是追求象形物,以石灰、水泥、钢筋做成花鸟图案,常给人似曾相识之感。而扬州园林花窗就靠最普通的扁砖,可砌叠,可投榫,窗的图案纹饰,是直线曲线的配合,是以局部的直线构成整体曲线,哪怕一排几十扇窗,没有一个窗的纹饰相同,且整体基调又十分统一,其情韵最能表现扬州园林南

秀北雄的风格。琴室形如屏风的园林墙,琴室外是河,围墙顺河势砌叠花墙,该直就直,该折就折,如站立的屏风,上部的旺砖砌叠式八角花窗二十多扇,每一幅构图均不同,但都是以整砖、半砖砌成,最多为八角,所以变化而不凌乱,有个性但整体风格统一。

月观墙上的卢牖

琴室旁的屏风墙

卢氏硕大的砖雕仪墙。该深宅大院的墙体是最高大的,全部用青整砖,青灰丝缝扁砖到顶,砖砖精工水磨,块块对缝砌筑,扬州人称之为"清水货砖墙",这是扬州砌墙传统的个性与特色,有别于江南"白灰粉墙黑烟刷色",不加粉饰,显其本色,最有中国气势。砌墙的每块砖料特定烧制,比寻常人家砌墙用砖厚实。墙宽达42厘米,檐墙高耸达6米余,楼室山墙顶高达12.2米。从南檐墙角沿山墙抬头纵观,蜿蜒深远的高墙大屋,给人一种森严不尽、宛如城郭之威势,不但显露盐商卢氏之富有,还有两个使用功能,一是防盗翻墙入室,二是防止邻居失火殃及。大门口有磨砖仪门,有"多福"、"多寿"、"多子"、"多孙"的砖雕。还有砖雕仪墙。共分三面,通高逾6米,腮墙壁南面两块宽3.5米、10.5米,高4.5米,面积达63平方米;腮墙壁东面、西面皆宽4米,高4.5米,面积达36平方米。腮墙壁面满嵌36厘米×36厘米的金砖斜角景纹,角端砖雕菊花十分舒展。该大院还注重马头墙的变化。这是墙的顶端,俗称女儿墙,不同于他处单一,而是形式多样,有云墙、观音兜、五岳朝天、九星捧月、水波浪、燕尾,变化多姿。

恢弘大气　实用美观

——园林山墙艺术

中国地处北温带，为避西北风，享受东南风，房屋多坐北朝南，东西自然是山墙。山墙又称马头墙，扬州人俗称封火墙，其初衷自然是为了防火。因扬州民宅多立山式，山墙与屋顶平，豪门大宅则将山墙加高。因一幢幢住宅以火巷隔开，如果发生火灾，墙体包裹住木构的梁架，可防止火对木材的直接侵袭。墙越高，对火的防范越好。

除防范邻居失火，殃及自家的实用外，富家为了美观，还对山墙进行装饰，这样便有了多种形式。渐渐地，马头墙成了扬州民居的装饰，成了扬州这一方水土上永久的风景，厚重、精美、富有变化，有别于徽派的单薄、粗糙、单一。清钱泳《履园丛话》说："造屋之工，当以扬州为第一。如作文之有变换，无雷同……方称妙手。"

观音兜。这是个园住宅的山墙，本是等腰三角形，但两条斜线过于生硬，而游山（墙上覆盖的砖瓦顶）以弧形的曲线在壮美中加入了柔修之气。在"家家如来，户户观音"的古城，人们看到这样的山墙，自然会联想到观音的披风，于是以观音兜将此种山墙雅化。

云山式。逸圃有花厅三楹，两侧的山墙即是该式，即山墙上马头墙的游山像水波浪一样起伏，从南到北，由低到高，到山尖后再由高向低，均为曲线，屈曲逶迤，如走龙蛇，又如天空云彩起伏绵延形成的山，所以叫云山式。两山之间的屋脊是花脊，为磨砖"寿"字形花脊，寓意百寿百福，与厅前的假山、水池浑然一体。

五岳朝天。这是深巷古宅习见的马头墙。普通人家有的仅是山墙，无马头墙，多为三叠。豪门大宅为五叠，青砖青灰丝缝砌筑，厚实朴质，不加粉饰，高低错落，起伏变化，以抑扬顿挫的节奏和韵律，演绎着扬州从前的日常生活。顶上是直线游山，下面以细砖贴面，以旺砖、蝶瓦盖顶，一是防雨水，二是与周围墙面一体，如同城墙上的雉堞，都是清水，即砖的本色。靠砌叠显示功夫，工整浑厚。不同于徽派马头墙以白石灰粉墙，将内在缺陷遮掩。马头墙的别称是"五岳朝天"，这一个别称表达的应该是扬州人对天的敬畏和虔诚，也是对生活的自信。

九天揽月。这是吴道台府测海楼的山墙，仿照宁波天一阁而建，但又不完全相同。这是浙派建筑群，为了防火，其楼前凿有蓄水池。取名"天一"，是为了应"天一生水，地六成之"之卦。烽火墙自然格外高，共有九叠，抑扬顿挫的节奏和韵律，使该楼更加庄严而富有人情味。墙上的游山借鉴了皖式的五岳朝天，但由五增加到九，俗称九天揽月，不仅是为了适应房屋进深的加宽，更为大气，同时也表明"有福读书"，自然能技艺两进，高处能登攀；吸取了扬式青砖青灰丝缝砌筑，厚实朴质；同时采用了浙派特色燕尾脊，即游山总体是一弧线，在南北的端处像燕子的尾羽上翘，有"如鸟斯革，如翚斯飞"（《诗经·小雅》）的动感，体现了高阁临虚、宸章在上的气派。

廊腰缦回　篆书流云
——扬州园林廊的艺术性

计成《园冶》说："廊者，庑出一步也。"唐时，廊渐成为园林中独立的观赏建筑，计成称他建的"寤园"中的廊是"篆云"，形容廊如篆书流云之态的美。它不仅是连接建筑之间的有顶建筑，而且是划分空间、组成景区的重要手段，"景物锁难小牖通"，显得空灵深远。陈从周说："这是中国园林利用分隔扩大空间面积的手法之一。"有透有障，可增加空间层次，能使空间有对比变化。同时，它本身又成为园中之景。扬州廊的形式多样，如直廊、曲廊、复廊、爬山廊、涉水廊、双层廊、花廊、游廊等，可直可曲，最为灵活，但一般以曲为妙。《园冶》说："廊宜曲宜长则胜。"曲廊多转折变化，或随形而变，或依势而曲。他今古对比，说："古之曲廊，俱曲尺曲。今予所构曲廊，之字曲者，随形而弯，依势而曲，或蟠山腰，或穷水际，通花渡壑，蜿蜒无尽。"

个园抱山廊——最气派自豪，怀抱两山，傲视天下

抱山楼，这是园中最大体量的建筑，是黄家用于宴请宾客的场所，楼上楼下各七开间，楼前就是抱山廊，长 52 米，宽 2 米，在空间上连接两山，如手臂抱两山于胸前，东抱秋山，西拥夏山。两山都是依楼而掇，有多条山径直通楼上。抱山楼实为抱山廊，无论在上或在下都可漫步廊道，在浑然不觉中从夏就走到了秋，所以此廊亦被戏称为"时空隧道"。近日，有人考证，该园比何园早建 65 年，也运用了复道回廊的设计手法，抱山廊仅是北廊之壮观者。刘凤诰《个园记》说它："堂皇翼翼，曲廊邃宇，周以虚槛，敞以层楼……不出户而壶天自春，尘马皆息。"

何园复道廊——最辩证，断而连，隔而通，文化荟萃，巧妙绝伦

陈从周说，扬州园林的"复道廊、游廊等，其组合似较苏南园林来得规则"。复道回廊是何园特色建筑之冠，在江南园林中绝无仅有。它造就了何园独一无二的串楼景观，享有"天下第一廊"之美誉，而从西园看复道回廊是最佳角度。何园复道回廊全长 1500 余米，它腾挪、缠绕于园中建筑之间，复道凌空，内外分隔，回廊曲折，高低错落，构成了园林内部的四通八达之利与

回环变化之美。一个个厅房本来都是个体,由复道廊勾连后,使景色的组织有连续性,避免了杂乱无章,断绝路径,引动游人沿着游廊去游园。这是将静观的欣赏改为动观的游览,人在园中游,尽管是地域有限的空间,但能探求回味,避免全盘托出,一览无余,犹如看一不尽长轴。

复道廊是廊的荟萃:叠落形——屋顶顺次作阶段高低,错落有致;有复廊——一条廊中用墙分隔为二;穿山廊——东园一廊由东向西直穿中式住宅山墙;绕宅廊——西洋楼前后两进住宅连同最前面的楠木厅、东边的中式住宅楼,上下两层,都有游廊周接,处处相连,四通八达;连山廊——蝴蝶厅耳房回廊与贴壁假山的山道连为一体。

何园复廊

复道楼廊虽为交通线，但也很美，屋顶的花脊、木雕的围栏、铁铸围栏上的松鹤、延年益寿的团印，既整齐一律，又富于变化。复道廊中分隔的墙面更是极尽巧思，主园用了多种形式，使廊壁富于变化。东园廊壁上镶嵌六方诗条石，上刻唐人双钩王羲之《十七帖》。通向佛堂的廊壁上镶嵌八方诗条石，上刻颜真卿《三表真迹》法帖。这些刻画都由晚清雕刻圣手作业，刀法严整细腻，保留了原帖的气势风韵，呈现出书法美、诗文美。南廊是园与住宅的分隔廊，在廊的上下各置六个月洞窗，以水磨砖细制成，分别为牡丹形、海棠形、梅花形、菱花形、葵花形、桃花形，园与住宅互为对景。而在西园的东廊壁上则以五个大型砖细精雕漏窗，使东园和西园互为引景、泄景，使园不至如高墙大屋的雍塞，而有园林的空透疏朗。

鉴真纪念堂的仿唐廊——最仿唐，抄手游廊，小景变大

纪念堂由我国著名建筑专家梁思成先生设计，分为两组：一组为四松堂构成的清式四合院，南为纪念馆，北为门厅，由游廊周接，天井内有四棵古松。廊悬云板、木鱼。精舍巧建，清幽雅洁。另一组为仿唐式四合院，有纪念碑亭、纪念堂，并由抄手游廊将两建筑周接。抄手游廊实际上是四面廊，近百米。东西廊是完整的直廊，各13间；南廊中为碑亭，直廊10间，分处碑亭东西；北廊4间，为爬山廊，分处纪念堂东西，成拱卫之状。

梁思成说："金堂（纪念堂仿照奈良招提寺金堂式样）现在左右没有毗邻的廊屋，但为了创造一种唐代佛寺的气氛，并为了配合扬州当地寺院的风格，议拟由纪念堂两侧起，用步廊一周与前面碑亭相连，构成一个庭院。东西两廊之外与地址围墙之间的两条狭长地段上种植竹木，可以使庭院更加清幽。"廊使小景变大，诸景相联，既有日寺依据，又与中寺融合。

抄手游廊是对鉴真在建筑艺术方面的贡献的缅怀。鉴真按照中国的营造式在奈良建招提寺，成功地采用了中式鸱尾、三层斗拱、腰鼓柱、方棂窗等形制，结构精巧，气势恢宏，反映了唐代寺庙建筑的最高成就，也是日本现存天平时代最大最完美的一座建筑。梁思成以此再现盛唐建筑风格：柱为腰鼓状，线条浑圆飞动；窗为直棂形窗，仅以方木旋转90度成栅栏状；柱上斗拱粗壮，仅三叠，但承重支撑，有别于清式斗拱多层挑叠，更侧重装饰作用；瓦头、滴水均按扬州唐代出土的瓦头、滴水做模烧制。点点滴滴，一丝不苟。以此暗寓纪念堂雄伟庄重的唐式基调和中日之间绵长的友谊。

史可法墓多种廊——最专题，
英雄壮烈的纪念，后人扼腕长叹

史可法墓地域小，以廊从不同侧面赞颂英雄的业绩、精神。祠堂东廊是乾隆的题词"褒慰忠魂"和诗，以及命大学士于敏中等 14 人写的题咏和跋，制成手卷，再令刻石嵌于祠壁，以垂永远。新建的史可法广场面东是复式廊，古色古香的风格，与整个场馆建筑格局融为一体，内嵌史可法抗清浮雕：黄昏日落，史可法带领明朝军民血战城头，旌旗猎猎，战鼓声声，军民浴血，宁死不屈，惨烈场景，可歌可泣。

史可法墓诗廊

飨堂前的碑廊，分东西排列，每一边长 36 米，宽 1.8 米。面南是后人的楹联赞颂："数点梅花亡国泪，二分明月故臣心。""尚张睢阳为友，奉左忠毅为师，大节炳千秋，列传足光明史牒；梦文信国而生，慕武乡侯而死，复仇经九世，神州终见汉衣冠。"两侧的廊是近代、当代大家书翰的诗文，雄健遒劲："国存与存亡与亡，巍峨庙貌甚堂堂。梅花岭畔遗香在，铁鐴何时返故邦。"（郭沫若）"江左文恬与武嬉，当年急难几男儿。朋争族怨今陈迹，独耀民魂史督师。"（赵朴初）翰墨诗韵，在香山雪海中永远激励吾侪。这些诗、联、雕塑，是缅怀英雄的专题，不是吟风弄月，而是以凛然正气、飒飒风采，使多少雄姿英才扼腕。

天宁寺殿廊——最宽廊，是廊、房与殿的结合

天宁寺始建于东晋，宋徽宗赐"天宁禅寺"，清代列扬州八大古刹之首，康熙、乾隆南巡时都曾驻跸天宁寺，乾隆又曾在天宁寺西侧修建行宫，建筑面积一万多平方米。它是扬州难得的平原寺，十分严整，从南到北沿中轴线依次排列山门殿、天王殿、大雄宝殿、藏经楼、万佛殿。为营造严整的氛围，寺内筑东、西甬道各一条，甬道之东之西都是廊、廊房与配殿的合一，每边的廊长约500米。外侧为廊，宽2.4米。内侧为房，进深5米。每一边的廊中又布置五个配殿，每个殿约70平方米，与廊贯通。廊与殿一起拱卫着大殿，素有"一庙五门天下少，两廊十殿世间稀"之说，是扬州创建年代最早的大型寺庙建筑群。

天宁寺宽廊

西园曲水廊——最典范，演绎计成"随形而变，依势而曲"的构园理念

廊是西园曲水一大特色。园高低起伏，水曲折逶迤，廊也随势造型，起伏迭宕。东廊是爬山廊，有联系坡上坡下的建筑功能，不仅使丘陵路有建筑覆盖，而且通过自身的起伏变化，丰富园林景色。先连妙远堂，门前百年核桃两株，枝叶繁密，果实累累；再通濯清堂，取《楚辞》"沧浪之水清兮，可以濯我缨；沧浪之水浊兮，可以濯我足"意。西廊是涉水廊，是临水所筑之廊，也有廊跨水面建筑，以丰富水岸的层次。连着浣香榭，似取西施在柳旁荷池浣纱意境。廊周围遍布扬州盆景，树桩盆景之古拙，水石盆景之清秀，水旱盆景之诗情画意，集于一园，荟于一处，传统盆景之古之雅之奇，创新盆景之新之巧之趣叫人目不暇接，美不胜收。正如堂联所示："具体而微居然峭壁悬岩平沙阔水，植根虽浅何妨虬枝铁干密叶繁花。"

细腻精致　豪华典雅
——翻轩的艺术性

计成《园冶》说:"卷者,厅堂前欲宽展,所以添设也。或小室欲异人字,亦为斯式。"卷,原意曲木,是指椽木弯曲的廊庑顶部的构造形式,《营造法原》称为"船篷轩"。外屋面结构如船篷的屋顶为卷棚顶,而屋内厅堂前一椽内饰以弯弧状的天花为内卷棚,也称"翻轩"。陈从周评价扬州园林建筑时说:"建筑的细部手法简洁工整……虽总的看来比较直率,但刚中有柔,颇耐寻味。""翻轩(建筑物前面的卷棚)力求豪华,因为它处于显著地位,所以格外突出一些。"

扬州的传统厅堂皆露明造,即不用天花,直接显露梁、檩、椽、平瓦(旺砖),梁的红、旺砖的灰、两砖之间的一线白,构成房顶美的和谐,给工匠提出更高的要求,每一细部皆不能马虎,绝不可能靠天花板遮羞挡丑。扬州传统厅堂中现存清代的翻轩颇多,凡大户人家的厅堂,只要财力允许,必用翻轩,以显示门面气势,而且有多种样式,呈现百花齐放的局面。可喜的是,在翻轩为扬派主力军时,浙派、皖派也有呈现,可让我们择善而从,为我所用。

欧阳祠——最长的翻轩。 欧阳修生前,扬州百姓就曾为其建有生祠。欧阳文忠公祠系清乾隆五十八年(1793)初建。光绪五年,欧阳修的后人、两淮盐运使欧阳正墉重建,并祀苏东坡。欧阳正墉以楠木为材,大体量规划,面南五楹,九架梁,且是厅式建筑,即柱、梁、椽皆为方形扁作,四周皆卷棚廊,东西长25米,南北长14米,周长78米,堪称最长的卷棚廊。椽呈"Ω"形,这是扬州翻轩最常见、也是最标准的样式。

卢氏家宅——两卷并用。这是清代盐商卢绍绪宅地,是晚清扬州盐商屋宇规模与体量最大的住宅群。卢绍绪身材魁伟,他和子孙个头都在1.80米以上。因此,卢氏造屋组群规模和体量之大如其人形,从中可以折射出当年卢氏敢为天下先的性格。主宅厅室前后九进,前五进皆七间排列,均用两卷(一厅南北用两个翻轩),多用楠木、柏木做成。其后楼是清代原物,至今完好如初。这是"口"字形楼,即四合楼,楼下南北都是廊,上为翻轩,各长19米,宽1.85米。可谓体量宏大,精工气度。

仙鹤寺——最宽的翻轩。据史籍载,扬州仙鹤寺与广州怀圣寺、泉州清净寺、杭州凤凰寺齐名,同为我国伊斯兰教著名的四大清真寺。其中,杭州凤凰寺状如凤凰,可惜屡废屡修,已看不出凤凰的形貌。扬州仙鹤寺形如仙鹤,并且保存完整,是中阿建筑风格的巧妙糅合,一直为海内外珍视。寺内的主建筑礼拜殿是鹤身。这座大殿,高大巍峨,基本按中式大殿建造。它由两部分组成,前部为单檐硬山顶,后部为重檐歇山顶。大殿前是走廊,上为翻轩,长16.5米,宽3米。由于太宽,除上两梁之间用弧形的椽外,前后则用直椽。以朱红油漆,显得宽阔开敞。

个园楠木厅——最大的明代楠木翻轩。此厅系明代所建,梁柱取材为珍贵的金丝楠木,七架梁,抬梁式,用料肥硕。厅堂前后皆施船篷轩,体量不大,长9.8米,宽1.8米,但规格很高,看起来很朴素。卷棚呈圆弧状,步梁端是葳腮做法,系明代所特有,桷(方形椽子)成弯弧,弧线流畅,几成半圆形,做工十分考究。

个园汉学堂——最大的明代柏木翻轩。由于黄至筠二儿子黄奭推崇汉学,所以,此堂命名汉学堂。这是大宅门主厅,是黄家正式的礼仪接待场所。此厅规制较高,梁柱全部取材柏木,柏木架构、柏木轩梁,是扬州最大的柏木厅。面阔三间,抬梁式。其大陀梁宽60厘米,厚40厘米,扁作,古朴雄浑。翻轩长9.84米,宽1.8米,上为圆弧,两旁为直椽(半圆形的椽子),均为圆作,也是明代式样。因檩端下有蝉肚做法,故并有小拱衬托。堂中楹联:"咬定几句有用书,可忘饮食;养成数杆新生竹,直似儿孙。"此联为郑板桥所撰。楹联中间所悬竹石图也是后人仿板桥作品。从这里我们不仅感受到主人虽锦衣玉食,高墙明厅,但崇尚和挚爱的是竹,同时也感受到他对子女的殷切期望,希望他们像竹一样正直、虚心、有节。

石舫门廊——最秀美的翻轩。大虹桥旁的翔凫石舫是很有特色的,原为清盐商魏氏园旧物。它凫于莲塘之中,与浣香榭隔水相望,两座舫轩都是水上建筑,又都处于湖畔旁的内湖之中,形成湖中有湖、湖中有舫的趣味。比之北京颐和园的石舫,它虽小,但构制极为精巧。前舱门厅之顶为单檐庑殿式,面东而立。舱廊上置翻轩,与一般翻轩相比,它在2米×2厘米的前舱却未用一根梁,虽是弧形,但内侧以12道小圆弧衔接,一道小弧仅20厘米,构成2米多的大弧。弧形饱满流畅,如云起伏,刀法极其严整,装饰意味极浓,小巧灵秀,与整个舫和谐相配,可谓恰到好处,点到人心。

静香书屋——简洁的现代翻轩。该书屋系现代按旧时《扬州画舫录》的记载和清代园林档案中的效果图复建。主厅为卷棚式,面水而建,一汪碧水中睡莲婀娜,游鱼戏水,画舫卧波。亭廊环围桥闸,黄石构筑的假山上飞亭翼然。其翻轩另辟蹊径,采用变曲为直的手法。因翻轩多用弧形,如把大块的木料剜成弧状,一是浪费材料,二是一般木料剜成弧形后不能承重,故推陈出新,将弧线变成直线,两端下落,中间凸起,这就有了起伏,现代风格明显。

吴道台滋德堂——最豪华的翻轩。滋德堂系浙派风格,是吴道台宅第的主体建筑之一,也是最高档次的礼仪接待场所。"滋德"出自《尚书》的《泰誓下篇》,原意是:"树德务滋,除恶务本。"唐代大学问家孔颖达解释这句话的意思说:"立德务滋长,去恶务除本。"就是说,要不断地培养好的德行,而对邪恶的东西,要从根本上将它铲除。由于该堂的地位显赫,其建筑自然应美轮美奂。正厅五间,厅前建有回廊,上建翻轩。它不同于一般翻轩的四道梁,而是五道梁,椽采用云山式,即由三道弧组成的云彩状,两端再用平椽相托。搁梁的排山饰以花卉繁复的浮雕,雕饰精美。翻轩的转角处不设角柱,而在上面悬臂梁,下面吊一木雕花篮,正好用花篮巧妙地遮住木构件的相接处。富丽堂皇,气度非凡,精美绝伦。

陈园楠木厅——徽派翻轩。 陈园楠木厅系皖派风格,厚实凝重。前为卷棚,长20米,宽2米。比之扬州其他的翻轩,顶上的檩条由二变一。弧形椽仍呈"Ω"形,只是原是三根,现为二根,料更大,要求更高。而抬梁的排山用整根楠木雕镂,用料硕大,雕花更精。下方还有月梁与之照应,为扬式所少见。

立柱顶梁　代有创新

——园林柱与础的艺术

在中国建筑中,横梁直柱,柱子是"墙倒屋不塌"的功臣,承载着房屋的重量,而墙壁只是起到隔断作用。木是中国古代建筑的"大当家",土是建筑材料的先驱,木柱落于土台。大兴土木,关键是竖立顶梁柱。

鉴真纪念堂,仿唐式腰鼓柱展现盛唐雄风

在1973年以前,扬州几乎没有唐式建筑,我国著名建筑专家梁思成先生为扬州开启了仿唐代建筑设计的先河。他精心设计纪念堂,传承了鉴真按照中国的营造式在奈良建招提寺的建筑风格,成功地采用了中式腰鼓柱、与鸱尾、三层斗拱、方棂窗等形制,堂中柱、廊柱都是腰鼓状,如腰鼓,即中间粗,直径为0.4米,向上与向下逐渐细,为0.3米,又称梭子柱,如织布的梭子。这是一个时代特定的审美,此时的建筑组合由汉风以直线为主向唐风多用曲线过渡,柱子较粗则体现了唐人以胖为美的审美取向。结构精巧,气势恢宏,体现了1963年中日两国商定的精神,其建筑物本身成为中日友好的象征,正如梁思成说所说,这是中日两国人民文化、艺术间的血缘关系的重要标志",无愧于国家计划委员会颁发的国家优秀设计金质奖章,为中华

百年建筑经典。1973年,鉴真纪念堂建成,从此,扬州有了仿唐式建筑,其后,不断增添,钟楼、鼓楼、栖灵塔、卧佛殿、戒台以及鉴真学院,都是这种形式的延续,相互拱卫,形成扬州最大的仿唐式建筑群。这是我国盛唐建筑的再现,在建筑历史上当有重要地位。

仙鹤寺,宋代清真寺殿柱向中心倾斜,诵经更为和谐

仙鹤寺始建于宋代,明嘉靖年间重修。与广州怀圣寺、杭州凤凰寺、泉州麒麟寺并称东南四大清真寺。主建筑礼拜殿,四周的立柱都向中心略微倾斜,成为棱台式的梁架结构。多位建筑专家来此研究,认为我国唐代时有这样的构架,如天津的独乐寺是唐代建筑,四柱与地不是成90度角,而是88度角。这样的梁架不仅稳固,而且可避免梁架的移动。专家解释说,这有可能是因为阿拉伯人最初居住帐篷,圆形或椭圆形的墙壁,半球形的屋顶不带有棱角和分隔线,将空间凝缩,进入其中,给人以安全环保的感觉,以后在建筑中也保持此种风格,皆圆形穹顶,尖拱门,殿宇顶部呈拱形,下面的立柱自然要向中心倾斜了。声学家则认为,这样的结构有较好的音响效果,诵经更为和谐。当虔诚的穆斯林匍匐在宣谕台前口诵着"万物非主,唯有真主,穆罕默德,是主钦差"的经文时,确实会使人感到声音是那样的悦耳,那样的和谐,在大殿中回荡,余音绕梁不绝。

西方寺,明代楠木顶梁柱,躲过地震一劫

西方寺,八怪纪念馆楠木大殿,为明代建筑,原为大雄宝殿。这里的梁柱很有特色,中柱直径4厘米,为楠木。两山为穿斗式——用枋将柱串起,这样山墙的抗风性较强,但空间较小;正中为抬梁式——柱上架梁,梁上放短柱,柱上再架梁的木结构,空间较大,也较灵活。梁架全部露明造,非常坚固。柱顶做卷杀,呈覆盆形式,为扬州明代卷杀的标本。卷杀是中国古人在做建筑时,将构件或部位的端部做成缓和的曲线或折线形式,使得构件或部位的外观显得丰满柔和,此为卷杀。"卷"有圆弧之意,"杀"有砍削之意。元明以前,木结构卷杀很普遍,清代官式建筑只有斗拱的拱端保留了卷杀做法。中国古代的圆柱子上下两端直径是不相等的,除去瓜柱一类短柱外,任何柱子都不是上下等径的圆柱体,而是根部略粗,顶部略细。这种做法称为"收溜",又称"收分"。柱子做出收分,既稳定又轻巧。而顶部做成"卷杀"又可与上面的梁连接时更为牢固,天衣无缝。此殿建成后,明天启三年(1624)江苏曾遇六级地震,震中扬州,震中烈度八度,扬州"倒卸城垣三百八十余垛,城铺二十余处",而八怪纪念馆房屋不倒,梁架不散,此殿柱仅向东移位8厘米,但梁架完好无损,坚挺如初,不愧为顶梁柱。

欧阳祠,清代方柱显示盐商商总的实力

欧阳文忠公,人称文章太守,生前扬州百姓就曾为其建有一座生祠,走后为人思。后年久祠废,人们改祀于平山堂。现在的欧阳文忠公祠是清光绪五年欧阳修的后人、两淮盐运使欧阳正墉重建并祀苏东坡。这是官商合作建成的楠木大厅,是扬州最大的楠木厅式结构,按照清代房屋构建。这里的内檐构架基本摆脱了斗拱的束缚,使梁柱直接榫接,形成整体框架,提高了建筑物的刚度。祠堂面南五楹,九架梁,单檐歇山顶,四周皆卷棚廊,挑角正檐,梁柱皆方。俗说圆木为堂,方木为厅,即梁柱椽均为方木。楠木构架极为考究,中心柱高10米,宽3厘米,厚3厘米。仅檐柱有26根,高7米,宽30米,厚30米,整齐高耸,确实威严气派。

个园清颂堂,清代方柱显示盐商商总的实力

传统建筑中,厅堂都是园林、住宅的主要建筑,处于中轴线上,但用料不同。堂多,因梁柱橡都用圆料;厅少,因梁柱橡都用方料,裁边留心,用料自然硕大。个园住宅区的东纵是购买的旧房,自砌的新宅,自然用料更为考究。

主厅清颂堂五楹,主厅前三面置回廊,两侧设耳门,皆明三暗五格局。即看上去是三间,实为五间横排,将稍间作套房。稍间前置小天井,筑花坛,非常雅静,具有极强的私密性,通常作为闺房、书斋、密室之用。按照清代房屋的构建,这里的内檐构架基本上摆脱了斗拱的束缚,使梁柱直接榫接,形成整体框架,提高了建筑物的刚度。主厅为杉木构架,极为考究,厅内包镶梁柱,仅从檐口露出的方柱宽0.27米×0.27米。前檐一根看梁,三间通长11.2米,直径0.4米。而天井中的花岗岩檐石长5米,宽0.63米,厚0.3米,重约2.5吨,在当时运输条件落后的情况下,太难了。中进厅房,后进楼宅,仍然为三面置廊,明三暗五,均是方柱、方檩,高大宽厚,体现深宅大院。

天宁寺大雄宝殿,圆柱外加方柱,和尚阮囊羞涩的无奈

传统建筑的柱阵列负责承托梁架结构及其他部分的重量。兵燹战乱,天宁寺大雄宝殿屡废屡修,清咸丰年间毁于战火,同治年间由两淮盐云使方浚颐拨款重建,以后又经历代僧人续修,使其成为890平方米的规模宏大、殿宇整齐的仿宫殿式建筑,在扬州寺庙的传统建筑中堪为翘楚。应该说,僧

人已进行了努力,现今的构架几乎是原物,用料硕大,如殿内中柱直径达0.58米,高达10米。但修缮都要耗费巨资,僧人阮囊羞涩,往往偷工减料,勉力支撑,如外廊长34.2米,宽2.8米,原用圆柱6根,不过是4米高的短木,但直径仅0.3米,中间两柱跨度7.6米,细柱显然不能承重,于是在两柱中间又加两方柱,宽0.17米。两旁柱距7.3米,两柱间又加一方柱,宽度0.17米。竟然在一条长廊中,用六根圆柱,四根方柱,规格如此小,也是他处难见,与欧阳祠的檐柱正好形成对比。当然,这样的大殿,修缮一次耗资巨大,僧人勉力为之,已属不易,不可苛责。

滋德堂,清代柱础施雕,是典型的南方柱础的形式

吴道台府的主堂柱础施雕,石础是柱下石礅,亦称磉石,柱础是承受房

屋立柱压力的垫基石,柱础石已有大约5000年历史。古代汉族工匠为使落地立柱不受潮湿而腐烂,便在柱脚上垫一块石墩,使柱脚与地坪隔离,起到相对的防潮作用。凡木架结构的房屋,柱柱皆有,缺一不可。同时,这又能加强柱基的承压力。因此,中国古代对础石的使用十分重视。柱础作为汉族传统建筑中最基本的构件,因机能上的需求而产生,当其发展成熟后,逐渐形成了柱子的

收头,使单调平直的柱身,产生视觉上的变化。扬州何园、个园、瘦西湖、大明寺的厅堂柱础有鼓型、瓜型、花瓶型、宫灯型、六锤型、须弥座型等多种式样。博物馆还有明石刻盘龙柱,高1.38米,腹径0.56米,是牌坊的柱础。

宋、元以前比较讲究柱础的雕刻,有莲瓣、蟠龙等,以后则多为素平"鼓镜",但清时逐渐将柱础演化为带有美观功能的装饰,如吴道台府在正厅、檐廊的柱础,犹如人的眉目,不仅造型各异,并且雕刻各式精致图案,成为艺术珍品。像花篮石础,高0.38米,宽0.46米,如盛开了的花篮——下小,为圆柱状;上大,为圆鼓状,并镌有复杂的如意、鲜花浮雕纹饰,正面烘托房屋构筑规格的高档和装饰的豪华。

重门叠嶂　门窗轩豁
——园林、住宅门的艺术

传统建筑十分注重门楣设置，尤其是大宅门，"甲第面长街，朱门赫嵯峨"，门楣完全是身份的象征，如朱门、家门、门第、门风。而其他的门，如园林、祠堂、官衙、陵墓，都有各自的方式使门成为建筑的标识。清钱泳《履园丛话》说："造屋之工，当以扬州为第一。如作文之有变换，无雷同，虽数间之筑，必使门窗轩豁，曲折得宜……"可见，门是文化的重要因素。

个园住宅门——盐商大宅门的重门叠嶂

这是冠盖豪门盐商第，南部住宅系清代扬州建筑的代表作。它完全依照坐北朝南、三纵三进的传统形式建成。三路建筑各有吉祥主题，分别为"福"、"禄"、"寿"。由东向西形成三条轴线，每条轴线均分为前中后三进，是三横三纵九宫格的住宅格局。由东向西渐次高大雄伟。以西纵为例，每一进的门分多种，一条中轴线上依次为南大门、外仪门——正厅开间等宽，三槛六扇实木门，宽3.6米，高4米，起遮挡功能，提高私密性，平常紧闭，悬"福"字。人从两侧绕行，家中每逢婚寿喜庆、节假日，还有贵客来时，"大开正门迎接"。屏门，即计成《园冶》所说"堂中如屏列而平者"，处在后门之南，与后门仅相差1米，也是三槛六扇实木门，宽3.6米，高4米，平常紧闭，与后进隔开，上悬堂匾"清颂堂"。门成了屏风，也成了内景观墙。中悬六条屏木刻，为清邓石如书翰的《〈易经〉十五谦卦》。"谦谦君子"源于其卦，旁挂对联，与两侧板壁上的条幅字画相应，下置条几，上面摆放花瓶、桌屏、座钟，寓意终生平平安安。两侧置飞罩，人从两侧绕行。厅堂面南门与窗形成一个整体采光面，厅门从地面直到梁枋，三槛六扇，宽3.6米，高4米，下为裙板，上为雕花窗槅，用于采光通风，称为"亮子"。窗、门与内飞罩的雕饰风格一致，都是动植物的浮雕透雕造型，十分精美。传统住宅是内向封闭式结构，外墙不开窗，天井周围的门窗是内门窗，主要功能已不是防盗，而是全靠面向天井的门窗采光、通风，夏日可避暑气，冬日可拒寒风，居之适，读书雅，舒适度高，可显示出主人家居生活的考究与奢华，印证扬州盐商财力的雄富。

汪氏小苑门——小康之家门的福寿图案

旧时是讲门第,并通过宅门大小显现出来,且将地位高下、居住安全、幸福企盼有机融合。一般百姓的大门都是对开实木门,当然,如果有条件,则要对门进行包装。汪氏小苑门的主人仅是一般的商人,大门符合一般规制,每扇门2.16米×0.66米,但外加铁皮包镶,钉饰"五福捧寿"图案,中间两门合起为团寿,直径0.88米,周围饰有五只蝙蝠,寓意为五福捧寿——即福禄寿财喜。门的四角又是蝙蝠图案。扬州民居多为黑漆大门,显得庄重,再以铁皮包镶。这样,一是门牢固了;二是防火,有了铁裹,遇火时可挡一挡;三是美观,两扇门的图案都是围棋子一样大小的铁钉做成的,学名止敲,直径1厘米多。

上述装饰用钉千枚,实际上是以钉成线,为线描图,疏密恰当,是对宫廷止敲规矩的挑战。宫廷官衙横成行,竖成列,皆成定数,并有等级规定,不可僭越。民间就没有这么多的讲究,只要严实、美观、大方就行。这里的门自出机杼,通花园是竹丝门——木门下为板,上为竹编,高2.3米,宽2.1米。春晖堂的柏木仪门似景观墙,中嵌六片天然大理石饰片,石纹如山如水,如烟如云,虚幻飘渺。裙板浅刻有双狮盘球、麒麟送子、鲤鱼跃龙门、花瓶、如意、葫芦、蝙蝠的纹饰。推拉房门——不是开合,而是顺板壁推拉,不占地。门不是简单的实木拼接,而是如现代门,周边是较厚的实木做框,内腔上为花玻璃,下板雕花,门槛用黄铜包裹,成为轨道,至今推拉灵活。

何园玉绣楼门——晚清引进的西式门

该园主人居住的玉绣楼,是两栋前后并列的住宅楼的统称,这是扬州清代住宅中西合璧的典范。主体建筑的布局采用中国传统串楼理念,四周用回廊围成院落式,保持了内向封闭式结构。两座洋楼外观似乎无区别,但地基高度不一样,南楼低一个台阶,住在北楼的人辈分显然较高,暗含长幼有

序的观念。中式屋顶,但不起翘,更为实用。与中国住宅传统的厅厢结构完全不同的是间口的设置,中式建筑尚单(阳数)不尚双(阴数),有主从,正厅最大,房间略小。而该楼上下两层,均一顺六开间,每间一样宽,无主从,也就无等级之差。外设走廊,间间相同相联,更便于亲情交往。门窗的设置完全是西洋式,都用楠木,皆为双层。内门下裙板,上玻璃。外门为百页门,开阖自如,外面的阳光随进随出,无雕饰,但与每扇门相对的廊檐改传统的挂枋为西式木雕圈门,改枋下雀替为立体牡丹花篮。玉绣门楼是研究清代扬州大型民宅的活标本。

陈园门——豪宅门的门神

门上贴门神,唐以后成为规制。《隋唐演义》《西游记》载:长安附近的泾河老龙与一个算命先生打赌,犯了天条,玉帝派魏征在午时三刻监斩老龙。老龙于前一天恳求唐太宗为他说情,唐太宗满口答应。第二天,唐太宗宣魏征入朝,并把魏征留下来,同他下围棋。不料正值午时三刻,魏征打起了瞌睡,梦斩老龙。老龙怨恨唐太宗言而无信,阴魂不散,天天到宫里来闹。李世民晚上睡觉常常听到卧房外边抛砖掷瓦,鬼魅呼叫,弄得后宫夜夜不宁,唐太宗也六神不安。魏征知道皇上受惊,就派了秦琼(字叔宝)、尉迟恭这两员大将,守在宫门保驾。果然,老龙就不敢来闹了。唐太宗体念他们夜晚守门辛苦,就叫画家画了两人之像贴在宫门口,结果照样管用。上有所好,下必效仿。于是,此举也开始在民间流传,秦琼与尉迟恭便成

了门神。扬州人一般以年画表现两位门神,将其彩印于纸,小户贴之。但在安徽祠堂中就很当一回事了,而且是画满门:秦琼秀气,白脸,执剑;尉迟恭威严,黑脸,执鞭。两人皆披坚执锐,用的是油漆彩画、热闹的大色块,吉祥喜庆,而且轮廓线都是堆漆,有立体感。陈园的门神是清代旧物,以旧还旧,保持了昔日的风采。

鉴真纪念堂大门——纪念堂门唐式文化元素的再现

唐代的门是讲究的,它综合使用了止敲、铺首、门簪等装饰元素。装饰由梁思成先生担纲,而且参照了日本奈良唐招提寺的构造,成为中国和日本现代文化元素的有机融合。该堂的大门采用故宫宫殿式,红漆为底,上饰以止敲,即扬州百姓所说的门钉,成乳头状,下大上小,高10厘米,下部直径8厘米。每个数字及排列讲究等级制。北京紫禁城皇宫仅太和殿、太和门、天安门可以用九九八十一颗止敲,金色,红底金钉,富丽堂皇。梁思成先生将其用于纪念堂,仅用横七、竖九的形制,以与皇宫区别。门的一边的中央嵌龙子椒图,即扬州百姓所说的兽衔环。这原本是锁门的挂锁,上有门簪四个。圆柱状,直径为20厘米,如现代门上的灯,此构制在北方常见,而在扬州虽不多见,但也非空穴来风,如扬州盐运使司衙门,门上就有门簪四个,梁思成对其情有独钟,在纪念堂中再现也是在挖掘扬州门的文化的元素。最初由于受财力限制,1963年设计,1973年才建成。梁考虑到这一因素,所以他将纪念堂分成两部分,一是正堂、碑亭,周以围廊,"形成一个庭院——我

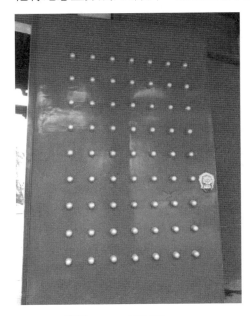

们可以称之为'鉴真院'"(梁思成)。而在院之南,原有四松堂,因园中对称植有四棵松树,南为晴空阁,北为报本堂,本是个体,经梁思成稍作指点,在两堂间的东西各以围廊周接,形成清式四合院,与鉴真院的仿唐式四合院互成犄角。在报本堂的正梁下中为门,这样南北都有半厅,门自然就不在风雨中。因是纪念堂的正门,所以门上加了门簪,上挂"鉴真纪念堂"匾额,而两旁设计砖细的墙,中嵌浮雕透雕团花,拱卫大门。门的范围扩大,成为北部鉴真院的开篇。

史可法墓门——园林化陵墓门的朴素、庄严肃穆

扬州市内仅有一座陵墓——史可法衣冠冢。墓门为三山牌坊式,白粉墙围墓,坊后是土塚,上植梅花。"数点梅花亡国泪,二分明月故臣心。"清代诗人张尔荩的联,以点点梅花喻泪,以皎皎明月比心,情景交融,比喻恰当,亡国悲情催人泪下。三樘墓门仅为栅栏,因不需要有安全功能,仅起到引景泄景作用,而墓前为碑,碑旁有烛台、香炉,墓门前一对小石狮。最难得的是门额"史忠正公墓",阴文石青,系清朝乾隆四十一年(1776)正月追封史可法的谥号,顺治年间才建墓。墙白,字青,梅黄,全为冷色调,庄严而肃穆。

千门万户　扑朔迷离

——园林的门洞艺术

宋欧阳修的"景物锁难小牖通,庭院深深深几许",经过多少代的大浪淘沙,已成住宅、园林的最高追求。这使人想起老子的话:"凿户牖以为室,当其无,有室之用,故有之以为利,无之以为用。"这是说的空间组合的重要。《扬州画舫录》说:"古者在墙为牖,在屋为窗。"尤其是墙上的户牖的"有"形,其实不过是围合为"无"的空间。正是因为"有",才能沟通内外,通风利气,进出自如,近眺远望,使内在与外在空间千变万化,扑朔迷离。门洞正是扬州园林特有的艺术,将老子的"有无"诠释得淋漓尽致,也使我们深切感受到欧阳修的"通"与"深"的深邃内涵。

计成《园冶》说:"门窗磨空,制式时裁,不唯屋宇翻新,斯谓林园遵雅。"园林的分隔艺术是,越分隔空间越大,扬州园林不同于山西的深宅大院、高墙厚壁,那是为了严紧密要,谨防盗贼,给人的感觉是厚重安全,但内涵是就是不怕贼抢,也怕贼惦记。而在扬州园林中,不为安全担心,风流文雅之地,追求的是空透疏朗,娱心快目,门洞仅是为了引景泄景,创造的是疏朗氛围。外则似断又连,隐而不露;内则窗影玲珑,人影衣香。古代墨客勾勒过园林景致:"楼阁高下,轩窗掩映。幽房曲室,玉栏朱楯。互相连属,回环四合,曲屋自通。千门万户,上下金碧。"

寄啸山庄门洞——上连游山,中嵌匾额,是开宗名义,也是引人入胜

这是寄啸山庄入口,一段粉墙,上为水波浪游山,由中间向两旁散开,游山如波涌浪逐,一浪高过一浪,到中间是高潮。下为月洞门,游山与门洞之间是庄名石额,隶书,阴文,石绿。如何园的命名,是开宗名义,说明主人尽管是达官富豪,追求的却是陶渊明的归去来兮,"采菊东篱下";也是引人入胜,抛却了苍蝇竞血,蚂蚁争巢,园中别有洞天,即计成《园冶》所说:"伟石迎人,别有一番天地。"

小盘谷门洞——表意仙桃，壶天自春，中和之美是人生追求、长寿之本

小盘谷以花墙将园分为东西两部，墙上的仙桃门又引景泄景，分之为二，又合之为一，似露还藏，似隔又联。因其小，就更要求精致，楼台亭阁皆有，且注意配置得当。山顶有风亭，沿蹬自可攀；水边有榭阁，入内自生凉；山麓造琼宇，曲栏环楼绕。曲廊连缀诸建筑，花窗掩映作背景。它的可贵在于以体量很小但十分完备的景观要素组合为完整的园景体系，在有限的天地内尽量增加空间的形态变化。仔细玩味，这里的可贵之处在于一个"和"——中和之美是人生追求、长寿之本，是计成《园冶》所说的"触景生奇，含情多致"。

徐园门洞——横亘路中，是活的屏障、有生命的屏障

徐园名为祠堂，其实是极精巧的园林。一般在进入一个较大的景区前，常有曲折、狭窄、幽深的小空间作为过渡，以收敛人们的视觉和尺度感，继而

转为较大的空间,取得"豁然开朗"的效果。这是先藏后露、先抑后扬、"山重水复"、"柳暗花明"的"抑景"之法。徐园当是典范。从表面看,其构园之法皆与常理相悖:一悖,长堤是路,园不挡路,应偏一侧,它却横亘路中;二悖,园墙不应高,应用花窗,它偏用高墙,偏不用花窗。站在园外,月洞门如一画框,园内依依杨柳,迎门点石,如园的帘幕,欲遮又露,朦胧依稀,微风过处,柳枝摇曳,透出殿宇一角。进入园内,先是黄石迭砌的荷池,外有曲水,内有池塘,池水与湖水相通,保持一汪碧水。塘边,茑萝绕石,麦冬盘阶。池内,莲映碧波,香溢四周,环桥桃柳,如同围屏。过池则是馆轩,中为听鹂馆,东为碑亭,碑亭内是《徐园碑记》。西为"春草池塘吟榭",取谢灵运"池塘生春草"之意。

绕过徐园,立于小红桥,瘦西湖湖面,给人豁然开朗之感。如未曾到过扬州,会万万想不到,一个小园之后竟然有这样开阔的地界和阔大的湖景,此时,再回过头来看徐园,方知徐园是整个瘦西湖核心景区的屏障,当进入比较阔大的景区前,由于安排了这样的园林小景,就使人像看戏一样,由序幕发展而逐渐形成高潮。这是欲显还遮,欲扬先抑,是艺术层面的不通之通,在构园中是十分艺术的。这是活的屏障、有生命的屏障。

仙鹤寺门洞——中阿文化的有机融合

门洞内映现的是大殿南侧,大殿前部的单檐硬山顶、后部的重檐歇山顶都是一式的中式建筑,高大嵯峨,杰阁飞甍。可贵者,望月亭是伊斯兰教建筑中必有的建筑,因为伊斯兰教徒喜欢用太阴历,望月决定斋月和起斋日期。当然,仙鹤寺中也不少这样的结构。为了不喧宾夺主,设计者只是将望月亭放在大殿的南侧,巧倚山墙处,处在硬山和歇山二堂之间,处理成半个歇山亭,两旁又辅以起伏游廊与殿相连,重檐歇山顶的顶尖飞出,四角昂翘,硬山顶高挑,顶中有顶,角中错角,十分壮观。硬山歇山共处,正面侧面并立,殿堂、亭台、游廊集中,既符合中国人的观赏习惯,又能满足阿拉伯人的实际需要。小小的配景,不但不与主殿争艳,而且为主殿添彩,真是恰到好处,点到人心。

白塔晴云——名门荟萃,千变万化,各显其能

这是瘦西湖的园中园,非常精巧,其中名门荟萃,千变万化。进门是宝鼎门,形似商代的青铜鼎,古色古香。内映廊台,上嵌金农体的"白塔晴云"石额。二道门为海棠门,内立巧石,上嵌楷体"半青"石额。一道道门均为艺术造型,有宫灯形,有花瓶形,有葫芦形,有蕉叶形,有月牙形。轮廓线条或曲,或直,或直中含曲,各显其能,说不尽的精思巧慧。

这样的门洞设计,扬州园林满目皆是,既注意门洞轮廓的别出心裁,更注意门洞内外景色的天人合一,自出机杼。卷石洞天的海棠门,枫红,松翠,掩映着"群玉山房","若非群玉山头见,会向

汉瓶式门

瑶台月下逢"。群玉山为西王母所居,此房巧借神仙洞府之名,正与"卷石洞天"暗合。游廊北行,进入山房门厅,迎面壁泉三迭,泠泠成响,声如琴韵;竹形花窗,花影浮动,透进阵阵花香;渡石梁,入山房,恍若飘进仙境琼苑。远山近水,峰青池碧,泉鸣溪流,古柏卷虬。厅内有一竹舫,名为知音舫。既可在竹舫内品茗,坐观水景,则有"天在清溪外,船在云里行"的空灵感;而厅中又取西洋之法,置大镜一片,远望镜中舫,又会有"小舟撑出柳荫来"的虚幻感。汪氏小苑,苑小春深,名副其实,门洞内一片新天地。如小金山,门洞外有双狮迎客,门洞内有银杏参天,可参拜关帝的遗迹,可欣赏花石纲的天工。

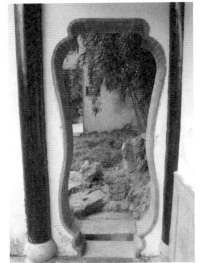
瓜形门

海棠门

月牙门

如意吉祥　祈福太平
——园林古栏板石刻艺术

中国古代建筑的"大当家"是木，人们以有生命的木材为建筑材料来追求大自然的"灵气"；建筑材料的先驱是土，"室"、"堂"等汉字下面，都有一个"土"字，似乎意味着早期的房屋是建在土台之上的。"大兴土木"，体现的是"天人合一"。台基用于承托建筑物，防潮，防腐，弥补单体建筑不甚高大雄伟的欠缺，同时还体现着等级。高级台基上边建石头栏杆，由栏柱与栏板组合而成。扬州的殿宇、戏台、庙宇、豪宅、祠堂、陵墓、桥梁等建筑都注重台基，着意台基上栏板的雕饰。栏板又称"华板"，古称"勾栏"。扬州园林古栏板多用青石、汉白玉制作，栏板雕刻主要为浮雕，也有镂空花卉雕刻，画面有文字、符号、几何图案纹样，有飞禽、走兽、花木、卷草，也有人物故事、宗教器物，多为象征如意吉祥、祈福太平的图案。

湖上草堂前的栏板，隽秀的镂空海棠形

瘦西湖湖上草堂与绿荫馆，成"L"形布局，堂、馆都是一层，檐牙高啄，十分轻灵。前有丹墀，最宜驻足观景，所以丹墀很平、很大，而且相连。栏板不宜厚重，这里的栏板当是清代旧物，可看出当时园艺家的追求，尚简洁。汉白玉的栏杆，每块栏板都是并列镂空的海棠形花，中间是浮雕的瓶花，周围加上窄窄的花边，显得空透、隽秀。栏柱顶上雕有蹲狮，其相互顾盼，笑容可掬，逗人喜爱。此手法为今人广泛采用，如从熙春台通往玲珑花界，有九曲桥。此桥为梁桥，正与廿四桥拱桥遥相对应。围栏皆以汉白玉为材，折角处的站柱上镌刻云纹，柱间栏板镂刻成蝶形图案，犹如群蝶在云中戏舞，蝶花相恋，似乎桥就成了玲珑花界的路标，引导游人过小桥流水，观赏玲珑花界的芍药，体会"洛阳牡丹，广陵芍药"的娇媚。

而望春楼楼上的栏板由绿石制成,栏板一侧镂刻月牙图案,周围是高浮雕的云彩,分明是彩云追月,与"二十四桥明月夜"的意境相合。这是园林中以简驭繁手法的成功使用。

大明寺前的栏板,人物、禽鸟、瑞兽

大明寺前有16块栏板,汉白玉,均为清代旧物,表现的是暗八仙,即民间道教八仙所持的宝物法器,代表吉祥之意。这里的暗八仙为:葫芦(铁拐李)、芭蕉扇(钟离权)、鱼鼓(张果老)、荷花(何仙姑)、花篮(蓝采和)、剑(吕洞宾)、笛子(韩湘子)、玉板(曹国舅)。

平山堂丹墀前有15块栏板,正中间是三星拱照,即福禄寿三星。三个人物至今眉目清楚,笑容可掬,富有神韵。两旁的栏板分别是龙与凤拱卫,还有其他禽鸟、瑞兽、花卉。这是使用了剔地起突的手法,将高浮雕、浅浮雕、阴线雕、游丝毛雕等手法综合运用,颇耐欣赏。

天宁寺大殿、华严阁前栏板,密宗八宝图案

大雄宝殿的丹墀有汉白玉旧栏板,1.07米×0.7米,内外均有浮雕。内一致,都是如意云纹;外不同,有猴(封侯)、麒麟等瑞兽图案,更多的是瑞器图案,将青铜器、瓷器中典型的礼器,如壶、鼎、鬲、瓿、簋、爵等组合,以高浮雕形式予以表现。

华严阁的丹墀也有旧栏板,东西各14块,使用的是藏传密宗的八宝图案,称为八吉祥。相传释迦牟尼诞生时,天上献上种种供品,八吉祥即为天人所供,说此八吉祥代表佛陀身上的八个部位,宝瓶、宝盖、双鱼、莲花、白螺、吉祥结、尊胜幢、法轮,依次代表佛陀的颈、佛顶、佛眼、佛舌、佛三道、佛心、佛陀之无上正等觉,即佛手。均为高浮雕,兼北方之雄、南方之秀,粗犷雄浑中蕴藏玲珑剔透之美。因康乾南巡,藏密的教义已在南方渗透,藏密的器物、建筑多有出现,不仅有八宝,还有喇嘛塔白塔,表明扬州对外来文化的包容吸纳。

高旻寺青石栏板浮雕气派

　　高旻寺多处有栏板,从山门牌楼到古茱萸湾牌坊,甬道两旁是青石栏杆。此种石材栏板为扬州仅见。栏板共 100 片,一边 50 片,每片 2.3 米 × 0.9 米,以两石柱夹一栏板。石柱上是通雕青狮,对称排列。栏板画面内容为瑞兽、佳花和龙凤狮虎,还有十二生肖,无一雷同。均为高浮雕,雕镂细腻、精致,显得很气派。钟楼底层是 16 只龛,内为巨型的行狮,形态生动。外为花岗石的栏杆,给人以厚重之感。

普哈丁园石阶甬道浮雕石栏

　　普哈丁园始建于宋代,明、清扩建重修,距今逾七百年,现存宋、元、明、清古墓葬石脊、碑、浮雕。历经历代政府和群众的努力,今日的墓园始终保持着历史的原貌,接受着广大穆斯林的敬谒。西向古运河,河边筑石堤,门额上石匾题"西域先贤普哈丁之墓",下署"乾隆丙辰(1736)重建"。墓园中的有些建筑是阿拉伯风格。进大门后,为门堂三间,直达墓域。迎着正门的是石阶甬道,台阶及栏板石雕却是中国风格,有古朴浑厚的浮雕石栏 14 方。两旁栏板呈平行四边形,丹墀前为长方形,每块 1 米 × 0.65 米。周为叶,每方一样;中为圆,图案不同。其有鲤鱼跳龙门、麒麟送子、龙凤呈祥、福禄寿等吉祥图案。如三阳开泰，是三只羊围聚，中为太阳；如福禄寿，一棵树上有一只猴，树枝上挂一方封着的官印，是"应封侯"；还有石榴，表多子多福，树下一边是鹤，表长寿，一边是鹿，表禄。均是高浮雕，造型生动，技法圆熟，精致严整，艺术性颇高。这种突破时空，将不同季节、不同地域的动植物元素，按照人们的理想进行组合，是中国艺术熟稔的手法，有别于西方艺术，透现出西域阿拉伯风貌与浓厚的中国传统文化相结合的氛围。

多彩多姿　风雅怡人
——园林中的罩槅艺术

园林厅堂内部的空间分隔有多种形式。有全部隔开的,如川碧纱橱。还有既分隔又通联的,这种形式称为罩槅。清代扬州盐商建的会馆、园林、住宅中通常有圆光罩、落地罩、鸡腿罩。这些雕造的材料,都选用名贵的硬木,独立看也是一件珍贵的艺术品。这些槅罩组合交替使用,使厅堂内部极为丰富多彩,与室内家具陈设及周围景物同辉并茂,风雅怡人。且喜历经兵燹战乱,罩槅仍鲜亮如初,成为古城的重要文化元素。

瘦西湖听鹂馆,松竹梅落地罩槅

落地罩,两侧雕花,中间留门,门上方有雕花横饰。听鹂馆,取杜甫"两个黄鹂鸣翠柳,一行白鹭上青天"之意。馆内楠木罩阁,采用上好的楠木精雕细刻而成。民国富商园林的主要厅堂中多置罩槅,该罩槅与后檐墙平,罩槅后又伸出3米抱厦。原来,这是徐宝山的祠堂,后面应该是放其木主的,前有罩槅,显示出徐的身份高贵,也增添了祠堂的神秘感。该罩槅宽4米,高4米,由三块楠木拼合而成,雕刻的图案为松、竹、梅岁寒三友。清代扬州的雕刻工艺极为出名,著名的"扬州八刻",木刻排在首位。此楠木罩阁运用通雕、透雕、浮雕、线雕等多种手法,是现存扬州木雕工艺中的精品。

个园落地圆光罩,梅花冰裂图案

个园壶天自春楼下厅堂,东西对应圆光罩,为清代旧物。圆光罩四周雕花,中间留一个月洞门框。由于采用圆光罩,将七开间的厅堂分隔成2+3+2三间,既隔又连,显得疏朗。圆光罩高、宽各2.5米,呈正方形。中间是正圆形,直径2.3米。图案是梅花冰裂纹,即以木条投榫组合成冰裂纹图案,如冬天石砸冰池,冰自然开裂。同时,在木条中镶嵌梅朵,冰裂的直线与梅朵的曲线对比强烈。

汪氏小苑,多种楠罩组合交替使用

汪氏小苑建筑既有清代遗构,又有民国新建,被陈从周赞为"扬州大宅门中最完整的一处"。其风格是藏而不露,其中厅堂罩楠既有清传统形制,又有民国新意。每个厅堂都注意个性,为他宅少见。春晖堂三楹系国所建,构筑精致,檐柱与步柱间上置柏木卷棚。后步架明间屏门改为屏风,有别于传统厅堂的罩楠。屏风红木海梅精雕,中嵌大理石天然山水画六幅。两次间则用柏木落地罩楠,横饰为挂枋形,两侧竖饰为窗楠形,横饰、竖饰之间镶嵌鸡腿罩,有如意、杏花等吉祥纹饰,雕琢精美,极富装饰味。静瑞馆中的飞罩是冰裂纹单面透雕,三个飞罩,中雕三星高照,两旁是文王访贤、刘海戏金蟾。西侧的门罩则是金丝楠木双面透雕,松竹梅岁寒三友。连浴室的浴池与休息处都用罩槁,是落地圆光罩,梅朵冰裂纹单面透雕。

可栖徲内的罩槁最为细腻精巧,可栖徲是花园,地域虽小,但小中见趣,反衬景色怡人。西南角是一船轩,南宽北窄,如同船头船尾,中置红木鸡腿罩,即两侧不落地,两旁的罩如鸡腿,与柱相连,支撑上部雕饰。两旁各用一槁扇,下实上空,周嵌花边,罩上内容极其丰富,有"凤戏牡丹"、"鼠食葡萄"、"仙鹤献寿"、"鹿含灵芝"、"喜鹊登梅"、"蝙蝠翔舞"等,将人们对福禄寿吉祥的企盼化为形态生动的动植物形象,可谓别具慧眼。这是家中姑娘的琴室,轩内置放团几、瑶琴,墙上悬扇面国画,最宜焚香操琴,品茗聚谈。轩外有百年女贞耸立,荼䕷攀墙,春有芍药怒放,夏有睡莲寄趣,秋有枸杞挂红,冬有蜡梅吐芳。个中天地正适应了二八佳丽窃窃私语,抚琴吟曲。

何园与归堂罩槁,中西合璧

何园与归堂和其后的晚清两幢西洋楼,厅内厅外装饰极其富丽,但已是中式、西式合璧。厅外外檐柱的中式挂枋已变成镶嵌的大型木雕月牙门九个,雕刻冰纹如意图案,雀替已成牡丹花的花篮。屋内罩槁采用鸡腿罩,长4

米,高0.9米,上直线,下曲线,富于变化,全部使用梅花,冰纹镶嵌而成。用料、用工俭省,但效果极好。高大庄重的梁柱构架,配上四围通透、装饰华丽的玻璃墙面,一扫中式厅堂的封闭、古板和沉闷,洋溢着开放、敞亮和明快的气息。

史可法飨堂,云纹形落地梅花罩槅

史可法纪念馆飨堂,史公像后衬着云纹形落地梅花罩槅,为清代旧物,高3.23米,上宽4.76米,这是扬州唯一的云朵形漆器落地屏罩。屏罩分正反,正面是扬州八怪之一汪士慎的《梅花》,整体造型如两树拥抱,又如祥云飞舞,采用以漆器刻漆罗屑的做法,这是扬州漆器特有的工艺。枝干采用木雕,虬枝苍劲;梅朵以刻漆勾出黑色的梅花轮廓,多余部分铲去,洒上螺蚌白晶亮的碎屑,满树梅花,黑白比照鲜明。加之史公像后汉白玉墓门碑石的衬托,一树树寒梅竞放,好似月下的梅花丛中端坐着史公。反面是漆器镶嵌工艺,底是祥云奔涌,浮雕,灰色,50多块的20~30厘米的粉彩、青花瓷片,仅留轮廓,去掉周边环境,镶嵌于屏风中。上部是云中神仙图,最中央高层当是玉皇,旁有侍从。下方是青花乐女奏乐,左右是群

仙驾云而至。两旁的下部是鲜花簇拥,瓷器的亭台、人物、花卉。灰底与彩瓷相映成趣,自然古雅,独具一格。

博物馆，清鸡翅木落地罩槅

鸡翅木,又叫"鸂鶒木",或称为"杞梓木",木料心材的弦切面上有类似鸡翅的花纹。清代屈大均在《广东新语·海南文木》中说:"有曰鸡翅木,白质黑章如鸡翅,绝不生虫。"鸡翅木纹理交错、清晰,颜色突兀,在红木中属于比较漂亮的木材,有微香气。该罩槅高3.83米,宽3.88米,镂空雕。表面看是松竹梅,细细看有灵芝、蝙蝠、兰花等花饰,寓意福禄寿。现放在扬州八刻的展馆,既是木雕精品,又是区间的隔断。一物两用,巧妙自然。

大明寺晴空阁罩槅有谜待猜

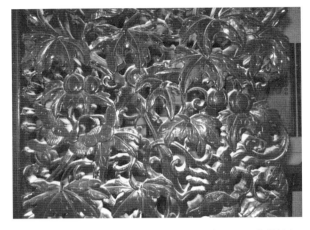

大明寺晴空阁面北3楹,北有廊庑,南有抱厦,抱厦与中堂之间置落地罩槅,为楠木,高4米,宽3.8米,为清代旧物,镂空雕。一般人都认为罩槅图案为松鼠葡萄,但找了几个专家,大家仔细找,藤蔓缠绕,叶为五角形,这是葡萄的特征,但不见一串葡萄,只有果子两两悬挂,不像仙桃,圆圆的,像柿子,但也是吉祥果。有人质疑,柿子是桃形叶,无藤蔓。也有人大胆地认为是人参果,《西游记》上出现过。有人说是长生果,是佛界的树,《红楼梦》中有:"闻说到,西方宝树曰婆娑,上结着长生果。"典出《妙法莲花经》:"宝树多花果,众生所游乐。"看来,对艺术品不可太拘泥。

小中见大　寓意丰富
——晚清园林的花窗木雕

"筑户牖以为室",门窗在中国古代建筑中占有很大的比重,四柱为一间。有户无牖为仓,一面有牖为房,四面有牖为轩,无户无牖为亭。唐代以前简单实用,多为方棂窗,如鉴真纪念堂,即将方木旋转90度,直立等距排列。唐以后出现雕花槅扇。计成的《园冶》分三卷,一卷"兴造论",二卷"栏杆",三卷即"门窗"等。他在"装折"一节中列举了明代的槅扇,上部的棂空,下部的裙板,按四六分。槅棂式多为柳条式、井字式,即以细木棂条投榫排列拼组。为了安全,木条很密,如何园的骑马楼部分均采用此种形式,自然费工费时,影响采光。

在清代的园林中,由于采用了玻璃,门窗进行了革命,大胆舍弃了木条的排列,而采用大窗玻璃采光,仅在窗膛的四周,以镂空木雕的纹饰表现精美。有的干脆舍弃槅扇,而在上部以方窗组合,每一扇窗的上部用铰链可以开启。如何园的汇胜楼、个园的宜雨轩均是如此。风窗则以冰裂式、梅花式、六镜式、圆镜式为主,是原汁原味的晚清园林厅房,最易考察出当年的建筑理念与建筑技艺。

汇胜楼是何园的主体建筑,俗称蝴蝶厅,是二层七楹楼房,中间三间稍突,两侧两间稍敛。崇楼杰阁的歇山顶四角昂翘,如蝴蝶振翅起舞。这里是建筑木雕的多元体现,梁柱、隔扇、罩、门、窗、栏杆、撑牙、挂落、雀替、斗拱等都表现出一种图案美,表现出极高的工艺水平。该楼除北面用砖砌成墙外,东、西、南三面均采用木户牖,窗户超过100平方米。窗棂均舍弃了木条的排列,而采用大窗玻璃采光,窗膛的四周则饰以镂空木雕,且楼上楼下,东、南、西三面均不同,处处注意变化。楼下正南中间五间装饰掀窗,每扇88厘米×72厘米。中间的四边中嵌杏花花饰,上下加上边框形同如意,左右加上边框形同金钱,四角角花为两只蝙蝠,成"L"形。四扇窗组合在一起,四角的雕花互相照应,成为牡丹团花。

楼上主厅的东、西、南三面均为槅扇,上部的棂空,下部的裙板,上部每扇70厘米×50厘米,分别嵌花果雕饰,每个雕饰仅10厘米×6厘米,十分精致。上为荔枝——立在枝头,表家族兴旺;下为仙桃——表长寿;左为石榴——表多子;右为佛手——表成仙得道。前后镂空,正面为高浮雕。

楼上的东面为槅扇,上部棂空的双联纹均为直线条,背衬宝蓝花玻璃,非常大气。

船厅桴海轩装饰掀窗，中间的四边中嵌杏花花饰，上下加上边框形同如意，左右加上边框形同金钱。
　　西侧桂花厅不同的面多有窗雕变化，正面中为槅扇，上部棂空的窗上下嵌蝙蝠纹，左右嵌缠枝纹，旁边为掀窗，四角为蝙蝠，中间为玉璧。旁面内膛或成四边形，或成八边形，以如意、蝙蝠、金钱装饰，但都处理成花形，显得高雅不俗。

引景泄景　相互因借
——园林的框景艺术

扬州古典园林的门窗与诗画紧密相连，可谓"窗景如诗画"。如清代李渔所说："同一物也，同一事也，此窗未设以前，仅作事物观；一有此物窗，则不烦指点，人人俱作画图观矣。"黑格尔认为："中国园林艺术并不是一种正式的建筑，不是运用自由的自然事物而建造成的作品，而是一种绘画，让自然事物保持自然形状，力图模仿自由的大自然。这把凡是自然风景中能令人心旷神怡的东西集中在一起，形成一个整体。"这说明中国古典园林中的窗不单是为了透气，更重要的是使内外、远近景观互为映衬，提供一个欣赏的基点与角度，通过窗框构成美的画面，形成独特的窗景。

小李将军画本的"无心画"

小李将军画本，这是按唐代画家李昭道的画意建的阁。

李昭道与扬州的关系虽鲜见精确的典籍记载，但"小李将军画本"却是为其而设，并非空穴来风。现在与熙春台隔湖相对的建筑小李将军画本与望春楼，是一组典型的江南建筑风格，粉墙黛瓦，清新淡雅。其实，小李将军画本最初是熙春台的一部分。台分三层，下层是熙春台，上层是"小李将军画本"，联对为"百尺金梯倚银汉，九天钧乐奏云韶"。匾额为王虚舟书翰。王虚舟即清大书家王澍，大明寺门口"天下第五泉"即是他书。复建时，小李将军画本与熙春台脱离，单独按唐代画家李昭道界画的画意建轩。题匾改集郑板桥的字，这是非常特殊的题匾，一般应为"××馆"、"××轩"。典出画论："月为诗源，花为画本。"此为互文，意即花、月是诗画的题材，诗人画家对花流泪,对月伤感。蕴含这里景色优美,诗人画家小李将军寻找到创作源泉。而郑板桥的题匾常有怪誉,如扬州画舫,有一只破船,他题匾"一捌一个洞"。为此,小李将军画本面西、面东处的窗框分别以扇面形、六角形,从内向外移动位置观景,窗框不变,但画面的内容不断变化,而且是鲜活的动画。这就是清代美学家李渔所说的"无心画"。这是扬州园林手法中的仅见,值得提倡。

钓鱼台,框景三景共照

提起钓鱼台,全国以此命名的景点多矣。北京国宾馆的钓鱼台,玲珑的假山、曲折的小径、潺潺的流水,确是天然画卷;陕西宝鸡姜太公的钓鱼台,蟠溪水旁巨大的岩石、姜太公双膝跪坐的痕迹、石下的雾潭,确是野趣盎然。扬州的钓鱼台自有高妙之处,岸柳成行的长渚,宽丈许,长百余步,直插湖心,把原本不太宽的湖面又横插一渚分隔,看起来似不近情理,细细体味却妙不可言。因伸入湖心的是渚而不是堤,这样,便让湖面似隔非隔,欲断还连。而长渚尽头有亭临水,位置极佳,成为静观诸景的最佳去处。该亭双檐,四角攒尖顶,既无繁杂的斗拱挑出,又无金钩彩画的富丽,而是素油涂抹梁檐,显得朴实无华。更美者为亭之四壁,四壁皆门,三面为砖砌月洞门,迎东木雕花隔门,人居亭中,可作面面观。

它是园林艺术中"框景"的典范,面西而站,三面皆为满月洞门,旧称"三星拱照"。正洞成正圆,内衔湖中五亭桥的横卧波光,若莲花盛开,更能夸大五亭之阔。南洞成椭圆,内收湖畔白塔竖立的云表,似春笋破箨,更能夸大白塔之高。这一横一竖,形成一幅构图殊异的美丽画景,景中有景,画中有画,借景之妙,以简驭繁,不得不令人拜服得五体投地。北洞所收为"水云胜概",这组建筑由一主厅和一方阁构成。主厅为三楹四面厅,四周廊,厅前面湖构筑丹墀,围以汉白玉石栏;方阁居主厅之西。厅大阁小,构建时颇费苦心,故意将厅后置,而将阁提前,形成前后的错落;又将阁提高,与厅形成高低的掩映;再以爬山廊三折三层将厅阁相连,形成曲栏层楼的气派。厅东植大片琼花,春日玉树琼云,"春冰薄薄压枝柯"。西北广植桂树,秋日金桂、银桂、丹桂齐放,"风影清似水,霜枝冷如玉"。难怪电视连续剧《红楼梦》元妃省亲的大观楼即设此处,实是不负"天上人间诸景备"的盛名。

小钓鱼台,框景再现三景共照

小钓鱼台是近年来的新景,框景再现三景共照。东、西、北三面为砖砌月洞门,迎南木雕花隔门。这里的湖水分成三汊,一来一往,一可望,曲折透迤,或收或纵,就是袁枚所称赞的"水则洋洋然回渊九折矣"。面北而站,北面为满月洞门,自然成正圆,内衔蜀冈栖灵塔竖立的云表,似春笋破箨,更能夸大塔之高。西洞成椭圆,内收湖畔"春流画舫",是一舫形建筑。东洞为椭圆,内收湖畔"梳妆台",是一扇形建筑。咫尺之内,塔、舫、台、亭配置如此和谐,且融于一体,景中有景,画中有画,框景之妙,妙手天成。

何园什锦月洞窗,引景泄景

构园者知道,此园外景虽不可借,但园内景可以互借,因此在廊的上部开漏窗,有的用水磨砖做成投榫八角大型花窗作为分隔,十分严整。它们集中分布在花园与住宅之间的廊壁上,组成一条条优雅别致的花窗带。

何园西园东南两侧楼廊的上下廊壁间各有一排什锦空心月洞花窗,不

但数量多,共12扇,而且制作精,样式美,有牡丹形、菱花形、梅朵形、海棠形,不但成为赏心悦目的景观,而且实现了不同空间的相互借景。人们透过花窗,就像在观看一幅幅流动的框画,移步换景,迷离多变,十分赏心悦目。廊壁间还镶嵌颜真卿《三表法帖》、王羲之《十七帖》等诗条石,使串廊本身就极富书卷气。

以花窗作为分隔,既可引进外景,又可泄出内景,自然加深了

园林的层次,增加了园林内部环境气氛的曲折变化,使各景之间相互呼应,在相互因借中创造出更美的画面和游览情趣来,这是"妙在因借"的活用。

折枝窗景,是独特窗景的一个组成部分

此造园手法在扬州园林中随处可见。扬州园林的窗户形体多变,几何形、花卉形、扇形,窗外植物为背景,建筑、山石与窗框巧妙配置,形成绘画般的构图。如在大明寺欧阳祠围墙东门西望,八角形景框;沿轴线西望,歇山式的门楼,正圆的门膛,两旁置海棠形窗框,门上石额是邓石如的篆书"真赏",门膛内可见御花园,层次十分丰富。

翔凫石舫　烟汀晓霁

——园林的石舫艺术

扬州"州界多水,水扬波","入郭登桥出郭船",这是扬州名称来历之一。爱水自然爱舫,家家临河,处处通舟,不仅"逆浪故相邀,菱舟不怕摇",而且喜欢画舫游湖,甚至造石舫不系舟停靠水边,追求"画舫轻移邗水滨"(乾隆)的情趣。石舫是仿船的造型的水边建筑,不过靠在陆地上,故又称旱船。其实,舫、榭都是临水建筑。计成《园冶》说,舫、榭的关键是"藉景而成者也。或水边,或花畔,制亦随态",即舫、榭的类型当随景境的不同而随其所宜。扬州园林自古有造舫的传统,而且是仿水中画舫而建成的,说不尽的精巧华丽,富贵风流。且不像北京清晏舫追求"河晏海清"的功利,为的是在舫上登高眺望,在舫中品茗聚谈。

西园曲水翔凫石舫　精雕细刻

翔凫石舫很有特色,原为清盐商魏氏园旧物,它凫于莲塘之中,与浣香榭隔水相望。两座舫榭都是水上建筑,又都处于湖畔旁的内湖之中,形成湖中有湖、湖中有舫的趣味。比之北京颐和园的石舫,它虽小,但构制极为精巧。从外形看,门厅之顶为单檐庑殿式,面东而立;中舱之顶重檐立山式,与门厅成丁字交叉;后舱之顶单檐歇山式,四角昂翘,与门厅平行。而内部装饰更发挥了扬州清代建筑精雕细刻的特点,舱前嵌透风花格,舱后饰鹤翔砖雕,中舱有红木鸳鸯戏荷落地罩格。其刀法极其严整,装饰意味极浓。整个舟临岸贴水,似待客登舟,而舱首对联"两岸花柳全依水,一路楼台直到山",又似乎告诉你登舟游湖,将有十里春光收不尽之感。

卢氏花园画舫，交友著书

卢氏是住宅与花园自然结合的住宅园林。主花园意园置于住宅之后，太湖石堆叠的假山，一片池水，一艘画舫，一栋藏书楼，百年老藤，老干虬枝，形若游龙，遮天蔽日数十平方米，簇拥着书房，使读书之人有笔走龙蛇、登科乘龙的遐思。藏书楼前东南角是一船轩，临水边桥畔，小巧别致，凫于莲塘之中，如同船泊池边，与藏书楼隔水相望。主人卢绍绪是江西人，顺江而下，常年感受"中年听雨客舟中，江阔云低断雁叫秋风"（蒋捷），自然对水与舟情有独钟。可贵者，无论是自己做生意，还是后代做学问，都豪放挥洒，园中置舟，以宣示包容开放。门厅单檐庑殿顶面西而立，中舱单檐立山顶与门厅丁字交叉，后舱单檐歇山顶与门厅平行。舱中置罩隔，轩内置放团几、瑶琴，墙上悬国画。读书间歇，最宜舫中三五书友，焚香操琴，品茗聚谈，不是独学而无友，自然不会孤陋寡闻。舫外有百年女贞耸立，荼蘼攀墙，春有芍药怒

放,夏有睡莲寄趣,秋有枸杞挂红,冬有蜡梅吐芳。个中天地最宜静夜著华章,风雨故人来。

万花园春流画舫,湖边待客

《扬州画舫录》说,该舫"开靠山门,仿舫屋式,不事雕饰,如寒塘费宅,横出水中。颜曰'春流画舫',联云'仙扉傍岩崿,小楹俯澄鲜'"。该舫实际上是仿舫屋,造型朴素淡雅,紧傍湖畔。面南前舱一层,为歇山式一半。后舱为两层阁,也为歇山,是整体,只是与前舱成丁字交叉。六只翘角檐牙高啄,相映成趣。该舫环境极其优美,舫位于瘦西湖分汊处,水分三折,一来,一往,一可望,曲折迤逦,相互连通,是袁枚所称赞的"水则洋洋然回渊九折矣"。背倚舫中的美人靠,向北远眺蜀冈,栖灵塔高耸入云;面东为小榭梳妆台临水,形同扇面;南为长渚,渚尖是小吹台,亭式建筑,玲珑剔透。水陆萦回,山岛间列,小桥凌波,烟水浩淼,给人迂回曲折、扑朔迷离的美感。

陈园画舫,烟汀晓霁

该舫临水边桥畔,小巧别致,鬼于莲塘之中,如同船泊池边,与紫薇书屋隔水相望。匾为"烟汀晓霁",取自高翔册页山水;对联"舟移森木名园改;岸逐朱华翠盖浮",也是取自高翔诗句,写得景秀物活。为了再现扬州八怪的创作意境,画舫周围水景分四季,春花秋月各具特色。舫前水廊以初春柳景取胜,使人见到的是绿柳吻水、娇花初绽的秀景。舫前湖中戏台则以盛春花景见长,让人看到百花争艳、万紫千红的盛景。湖池中则是"落花流水春去也"的暮春残景,让人在寒烟漠漠、落叶萧萧中感兴伤怀。山巅临水亭的寒花霜草则凄冷幽深。最好在舫中,月明之夜,清辉笼罩,波涵月影,画舫拍波,舞榭歌女,淡妆素裹,吹箫弄笛,婉转悠扬,天上的月华,舫内的灯影,水面的波光融在一起,使人觉得好像在银河中前行。设计者极力夸大不同季节的特点,构成反差极大,又各尽天然的湖水景致,表现小桥画舫的清新灵秀。

大明寺西苑船厅,水绕汀环

伏釜式园林常见,而釜式园林却不多。扬州西园是扬州唯一的釜式园林,别有情趣。一是呈四周高、中间低的盆谷地势,周围山岭环抱,古木参天,把园外之景故意挡去,因园内之景足为大观,使人目不暇接。二是釜式园林下部皆有水,而此处之奇在于广阔的水面之上又散布大小不等的汀屿,汀与水连,水绕汀环,把有限的空间构成一幅生动优美的湖山画轴。中部水岛之上是船厅,即船舫的厅堂化。船厅主体三楹,厅西过廊一间,再西为二层小楼,楼与厅形成高低两个层次。厅四面环水,形若行舟,飘于水面。在船厅之上环视风光,亭榭巧合,参差错落,池水波光,水意盈盈,回味无穷,如苏东坡舫前联即说舫上观景,"万松时洒翠,一涧自留云"。

汪氏小苑船轩,女性天地,可栖可歌

  小苑西轴为汪氏儿女和女眷的住宅。西纵后两进为闺房,其间门庸关闭则独立成区,开则相通相连。首进为"秋嫮轩"。"嫮",美好之意,多形容女子。"秋",与中纵的主堂"春晖室"的"春"对应。是处为汪家女眷接待女宾所用。古人常用"秋水伊人"来形容女子,取"秋嫮"作为厅名,当含此义。

  秋嫮轩前有"可栖徲"花园,从小圆门进入。西南角置一船轩。陈从周在《扬州园林》中写道:"面东置船轩,缀以游廊,下凿小池,轩下砌砖台,可置盆景,映水成趣。"步入船轩,南宽北窄,旁置花窗,如同船头船尾。中置红木落地罩格,罩上内容极其丰富,有"凤戏牡丹"、"鼠食葡萄"、"仙鹤献寿"、"鹿含灵芝"、"喜鹊登梅"、"蝙蝠翔舞",将人们对福禄寿吉祥的企盼化为形态生动的动植物形象,可谓别具慧眼。轩内置放团几、瑶琴,墙上悬扇面国画。地域虽小,但营造的并非男子在江河中百舸争流的颠簸,或是远离故土、孤帆远影的萧瑟,而是春和景明、波澜不惊、画舫轻移、满耳笙歌的安宁静谧。为了小中见趣,虽不见水,但采用旱园水做之法,让人感受到水。船轩东三面墙皆为贴壁湖山,形成两岸青山的地势,再以地面水波纹花街铺地,配以团寿、花瓶(平)升三戟(级)图案和笔(必)定(银锭)如意的石阶雕刻,入夜船轩外诸灯上下争辉,玻璃世界,珠宝乾坤。船轩内珠帘绣幕,何用桂楫兰桡,最宜二八佳丽窃窃私语,抚琴吟曲。

寓意吉祥　雕镌精美
——园林的福祠艺术

　　道教是中国本土的宗教，道家将"道"神格化，宣扬得道成仙的思想；由信仰"道"演化为尊奉"三清尊神"，岁月流逝，不断增加，形成供奉对象庞杂的神仙系统，分尊神、俗神等。道教尊神包括"三清"，即居玉清境的元始天尊、居上清境的灵宝天尊、居太清境的道德天尊；"四御"，即玉皇大帝、中央紫微北极大帝、勾陈上宫天皇上帝、后土皇地祇（即掌管土地的神灵）。落实到民间的土地，实际上是管小地面的神，古称"社神"。旧时大户人家都供奉土地，但不设专门的厅房，而是在入门处砌成福祠，半嵌墙内，半突出墙外，多与大门相对，早晚及婚丧喜庆时烧香供奉，以保佑家族平安。这一构制成为扬州传统民居中常见的一种文化符号。

陈园的土地祠雕镌精美。 该"福祠"造型独特，立体感强，图案内容丰富。屋顶左右两端各有一个龙头鱼尾形的鸱吻。两鸱吻间的屋脊为牡丹花，象征主人荣华富贵。屋檐正面为一排猴脸，猴脸间夹杂片片枫叶，这意喻着世代封侯。屋檐下为草龙、夔龙图案，因为在封建社会除皇家外不能置龙形图，于是用了变形的龙形图以示华贵。海棠式开光框景内，上幅中有佛手、桃子、石榴，其意有"多福、多寿、多子"之意；立柱到顶屋宇檐角飞挑，砖雕线条清晰，图形生动，雕镌精美。

汪氏小苑福祠，以旧还旧。 进入小苑的大门，首先映入眼帘的是倚壁而砌的砖雕"福祠"。这是房屋的缩影，梁柱、门窗、屋顶，麻雀虽小，五脏俱全。飞檐采用磨砖雕滚头三飞式挑檐，门楼砖雕配置简洁，有别于山西的繁富壮硕，也不像徽式的细腻纤秀、苏式的堆砌喧炽。整体峭拔清劲,气象沉穆,雍容大度,古朴耐看。屋顶左右两端各有一个龙头鱼尾形的鸱吻。传说龙生九子,鸱吻即龙子的化身,性好吞,能避水火,化凶险。福祠雕镂有牡丹花、猴脸、枫叶、夔龙图,意喻着世代封侯,富贵吉祥。砖雕历经百年风雨,但现存的砖雕仍线条清晰,图形生动。

卢氏福祠城隍与土地并祀。 穿过大门厅,迎面是倚壁面镶嵌的砖雕福祠。卢宅的福祠比寻常人家的福祠为大,且上供土地,下供城隍。

城隍,古代神话中守城池的官,《周礼》腊神八神之一,由水(隍)庸(城)衍化而来。三国时才有城隍一说,唐以后郡县都祭城隍,韩愈、杜牧均有祭文。宋以后将有功于当地的人封为城隍王,如杭州封文天祥为城隍王,上海封秦裕伯为城隍王。道教以城隍为"剪恶除凶,护国保邦",应人所请,管理亡魂之神。

土地,管小地面的神,古称"社神",人们拜祭是为了求年丰岁熟。

福祠造型独特,立体感强,图案内容丰富。有海棠式开光框景:上幅中有佛手、桃子、石榴,其意有"多福、多寿、多子"之意。有扇面式回纹景:中间阳刻"如在",旁雕对称牡丹,再上雕"双龙戏珠";其下有龟背景式隔扇,雕有横楣子、长"寿"字;立柱到顶屋宇檐角飞挑。福祠今虽多补作,但雕饰工艺上乘。

吴道台府福祠位置独特。 一般福祠都设置在仪门入口处,坐北朝南,而该福祠却处在两栋住宅之间的火巷,置放在最南端。吴家祖籍安徽,而安徽人也敬奉土地神,只是对方位不是太讲究,颇为随意,这从他家还有观音堂和大仙堂可以得到证明。"大仙"就是扬州本地人所称的黄大仙(黄鼠狼),传说,它长长的尾巴能引起火灾,人们非常惧怕它,后来由惧怕而转为尊敬。为了避火去邪,求家宅无事,因此,一般大户人家都设有大仙牌位,而专门建堂的不多。由此可见吴氏家乡的风俗。

繁复精巧 童趣盎然
——园林砖雕《百子闹春》

甘泉陈园的"盐商遗梦"园里包含有徽派、苏派、晋派等原真性建筑，规模庞大，弥足珍贵。园中随处可见各种精美的砖雕、木雕和石雕。其中，既有搜求而来的唐宋明清的原物，也有增建的新艺术品。园中的美人靠、花窗格、楣窗、花板、飞罩、罩格、门窗肚板上都以传统的吉祥花鸟虫鱼、福禄寿喜图案表现人们对生活的美好祝愿与期盼。

在园中所有的砖雕中，要数公子读书楼前的最为精美。这是一幅巨大的砖雕，名曰"百子闹春图"，也叫百子迎福图、百子嬉春图、百子戏春图。面积达 27 平米，由 170 多块 0.4 米×0.4 米的方形金砖拼镶而成，水磨拼镶，严丝合缝。五位能工巧匠耗时近八个月才完工，是目前扬州市最大、最精美的现代砖雕。

"百子闹春"典最早出于《诗经》，是歌颂周文王子孙众多的。"周文王生百子"被认为是祥瑞之兆。"子孙满堂"一直是国人的理想愿景，是家族兴旺的最主要表现，有着多福多寿、多子多孙、子孙昌盛、万代延续的美好期望。

该砖雕构图饱满，内容十分丰富，有意图地分隔，又有机地连为一个整体画面。作者吸取了国画中界画的方法，将旧时城市、乡村的景象再现。只见画面中翠岫奔涌，河流欢唱，佳木葱茏，鲜花盛开，楼阁高耸，亭台俊秀，一派平和安宁。儿童生活其间，自是无忧无虑。画面采用散点式构图，共雕有 700 多个欢快的儿童，他们舞龙、放牛、纵歌、下棋、敲锣、打鼓、耍铜板、斗蟋蟀、玩老鹰抓小鸡，旧时童趣跃然眼前。活动共分成 100 组，每组三、四人不等，各自成组，又相互照应。他们穿着中式童装，头上扎着小辫，手上戴着手镯，耳朵上有耳环。每个儿童仅 10 厘米高，但眉眼毕现，各具神态，欢快活泼，十分讨喜。童子形象吸取了年画、泥人的造型手法，一个个被塑造得圆头圆脑，天真烂漫，憨态可掬。如吹拉弹唱的那一组，分明是桃花坞年画中《十不闲》的再现：一群小孩弹琴的、吹唢呐的、拉二胡的、敲木鱼的，中间一个坐在鼓架前，架子上面悬着钹，下面左悬锣，右悬鼓，中间还有拍板。孩子大大方方地坐着，一个人左手敲钹，右手敲拍板，左脚敲锣，右脚打鼓，忙得不亦乐乎。在两厘米厚的雕刻层里，最少有三个层面，构图饱满，主体突出，配景简约。圆雕、高浮雕、浅浮雕、镂空雕、线雕多种技法糅合使用，刀法多变，奏刀简练，刀力遒劲。工艺之繁复精巧，可谓前所未有。

此外，园中的四水归堂前的砖雕"兰亭修禊"亦很精彩。该砖雕达17平方米，以"引曲水以流觞"为题材，记载着当时修禊的盛况。一个个文人雅士或坐或卧，或饮或吟。有的正铺笔撰写，有的在抚须沉思。曲水中，一个个酒杯由荷叶托着顺流缓缓而下，杯停之处便是杯旁文人吟唱之时。枯墨者就要把觥饮酒，不剩点滴。砖雕雕刻细腻，崇山峻岭、茂林修竹、清流激湍均确当表现，尤其是人物，个性鲜明，栩栩如生，令人一见如闻其声，如临其境。

砖雕《百子闹春》（局部）

井水味甘　井景乐道
——城市井景举隅

"十里长街市井连,月明桥上看神仙。"有人说,现在是有市无井了,其实市井并非"井",不过是买卖之地。尹知章曾对《管子》中"处商必就市井"作注释:"立市必四方,若造井之制,故曰市井。"不过,他对井似乎并未说清。陈子昂《谢赐冬衣表》说:"三军叶庆,万井相欢。"原来,古制八家为井,引申为乡里、家宅。可见,这些井原不是凿地取水的深穴,但乡里、家宅必有井却是不争的事实。对于平原地区的扬州,昔日的百姓非常看重的是水井,井几乎是取水的主要渠道,因井衍生的景观仍然是今天百姓津津乐道的城市记忆。古城扬州在文物保护中十分注意保护古井,宋井、蜀井、五泉,都保护得很好。

古井景观文化内涵丰富

1. 隋井玉钩洞天

琼花观有"玉钩井",又称"玉钩洞天"。玉钩即井,现今已建亭记史。因与隋炀帝有关,后人就在琼花观移花接木,这倒也不太离谱。今人看重的是古井以及与之相配的盝顶小亭。小亭顶的中心正对井口,这样,下雨时雨水正好落入井中,意为通天通地,上接甘露,下接地源。

2. 唐井五泉文人钟爱

扬州人爱喝茶,而且讲究泡制。首先是水,最好的冲茶水当为五泉水。唐代状元张又新、陆羽、刘伯刍称大明寺水为天下第五。北宋欧阳修守扬州时,曾品尝该泉水,并在井上建"美泉亭",还撰《大明寺泉水记》,称赞泉水之美。苏东坡守扬州时曾记道:大明寺塔院西廊井与下院蜀井的水,以塔院为胜。正是:从来名士能评水,自古高僧爱斗茶。过去,此处一直有塔院井和下院井之说,明代大明寺僧沧溟曾掘地得井。嘉靖中叶,巡盐御史徐九皋书"第五泉"三字,青石红字,字形丰腴壮丽,颇有颜真卿遗风,人称此为下院井。一井、一亭、一碑,相映成趣。水岛上的一口井,是乾隆二年汪应庚开凿山池种莲花而得,并于井上建环亭,著名书法家、吏部王澍书"天下第五泉"。

3. 宋井再见天日

感谢园艺师，瘦西湖万花园建设中，发现唐城门遗址，于是采用了钢化玻璃罩进行保护，让游客能领略到一千多年前扬州城繁华的风貌。几乎同时考证出宋波光亭的遗址，进而发现了宋井。时值 2009 年 3 月，工程施工人员在唐代城门遗址的东北侧，发现了一口南宋的古井。它和唐城门遗址共同见证了万花园区域的悠久历史，古意盎然。考古人员在井中还挖掘出了元代的"枢府瓷器"碎片，同时还发现了鎏金的元代发簪，说明在很久以前曾有女子在井边梳洗。瘦西湖的园艺师

按照宋代的水井建造方法，砌了井壁，用立砖铺了井面、下水道，周围栽花植卉。这是仿宋景观，让游人大有与古人对话之感。

园林井位置之谜待解

1. 吴道台厨房井

"民以食为天。"这里的两进房屋都是厨房,前后对应,为什么一家有两个厨房呢?吴引荪当年建这座宅第时就决定两房共住,这是因为吴引荪不仅孝敬父母,也很关爱小弟吴筠荪。既然是两房共住,所以有两个厨房。中间一个天井,一口水井设在天井内,奇怪的是井在天井的正中,与前进的后门、后进的前门处在一条中轴线上。这在扬州不多见,扬州其他地方的井往往偏在天井一边。有人说,这肯定与风水有关,因为吴家是比较迷信的,家中有大仙堂。按扬州民间的说法,黄鼠狼会成精作祟,供奉它就可保家中平安。当然,抛开风水一说,井是一景,井沿是石制的,里圈有很多卐字符,虽然历经百年,却也依稀可见。井壁是用瓦片整齐地砌起来的,可以起到滤水的作用。此井和其他水井的不同,还在于它的水源与古运河相通,下雨时有雨水落入,俗称天落水。上接天落,下通地源,永不枯竭,源源不断,也可喻家族兴旺。

2. 何园祠堂井

无独有偶,何园祠堂内也有一井。扬州的井一般都在室外,用来饮用和浇灌。有人说,这肯定也与风水有关,祠堂内有井,也为祈望家族兴旺。再有,这是提醒后人必须饮水思源,不能忘本。但有人说,安徽皖南徽州人家多在家中打井,井口与地平,有盖,无栏,不仅可供家中用水,而且类似水空调,冬暖夏凉。

园林井景观的精心打造

1. 个园

井干八角,墙角雨打芭蕉。井西背景墙,上有杏花窗。向西看,有丛书楼的匾,一石柱,高浮雕花卉,一幅天人合一的图景。

2. 何园

井后是何园月洞式园门,上为云朵式游山,粉墙黛瓦,嵌石额"寄啸山庄",两旁是太湖石围砌的花圃,主色调为冷色调,古朴、雅致。

3. 大明寺

一口古井,东看与栖灵塔处于一条线上。西看,鉴真纪念堂的东壁,门的两旁墙上嵌两方石刻,"栖灵"、"胜境",是赵朴初的手笔,墨石金字,分外醒目。

4. 清风亭

一方古井,井水清澈,青石井栏上几道深深的井索痕迹。前面是清风亭,亭周是竹林。抱柱上的对联是:"水能性淡为吾友,竹解心虚是我师。"此联据说系阮元书写,是集引唐白居易《池上竹下作》的颈联,为沈阳故宫衍庆宫题写的真迹。联语以水、竹的特征为喻,进而赋以哲理,形象而深刻地提出修身养性、治学待人所应采取的态度。迎面是照壁,为阮元生日竹林茶隐避客雕刻,与清风亭一起构成廉政自律的景观。

街巷井景观的民俗情趣

真正的风景在街巷,在井边。四眼井、八奶奶井、董井、马监井都与人有关,而滚龙井、砂锅井,每天都有络绎不绝的居民来淘米洗菜。"邻居好,赛金宝。"互致问好,尊老爱幼,天南海北,无所不谈。古往今来,各抒己见,偶有口角,说开即了。婚丧嫁娶,同喜共悲,和谐忍让,友爱帮助。如茅盾《风景谈》所说:"人依然是'风景'的构成者,没有了人,还有什么可以称道的?"

井乡甘泉的井景观再生

甘泉是井乡。《中国古代地名大词典》说,甘泉在江苏江都县西北三十五里,高二十余丈,周二里。山有七峰,如北斗平地错落,上有井泉甚甘,故名。清乾隆时知县张宏运筑灵雨台于山上。甘泉山是扬州版图上难得的丘陵山地。山有峰峦七座,排列如北斗。经考证,七峰皆为汉墓。山上有泉,涝不盈,旱不竭,谓"天下第七泉"。这里流传一首民谣:"甘泉山,甘泉山,山有甘泉,田不甘。甘泉山,山有甘泉,地显灵,天象安。"这是把井与三阳——天地人相连,以说明水的须臾不可或缺,关系人的生存发展。这里因地势较高,地表水缺乏,于是村民向地下要水,挖井已成风习。现今吃水虽不靠井,但对井的感情仍很深。

高翔故园最少有七口井,都有水,水质都很好。这原是甘泉的旧物,保持着井的原貌。井干都是由整块青石雕琢而成的,多为鼓状,也有六角棱台状的;都有花纹镌刻,有团寿、花卉、兽面等纹饰,为线雕、浮雕,古朴而富有装饰性。规划时以井为中心,完善景观,比如在湖畔一井旁专门建了井亭,悬匾"澄沁"二字,配联对为"池塘月撼芙蕖浪,罗绮晴娇绿水洲"。亭内是